Il était une fois... les révolutions arabes

Il était une fois... les révolutions arabes

ARABORAMA

Ce livre est publié dans la collection
« Araborama »
en partenariat avec l'Institut du monde arabe

ISBN 978-2-02-146998-1

www.seuil.com
www.imarabe.org

NOTE DE L'ÉDITEUR

Dans cet ouvrage, 32 illustrations sont rassemblées en 4 cahiers. Toutes ont été réalisées par des artistes du monde arabe, à qui l'on a confié un mot-clé de l'ouvrage pour l'interpréter.

Des illustrations et planches de bande dessinée parsèment également les pages de cet ouvrage, et ont été réalisées suivant le même principe du mot-clé.

Les rubriques « Pour en savoir plus » à la fin des articles sont des recommandations de lecture, de visionnage ou d'écoute émanant des auteurs.

Introduction

par **Bertrand Badie**

Les années récentes ont ébranlé les perceptions approximatives et les idées toutes faites : le monde arabe qu'on dépeignait, dans bien des rédactions et dans de nombreuses chancelleries, comme résigné face à l'ordre autoritaire, donnait même le ton des orientations révolutionnaires d'un XXIe siècle qui s'installait. Qu'on en juge : le « Printemps arabe », amorcé en Tunisie dès décembre 2010, s'imposait comme le premier prototype de ces révolutions « post-modernes », numériques, substituant les réseaux sociaux à la « discipline de fer » de l'organisation révolutionnaire léniniste ; plus encore, le mouvement essaima très vite dans ce contexte nouveau : en Égypte, en Libye, en Syrie, à Bahreïn, notamment, mais aussi à l'extérieur, en Espagne, où il a inspiré les Indignados, puis dans l'ensemble de l'Europe et jusqu'aux États-Unis où il a fortement inspiré le mouvement Occupy Wall Street !

Continuons notre cheminement : la thématique forgée, dès l'immolation par le feu de Mohamed Bouazizi, n'a-t-elle pas amorcé ce temps nouveau des grandes mobilisations de sensibilité révolutionnaire en installant l'idée de dignité (*karama*) au centre même des revendications émises ? On retrouvera le mot et sa force mobilisatrice, peu de temps après, en France avec le mouvement des « gilets jaunes », mais également dans les cortèges qui ont jalonné l'année 2019, de Santiago du Chili à Port-au-Prince, de Hong Kong à Beyrouth. L'évocation de cette dernière étape révèle même la résilience régionale du modèle : l'année 2011 trouve ainsi sa réplique géographique dans l'année 2019, touchant, cette fois, le Liban, mais aussi le Soudan, l'Algérie, l'Irak, débordant même sur l'Iran. L'innovation thématique en a été comme revigorée : au-delà de la dignité, on pointe désormais, notamment dans les rues d'Alger et de Beyrouth, le « système » (*nidham*) qui devient cible mystérieuse et responsable, un élément fondant la convergence de toutes les nouvelles mobilisations révolutionnaires. Idée qui sera largement confirmée hors des frontières du monde arabe.

Ne tombons pas d'un excès dans un autre : chaque épisode révolutionnaire, ou simplement émeutier, a bien sûr sa particularité, héritée d'une histoire longue et d'un contexte propre. Mais ces nouveaux référentiels, nés sur les rivages de la Méditerranée orientale, sont bel et bien insérés dans une mondialisation, au sein de laquelle le monde arabe ne tient plus un rôle marginal : celui-ci participe activement, de cette manière, à la « réinvention » d'un monde à bout de souffle, où se mêlent plusieurs agonies, celle des vieilles hégémonies, celle d'un néolibéralisme naïvement triomphant, celle d'un uniforme culturel désuet, celle enfin d'un autoritarisme personnalisé qui rappelle les bandes dessinées d'antan. Cette combinaison touche tout le monde mais érige le monde arabe en laboratoire de choix. Si on regarde de près ces thématiques, on perçoit facilement combien toutes ces orientations s'y entrecroisent : la mobilisation au Soudan a commencé par une protestation sur le prix du pain à Atbara, rejointe très vite par la contestation du dictateur et celle des hégémonies extérieures ; de même, à Beyrouth, où la dénonciation des taxes sur WhatsApp convergeait avec la stigmatisation de la corruption et l'incrimination des interventions étrangères...

N'inversons pas non plus les clichés : cette « présence » arabe dans l'histoire révolutionnaire ne vaut évidemment pas propriété, ni surtout exclusivité. S'il est légitime de parler d'une « expérience arabe de la révolution » ou même de circonstances qui ont été propices à l'éclosion de ces expériences, il serait malvenu de parler d'un « modèle révolutionnaire arabe ».

L'histoire est faite d'emprunts, de contacts, de diffusions, mais aussi de circonstances et de conjonctures. Au titre des premiers, le monde arabe a observé et subi, indirectement ou non, les effets de la Révolution française, un peu dans l'immédiateté, beaucoup par lente propagation des idées qui en ont dérivé : celles-ci ont touché quantité de mouvements de pensée, mais tout particulièrement la Nahda[1], à la fin du XIXᵉ siècle. On dit ainsi que Jamâl ad-Dîn al-Afghâni était un grand admirateur de la Révolution de 1789[2], laquelle a nourri abondamment le nationalisme arabe qui s'est épanoui par la suite. La révolution russe de 1917 a marqué, d'une autre manière, tout un courant socialiste étatique que le jeu bipolaire et l'anti-occidentalisme ambiant avaient contribué à populariser dans cette région après 1945. Autant de diffusions activées par le rôle croissant des diasporas qui recueillent des traditions au-dehors, pour ensuite les recomposer à l'intérieur.

Au titre des secondes, les aubaines étaient particulièrement nombreuses : si on se limite aux temps contemporains, le joug impérial ottoman et surtout la domination coloniale créaient évidemment des circonstances favorables aux mobilisations révolutionnaires orientées dans un sens clairement nationaliste ou pré-nationaliste, liant même, et de façon intime, pour un long moment, les idées de nation et de révolution. Notons, en particulier, qu'un siècle de rébellion et de résistance à la tutelle française a durablement articulé, dans la mémoire algérienne, l'idée de révolution à celle de mobilisation nationale. Par la suite, la séquence autoritaire qui a marqué l'histoire des régimes politiques régionaux a élargi l'idée d'émancipation collective et de dignité des peuples soumis à celle de la conquête de droits individuels : les revendications pour la personne rejoignaient ainsi celles concernant la communauté.

C'est dire que l'histoire du monde arabe est jalonnée des deux marques qui façonnent tout processus révolutionnaire et qui ont peu à peu donné sens au concept universel de révolution : d'une part, l'irruption de forces extra-institutionnelles dans un jeu politique installé ; d'autre part, l'expression collective d'une volonté de changer activement les structures sociales et/ou politiques[3]. Deux marques qui replacent l'humain au-dessus de la puissance et qui engagent à la production de nouveaux droits. Deux affirmations qui rompent avec les lieux communs de fatalité, voire de fatalisme. Deux orientations qui remettent l'histoire entre les mains de ceux qui en sont les sujets. S'insérant ainsi parfaitement dans une histoire et une sociologie comparée des révolutions, le monde arabe dispose de tout un référentiel culturel qui lui permet d'agir dans une continuité pensée. Le récit islamique nous introduit ainsi à un référentiel riche, permettant de dénoncer la sortie légitime d'un ordre dont on ne veut plus (*hijra*) ; il valorise l'effort pour se dresser contre l'infâme (*jihad*) ; il relativise la légitimité de l'ordre politique dont la nécessité (*dharura*) ne saurait l'emporter sur la justice. Le récit communautaire, et en particulier la sociologie khaldounienne, introduit de même à la nécessaire régénérescence des formes d'intégration sociale et au rôle de ceux qui en prennent l'initiative. La réinterprétation différenciée de ces traditions diversifie les modèles révolutionnaires qui ont pu inspirer les acteurs sociaux : des traditions kharidjite, et surtout chiite, puis wahhabite ou mahdiste ont pu ainsi imposer leurs voies propres et susciter des traditions bientôt antagoniques les unes des autres...

On retrouve ainsi la révolution au centre même de l'histoire et de l'imaginaire propres au monde arabe, tant comme composante de la pensée que comme vecteur de l'action. La première s'est construite dans un rapport à l'autre, extérieur, fait d'emprunts, de fascination parfois, et de rejet aussi. De par sa localisation, de par son histoire et sa situation de carrefour culturel, l'espace arabe a été un lieu tout à fait privilégié d'élaboration d'une pensée révolutionnaire composée, d'effervescence des idées contestataires venues de lieux multiples. On ne s'étonnera pas que, dans un contexte de mondialisation, il devienne un espace privilégié de production révolutionnaire et que le « Printemps arabe » ait ainsi très vite gagné ce statut de laboratoire d'idées et de formes de mobilisation renouvelée. Comme vecteur d'action, le monde arabe apparaît sous des traits comparables. La mondialisation a fait de celui-ci un champ tout à fait privilégié, marqué par une exceptionnelle densité événementielle, où les facteurs de transformation radicale se révèlent avec un éclat tout particulier. Comme foyer conflictuel (Syrie, Irak, Libye, Yémen, Palestine...), comme espace de contestation de régimes dont la légitimité est incertaine (Algérie, Syrie, péninsule arabique, Liban, Égypte...), comme support remarquable d'interventions étrangères (Syrie, Liban, Irak...), comme enjeu de compétition culturelle et religieuse, ce monde gagne de plus en plus en centralité parmi les processus révolutionnaires mondiaux dont la convergence et la simultanéité vont en s'affirmant sans cesse davantage.

Au travers de ces mutations, l'histoire arabe subit une double transformation.

D'abord quant aux enjeux révolutionnaires qui la façonnent : dans le cheminement contemporain, on est passé ainsi du temps de l'émancipation coloniale, à celui de résistance aux ordres autoritaires, pour atteindre celui d'une posture mondialisée qui cumule les deux étapes précédentes tout en les inscrivant dans le temps mondial. Quant à sa configuration propre, cette nouvelle histoire révolutionnaire réévalue le rôle des sociétés civiles, diversifie les cibles de contestation, en s'ouvrant aux questions de genre, de sécurité humaine et aux grands enjeux sociaux mondiaux. Tel est probablement le vrai sens de l'imagerie printanière qu'on lui associe, au-delà des souffrances vécues, depuis un certain jour martyr d'un automne tunisien finissant.

NOTES

1. Renaissance littéraire et intellectuelle arabe au XIXe siècle.

2. In *Presse et mémoire. France des étrangers, France des libertés*, Paris, Éditions ouvrières, 1990, p. 121.

3. On peut se référer aux deux ouvrages dominants en la matière : Theda Skocpol, *States and Social Revolutions*, Cambridge, Cambridge University Press, 1979 ; Charles Tilly, *From Mobilization to Revolution*, Reading, Addison-Wesley, 1978.

FAIRE LA RÉVOLUTION

Le Printemps arabe, un événement global

par **Bahgat Korany**
traduit de l'anglais par **Benjamin Guérif**

Rappelons tout d'abord que le « Printemps arabe » a commencé d'une manière un peu particulière et inattendue. Ce phénomène, qui toucha l'ensemble du monde arabe et eut de grandes répercussions internationales, a été déclenché par un acte individuel, en Tunisie rurale. Mohamed Bouazizi, un diplômé de l'université qui ne trouvait pas d'emploi, s'était retrouvé obligé de travailler comme marchand ambulant. Mais même ça, on ne le lui a pas permis. Il fut arrêté par une policière, puis humilié au poste. Excédé et désespéré, il s'est peu après immolé par le feu.

La vraie question, c'est de savoir pourquoi une décision aussi personnelle que de se suicider provoqua un mouvement de protestation à l'échelle de l'ensemble du monde arabe, qui se traduisit par de nombreuses grandes manifestations, en 2011 et après. Nous avons déjà analysé, ailleurs, le contexte arabe profond dans lequel ces révoltes ont pu se développer (Korany, 2014), et il est inutile d'y revenir ici. Par contre, il nous faut absolument comprendre pourquoi la réaction de Bouazizi eut de telles conséquences, c'est-à-dire de faire tomber au moins quatre chefs d'État : Zine el-Abidine Ben Ali en Tunisie, Hosni Moubarak en Égypte, Mouammar Kadhafi en Libye et Ali Abdallah Saleh au Yémen. Le cinquième, Bachar el-Assad, est toujours au pouvoir en Syrie, mais au prix d'énormes pertes humaines et matérielles, comme nous allons le voir. Mouvement au départ essentiellement local, le Printemps arabe devint néanmoins, pour tout ce qui concerne la région Afrique du Nord-Moyen-Orient (ANMO), une référence internationale pour séparer le « monde d'avant » du « monde d'après ».

Cet article se propose d'étudier cette dimension internationale, négligée, à travers cinq points. Nous distinguerons d'abord la dimension internationale de la dimension intérieure qui a structuré, non sans raison, la plupart des analyses du Printemps arabe. Nous comparerons le Printemps arabe à un autre événement récent, lui aussi fondé sur une dynamique populaire : la chute du mur de Berlin en 1989. S'il a des similitudes avec cet événement, le Printemps arabe s'en distingue par de nombreux aspects de ses répercussions internationales sur lesquelles nous reviendrons. Nous étudierons dans un deuxième temps des aspects plus habituels des relations internationales, notamment les réactions et ambitions de certaines puissances régionales telles que l'Iran, la Turquie ou les pays du Golfe. Nous nous intéresserons ensuite au développement de nouveaux types de guerres, ou « guerres nouvelles ». Le quatrième point analysera deux de leurs conséquences directes au niveau international, ainsi que leurs impacts visibles : la fragilité ou l'échec de l'État, et l'afflux chaotique de réfugiés. Enfin, même si le Printemps arabe peine à atteindre certains de ses objectifs, il s'agit d'un phénomène toujours en cours, comme en témoignent les puissants mouvements de protestation récents en Algérie, au Liban ou au Soudan.

Les voies de l'internationalisation

Pour commencer sur cette dimension internationale jusqu'ici négligée, il faut expliquer pourquoi le coup d'éclat individuel de Bouazizi s'est révélé une référence globale dans la région, une ligne de césure entre « l'avant » et « l'après ». Cette visibilité globale semble contradictoire avec les raisons essentiellement locales des soulèvements. On s'en souvient, la grande majorité des slogans, depuis l'avenue Bourguiba jusqu'à la place Tahrir, était « ارحل » (« Dégage »), exigeant purement et simplement le départ du chef de l'État et la fin de son régime. Dans mon analyse d'un certain nombre des slogans de la place Tahrir, seuls trois sur quarante-quatre (soit moins de 10 %) parlaient de politique internationale, particulièrement d'une éventuelle intervention américaine pour sauver le régime de Moubarak. Autrement dit, ces slogans ne reprenaient pas les habituels « Mort à l'impérialisme », « Mort au sionisme », « Vive la Palestine »... Au départ, le Printemps arabe semblait être un mouvement de protestation essentiellement intérieur.

Cette coloration principalement domestique est encore plus claire si on compare avec un autre mouvement de protestations d'origine populaire, la chute du mur de Berlin en 1989. Comme le Printemps arabe, la chute du Mur commença – en apparence – de manière non préméditée. Nous avons vu à la télévision des gens qui se sont spontanément libérés d'un mur qui coupait leur ville en deux. À ce stade initial, il n'y avait aucun indice clair que le peuple avait résolu de réunifier l'Allemagne. Comme nous le savons aujourd'hui, la réunification allemande fut l'une des conséquences essentielles de la chute du Mur. En fait, les conséquences furent encore plus grandes, puisqu'on a ensuite parlé de « nouvel ordre mondial ». La chute du Mur a entraîné la fin du monde bipolaire, la fin d'un monde divisé en deux blocs opposés par deux idéologies universelles et deux systèmes socio-politiques irréconciliables, le capitalisme et le socialisme. Ces conséquences *internationales* (déjà à l'évidence très importantes) ne s'arrêtent pas là : en 1991, l'écroulement de l'une des superpuissances, l'URSS, fut pour beaucoup une surprise, et restructura complètement l'histoire du monde contemporain, justifiant l'idée que l'affrontement idéologique avait tranché en faveur du capitalisme libéral, le prétendu « retour vers le futur ».

Il est évident que le Printemps arabe n'a pas eu un tel impact *structurel* global. Par contre, une analogie peut être faite concernant la notoriété internationale apportée à certaines rues et places du monde arabe, qui devinrent universellement familières (la place Tahrir en Égypte, par exemple, ou l'avenue Bourguiba à Tunis). Les lieux, comme les dates, peuvent devenir iconiques. L'exemple de la Bastille est peut-être le plus célèbre de toute l'histoire moderne. La prise de cette prison n'a pas seulement inauguré l'âge des révolutions modernes, mais a aussi incarné le monde nouveau, celui de « liberté, égalité, fraternité ».

Chaque ville semble avoir son propre lieu emblématique : Times Square à New York, Trafalgar Square à Londres, la Puerta del Sol à Madrid, la place Tiananmen à Pékin. Mais bien peu de ces lieux se sont gagné une renommée mondiale en si peu de temps que la *Midan Tahrir* (place de la Libération) en Égypte en 2011. Les débuts de la révolution égyptienne du 25 janvier, du Printemps arabe égyptien, sur la place Tahrir, a rendu ce nom encore plus emblématique au niveau global, dans la mesure où il commémorait déjà le rôle de cette place dans la libération du pays, son lien historique avec les manifestations de masse anticolonialistes égyptiennes (cette partie ainsi que la suivante sont issues de mon travail sur le terrain tel qu'il a été présenté dans le livre de Mehran Kamrava, *Beyond the Arab Spring*). Par exemple, le 25 janvier 1952, des manifestations eurent lieu à Al-Midan lorsque des forces d'occupation britanniques du canal de Suez attaquèrent des forces de police égyptiennes désarmées et firent des dizaines de victimes. Ces manifestations se traduisirent par l'incendie de certains bâtiments du centre-ville, comme le célèbre Shepheard's Hotel. La place Tahrir se trouve donc au cœur de la mémoire historique des Égyptiens.

En outre, l'aménagement urbain moderne de la place la rend facilement accessible aux manifestants. À cet égard, elle fut, avec le nouveau siècle, associée à une certaine idée de la modernité, comme quand le khédive Ismaïl[1] avait voulu imiter l'Europe (Le Caire devenant un « Paris sur le Nil »). Tahrir devint ainsi une sorte de pendant à de vieux quartiers islamiques tels qu'Al-Azhar et Khan Khalili. En fait, l'ancien nom de Tahrir, Ismailiya, était déjà associé à celui du khédive Ismaïl. Ce furent le président Gamal Abdel Nasser et les Officiers libres du nouveau régime républicain qui, proclamant qu'ils avaient apporté la liberté à l'Égypte, rebaptisèrent la place (Tahrir signifiant Libération).

C'est la position centrale et la disposition de la place qui en font un lieu de rassemblement aussi adapté. Elle est en effet plutôt ronde, une *midan*, une *arena* : un immense espace public que ses neuf points d'entrée rendent facilement accessible à des foules venues de tous les coins de la ville et d'au-delà. Ainsi, sur le plan géographique, c'est à la fois son ouverture et sa localisation qui rendent la place Tahrir aussi importante socialement et politiquement.

Mais cet espace aussi ouvert que central est également devenu le siège de diverses institutions, de la Ligue arabe au ministère des Affaires étrangères égyptien ou au Musée égyptien du Caire, sans oublier les ambassades britannique et américaine situées à proximité. Avec les années, la mosquée Omar Makram ou des hôtels cinq étoiles tels que le Hilton ou l'Intercontinental furent également construits non loin. Que la place Tahrir soit devenue un lieu de rassemblement de masse n'est donc pas étonnant. Pendant les dix-huit jours qui courent du 25 janvier ou 11 février 2011, Tahrir incarna un espace public politique réapproprié, et symbolisa un mini-État libéré. En s'imposant comme un symbole de révolte global parmi les mouvements de contestation de 2011, Tahrir en a inspiré d'autres, tels que Occupy Wall Street. Les touristes étrangers cherchent souvent leur hôtel dans le voisinage d'Al-Midan, ou demandent à ce qu'on les y emmène pour visiter. L'ancienne secrétaire d'État américaine Hillary Clinton ou Guido Westerwelle, ministre des Affaires étrangères allemand, ont tenu à se faire photographier là peu après la révolution. Al-Midan est presque devenue la quatrième pyramide d'Égypte.

Depuis janvier 2011, Al-Midan est toujours restée source d'enseignement aussi bien symbolique que pratique pour la révolution. Au-delà de son association avec les premiers jours de la mobilisation, et après la victoire de la révolution, Al-Midan est devenue un symbole de légitimation politique. En 2011, le premier Premier ministre post-révolution, Essam Charaf, a été choisi par « le peuple d'Al-Midan », et en conséquence choisit d'y prêter serment. En juin 2012, à la suite de sa victoire à l'élection présidentielle, Mohamed Morsi, premier président civil de l'Égypte, prêta à Al-Midan son « serment au peuple », avant d'aller faire de même plus formellement devant la Cour constitutionnelle suprême. Les manifestations de décembre 2012 contre le projet de Constitution confirmèrent ensuite que Tahrir demeurait un microcosme emblématique des soulèvements et fortunes changeantes du Printemps arabe, en Égypte et au-delà : bref, demeurait emblématique de l'internationalisation de ce Printemps arabe.

La rapide internationalisation du Printemps arabe fut également différente de celle de la chute du mur de Berlin. Cette internationalisation fut alimentée par un facteur très caractéristique de cet événement et de cette région : le développement de la globalisation et la diffusion de nouveaux médias sociaux. Dans le cas de la Tunisie, de l'Égypte et au-delà, les débats ont franchi les frontières. Plus de 80 % des jeunes disaient alors que les nouveaux médias sociaux participaient à leur information. Une semaine avant la démission du président Moubarak, le nombre de tweets en Égypte a été multiplié par cent, passant d'environ 2 300 par jour environ à quelque 230 000. Quelque vingt-trois vidéos totalisèrent 5,5 millions de vues. De même, l'utilisation de Facebook explosa.

L'exemple de Wael Ghonim[2], cadre supérieur chez Google, responsable marketing pour le Moyen-Orient, est parlant. *Time Magazine* l'a mis en première place de sa liste des cent personnes les plus influentes en 2011. *Arabian Business* l'a placé deuxième sur sa liste des cinq cents Arabes les plus influents. Il continua à attirer de larges audiences à des événements, comme lorsque Caroline Kennedy le présenta pour le prix John F. Kennedy Profile in Courage.

Ghonim commence son témoignage sur le Printemps arabe avec le récit de son kidnapping dans les rues du Caire quelques jours seulement avant le début de la révolution de janvier place Tahrir. Il raconte comment les rues illuminées du centre-ville furent soudain voilées de ténèbres lorsqu'il fut poussé dans une voiture et menotté, les yeux bandés. L'un des deux agents de la police de sécurité lui maintenait constamment la tête sur les genoux, pour que personne dehors ne puisse rien voir. Une fois arrivé dans les locaux de la police secrète, Ghonim fut battu, entre rires sadiques et insultes – un traitement semblable à celui que subit Bouazizi en Tunisie. Des détails de torture bien pires me furent confirmés par un ancien étudiant, également militant pacifiste. Longtemps après son arrestation et sa détention, il demeurait tellement traumatisé qu'il peinait à parler de son expérience, même en *tête à tête*[3]. Le fait que Ghonim ait travaillé pour Google, ainsi que son addiction aux médias sociaux, l'ont sauvé et ont ainsi influencé le développement du Printemps arabe lui-même.

Ce ne sont pas les médias sociaux qui ont fait la révolution, mais leur puissance mobilisatrice, notamment à travers des slogans tels que « Le pouvoir du peuple est plus grand que le peuple au pouvoir ». Les messages instantanés, qui ont touché jusqu'aux hésitants et aux plus méfiants vis-à-vis de l'exposition publique, ont façonné une communauté de gens dont la frustration a animé la force collective dans la rue. L'impact des médias sociaux s'est maintenu et auto-entretenu alors que Ghonim était à l'isolement pendant onze jours. Plus encore, si Google n'avait pas crié au monde entier : « Où est Ghonim ? », il aurait pu devenir un autre Bouazizi, ou un autre Khaled Saïd[4].

La réaction de Ghonim est révélatrice de l'importance des nouveaux médias sociaux et de la culture de la jeunesse qui s'est servie d'eux pour diffuser le Printemps arabe. Même avant que Ghonim ne devienne un important responsable de Google pour le Moyen-Orient, les médias sociaux avaient structuré sa vie, politiquement, professionnellement et aussi sur le plan personnel, comme bien d'autres gens de sa génération. Ghonim a raconté comment il avait rencontré Ilka Johannson, une musulmane américaine devenue son épouse, grâce à Internet.

Traumatisé par la torture et les tabassages publics d'opposants, parfois à mort, Ghonim a vu ses faits d'armes sur les réseaux sociaux agir sur lui comme une thérapie. Son épouse dut le calmer alors qu'il pleurait dans son bureau. Mais ce dont Ghonim avait besoin pour apaiser sa souffrance, c'était d'entreprendre quelque chose de positif, et de parvenir à ouvrir les yeux d'autres gens plus passifs. Un site spécifique fut alors créé afin de protester activement contre les violences policières généralisées. Le résultat fut vraiment impressionnant : 300 visiteurs dans les deux premières minutes, 3 000 en une heure, 100 000 une semaine plus tard, et bientôt 250 000 visiteurs réguliers. Le ton est rebelle, plein d'entrain et de colère, et très provocateur, avec des références à la chanson populaire destinées à alimenter la protestation et à la traduire en actions. Le site fut également connecté à d'autres sites, et mis en relation avec des blogueurs connus. Avec un tel réseau, ce site accrédite l'idée que les médias sociaux constituent une alternative aux médias établis, presse et télévision.

L'analyse de ce site (et d'autres) avant janvier 2011 montre le flux constant de propositions sur la manière de résister et de provoquer le changement. La réflexion se concentre sur les moyens de la protestation et sur la façon de faire de la politique dans la rue. On appelle à la mobilisation. Un aspect de la stratégie à mettre en œuvre : faire honte aux différents régimes arabes pour certaines de leurs pratiques, comme les fraudes électorales flagrantes qui donnent des « victoires » à plus de 90 %. Par exemple, un dossier spécial intitulé « Jour noir des élections égyptiennes », comprenant de nombreuses photos qui témoignent de la fraude généralisée. Il apparaissait clairement que cette fraude électorale n'était qu'un aspect, consubstantiel, de la faillite générale de ces régimes. La partie visible de l'iceberg, pourrait-on dire.

Avant le soulèvement déjà, les médias sociaux diffusaient ce qu'ils appelaient non sans sarcasme les « réussites » du régime. Ainsi, en Égypte, le nombre de suicides au cours des quatre années précédentes (2005-2009) a été de 12 000, dont 5 000 rien qu'en 2009. Il y a eu plus de 100 000 tentatives de suicide par an, ce qui est cinq fois plus qu'en 2005. Plus des deux tiers de ces suicides étaient le fait de jeunes de moins de vingt-cinq ans. L'origine de ces données ? Rien de moins que des sources gouvernementales, telles que l'Organisme central des statistiques, ou alors publiées par un média semi-officiel, mais tout aussi gouvernemental, le journal *Al-Ahram*.

À la veille du soulèvement, la mobilisation sur les nouveaux médias sociaux s'est intensifiée, et a insisté sur diverses « réussites » gouvernementales. Notamment, le chômage des jeunes, la corruption endémique et généralisée, la pauvreté très répandue, le développement de l'anémie infantile et le sentiment de dépression nationale. Ils exigeaient des mesures immédiates afin de surmonter cette situation désastreuse, comme, par exemple, abolir l'état d'urgence, mettre fin à la torture par la police ou limiter le nombre des mandats présidentiels. Afin de coordonner les manifestants et d'accroître leur efficacité, les nouveaux médias sociaux ont précisé des points de regroupement. Il y eut des propositions de slogans mobilisateurs, dont deux furent beaucoup entendus pendant la révolution tunisienne. Les médias sociaux proposèrent également des recommandations pratiques afin de protéger les manifestants et de maximiser l'efficacité de la mobilisation.

Et le soulèvement commença, et s'internationalisa. Les médias sociaux en furent la clé, non seulement pour mobiliser les gens dans différents endroits à travers le monde arabe, mais aussi et surtout en les coordonnant pour davantage d'efficacité.

En plus de cette nouvelle forme d'internationalisation par le biais des nouveaux médias sociaux, d'autres répercussions internationales plus conventionnelles peuvent être identifiées, même si elles semblaient non planifiées. Logiquement, une telle série de soulèvements populaires ne pouvait qu'éveiller l'intérêt à l'international. Cependant, en dehors de l'engagement actuel de la Russie en Syrie, et de quelques interventions étrangères ponctuelles comme le bombardement de l'OTAN en Libye pour neutraliser Kadhafi, les grandes puissances se sont pour la plupart contentées de déclarations. Les manœuvres pour capitaliser sur le Printemps arabe ou en tirer profit, qu'il s'agisse de le récupérer ou de le neutraliser, furent surtout visibles au niveau régional.

Intérêts et ambitions des puissances régionales

Des puissances régionales incontournables, comme la Turquie ou l'Iran, représentaient alors des modèles de société et de gouvernance politique distincts : une démocratie islamique libérale pour l'une, un islam révolutionnaire pour l'autre. En conséquence, aussi bien Ankara que Téhéran espérèrent que le Printemps arabe se traduirait par la promotion de leur propre modèle politique et de société. La rapide transformation de groupes islamistes, tels que Ennahdha en Tunisie ou les Frères musulmans en Égypte, en partis politiques actifs montrèrent leur intention de prendre le pouvoir et d'établir leur propre système de gouvernement. Leur forte montée en puissance fit estimer à certains observateurs que le Printemps arabe pourrait bien se muer en Printemps islamique. De fait, en 2011, Ennahdha constitua la base du gouvernement tunisien. En Égypte, les élections législatives puis présidentielles de 2012-2013 confirmèrent l'arrivée au pouvoir des islamistes au niveau législatif aussi bien qu'exécutif. Le premier président civil élu fut Mohamed Morsi, le candidat des Frères musulmans.

Nous savons à présent que tout cela ne devait être que de courte durée. Ennahdha perdit sa position dominante et comprit qu'il lui faudrait trouver des accords avec d'autres forces politiques pour demeurer au pouvoir, c'est-à-dire faire partie d'une coalition. L'idéologie islamiste empêche de prendre part à la construction d'une coalition, à moins de diluer sa pureté idéologique initiale sur le marché politique. En Égypte, le retrait des islamistes fut encore plus fort, et même violent. Après des manifestations massives, qu'elles aient été spontanées ou non, contre le gouvernement des Frères musulmans, Morsi fut renversé par les militaires en 2013, avant de rester incarcéré jusqu'à sa mort en 2019. L'ancien ministre de la Défense qui renversa Morsi, Abdelfattah al-Sissi, devint président de la République et l'est toujours, tandis que les principaux responsables des Frères musulmans sont en prison ou en exil.

Le déclin de ces forces islamistes est favorisé, et orchestré, par un *troisième groupe de puissances régionales* : les États du Golfe, de l'Arabie saoudite aux Émirats arabes unis. Des pays conservateurs, favorables au statu quo, des États pétroliers rétifs au changement, aussi bien interne qu'au niveau régional, et d'autant plus rétifs au changement que ce dernier émanerait des foules. Habituellement prudente, l'Arabie saoudite a montré on ne peut plus clairement son hostilité aux transformations en cours lorsqu'elle a envoyé des troupes chez son voisin, Bahreïn, afin de faire taire la contestation et de maintenir au pouvoir le gouvernement de la minorité sunnite de la dynastie Al-Khalifa. Il ne s'agissait en réalité que du signe avant-coureur de l'intervention militaire bien plus massive de 2015 au Yémen, au nom de la soi-disant « Alliance arabe ». Ni l'Égypte ni la Tunisie ne s'engagèrent dans ce genre d'intervention militaire, dont elles n'avaient pas besoin, mais les pays pétroliers recoururent à leurs moyens d'influence bien connus : l'usage des pétrodollars. Même si dans ce genre de tractations secrètes les faits sont difficiles à établir, des rapports estiment que 35 milliards de dollars ont été dépensés en Égypte pour aider les militaires à se débarrasser du président Morsi et de son régime « Frères musulmans ».

À ce niveau régional, il faut cependant mentionner que la règle géopolitique peut souffrir des exceptions inattendues. Ainsi, les principaux États du Golfe rétifs au changement, l'Arabie saoudite et les Émirats arabes unis, souhaitaient la chute du régime syrien et être débarrassés de Bachar el-Assad. L'incohérence apparente de ces États du Golfe a sa logique régionale. En menant sa guerre pour maintenir son régime alaouite, Bachar el-Assad compte sur son alliance avec l'Iran, incarnation non seulement de l'islam révolutionnaire, mais du chiisme. En réalité, l'Iran a commencé par envoyer des « conseillers militaires » afin de renforcer militairement le régime de Bachar el-Assad. Ensuite, il a mobilisé les forces d'un acteur non étatique, le Hezbollah libanais, qui a rejoint les troupes combattantes au sol. Selon un reportage de Bloomberg du 20 mai 2020, l'Iran aurait dépensé entre 20 et 30 milliards de dollars en Syrie pour soutenir le régime et combattre le soi-disant État islamique. C'est un officiel qui le dit au journal semi-officiel *Etemad*, rare exemple d'estimation de la part d'un proche du pouvoir. En comparaison, le budget total de la défense de l'Iran l'année dernière se montait à quelque 700 000 milliards de rials, soit 16,6 milliards de dollars.

Quoi qu'il en soit, « l'islam révolutionnaire » de l'Iran s'est révélé peu efficace pour lutter contre le changement et défendre le statu quo. Ainsi la Syrie a-t-elle incarné le prétendu fossé entre sunnites et chiites dans le monde arabe, et annoncé le conflit au Yémen. En fait, la Syrie comme le Yémen illustrèrent plutôt l'idée de guerre par procuration. Particulièrement la Syrie, qui fut le théâtre de l'engagement de rien de moins qu'une superpuissance, la Russie. Les frappes aériennes continuelles d'Israël confirment cette idée de guerre par procuration, dans la mesure où elles sont surtout dirigées contre l'Iran et son allié du Hezbollah. Les implications régionales sont limpides.

Le régime syrien semble être en train de gagner militairement, mais ce pourrait bien être une victoire à la Pyrrhus : chère payée vu ses résultats. Ce pourrait même être une victoire incomplète, un succès à l'issue d'une très longue bataille mais qui ne permette pas pour autant de remporter la guerre, en particulier dans ses dimensions politiques plus larges. En fin de compte, la sanglante guerre de Syrie, comme dans les cas du Yémen et de la Libye, met en évidence une nouvelle façon de faire la guerre : le pseudo-modèle des « guerres nouvelles ».

Observer et analyser ces « guerres nouvelles » ne fait que souligner encore plus clairement les répercussions internationales sous-analysées du Printemps arabe.

Le développement des « guerres nouvelles »

Quand on pense au phénomène si bien connu et répandu de la guerre, on a tendance à penser aux conflits interétatiques et aux analyses classiques comme celles du général allemand Clausewitz. Mais ces vingt dernières années nous montrent un schéma différent : de moins en moins de guerres interétatiques, et à la place, de plus en plus de guerres intra-étatiques. Mary Kaldor, de la London School of Economics, a été, deux décennies avant le Printemps arabe, jusqu'à promettre le développement, voire la prolifération, de ces « guerres nouvelles », vouées à supplanter, dit-elle, les guerres conventionnelles entre États. De fait, il y a de moins en moins de guerres interétatiques et de plus en plus de guerres intra-étatiques.

En réalité, ce qui se produit en Libye, en Syrie et au Yémen montre dans quelle mesure les guerres qui déchirent ces pays sont différentes des anciennes guerres conventionnelles entre États. Les guerres entre États étaient notamment provoquées par la volonté de défendre des intérêts nationaux et la « sécurité nationale », quelle que soit la manière dont on définit cette dernière. En Libye et au Yémen, l'État a pratiquement disparu, et même en Syrie il a perdu son caractère distinctif : le monopole de l'usage de la violence. Plus encore, le déclenchement et la poursuite d'une guerre conventionnelle entre États dépendaient d'économies centralisées par eux et de la levée d'impôts permettant d'entretenir des armées professionnelles et de développer les capacités à combattre et à tuer. On se souvient de la célèbre remarque de Raymond Aron : le soldat est entraîné à tuer, mais ce qui le préserve d'être accusé de crime c'est qu'il tue au nom de l'État. Les nouvelles guerres qui se déroulent en Libye, au Yémen ou en Syrie ne sont pas menées au nom de l'État, mais au contraire plutôt contre lui. En outre, les acteurs non étatiques engagés dans ces guerres contre les États sont nombreux : tribus, sectes religieuses diverses, milices, et même des groupes terroristes institutionnalisés comme l'État islamique (Daesh, ou ISIS en anglais). Contrairement aux guerres conventionnelles entre États, dans lesquelles ce sont les soldats professionnels qui jouent le rôle le plus important, ce rôle principal incombe ici à des groupes paramilitaires, dont des mercenaires étrangers et, de plus en plus, des entreprises de sécurité privées. Conséquence de ce grand nombre de groupes belligérants : leur financement n'est pas assuré par une économie centralisée et manque totalement de transparence. Ils peuvent en effet recourir au commerce illégal de ressources (pétrole en Libye), à la prise d'otages, au braquage de banques ou à d'autres types de vols ou de pillages. Bref, la multiplication des participants et l'absence de transparence quant à leur financement et leur organisation font des guerres nouvelles quelque chose de confus : des guerres à l'intérieur de guerres. Qui en outre impliquent une confusion d'objectifs, depuis la défense des considérations identitaires de certains groupes, sur lesquelles il s'agit de capitaliser, jusqu'à la dissimulation de leurs liens avec le crime organisé. Le tableau suivant montre que, pour la Libye, la Syrie et le Yémen, les guerres nouvelles sont très coûteuses en termes humains et matériels (mis à jour de Korany, 2019).

« GUERRES NOUVELLES », DE MULTIPLES COÛTS ET ACTEURS

LIBYE

Protagonistes

General National Congress (GNC) : Avec l'« Aube libyenne » (Libya Dawn, équivalent d'une « force armée » dirigée par leur ex-chef d'état-major le général Jadallah al-Obaidi) et le « Libya Shield Grouping ».

Government of National Accord (GNA) : Basé à Tripoli, dirigé par Fayez Sarraj et soutenu par l'ONU.

L'Armée nationale libyenne (Libyan National Army, LNA) : Basée dans l'est de la Libye, commandée par le général Khalifa Haftar et soutenue par un grand nombre de milices et d'unités de forces spéciales.

Groupes djihadistes :
État islamique (ISIS) : A établi son bastion dans la cité côtière de Syrte, à mi-chemin entre l'est et l'ouest du pays, et a progressé en direction des sites pétroliers voisins de Sidra et Ras Lanouf, qui lui fournissent des revenus.
Ansar al-Charia : Groupe pro Al Qaida, actif dans l'est de la Libye. A combattu l'Armée nationale libyenne à Benghazi. Également implanté dans les villes de Derna et Sabratah. Responsable de l'attaque du consulat américain en septembre 2012 et du meurtre de l'ambassadeur Chris Stevens. Considéré comme une organisation terroriste.
Révolutionnaires de Benghazi : Le Conseil de la Choura, le Conseil de la Choura des Moudjahidin de Derna, le Conseil de la Choura des Révolutionnaires d'Ajdabiya.

Coûts du conflit

Nombre de morts : Estimé à environ 32 000 personnes depuis 2011 (chiffre exact indisponible).

Coût financier : Le secteur pétrolier libyen aurait, à lui seul, perdu 68 milliards de dollars de revenus depuis 2013, avec l'arrêt de l'exploitation des champs pétrolifères et les perturbations dans les ports. La richesse produite est passée, au cours de la première année du conflit, de 80,9 milliards de dollars à seulement 37,4. La production pétrolière est passée de 1,77 million de barils par jour en 2010 à tout juste 22 000 en 2012. Mais ce n'est pas tout, car près de la moitié des infrastructures et des complexes de production ont été détruits.

SYRIE

Gouvernement syrien (Assad) : Survit grâce à ses alliés :

a) **Russie :** Effectue des frappes aériennes et fournit un soutien politique à l'ONU.
b) **Iran :** Fournit des armes, des conseillers militaires et, dans certains cas observés, des troupes.
c) **Hezbollah :** Essentiellement des combattants chiites.
d) **Milices chiites :** Recrutées par l'Iran en Irak, en Afghanistan et au Yémen.

Rebelles : Avec des degrés de soutien variables, mais sans coordination.

a) **Turquie :** Livraison d'armes, soutien militaire et politique.
b) **Golfe Arabo-Persique :** Principaux financements, fourniture d'armes.
a) **États-Unis :** Fourniture d'armes, entraînement de troupes et aide militaire aux groupes « modérés ».
b) **Jordanie :** Entraînement de troupes et soutien logistique.

État islamique (Daesh) : Combat à la fois le gouvernement syrien et les rebelles, avec la volonté de les écraser tous.

Kurdes : La population kurde du nord de la Syrie ne soutient aucune des factions en guerre et déclara en 2014 la création d'un gouvernement autonome sur les territoires qu'elle contrôle. Les Kurdes ont été beaucoup aidés par les Américains, et combattus par la Turquie. Ils semblent être la force au sol la plus efficace contre l'État islamique.

Nombre de morts : Plus de 384 000 au 15 mars 2020, et plus de 145 000 disparus. Parmi les tués, quelque 116 000 civils. Les forces gouvernementales et leurs alliés ont tué plus de 83 500 civils, dont plus de 27 500 au cours de frappes aériennes et 14 600 en prison. Les djihadistes de l'État islamique ont tué plus de 3 700 civils, et les frappes aériennes menées par les États-Unis, autour de 920 civils. La Turquie a aussi tué plus de 500 civils. Parmi ces morts, 22 000 enfants et 13 000 femmes. 129 376 soldats du régime sont morts (incluant 1 697 membres du Hezbollah), ainsi que 5 700 opposants, 13 624 pour les Forces démocratiques syriennes dominées par les Kurdes et 67 296 pour Daesh. 11 millions de Syriens ont par ailleurs dû fuir leur maison.

Coûts financiers : Environ 226 milliards de dollars, sous forme d'infrastructures endommagées et de pertes infligées à l'économie. Ce montant représente quatre fois le PIB syrien en 2010. Le conflit a détruit 27 % des logements et environ la moitié des infrastructures médicales et d'éducation. Quelque 538 000 emplois sont perdus chaque année. Selon la Banque mondiale, le revenu par habitant n'est que de 23 %, ou à peine un quart, de ce qu'il aurait été si la guerre n'avait pas éclaté, ses effets directs comptant pour une baisse de 14 % du revenu par habitant.

YÉMEN

Les Houthistes : Rébellion tribale chiite remontant au règne de l'ancien président Saleh, qui pendant les troubles s'est emparée du nord de l'intérieur du pays, de la province

Nombre de morts : Plus de 100 000 morts depuis mars 2015. Plus de 10 000 civils tués, 4 millions de déplacés. 75 % de la population (22 millions) a besoin d'aide de Sanaa et des zones avoisinantes. Ils sont soutenus par des Yéménites désabusés, dont des sunnites, ce qui leur a permis de prendre Sanaa.

Le Gouvernement « légitime » de Hadi : Il a pris le pouvoir en 2011, après la chute de Saleh. A dû se trouver confronté à maints problèmes, dont des attaques d'al-Qaida et le séparatisme dans le Sud. De nombreux officiers de l'armée ne lui sont guère loyaux. Fait face à des problèmes de corruption, de chômage et de sécurité alimentaire. A dû fuir le pays en mars 2015.

L'Arabie saoudite : Mène en mars 2015 une campagne aérienne massive, avec huit autres pays arabes essentiellement sunnites, afin de restaurer le gouvernement Hadi (qui était auparavant un homme de Saleh). La coalition fut aussi soutenue par les États-Unis, le Royaume-Uni et la France.

Iran : Considéré comme ayant soutenu les Houtistes afin de s'emparer du pays.

humanitaire, dont 11,3 millions de manière urgente. Rien qu'entre juin et octobre 2018, plus de 570 000 personnes ont dû fuir leur domicile.

Besoins en aide humanitaire

a) **Insécurité alimentaire :** 17,8 millions de gens, soit plus de 75 % de la population, ne savent pas d'où viendra leur prochain repas, et 8,4 millions sont considérés comme menacés de famine. Près de 400 000 enfants de moins de cinq ans sont gravement menacés de famine.

b) **Crise sanitaire et déplacements de population :** 16,4 millions de gens n'ont pas accès aux soins de santé de base, la moitié des infrastructures sanitaires du pays étant détruites. La plus grave épidémie de choléra sévit depuis avril 2017, avec plus d'un million de cas suspectés et 2 248 morts. Ces trois dernières années, 3 millions de gens ont fui le pays et 2 millions ont été déplacés.

On le voit bien, ces « guerres nouvelles » ne sont pas seulement coûteuses et chaotiques, elles semblent également sans fin, et ont à ce titre deux conséquences internationales directes importantes. L'affaiblissement, voire l'effondrement à terme de l'État d'une part ; un débordement direct à l'international, à travers des flots de réfugiés d'autre part.

L'effondrement de l'État

Les « guerres nouvelles » ont été à la fois la cause et la conséquence de la disparition de l'État arabe, accentuant et aggravant une situation chaotique de désordre persistant. Quoi qu'on pense de l'État, quelle que soit la conception qu'on en a, il demeure que cette entité politique est, depuis les traités de Westphalie de 1648, la base de l'ordre international. Tous les événements fondateurs dans les relations internationales, depuis le Congrès de Vienne au début du XIXe siècle, jusqu'aux organisations « universelles » du XXe siècle, comme la Société des Nations (SDN) ou l'Organisation des Nations unies (ONU), sont articulés autour des États. Tout comme le sont aujourd'hui les règles de l'ordre international telles que la souveraineté nationale, l'intégrité territoriale, la non-intervention et toutes ces lois internationales qui espèrent réguler les relations internationales. Bien que nombre de ces règles soient contestées parce qu'importées dans le monde arabe, et soient certainement en retard par rapport au contexte globalisé actuel, elles demeurent très structurantes dans les relations internationales à l'ONU et maintiennent la primauté de l'ordre étatique. Mais les « guerre nouvelles » font peser une réelle menace sur ces « acteurs internationaux » essentiels, et sont presque en train de les tuer. De nombreux acteurs, agents ou officines entrent en compétition avec l'État pour gagner leur propre autonomie par rapport à lui. Ils veulent en fait avoir leur propre autorité contre celle de l'État. En fin de compte, ces agences et autres acteurs non étatiques développent, par eux-mêmes ou avec une aide extérieure, leur puissance armée pour nier la caractéristique essentielle de l'État : le monopole de l'usage de la violence. En conséquence, la scène intérieure va d'un extrême à l'autre, d'un excès d'autoritarisme à : il n'y a plus personne au volant. C'est même quasiment l'anarchie, comme en témoignent les nombreuses sources statistiques sur la désagrégation de l'État en Libye, en Syrie et au Yémen pendant la décennie 2009-2019, soit à partir d'un an seulement avant le début du Printemps arabe (et dans la mesure où les données de la dernière année sont accessibles).

Tous les États ayant connu le Printemps arabe virent leur indice de faillite de l'État se rapprocher du chiffre qui correspond théoriquement à un effondrement complet de l'État. Les cas de la Libye, la Syrie et le Yémen, théâtres de ces « guerres nouvelles », sont parlants. À titre d'exemple, le Yémen est passé de n° 18 sur l'indice des États faillis en 2009 à n° 1 en 2019 et 2020, avec le douteux privilège de supplanter la Somalie.

En comparaison, l'Égypte et la Tunisie n'ont pas trop souffert, et ces États sont d'ailleurs toujours en place, mais sans avoir réglé le problème de conserver un ordre et une gouvernance stables, comment le montrent les chiffres communiqués par la Banque mondiale. Il y a un progrès des différents indicateurs pris en compte par l'institution mondiale en ce qui concerne l'Égypte et la Tunisie, mais nous pouvons constater que jusqu'en 2018, dernière année où les données sont disponibles, ces deux pays n'ont pas, pour la plupart des indicateurs, atteint le « point neutre », montrant une gouvernance stable. Pour l'Égypte, cela traduit divers problèmes dans *tous* les domaines : contrôle de la corruption, efficacité de l'État, stabilité politique, qualité de la législation, État de droit, capacité à s'exprimer et à demander des comptes. La Tunisie n'est pas bien loin devant.

Le flot des réfugiés

L'une des conséquences internationales les plus notables des guerres et de cette grave instabilité, ce sont les déplacements et migrations, domestiques ou internationaux. Déjà en 2015, Leonard Doyle, porte-parole de l'Organisation internationale pour les migrations, déclarait : « [...] on n'a rien vu de pareil depuis la Seconde Guerre mondiale. Des milliers de gens traversent la Méditerranée en prenant de gros risques. Par exemple, sur les 45 000 qui ont traversé en 2013, 700 sont morts. Au cours des années suivantes, ce nombre a été multiplié par plus de quatre pour atteindre 3 224. Pas moins de la moitié de la population syrienne est déplacée, soit à l'intérieur des frontières du pays, soit réfugiée à l'étranger. Les pays arabes voisins, comme le Liban ou la Jordanie, qui souffrent eux-mêmes de leurs propres problèmes, ploient sous le fardeau des réfugiés syriens. Selon le HCR (Haut Commissariat des Nations unies pour les réfugiés), sur les 744 000 réfugiés connus en Jordanie, 655 000 sont syriens. Le cas du Liban est encore plus clair, aussi bien si l'on regarde le nombre de réfugiés que la part de Syriens parmi eux : sur 1,7 million de réfugiés, les Syriens sont 1,5 million. Ces deux pays ont, semble-t-il, le nombre de réfugiés le plus élevé par rapport à leur population.

Il est vrai que des organisations internationales sont venues en aide à ces pays, mais leurs moyens semblent sans proportion avec l'ampleur du problème. L'économie et la société de la Jordanie, déjà auparavant « sous pression », sont désormais en situation de « soins intensifs ».

Plus important du point de vue international, l'afflux de réfugiés en dehors de la région, principalement à travers la Méditerranée. Entre 2015 et 2019, le nombre de réfugiés à avoir traversé la Méditerranée orientale, centrale ou occidentale est estimé à plus d'un million.

La Méditerranée s'est ainsi révélée, ces dernières années, être un « cimetière de masse », même si ce n'est pas seulement le fait de Syriens. La photographie d'Aylan Kurdi, l'enfant syrien retrouvé sans vie sur une côte méditerranéenne, parle davantage qu'un long discours.

Le « Printemps arabe » a été un mouvement de protestation endogène, un phénomène *sui generis* provoqué par des causes internes. L'étude des tendances politiques et des sociétés arabes montre que ce grand soulèvement a été précédé de divers mouvements de contestation, aussi bien contre les violations des droits de l'homme que contre le chômage de masse. Un travailleur a d'ailleurs exprimé le sentiment de la force de travail envers le Printemps arabe en disant que c'est un exemple de « la révolution qui rejoint les travailleurs ». C'est pourquoi il est important de se souvenir qu'il ne s'agissait pas du premier mouvement de contestation dans la région.

Mais ces grands mouvements de 2011 eurent aussi leurs caractéristiques spécifiques. Ils se transformèrent en phénomène réellement régional, le couronnement de différents mouvements de protestation nationaux qui déborda les frontières au début de la deuxième décennie du XXIe siècle. Cette dimension transnationale, initialement non prévue, est l'une des raisons les plus importantes qui expliquent pourquoi ces soulèvements furent à la fois essentiels sur le plan régional et iconiques sur le plan international. À la différence d'autres événements internationaux amorcés par des foules, tels que la chute du mur de Berlin, ces mouvements arabes furent en réalité un véritable reflet de la mondialisation, et de l'usage massif de nouveaux médias sociaux par la jeunesse. À ce titre, nous pouvons dire qu'ils symbolisèrent la conquête de l'espace public par la jeunesse, sur l'État. L'autobiographie du responsable de Google pour le Moyen-Orient le montre en détail. Mais la montée en puissance de groupes de jeunes ne s'est pas traduite par l'apparition d'une autorité alternative unifiée pour remplacer celle, déclinante, de l'État. Elle a eu pour résultat de tomber dans l'extrémité opposée à l'ancien autoritarisme d'État. Que ce soit en Libye, en Syrie ou au Yémen, on assiste aujourd'hui à des vides politiques, des exemples de fragilisation ou d'effondrement de l'État et au développement de « guerres nouvelles ». Bien que l'Égypte et la Tunisie aient relativement échappé à cette tourmente, un problème de (mauvaise) gouvernance demeure.

Près de dix ans après ces révoltes arabes, bon nombre des autres problèmes qui les avaient provoquées sont loin d'être résolus, voire se sont aggravés. Par exemple, l'un des problèmes fondamentaux que le suicide de Mohamed Bouazizi a mis en évidence est le chômage. Avant la Covid-19, le taux de chômage moyen dans les pays arabes était supérieur à 28 %, soit plus du double de la moyenne mondiale, de l'ordre de 13 %. Une récente enquête systématique sur les préoccupations de la jeunesse montre que cette question du chômage est toujours centrale pour elle, et demeure non résolue (Sanchez-Monijano et Garcia, 2019). Sans surprise, une autre conclusion de cette enquête fut de pointer du doigt le manque de participation politique et de confiance à la fois dans les partis politiques et les institutions gouvernementales (*ibid.*). D'autres indicateurs relatifs aux transformations en cours (ou au manque de transformation) montrent, aujourd'hui, que le Printemps arabe est en train de céder la place à un Automne arabe décourageant, voire à un terrifiant Hiver arabe. La seule manière d'échapper à cette conclusion plutôt pessimiste serait de dire que nous parlons d'un phénomène toujours en cours, puisque des protestations de masse se poursuivent dans des pays comme l'Algérie, le Soudan, le Liban et l'Irak. Les efforts pour parvenir au changement continuent. Même les régimes qui semblent avoir vaincu les forces du changement en parvenant à se maintenir en place sont promis à de sérieux défis. Le régime syrien, par exemple, aura besoin de 400 milliards de dollars pour reconstruire le pays, ce qui représente environ quatre fois son PIB. Le Printemps arabe n'est pas terminé.

NOTES

1. Ismaïl Pacha (1830-1895), qui avait notamment étudié à Paris. « Khédive » était un titre héréditaire accordé par l'Empire ottoman au pacha d'Égypte à partir de 1867.
2. Voir note 1 p. 33.
3. En français dans le texte.
4. Jeune Égyptien mort entre les mains de la police en 2010. Les réactions provoquées par ce décès sont généralement considérées comme l'une des causes de la révolution égyptienne.

L'AUTEUR

Bahgat Korany est professeur de relations internationales et d'économie politique à l'Université américaine du Caire, et directeur du Forum de cette université. Membre élu de la Société royale du Canada, professeur honoraire de l'université de Montréal, il a enseigné dans plusieurs institutions à travers le monde et est intervenu devant de nombreux parlements nationaux. Il est l'auteur de nombreux ouvrages et articles.

POUR EN SAVOIR PLUS

Jean-Marc Châtaigner et Hervé Magro (dir.), *États et sociétés fragiles. Entre conflits, reconstruction et développement*, Karthala, 2007.
Emirates Center for Strategic Studies and Research (éd.), *The Challenges of Nation-Building in Arab Countries That Have Recently Witnessed Change*, ECSSR, 2019.
Ibrahim Fraihat, *Unfinished Revolutions : Yémen, Libya, and Tunisia after the Arab Spring*, Yale University Press, 2016.
Abbas Kadhim (éd.), *Governance in the Middle East and North Africa : A Handbook*, Routledge, 2013.
Mehran Kamrava (éd.), *Beyond the Arab Spring : The Evolving Ruling Bargain in the Middle East*, Oxford University Press, 2014.
– (éd.), *Fragile Politics : Weak States in the Greater Middle East*, Oxford University Press, 2016.

CI-CONTRE
Mondialité des révolutions, par Hamid Sulaiman

Né à Damas en 1986, **Hamid Sulaiman** a suivi une formation d'architecte, mais se consacre à la peinture et au dessin. Arrêté en 2011 pour avoir participé à des manifestations du Printemps arabe, il parvient à se rendre en Jordanie puis en Égypte. En juin 2012, il obtient un visa pour l'Allemagne, où sa mère s'installe. Lui finit par s'établir en France : « La France, c'était le pays de la BD. » Dans son premier roman graphique, *Freedom Hospital* (çà et là / ARTE Éditions, 2016), il relate l'histoire d'un hôpital clandestin en Syrie. Ses œuvres ont été exposées à l'Institut du monde arabe en 2014, dans le cadre de l'exposition « Syrie : Cris-Action », et il a été invité à de nombreux débats et rencontres. Aujourd'hui, il vit et travaille à Angoulême.

عيش حرية عدالة اجتماعية
ارحل
GAME OVER

Des révolutions sans leaders ?

par **Mounia Bennani-Chraïbi**

« Notre révolution, c'est comme Wikipédia [...]. Tout le monde contribue [et] les contributeurs sont anonymes. [...] La révolution 2.0 en Égypte, c'est exactement la même chose. Tout un chacun y met sa touche. Tous ensemble nous réalisons la photo de la révolution. Et, sur cette photo, il n'y a pas de héros » (Wael Ghonim, dans l'interview avec la journaliste Nancy Scola, « Ghonim : "Our Revolution Is Like Wikipedia" », pour le site techPresident, 14 février 2011).

En 2011, l'auteur de ces propos, Wael Ghonim, est responsable marketing chez Google à Dubaï[1]. S'il refuse le statut de « héros », il n'en incarne pas moins la figure de la jeunesse « mondialisée » et « connectée » qui aurait impulsé les « révolutions 2.0 », « modernes », « démocratiques », « civiles », « post-léninistes », « post-islamistes ». Cette jeunesse-là symbolise la démocratisation des esprits, qui se traduirait par un profond changement dans les formes de l'obéissance : de nouvelles relations à soi, à autrui, aux autorités familiales, religieuses et politiques. Grâce aux nouvelles technologies de l'information et de la communication (NTIC), elle aurait changé les règles du jeu et serait devenue un modèle pour tous les indignés du monde. En effet, d'après les cyber-utopiques, les NTIC permettent de contourner la censure et de se coordonner ; elles dotent les mouvements sociaux de moyens de communication autonomes, démocratisent la production de l'information, et favorisent la diffusion instantanée de textes, d'images et de vidéos ; elles assurent les conditions de possibilité d'une « auto-communication de masse », fondée sur des réseaux horizontaux et interactifs, et par voie de conséquence l'émergence et le maintien de mouvements délibératifs et sans leaders.

Des révolutions sans leaders ? Lorsque ces événements faisaient rêver, la « disgrâce des chefs » suscitait l'émerveillement. À l'heure des désenchantements, certains regrettent à demi-mot l'absence de leaders comme Mohandas Karamchand Gandhi, Martin Luther King, Che Guevara ou Gamal Abdel Nasser. À bien des égards, de tels récits sont révélateurs des horizons du pensable et du faisable des acteurs et des observateurs qui les véhiculent. Pour autant, la fin des leaders du XXe siècle ne sonne pas le glas du leadership.

À l'instar de Wael Ghonim, les révolutionnaires de 2011 ne se sont pas contentés de faire la révolution, elles et ils l'ont racontée de mille et une façons, proclamant souvent mais pas toujours : « Nous sommes tous des leaders. » À travers des récits concurrentiels, elles et ils ont produit le sens de leurs actions en intrication avec leurs espérances, diffusant une vision unifiée de collectifs ô combien hétérogènes, tout en se dissociant aussi bien des statues déboulonnées que des « mauvaises pratiques » révolutionnaires. Au début de 2011, le script le plus diffusé dans les médias occidentaux est un décalque de l'idéologie de la révolution associée à la place Tahrir et aux autres lieux physiques et symboliques de l'indignation. Il célèbre des valeurs – l'absence de leaders et de porte-parole, l'approche participative, l'horizontalité – qui s'opposent en tout point à la culture politique « traditionnelle » fondée sur la valorisation du leadership, de la centralisation et de la hiérarchie.

Cette vision du monde s'inscrirait dans le prolongement de l'« insurrection contre les faux-semblants du “zaïmisme” d'État, une modalité arbitraire de discipline sous le masque mal ajusté de l'homme providentiel », tout en la dépassant[2]. Quant à la figure du *za'îm* (leader), dont le charisme était supposé exalter et mobiliser la nation, elle est depuis longtemps obsolète. Concomitante avec « l'émergence mondiale de la culture du leadership et de la figure du chef[3] » à partir de la fin du XIXe siècle, elle est intrinsèquement liée au moment nationaliste. C'est à cette époque que des élites masculines, citadines, éduquées se constituent, ici et là, en avant-garde des luttes pour l'indépendance et de tout changement politique, codifiant l'excellence politique au miroir de leurs propres capitaux culturels et symboliques. Ce faisant, l'archétype de l'acteur politique s'impose comme un passeur, plutôt juvénile, qui a pour mission d'éduquer et de conscientiser les masses illettrées en vue de libérer la nation, de la construire, de la réformer ou de la développer.

Par-delà les récits et les « illusions héroïques[4] », les révolutions et les protestations de 2011 laissent transparaître d'autres formes de leadership et d'organisation en affinité avec de profondes mutations sociales. En un siècle, l'instruction s'est massifiée sans pour autant se généraliser. La radio, puis la télévision satellitaire ont contribué à redessiner les contours des communautés imaginées et à démocratiser l'accès à l'information, avant que les NTIC n'en démocratisent la production. Peu à peu, les hiérarchies et le prestige fondés sur la naissance, le patrimoine, l'aînesse, le genre ont perdu de leur légitimité. À cet égard, l'observation des campagnes électorales dans le Maroc des années 2000 est éclairante. Même rénovée, la notabilité est fortement concurrencée par une notoriété revêtue des apparats de la popularité et de la proximité ; l'on se distingue par des ressources sociales, des savoir-faire, des savoir-vivre et des savoir-être et, surtout, par une aptitude avérée à servir ses semblables, à susciter leur confiance, voire leur compassion. Dans un autre registre, les profils des « leaders d'opinion » sur YouTube ou Instagram illustrent cette démocratisation du leadership, qui se mesure par le nombre de *likes*. Désormais, le haut du podium est accessible à des « enfants du peuple » (*wlad ach-cha'b*) tels que le rappeur marocain Weld l'Griya. Celui qui se décrit avec dérision comme un philosophe autodidacte (*faylasouf abajidi*), formé dans la rue et non à Oxford, semble puiser sa légitimité aussi bien dans son talent que dans ses transgressions et son sourire édenté.

Quant aux protestations qui agitent le Maghreb et le Machrek depuis le début des années 2000, elles présentent un air de famille, alors même que les trajectoires politiques de ces pays se différencient fortement, se dessinant à la jonction entre des dynamiques locales, nationales, régionales et transnationales. Ici et là, l'impulsion d'une action collective n'est plus l'apanage des organisations politiques et syndicales ; les figures protestataires se sont diversifiées et féminisées ; la géographie de la contestation s'est étendue.

Outre ces mutations qui s'inscrivent dans la longue durée, l'idéologie révolutionnaire en vogue en 2011 fait écho à l'une des cultures politiques qui a émergé dans les mouvements soixante-huitards, avant sa réappropriation et sa popularisation par les mouvements altermondialistes et les forums sociaux. Par opposition à la culture politique marxiste-léniniste qui hiérarchise les luttes et qui érige le parti politique centralisé en outil fondamental, elle répudie toute hiérarchie entre les causes et toute centralité des appareils politiques. Ses manifestations ont atteint leur paroxysme dans un mouvement comme celui des indignés « sur le mode : *je parle en mon nom, tu parles en ton nom et personne ne peut parler en mon nom à moi*[5] ».

Dans les agoras à ciel ouvert de l'année 2011, la fluidité politique et l'incertitude inhérente aux moments révolutionnaires favorisent le jaillissement créatif ; les protagonistes en présence ne calculent plus de la même manière, et le déroulement des événements tend à échapper à leur genèse. Celles et ceux que les sondages catégorisaient comme « apolitisés » ou « apathiques » deviennent des meneurs. Inversement, il arrive que les meneurs de la veille deviennent de simples suiveurs. Comme le relève Youssef El Chazli à propos des révolutionnaires d'Alexandrie, « les individus se situent sur un continuum de participation rendant difficile d'apposer des étiquettes stables et définitives sur la nature de cette participation[6] ».

Cependant, tout n'est pas que spontanéité et tout ne surgit pas du néant. L'inventivité se déploie par dérivation ou par hybridation, puisant ses racines dans un répertoire d'actions doté d'une historicité. Par ailleurs, s'il existe des affinités entre le caractère réticulaire de ces mouvements et les outils technologiques qu'ils mobilisent, tous les problèmes organisationnels ne se résolvent pas par la grâce d'un smartphone et d'une connexion Internet. Dans bien des cas, les coalescences et les coordinations ont bénéficié d'expériences communes et de réseaux tissés pendant les protestations antérieures, impulsées dans un cadre organisé (partis, syndicats, associations, coordinations) ou informel. Il ne faut pas négliger non plus les savoir-faire accumulés dans les cercles religieux, artistiques, sportifs, ou dans les micro-résistances du quotidien. Gardons également en tête tout ce qui s'apprend au cours de ces interactions inédites – *on line* et *off line* – entre des réseaux divers, tout ce qui circule d'un mouvement à l'autre, d'un pays à l'autre, tant du côté des protestataires que de celui des forces de l'ordre. En outre, dans l'effervescence générale, les militants aguerris et d'anciens membres d'organisations politiques de gauche ou à référentiel islamique tentent d'apprendre de leurs échecs passés. En 2011, certains d'entre eux s'efforcent d'entraver l'émergence de leaders, qui seraient davantage exposés à la répression ou à la cooptation par les autorités, ou tout simplement par conviction.

Il n'en demeure pas moins que des leaderships se sont révélés. En Égypte, deux semaines avant la chute de Moubarak, certains ont joué un rôle moteur dans l'organisation des comités populaires qui se sont substitués à la police, après le retrait de celle-ci. Ici et là, des femmes et des hommes ont galvanisé les foules par leurs actes de bravoure et leur propension à l'altruisme. D'autres ont assuré la médiation et la coordination entre des groupes révolutionnaires concurrents. D'autres encore se sont distingués par leur créativité.

Reste à souligner que les scripts révolutionnaires changent d'une séquence à l'autre et que la révolution Wikipédia a cédé la place à d'autres images. Peu à peu, les divergences internes sont rendues publiques et la voix de la rue est endiguée par la voix des urnes, lorsqu'elle n'est pas étouffée par la répression ou supplantée par le déferlement des armes. Le sentiment de dépossession gagne alors les chantres de la révolution permanente qui ont survécu sans renoncer à leurs idéaux. *A posteriori*, cette perception a nourri les regrets de certains militants et chercheurs : les icônes des révolutions de 2011 ne disposaient pas des ressources organisationnelles qui auraient permis l'avènement d'un nouvel ordre social et politique, conforme aux images enchantées des agoras où la révolution se réinventait au quotidien.

NOTES

1. Wael Ghonim a créé la page « Kulluna Khalid Saïd » (Nous sommes tous Khalid Saïd) après le décès de ce jeune homme de 28 ans, battu à mort par des agents de police lors d'une interpellation dans un cybercafé à Alexandrie, le 6 juin 2010. Cette page a très vite connu un immense succès. Début janvier 2011, son administrateur a appelé à organiser un événement le 25 janvier 2011, à l'occasion de la « fête de la police ».
2. Michel Camau, « La disgrâce du chef. Mobilisations populaires arabes et crise du leadership », *Mouvements*, vol. 66, n° 2, 2011.
3. Yves Cohen, *Le Siècle des chefs. Une histoire transnationale du commandement et de l'autorité*, Paris, Éditions Amsterdam, 2013.
4. Selon la formulation de Michel Dobry dans *Sociologie des crises politiques*, Paris, Presses de Sciences Po, 2009.
5. Christophe Aguiton, « Table ronde – La gauche et les révolutions arabes », 2012. En ligne : https://www.contretemps.eu/table-ronde-la-gauche-et-les-revolutions-arabes/.
6. Youssef El Chazli, *Devenir révolutionnaire à Alexandrie. Contribution à une sociologie historique de surgissement révolutionnaire*, Paris, Dalloz, 2020.

L'AUTEURE

Mounia Bennani-Chraïbi est professeure ordinaire en politique comparée à l'Institut d'études politiques de l'Université de Lausanne (Suisse). Dans une perspective de décloisonnement des études aréales, ses recherches et ses publications portent principalement sur la région Maghreb et Moyen-Orient sous deux angles en particulier : la politisation (rapports des jeunes au politique, carrières militantes associatives et partisanes) et les articulations entre politique instituée et arène protestataire (sociohistoire du système partisan, mouvements sociaux, mobilisations électorales). La liste de ses activités de recherche et de ses publications est disponible sur le site de l'UNIL.

POUR EN SAVOIR PLUS

Asef Bayat, *Revolution Without Revolutionaries*, Stanford University Press, 2017.
Michel Camau, « La disgrâce du chef. Mobilisations populaires arabes et crise du leadership », *Mouvements*, vol. 66, n° 2, 2011.
John Chalcraft, « Horizontalism in the Egyptian Revolutionary Process », *Middle East Report and Information Project*, printemps 2012.
Youssef El Chazli, *Devenir révolutionnaire à Alexandrie. Contribution à une sociologie historique de surgissement révolutionnaire*, Dalloz, 2020.
Silvana Toska, « The Multiple Scripts of the Arab Revolutions », dans Keith Michael Baker et Dan Edelstein (dir.), *Scripting Revolution : A Historical Approach to the Comparative Study of Revolutions*, Stanford University Press, 2015.
Zeynep Tufekci, « Social Movements and Governments in the Digital Age : Evaluating a Complex Landscape », *Journal of International Affairs*, vol. 68, n° 1, 2014.

Face à la violence

par **Akram Belkaïd**

Depuis décembre 2010, le monde arabe connaît plusieurs vagues de soulèvement populaire aux conséquences diverses et loin d'être définitives. De la Tunisie à l'Égypte, de la Libye à la Syrie, de Bahreïn au Yémen, du Maroc à l'Algérie, du Liban à l'Irak, chaque mouvement de protestation a débouché sur des situations propres à chaque pays, ce qui empêche toute généralisation. Certes, les racines de ces éveils arabes – on préférera cette expression à celle de « Printemps arabes » – sont souvent les mêmes. Revendication de dignité, défiance à l'égard de régimes autoritaristes, corrompus et incompétents, chômage de masse et perspectives sociales inexistantes pour la jeunesse sont autant de raisons qui ont alimenté la colère et poussé les peuples à vaincre le mur de la peur en prenant possession de la rue. Mais par la suite, les événements ont divergé, souvent de manière tragique si l'on pense aux cas libyen, syrien ou yéménite. Dans cette évolution multiforme, le recours à la violence tient une place déterminante et l'on retrouve ici une caractéristique très répandue, celle de l'usage quasi immédiat de la force de la part des autorités confrontées à la contestation, du moins en son début.

La violence étatique

En Tunisie, dès la fin décembre 2010, après quelques atermoiements et manœuvres dilatoires, le régime de Zine el-Abidine Ben Ali a ouvert le feu sur les manifestants, notamment ceux des régions intérieures (Kasserine, Sidi Bouzid...). En Libye, en février 2011, le pouvoir de Mouammar Kadhafi n'a guère cherché à se montrer conciliant, optant dès le départ pour la menace verbale, les diatribes et la répression. Le constat est le même dans le cas du royaume de Bahreïn où la monarchie, très vite dépassée par l'ampleur du soulèvement de la désormais inexistante place de la Perle, n'a eu d'autre choix que d'« accepter » l'intervention des forces saoudiennes et émiraties pour ramener le calme et empêcher toute contagion dans le reste de la péninsule arabique. Il faut, bien sûr, citer le cas syrien avec la réponse violente, démesurée, des autorités aux rassemblements pacifiques des habitants de la ville de Deraa. Un liminaire sanglant annonciateur de tant d'autres drames à venir.

Toutes ces réactions marquées du sceau du fer et du sang amènent à faire un constat majeur. Dans la majorité des pays concernés, les instances de médiation, qu'elles soient politiques ou sociales, étaient inexistantes ou bien peu efficaces. Conséquence directe de la nature hégémonique des pouvoirs en place, l'absence de conciliateurs dotés de la légitimité nécessaire pour amener à un retour au calme était particulièrement notable en Syrie et en Libye. Dans un contexte où les règles habituelles n'ont plus cours, quand, par exemple, l'homme de la rue n'hésite plus à conspuer le régime à visage découvert et à réclamer sa mise à bas sans crainte des *moukhabarat* (services secrets), les masques tombent et toutes les constructions artificielles s'effondrent.

Ainsi les organisations censées encadrer la population et servir d'intermédiaire avec le pouvoir deviennent-elles immédiatement caduques. Le parti présidentiel – souvent une simple machinerie administrative clientéliste –, les députés affiliés au pouvoir et même les oppositions autorisées, ou jusque-là tolérées, ne servent plus à rien car incapables de faire entendre leur voix et de peser sur les événements. Le dialogue étant impossible, la violence devient alors l'outil unique de dirigeants persuadés que le bâton est la seule solution comme il l'a été au cours des décennies qui ont précédé. En résumant la vie politique à un simple jeu de rôle formel où seules les apparences comptent, les régimes se sont eux-mêmes piégés.

Dans les analyses concernant les « révolutions arabes », il est souvent fait peu de cas de l'inexistence en amont de structures capables d'empêcher le déferlement de violence étatique. En un mot, l'autoritarisme ne prive pas simplement les peuples arabes de libertés. Il leur prépare le pire car quand vient l'heure de la contestation – et elle finit toujours par arriver –, il n'existe rien pour empêcher la violence étatique de prendre le pas sur tout autre type d'initiative. Rares sont les pays qui échappent à cela. Au Maroc, en 2011, la monarchie a opté pour une approche différente, consistant à entamer un processus de révision constitutionnelle qui, sans le juger sur le fond, a contribué à diminuer les tensions. À l'inverse, le mouvement populaire ou « *hirak* » (ou « *harak* ») du Rif né en octobre 2016 s'est vu opposer une répression implacable se matérialisant par de nombreuses arrestations et des condamnations à des peines de prison très lourdes.

Les divisions du pouvoir

Faire donner les brigades antiémeute ou la troupe, arrêter et torturer les opposants fichés ou de simples anonymes n'a néanmoins pas été un gage de survie pour tous les régimes. Les cas égyptien et tunisien de 2011 nous enseignent ainsi qu'il est un facteur important susceptible de casser l'élan répressif. Il s'agit de la position de l'armée. En adoptant une posture neutre, pour ne pas dire bienveillante à l'égard des manifestants, les militaires égyptiens et tunisiens ont constitué un contrepoids efficace aux services de police et de sécurité. Si elle est aujourd'hui presque oubliée en raison de multiples développements qui ont suivi, l'image des chars protégeant les protestataires de la place Tahrir du Caire est emblématique de cet étrange rapport de force au sein même du pouvoir égyptien. En Tunisie aussi, l'armée a fait obstacle aux brigades antiémeute et aux éléments en civil qui ouvraient le feu sur les cortèges. Autrement dit, une violence potentielle mais étatique – celle de l'armée – a fait obstacle aux forces de répression habituelles. Dans les pays où cette dichotomie n'a pas été observée, le pouvoir a pu aisément exercer la force contre le soulèvement.

En 2019, l'Algérie et, à un degré moindre, le Liban ont connu une situation comparable. Dans les deux cas, les « *hirak* » ont bénéficié de la non-intervention ou de la passivité des militaires. Dans le cas algérien, l'état-major, alors dirigé par le général Ahmed Gaïd Salah, véritable homme fort du pays, a très vite compris la nécessité d'accompagner le mouvement refusant un cinquième mandat à Abdelaziz Bouteflika. Cela a joué un rôle non négligeable dans l'absence de confrontation majeure entre les marcheurs du vendredi et l'appareil répressif policier. Dès le départ du mouvement en février 2019, après quelques hésitations, la majorité de la population a donc compris que le scénario des émeutes d'octobre 1988 n'allait pas se répéter. L'armée ne se substituerait pas à la police et n'ouvrirait pas le feu sur les « hirakistes ». Dès lors, tout était possible et la convergence, temporaire, des intérêts des manifestants et des militaires a ouvert la voie à un processus de protestation largement pacifique. Au Liban, l'armée, dont le statut à part la situe au-dessus des calculs confessionnels et lui confère un certain crédit, s'est souvent interposée entre les manifestants et les partisans du Hezbollah hostile au *hirak*. On peut aussi citer le cas de l'Irak, où l'armée a eu fort à faire pour empêcher les heurts entre contestataires et membres des milices pro-iraniennes.

On le voit, les équilibres politiques internes aux pouvoirs peuvent jouer un rôle déterminant. Dans le cas de systèmes homogènes, ou qui se pensent ainsi, le recours à la violence est rarement affaire d'hésitation même si cela peut induire les dirigeants en erreur. Les présidents Ben Ali et Moubarak pensaient « tenir » l'armée, ils se sont trompés. Mouammar Kadhafi était persuadé que son appareil répressif régnait en maître à Benghazi ; il avait tort puisque les défections dès les premiers jours du soulèvement ont considérablement renforcé le camp de la contestation. Bachar Al-Assad, lui, savait que les risques de division au sein de son appareil répressif étaient minces, d'où sa position jusqu'au-boutiste immédiate.

De l'importance du nombre

Il serait injuste d'attribuer l'absence de violences ou leur caractère minime à la seule existence de divisions au sein des pouvoirs contestés. En 2019 comme en 2020, à Beyrouth comme à Alger ou à Bagdad, les forces de répression ont été confrontées à un obstacle de taille, celui du nombre de manifestants. Quand des dizaines de milliers de personnes sont dans la rue, avec souvent la présence d'enfants, il est bien plus difficile de réprimer que lorsque seuls quelques militants battent le pavé. En Algérie, en 2014, les dizaines de protestataires contre un quatrième mandat d'Abdelaziz Bouteflika furent tabassés et embarqués sans peine, souvent sous l'œil indifférent, voire goguenard, du reste de la population. Cinq ans plus tard, leur nombre se comptait en centaines de milliers. Autre exemple, les protestataires tunisiens qui se sont regroupés en masse sur l'avenue Bourguiba en janvier 2011 ont fait vaciller le pouvoir de Ben Ali. De nombreux officiers de police chargés de les réprimer ont refusé d'ouvrir le feu, ayant conscience de ce que cela pouvait déclencher comme drame à grande échelle. Dans ces cas-là, il n'existe, en effet, que deux options possibles pour le pouvoir. Provoquer un bain de sang ou se cantonner à contenir au maximum les manifestants en jouant sur le temps.

La nécessité du nombre, sur le terrain et non pas uniquement derrière le clavier de son ordinateur, est ainsi un point majeur intériorisé par les peuples arabes. On dira que cela coule de source mais, après des décennies de verrouillage des libertés publiques et de peur, les peuples ont redécouvert cette règle de base : le nombre, c'est la force. Pour faire reculer le régime et l'empêcher d'ouvrir le feu, il est nécessaire d'être présent en masse. Cela ne garantit pas une sécurité totale comme le montre le contre-exemple syrien mais c'est une exigence de départ.

Si les pouvoirs arabes sont tentés d'exercer immédiatement la violence contre les manifestants, qu'en est-il de ces derniers ? Depuis 2011, la situation est mitigée. Dans certains cas, la violence n'est plus l'affaire des seuls régimes, ce qui a eu pour effet d'entraîner nombre de pays dans des processus de guerre civile en constante évolution.

La stratégie pacifique

Mais il ne faut pas oublier qu'au départ, en 2011, les mouvements de protestation étaient tous pacifiques, y compris en Syrie. D'ailleurs, s'il est un terme arabe qui s'est imposé depuis, c'est bien celui de « *silmiya* » qui veut dire « pacifique ». Par la suite, les choses ont pu dégénérer. Si les Tunisiens ont su raison garder, les Syriens mais aussi les Libyens ont fini par répondre à la violence par la violence. L'irruption de forces étrangères dans ce qui aurait dû rester un problème intérieur a aussi provoqué une dégradation irrémédiable de la situation en Syrie, en Libye et au Yémen. Ces dérapages sont désormais dans tous les esprits. Ils hantent les manifestants des nouvelles vagues de l'éveil arabe. Au Soudan, en Algérie, au Liban et même en Irak, l'obsession des manifestants est de ne pas répondre aux provocations, de ne pas s'armer, de ne pas commettre l'erreur irréparable du recours à la force pour déloger le pouvoir en place.

Le constat est partout le même. Les pouvoirs en place excellent dans la capacité à se nourrir de la violence exercée contre eux. Au début du *hirak* algérien, des provocateurs à la solde du pouvoir ont tenté de radicaliser la jeunesse des quartiers périphériques d'Alger. Des sacs emplis de gravats et de pierres furent même déposés tôt le matin avant la manifestation du vendredi. Ces subterfuges n'ont pas fonctionné. La foule est restée pacifique, utilisant même l'humour et la dérision quand les forces de l'ordre ont eu recours aux canons à eau pour la disperser. « Donnez-nous du shampoing et du savon », scandèrent alors les manifestants trempés.

Ce qui fonde le pacifisme des manifestants arabes aujourd'hui, c'est aussi la peur d'ouvrir la voie aux ingérences étrangères. À Bagdad, les protestataires savent qu'une situation de violence fournira l'excuse idéale aux milices pro-iraniennes de sévir. Au Soudan, le mouvement populaire a toujours revendiqué sa non-violence même après que les militaires ont ouvert le feu en juin 2019, faisant au moins 241 morts. Même chose en Égypte où les rares manifestations qui arrivent à se dérouler depuis l'arrivée au pouvoir du maréchal Al-Sissi reprennent le mot d'ordre de « *silmiya* ». Ce credo pacifique est un signe de maturité politique et de sens des responsabilités qui font défaut aux régimes qui refusent toute démocratisation.

L'AUTEUR

Akram Belkaïd est journaliste au *Monde diplomatique* et écrivain. Auteur de nombreux ouvrages sur le Maghreb et l'Algérie, il a récemment publié une édition revue de l'œuvre *L'Algérie en 100 questions. Un pays empêché*, Tallandier, 2020 (2e édition). Akram Belkaïd est régulièrement invité aux rencontres et débats de l'Institut du monde arabe.

POUR EN SAVOIR PLUS

Farid Alilat, *Bouteflika. L'histoire secrète*, Éditions du Rocher, 2020.

Omar Benderra, François Gèze, Rafik Labdjaoui et Salima Mellah (dir.), *Hirak en Algérie. L'invention d'un soulèvement*, La Fabrique, 2020.

Naoufel Brahimi El Mili, *Histoire secrète de la chute de Bouteflika*, L'Archipel, 2020.

Jean-Pierre Filiu, *Algérie, la nouvelle indépendance*, Seuil, 2019.

Hirak, Algérie en révolution(s), Mouvements, n° 102, La Découverte, 2020.

EN MAI 2019, JE SUIS RENTRÉE EN ALGÉRIE POUR LE RAMADAN. LE PAYS CONNAISSAIT UN MOUVEMENT DE PROTESTATION SANS PRÉCÉDENT.
JE REGARDAIS CELÀ À LA TÉLÉ ET JE VOULAIS Y PARTICIPER. J'AI ALORS CONTACTÉ RYMA, UNE FIDÈLE DU HIRAK.
LE VENDREDI ÉTAIT LE RDV HEBDOMADAIRE DES MARCHEURS LES GENDARMES BLOQUAIENT L'ACCÈS À LA CAPITALE. J'AI DÉCIDÉ D'Y ALLER LA VEILLE.
ETANT DE NATURE PLUTÔT TIMIDE ET RÉSERVÉE, J'APPRÉHENDAIS UN PEU CETTE SORTIE DANS LES RUES D'ALGER. J'ÉTAIS HABITUÉE À BAISSER LA TÊTE ET MARCHER VITE POUR REJOINDRE MA DESTINATION.
MAIS EN AVANÇANT, MES CRAINTES SE SONT PEU À PEU DISSIPÉES, J'AVANÇAIS SEREINEMENT.
AU MILILEU DE CETTE FOULE COMPOSÉE D'HOMMES ET DE FEMMES, DE JEUNES ET DE MOINS JEUNES, JE VOYAIS ENFIN MON ALGÉRIE.
CE QUE J'AI VU ET RESSENTI CE JOUR LÀ ÉTAIT UNIQUE. JE NE PARLE PAS DE LA FATIGUE, DE LA SOIF OU DE L'INSOLATION, MAIS DE CETTE GRANDE FIERTÉ, ET L'ESPOIR QUE CE PEUPLE UNI ACCOMPLIRA DE BIEN BELLES CHOSES !
DELOU.

Revendiquer l'espace public, imaginer un destin collectif

par **Mona Fawaz** et **Isabela Serhan**
traduit de l'anglais par **Benjamin Guérif**

La dimension urbaine est un aspect structurant des soulèvements qui ébranlèrent le monde arabe depuis leur déclenchement il y a neuf ans. Les villes et leurs places non seulement furent le cadre de ces soulèvements, mais leur sont consubstantiellement liées en ce sens qu'elles définirent selon quelles possibilités et quelles contraintes l'idéal d'un public fut imaginé, redéfini et contesté. Par public, nous entendons les collectifs qui, en se rassemblant et en agissant en commun aux yeux de tous, se transformèrent : d'activistes ou d'étrangers, ils devinrent des « citoyens » fédérés derrière les mêmes doléances et des conceptions partagées d'un avenir meilleur (Bayat, 2013). Plus encore, les soulèvements modifièrent la signification du public dans l'imaginaire collectif, rompant avec la domination des formes oppressives que les États-nations modernes avaient prises dans le monde arabe. Le fait urbain constitue à la fois la matière et la scène à partir de laquelle des revendications citoyennes alternatives furent formulées et les protestations purent se développer. Il fut également le canal par lequel un collectif alternatif

CI-CONTRE
Le *hirak. Violence/non-violence*, par Delou (@delou_delighted)

Delou, de son vrai nom Dalia Si Ahmed, est une illustratrice bédéiste qui opère sur les réseaux sociaux depuis une dizaine d'années. Privilégiant les courts récits anecdotiques, elle dépeint avec humour le quotidien de la jeunesse algérienne. Elle a participé à des albums collectifs (*Monstres et Waratha* aux éditions Dalimen, *Freelestine* en auto-édition) et a publié son premier album BD, *Khalet'ha testfa/Méli-Mélo* (Dalimen, 2017).

put être imaginé et/ou anéanti. Dans cet article, nous étudierons trois aspects à travers lesquels le fait urbain a incarné ces combats.

Qu'est-ce qu'une place ?

La place publique, telle qu'elle fut réinventée par les manifestants dans les villes du monde arabe, incarne le rêve d'un destin collectif. Ce dernier défie la formulation des règles d'urbanisme occidentales modernes qui présidaient à la domination et/ou la tutelle de l'État sur l'espace public. Souvenons-nous que la place publique, dans le monde arabe, a surtout été associée aux régimes militaires de la région. Bon nombre de ces espaces ont été créés pendant l'époque coloniale afin de rappeler l'autorité de maîtres étrangers, ce que les régimes autoritaires qui bien souvent leur succédèrent pendant les décennies suivantes reprirent volontiers à leur compte (Rabbat, 2012). Au fur et à mesure que ces pays s'abandonnaient l'un après l'autre à la dictature, les espaces publics devenaient les scènes sur lesquelles s'exhibaient les statues des hommes forts, un rappel de la mainmise militaire et de la manière dont la dimension collective avait été détournée (Rabbat, 2012). Les rassemblements sur les espaces ouverts étaient destinés à faire la promotion de la puissance du dictateur sur son peuple (Zemni, 2017). Plus encore, la dégradation de l'espace public, voire sa disparition pure et simple, fut souvent synonyme de l'échec du projet moderne de citoyenneté nationale. Laissées sans entretien et sales, témoignage éloquent du mépris absolu porté à la fonction publique de ces espaces et de l'échec à construire un « oui » démocratique, les places des villes arabes furent bien souvent oubliées.

Les soulèvements vinrent démontrer le désir d'un collectif alternatif. Comment cette réinvention s'est-elle matérialisée ? Prenons la place Tahrir au Caire. Comme son nom l'y prédestinait, la place Tahrir (ou « place de la Libération » en arabe) a fourni les images les plus célèbres du Printemps arabe. Il s'agit d'un espace qui, comme l'ont montré des urbanistes, s'était constitué par l'amalgame d'espaces abandonnés progressivement réunis pour former un vaste rond-point, et était à peine reconnu comme un espace urbain à part entière dans l'histoire de la glorieuse cité. En envisageant la possibilité d'un projet collectif différent, qui serait mû par les idées de justice sociale, de liberté et d'équité, les manifestants transformèrent l'espace de la place Tahrir en scène à partir de laquelle élaborer ce changement. En devenant un tout cohérent, animé par toute une série de protestations, symboles, slogans, graffitis et défis à l'ordre public, la place Tahrir a galvanisé le monde arabe avec ses images de mobilisations sociales massives emmenées par la jeunesse, qui rebâtissaient activement la communauté politique nationale de l'Égypte.

Si Tahrir a été inventée, d'autres espaces ont été réappropriés. Par exemple, les rues et places de Tunis, jusqu'alors au cœur de l'appareil d'État autoritaire et répressif, furent réinventées en tant qu'espaces de contestation, revitalisant d'anciennes traditions de contestation et promouvant de nouvelles manières d'être ensemble (Lopes de Souza & Lipietz, 2011). En étant occupés pendant les révolutions, ces espaces publics ont acquis une nouvelle fonction mobilisatrice : le changement y fut imaginé et mis en œuvre. Au-delà du moment révolutionnaire, des espaces publics centraux tels que la Médina, la place de la Kasbah, ou l'avenue Habib-Bourguiba demeurèrent des lieux où des citoyens organisés par eux-mêmes inventaient une gamme d'actions civiques et politiques, formulaient de nouveaux concepts politiques et se réinventaient en tant que sujets politiques nouveaux (Zemni, 2017).

De la même manière, le soulèvement d'octobre 2019 mena dans les villes libanaises à des moments de réappropriation de places et de bâtiments publics par le moyen de drapeaux colorés, graffitis, pochoirs et performances de rue, qui servirent aussi de cadre à des lectures ouvertes, des rave parties, des soupes populaires ou des séances de psychiatrie. Là aussi, les manifestants en vinrent à réinventer les espaces publics en tant que lieux de délibération politique, de représentations publiques et de convivialité, plutôt que de les réduire aux pelouses impeccables qui avaient fait flamber les prix de l'immobilier dans le centre-ville de Beyrouth, à des lieux de démonstrations de force d'acteurs politiques comme à Nabatieh ou à des quartiers en déshérence comme à Tripoli. Plus encore, les places devinrent un nouvel espace d'échanges à travers les villes à mesure que les activistes se déplaçaient pour développer des liens de solidarité, débattre de la situation politique ou formuler leurs visions de l'avenir.

Projets urbains contestés

Au-delà de l'occupation et de l'appropriation de la place, nombre de soulèvements prirent les débats publics relatifs à l'avenir des villes où ils avaient lieu comme points d'entrée dans les discussions portant sur l'avenir collectif au sens large. À travers le monde arabe, des villes telles que Amman, Beyrouth, Le Caire, Damas et Rabat ont vu d'importantes initiatives de rénovation urbaine, qui souvent entraînèrent des déplacements de populations à grande échelle (Makdessi, 1997). Les soulèvements furent l'occasion d'élaborer un urbanisme réellement centré sur la population. À Beyrouth[1], des activistes se sont appuyés sur des années de contestation autour de la rénovation du centre historique pour dénoncer quotidiennement sa privatisation. Ils demandaient plutôt la réinvention de ses quartiers en espaces collectifs, des zones où des activités économiques inclusives telles que les marchés populaires ou des logements abordables pourraient se développer, au bénéfice d'une société fondée sur le souci des autres de préférence au profit. Cela était venu en réaction à la prétendue reconstruction du Liban d'après la guerre civile, où la loi oppressive du capital primait sur la dictature politique en vigueur ailleurs.

En Égypte, la révolution fut aussi l'occasion de dénoncer le plan Le Caire 2050, un grand plan de rénovation urbaine qui prévoyait de détruire des quartiers entiers pour les remplacer par de larges artères et des projets immobiliers haut de gamme, avec pour conséquence le déplacement de nombreux habitants vers des logements temporaires ou inadaptés, et qui fut minutieusement étudié et critiqué aussi bien par les planificateurs que par les journalistes. Les protestataires, rejetant la planification comme instrument destiné à faciliter l'investissement à grande échelle, exigeaient plutôt de pouvoir exercer leur droit de participation démocratique à travers des autorités locales réformées pour qu'elles soient les garantes de l'intérêt public et fournissent les services de base. Pour cela, ils mirent en place des mécanismes de planification remontant depuis la base, privilégiant les préoccupations des résidents locaux. Dans le district de Maspero, des chercheurs, des professionnels et des activistes formèrent un groupe, la Plateforme Madd, qui développa la participation avec les résidents informels, en mettant en avant leur droit de rester dans leur quartier. La tolérance des autorités municipales à leur égard fut de courte durée, mais ils créèrent un précédent de projet participatif susceptible d'influencer de futurs projets urbains inclusifs.

La contestation en Tunisie alla au-delà de la planification urbaine pour exiger l'élaboration d'un programme national global. Zemni (2017) montre le rôle des communautés rurales de Tunisie comme pionnières du soulèvement antigouvernemental, avec un discours centré sur les inégalités de développement et d'allocations des ressources entre la campagne et la ville. Ce discours a finalement alimenté la prise de conscience du public, et aidé les manifestants a élaborer une vision partagée de leur avenir, avec des réseaux de solidarité et de mobilisation voués à rendre plus équitables les rapports entre zones rurales et urbaines.

Recouvrer un bien volé

Finalement, les révolutionnaires arabes considéraient l'espace public comme un bien volé devant être recouvré. Le meilleur exemple en est le soulèvement d'octobre 2019 à Beyrouth, où le thème de la récupération de l'espace public émergea comme une revendication majeure des manifestants. Ce qui est tout à fait en ligne avec la revendication des Tunisiens, quelques années plus tôt, de récupérer les actifs financiers détournés par des dictateurs et conservés dans des banques étrangères. Au-delà des actifs financiers, les Libanais ont même poussé leurs revendications relatives aux biens publics volés jusqu'à y inclure le littoral, les lits des rivières, les biens publics urbains et ruraux, les quartiers urbains privatisés. Progressivement, ces espaces sont devenus emblématiques de leur mouvement, les endroits les plus évidents à partir desquels commencer le processus de réappropriation et appliquer enfin la Constitution libanaise, qui garantit l'intérêt public et la propriété publique de ces espaces. En d'autres termes, les Libanais revendiquaient l'espace public urbain en tant qu'actif public volé, dans sa dimension physique (comme un territoire), mais aussi pour ce qu'il pouvait rendre possible : un endroit où construire un avenir commun viable grâce à l'usage partagé des biens communs. Restaurer la souveraineté du public (à travers la propriété aussi bien que par l'usage) sur une part significative du paysage urbain allait, affirmaient-ils, ouvrir de nouveaux espaces de participation et d'expression politique.

Rétrospectivement, il apparaît que ni les espoirs des manifestants ni les espaces qu'ils espéraient construire ne se sont concrétisés. Dans la plupart des villes, les autorités auront élevé des clôtures et barré des routes et des ponts, sans hésiter à défigurer les lieux pour prévenir les rassemblements de manifestants, comme à Bahreïn, où le monument de la Perle a été rasé, ou à Beyrouth, dont le centre historique est devenu une enclave fortifiée. En dépit de cela, les exemples développés ici montrent que des précédents importants se sont produits. Des précédents de nature à alimenter l'espoir, car ils se fondent sur l'idée que le changement est un processus non linéaire d'accumulation d'histoires partagées. Le fait de revendiquer physiquement l'espace public a bel et bien été voulu pour impulser symboliquement le changement, favorisant une prise de conscience qui devait survivre aux occupations proprement dites. Les occupations d'espaces publics étaient temporaires, mais les mécanismes de récupération et de réappropriation l'étaient potentiellement tout autant. Au fond, le processus mis en place à travers la revendication de l'espace public est cumulatif. Tel est en réalité l'impact durable de ces mouvements de désobéissance, et c'est de cette manière qu'ils constituent une arme pour la population.

NOTES

1. Cet article a été rédigé avant l'explosion du 4 août 2020 à Beyrouth.

LES AUTEURES

Mona Fawaz est professeure d'études urbaines et de planification à l'Université américaine de Beyrouth (AUB). Elle codirige le Beirut Urban Lab, un centre de recherche récemment implanté dans l'université. Son travail porte sur l'informalité urbaine, le logement, le droit, la propriété, les pratiques sociales et sur l'urbanisation de façon plus générale.

Isabela Serhan est chercheuse au Beirut Urban Lab, un centre de recherche récemment implanté au sein de l'AUB. Titulaire d'un diplôme d'architecte, elle prépare actuellement un master en planification et politique urbaine. Ses intérêts se portent à l'intersection de la justice sociale et de l'urbanisation, en particulier l'espace public et le logement.

POUR EN SAVOIR PLUS

Asef Bayat, *Life as Politics : How Ordinary People Change the Middle East*, Stanford University Press, 2013.

Marcelo Lopes de Souza et Barbara Lipietz, « The "Arab Spring" and the City : Hopes, Contradictions and Spatiality », *City*, vol. 15, n° 6, 2011.

Saree Makdisi, « Laying Claim to Beirut : Urban Narrative and Spatial Identity in the Age of Solidere », *Critical Inquiry*, vol. 23, n° 3, 1997.

Nasser Rabbat, « The Arab Revolution Takes Back the Public Space », *Critical Inquiry*, vol. 39, n° 1, 2012.

Sami Zemni, « The Tunisian Revolution : Neoliberalism, Urban Contentious Politics and the Right to the City », *International Journal of Urban and Regional Research*, vol. 41, n° 1, 2017.

BQBN
System Failure
Error: Sidi#353157N442011E
قوّد

Petit guide de l'occupation de la place Tahrir : la voix des femmes

par **Zahra Ali**

Du haut du Mont Uhud, immeuble élevé situé sur la place Tahrir au centre de Bagdad, des jeunes scandent : « Enrid watan – نريد وطن », « Nous voulons un pays ». Cet immeuble communément appelé « le restaurant turc » avait été délaissé depuis plus d'une décennie. Il a été rebaptisé en référence à l'illustre bataille d'Uhud menée par le prophète Mohammed et son armée. La prise du Mont Uhud par des manifestants pacifiques, par la seule force de leur volonté affrontant les armes des milices armées et des services de sécurité, a signé la victoire du soulèvement d'octobre 2019. Ce fut du haut de cet immeuble qu'ils recevaient les balles des mercenaires et des forces de l'ordre qui ont depuis 2011 réprimé les manifestations pacifiques. Les manifestants qui s'emparèrent de cet immeuble, étage par étage, bravant la mort au coin de chaque escalier, étaient conscients de l'enjeu représenté par la prise de ce lieu stratégique. Du haut du Mont Uhud, on voit tout le centre de Bagdad, et surtout on fait face à la Zone Verte, quartier entouré de murs de béton

CI-CONTRE
Les Lieux de la révolution. Sidi Gargur
par Mehdi Boubekeur (@mehdibbkr)

Designer et artiste pluridisciplinaire nord-africain, **Mehdi Boubekeur** travaille sur la relation entre l'homme et les espaces de vie, ainsi que sur leurs parcours. Être créatif ancré dans sa terre natale, l'Afrique du Nord, il y a forgé son regard, construit ses aspirations et affûté sa pratique. Son diplôme de designer d'espace en poche, il quitte l'École des beaux-arts d'Alger avec pour objectif de faire mûrir sa vision en s'ouvrant au monde. Une fois à l'université Rennes 2 pour un master en Arts plastiques, il fonde sa propre entreprise de design global et de photographie. Son travail a été exposé à l'Institut du monde arabe en 2017, lors de la deuxième Biennale des photographes du monde arabe contemporain.

où le gouvernement central et l'élite politique résident.

L'Irak contemporain a une longue et riche histoire insurrectionnelle : il y a eu le soulèvement de 1920 contre les colons britanniques, et les grandes manifestations anti-impérialistes des années 1940. Il y a eu aussi les révoltes contre la dictature de Saddam Hussein, notamment celle de 1991, massivement réprimée. Si certains manifestants connaissent cette histoire, leur mémoire collective est bien différente de celle de leurs aînés. Les jeunes Irakiens à la tête des manifestations d'octobre 2019 n'ont pas vingt ans, ils n'ont pas connu l'autoritarisme du Parti Baas, ni le traumatisme de la décennie de guerre contre l'Iran, l'horreur des bombardements américains de 1991 et l'appauvrissement généralisée des sanctions économiques imposées par l'ONU.

Ces jeunes sont nés dans un Irak occupé par l'armée américaine et ses alliées, leur enfance a été marquée par la guerre confessionnelle et leur adolescence par l'invasion de Daesh. Cette génération n'a pas connu les années où le pays avait le système d'éducation supérieure et de santé le plus performant de la région, d'excellents services publics et de puissantes institutions étatiques offrant logement, électricité et sécurité de l'emploi. Sa vie quotidienne, malgré les riches ressources en pétrole, est rythmée par des coupures d'eau et d'électricité, l'absence de services publics, un système de santé et d'éducation fragile et dysfonctionnel. Le chômage est presque certain si on ne fait pas partie d'une famille qui a des connexions personnelles avec l'élite politique, ou si l'on n'est pas prêt à payer l'équivalent d'un an de salaire au membre d'un parti ou d'une milice qui profite de la corruption et du népotisme généralisé. Cette jeunesse vit dans un pays où, malgré l'organisation d'élections dites « démocratiques », l'on risque d'être tué ou kidnappé si l'on ose critiquer ouvertement une milice affiliée à l'élite politique au pouvoir.

Le soulèvement d'octobre 2019 est une révolte générale, menée par les classes populaires et les jeunes, rejoints par la classe moyenne, les syndicats et les militantes et militants de la société civile, contre la violence structurelle quotidienne d'une vie sans services ni institutions publiques, et la violence armée de l'élite politique et de ses milices. La participation massive des femmes, allant des étudiantes aux plus âgées, a transformé ce soulèvement en révolution populaire.

Devenir visibles et audibles

Depuis au moins les années 1990, les guerres et l'embargo économique ont profondément impacté les femmes irakiennes, qui avaient la charge de la vie au quotidien comme de la survie, en leur qualité de mères de famille, de travailleuses et de soutiens d'une façon générale. Des décennies de guerres et de situation économique défavorable ont aussi transformé l'espace public en zones militarisées dominées par les hommes.

La place Tahrir à Bagdad comme la place Al-Habubi à Nassiriyah et d'autres sites de contestation partout dans le pays sont devenus des lieux où tous ceux qui sont dénigrés, dominés et discriminés peuvent exister et s'épanouir. Les femmes reprennent possession de l'espace public à travers des marches, des manifestations et des occupations, en s'organisant entre elles pour devenir visibles et audibles, qu'elles soient au premier rang face à la brutalité des forces de sécurité irakiennes ou employées à décorer les lieux de manifestations, ou en s'occupant des blessés, ou encore en faisant la cuisine ou en nettoyant.

De jeunes femmes, et des hommes, sont en train de créer un nouveau quotidien qui remet en question les hiérarchies sociales comme les normes sociétales y compris au niveau des divisions de classe ou de genre. Sur la place Tahrir de Bagdad, une jeune femme de la classe moyenne de Mansour (quartier résidentiel) se lie d'amitié avec un jeune travailleur de Medinat al-Sadr (quartier populaire). Des amoureux se tiennent par la main, face aux balles réelles des forces de sécurité et des milices armées. La mixité au quotidien est acceptée et n'entraîne ni harcèlement sexuel ni désapprobation.

Dans cet environnement, un nouveau tissu social se fabrique grâce à une organisation collective, la société irakienne se rencontre, négocie et construit un nouveau contrat social : c'est le lieu où les pauvres sans éducation sont à égalité avec la classe moyenne éduquée, où hommes et femmes, jeunes et vieux, partagent un espace commun et bâtissent un mouvement commun. Les protestataires sont en train d'établir de nouvelles formes étatiques, en fournissant gratuitement des services éducatifs et de santé, en nettoyant et en repeignant l'espace public, en rénovant aussi des monuments publics et en embellissant l'espace public grâce à d'innombrables réalisations artistiques.

« Des révolutionnaires, pas des prostituées »

Le niveau et l'étendue de cette participation sont remarquables, mais guère étonnants. L'une des premières manifestations organisées après 2003 l'a été par des femmes protestant contre la tentative de politiciens chiites de remettre en cause le fondement de leurs droits, le Code du statut personnel. À peine quelques mois après l'invasion américaine, l'élite politique islamiste chiite, amenée au pouvoir par l'administration américaine, a tenté de mettre en place un système de code fondé sur le confessionnalisme, en lieu et place de la jurisprudence combinant celle du chiisme et du sunnisme. Quoique alors bloqués grâce à la mobilisation féministe, les partis islamistes chiites ne cessent de tenter de faire adopter un Code du statut personnel de nature confessionnelle et conservatrice, en dernière date sous l'intitulé de « proposition de loi Jaafari ».

Le système de l'après-2003 peut être qualifié de confessionnel-genré au sens où le système de *muhasasa* (division/répartition politique par le biais de quotas ethniques, religieux et confessionnels) n'est pas seulement fondé sur des critères ethniques, religieux et confessionnels, mais également de genre. La confessionnalisation est genrée, l'identification politique dépend de normes et relations de genre, tout particulièrement en ce qui concerne le corps de la femme. Si la politique conservatrice basée sur le genre avait déjà débuté pendant la Campagne de la foi du régime baasiste, l'exacerbation de la fragmentation sociale et économique depuis 2003 et la nature même de l'élite politique nouvellement au pouvoir ont créé d'énormes formes de contrôle social et de conservatismes.

Les forces religieuses conservatrices et patriarcales ne dominent pas seulement les sphères politiques mais également les rues, grâce à leurs milices et groupes armés. La guerre confessionnelle de 2006-2007 et l'invasion de l'État islamique en 2014 sont constitutives d'une énorme forme de confessionnalisme et de violence sexiste. Le système confessionnel-genré impose son pouvoir grâce à une division des communautés religieuses et entre les sexes, visible via l'imposition de stricts codes vestimentaires pour les femmes comme pour les hommes, et en limitant la mixité tant au niveau religieux que de genre.

Compte tenu de la nature de la répression exercée par les autorités irakiennes, il est clair qu'elles tentent via les médias et des campagnes sur les réseaux sociaux de saper la révolution en la qualifiant d'« immorale ». Les révolutionnaires sont accusés d'être sexuellement corrompus et dépravés, et toutes sortes de rumeurs sont lâchées sur le « comportement illicite » entre jeunes sous les tentes montées sur les lieux de contestation. La répression vise les femmes, et tout particulièrement les jeunes femmes. La violence des milices permet de contrer la participation des femmes en répandant la peur et la terreur, en kidnappant des protestataires telles que Saba Mahdawi et Mari Mohammed, ou en les tuant comme Sara Taleb et son mari Adel, et plus récemment Reham Yacoob à Bassorah, ou Zahraa Ali à Bagdad.

Les femmes font aussi l'objet d'attaques sur les réseaux sociaux. Le hashtag #بناتك_ياوطن (« Vos filles ô Patrie ») lancé lors du mouvement de protestation des femmes le 13 février dernier a été transformé en #عاهراتك_ياوطن (« Vos prostituées ô Patrie »). Sur le mur du tunnel menant à la place Tahrir, et sur les panneaux tenus par des jeunes femmes lors des protestations, la phrase suivante indiquait « Les femmes de la révolution d'octobre sont des révolutionnaires, pas des prostituées ».

Des femmes de tous les milieux

Depuis le début de la révolution d'octobre, plus de 700 protestataires non armés, principalement des hommes jeunes, ont été tués par balles ou par les grenades lacrymogènes à tir tendu utilisées par les forces de sécurité irakiennes et leurs milices, 25 000 personnes ont été blessées et des centaines ont été kidnappées et ont disparu. La violence létale et les intimidations n'ont fait que renforcer la détermination des protestataires, et rendre hommage aux martyrs devint rapidement l'un de leurs principaux mantras. L'un des martyrs les plus connus du début a été Safaa Al-Sarai qui a été appelé le « fils de Thanwa », en référence à sa mère au lieu du nom de son père. « Fils de Thanwa » est maintenant communément utilisé pour définir les révolutionnaires, et bon nombre de leurs surnoms reprennent le nom de leur mère, et non de leur père.

Le soulèvement va bien plus loin que des exigences de nature purement politique, car les révolutionnaires ne remettent pas uniquement en question l'oppression économique et politique exercée via la corruption, le népotisme et la discrimination, puisqu'ils remettent aussi en question le système social et les normes sociétales qui imposent un mode de vie fondé sur le conservatisme. Avec le slogan « Nous voulons un pays », les Irakiennes et les Irakiens exigent une justice sociale et économique, des services publics opérationnels, et des institutions aptes à bien gérer la santé, l'éducation, le logement, l'emploi, et plus généralement tout ce qui est nécessaire pour disposer d'un bon niveau de vie. Ils exigent aussi la liberté, la liberté de ne pas être tués à cause de la religion ou du groupe religieux auxquels ils appartiennent ou pas, la liberté de s'habiller comme ils le veulent comme de circuler à travers les barrières sociales et confessionnelles, et la liberté d'être différent.

Les protestataires n'exigent pas seulement le changement, ils le mettent en œuvre et le vivent, en proposant de nouvelles règles de conduite et en construisant un vivre ensemble inclusif. Les femmes révolutionnaires viennent de tous les milieux : de la mère non éduquée entre deux âges vêtue d'une *abaya* noire qui cuisine pour les protestataires, à la classe moyenne éduquée menant des débats sur la réforme de la loi électorale. Des jeunes femmes issues de milieux conservateurs, et celles qui défient le code vestimentaire dominant. Elles partagent toutes un espace commun, élaborent des stratégies et organisent les manifestations hebdomadaires. Elles chantent ensemble « Non, non, non, ne dites pas que c'est honteux, la révolution, c'est la voix des femmes ! », conscientes de la nature subversive de leur présence.

Sous certaines tentes, des programmes féministes sont à l'ordre du jour, axés sur les droits fondamentaux des femmes, tandis que sous la plupart des autres tentes les femmes considèrent que la révolution est déjà en train de changer l'Irak et que l'atteinte de ses objectifs bénéficiera autant aux femmes qu'aux hommes. Les féministes actives au sein de groupes organisés, présentes sur les lieux de contestation, ont également respecté la nature informelle et ouverte du soulèvement qui refuse toute forme d'affiliation. La diversité de la participation des femmes, que ce soit à titre individuel ou comme membres de groupes féministes dont la mobilisation est très visible lors de la Journée internationale des femmes, démontrant que l'appellation limitée et historiquement utilisée de « la femme irakienne », le plus souvent par des hommes politiques dans leurs programmes tant laïques qu'islamistes, est maintenant remplacée dans l'action par le terme plus inclusif de « femmes irakiennes ».

Ce processus nouveau d'unité populaire démontre que les femmes et les hommes irakiens sont en train de se remettre de décennies de guerres et de fragmentation sociale, et d'établir au niveau sociétal et politique un nouveau contrat social.

L'AUTEURE

Zahra Ali est sociologue et enseigne la sociologie à l'université Rutgers aux États-Unis. Ses recherches s'intéressent aux dynamiques liées aux femmes et au genre, aux mouvements sociaux et politiques en relation avec l'islam et le Moyen-Orient, les contextes de guerre et de conflit, notamment dans l'Irak contemporain. Ali est l'auteure de *Women and Gender in Iraq : Between Nation-Building and Fragmentation* (Cambridge University Press, 2018) et coéditrice du numéro spécial de la revue *Tumultes, Pluriversalisme décolonial*, avec Sonia Dayan-Herzbrun (Kimé, 2017), et auteure de *Féminismes islamiques* (La Fabrique, 2012). Elle est intervenue aux « Jeudis de l'IMA ».

POUR EN SAVOIR PLUS

Feurat Alani, *Le Parfum d'Irak*, 2018.
Zahra Ali, *Women and Gender in Iraq : Between Nation-Building and Fragmentation*, Cambridge University Press, 2018.
« Iraqis Demand a Country », *MERIP*, 292/3, 2019.
James Bluemel, *Once Upon a Time in Iraq*, série documentaire en 5 épisodes, 2020.
Abbas Fahdel, *Homeland. Irak année zéro*, documentaire, 2015.

Corps en révolution

par **Abir Kréfa**

Au printemps 2019, alors que le Soudan et l'Algérie connaissent respectivement une situation révolutionnaire et une crise politique, deux figures deviennent virales : une *kandâka* (soudanaise) vêtue de blanc et une danseuse classique (algérienne). Leurs photos sont reprises par des milliers d'usager·e·s des réseaux Internet ainsi que des journalistes. Si la très grande circulation de leurs images peut être interprétée comme une reconnaissance du rôle que les femmes jouent dans les deux mouvements sociaux, elle n'est pas dénuée d'ambivalence : elle illustre la médiatisation sélective des actrices protestataires. Alors que les femmes engagées appartiennent à des catégories sociales diverses (allant des classes populaires aux classes moyennes, vivant dans les espaces urbains et ruraux), ce sont des figures particulières qui sont relayées et diffusées : deux femmes jeunes, éduquées et urbaines, à la peau claire, à la silhouette fine et élancée.

La sélection des actrices selon leur place dans les rapports sociaux (d'âge, de classe et de race) et de corps correspondant aux normes de féminité dominantes se conjugue ainsi avec l'esthétisation. Celle-ci renvoie les femmes protestataires au « beau sexe », niant par là leur rôle militant et leur contribution aux mouvements sociaux. Au moment où les Algériennes et les Soudanaises sillonnent les campagnes et les villes, en exigeant des changements sociaux et politiques, elles sont ainsi représentées comme figées et immobiles. À travers des actrices présentées comme emblématiques, ces processus enjolivent les révoltes dans leur ensemble, occultant ce faisant la répression des régimes, qui prend des formes sexuées.

Rompant avec les regards biaisés et déformants, cet article vise à revenir sur la diversité des corps de femmes engagées dans les mouvements, révolutionnaires ou non, au Moyen-Orient et au Maghreb, ainsi que sur leurs revendications et sur les usages protestataires qu'elles ont faits de leur corps. Il s'agit d'éviter un double écueil : celui de l'esthétisation et celui du misérabilisme. Les femmes de ces régions sont en effet, dans les médias dominants occidentaux, souvent décrites comme des victimes passives de sociétés patriarcales leur infligeant des violences corporelles. Sans dénier celles-ci, l'article reconstitue simultanément les formes de résistance collective que les femmes y ont opposées, dans les situations spécifiques de révolution et de crise politique.

Un certain nombre d'engagements des femmes, dans plusieurs pays de la région, découlent des rôles sociaux conférés à leur corps, notamment les fonctions maternelle et nourricière. Elles sont ainsi massivement impliquées dans le soutien à leurs enfants réprimés par les autorités militaires ou policières, et dans les mobilisations frumentaires, qu'elles initient parfois. Ce sont des femmes qui, en Algérie, composent majoritairement le collectif SOS Disparus (au cours de la décennie noire) réclamant justice et vérité pour leurs enfants ou leurs proches. Depuis plusieurs années, bien avant le déclenchement du mouvement de février 2019, elles se rassemblent chaque mercredi pour interpeller les autorités devant la Grande Poste d'Alger en arborant les portraits de leurs proches disparus. Les femmes (mères, sœurs, tantes et cousines) sont aussi le fer de lance des collectifs de « blessés et martyrs » de la révolution tunisienne, réclamant depuis 2011 des enquêtes indépendantes et le jugement des responsables. L'une des raisons de la colère des Soudanaises contre le régime d'Omar el-Bachir est la guerre qu'il a menée au Soudan du Sud, qui a endeuillé nombre d'entre elles, en les privant de leurs enfants ou d'autres proches. Parce qu'elles sont chargées du soin et d'un rôle nourricier, les femmes se mobilisent aussi contre la dégradation de l'environnement. Les actions collectives contre l'exploitation du gaz de schiste en Algérie comptent ainsi de très nombreuses femmes de régions rurales, qui s'inquiètent de la pollution des nappes phréatiques et de l'air.

Ces engagements coexistent avec des mobilisations contre le contrôle et l'exploitation du corps. Si, dans le premier cas, le contenu des revendications dépend des lois et des pratiques spécifiques à chaque contexte, l'aspiration à la liberté individuelle et le droit des femmes à disposer de leur corps ont constitué les ferments des mobilisations. Au Soudan, une revendication majeure des révolutionnaires (femmes, puis hommes également) a été l'abolition du code de l'ordre public à travers lequel le régime islamiste réprimait le corps des femmes et limitait leur mobilité, en contingentant le nombre de places pour elles dans les transports en commun, en leur imposant le voile dans les écoles et les universités et en bannissant le port du pantalon. Symétriquement, en Tunisie, où le port du voile était interdit dans les administrations publiques avant 2011, c'est la liberté de le porter qui, dans le sillage de la révolution, a été arborée par un certain nombre de femmes. Ces mouvements sociaux dénotent une dissémination et une réappropriation des idées féministes, dont la quête de libération sexuelle, relayée à travers les actions de la Tunisienne Amina Sboui et de l'Égyptienne Alia Elmahdy, a constitué une forme parmi d'autres.

Les revendications de libération du corps se sont conjuguées avec des luttes pour la reconnaissance du travail qu'il produit. Ces mouvements, dont les actrices appartiennent surtout aux classes populaires, et moyennes en déclassement, ont été au cœur des processus révolutionnaires dans plusieurs pays de la région, mais ont fait l'objet d'une faible couverture médiatique. En clamant la dignité de leur travail, en réclamant l'amélioration des conditions de travail et des augmentations salariales (en Tunisie, en Égypte, en Algérie, etc.), les femmes des classes populaires se sont mobilisées contre les représentations essentialisantes de leur travail, indissociables des stéréotypes au sujet de leur corps. Alors que leur travail est souvent limité à de prétendues qualités féminines innées (le nettoyage, la couture et le tissage, les tâches de soin et d'éducation, celles requérant une certaine « minutie », etc.), elles ont cherché à le faire admettre comme résultant de compétences. En Égypte, des travailleuses domestiques se sont organisées, à partir de 2013, dans un syndicat et une association pour exiger la reconnaissance de leur travail et le droit à une couverture sociale. En Tunisie, dans plusieurs villes du Sahel (région côtière du pays), de nombreuses ouvrières des usines textiles se sont mobilisées dans le sillage de la révolution. En 2012-2014, des ouvrières tunisiennes de l'entreprise Latélec, une filiale de l'avionneur français Latécoère, ont mené une longue lutte qui a pris la forme de la création d'un syndicat, d'une grève, puis d'une grève de la faim. Se réappropriant les idées féministes à la suite de rencontres permises par la situation révolutionnaire, elles ont dénoncé le harcèlement sexuel sur leur lieu de travail. Dans certains cas, la lutte pour la dignité du corps et son usage à des fins militantes se sont, ainsi, combinés.

Plus globalement, les situations révolutionnaires se sont accompagnées d'une intense politisation des questions corporelles et sexuelles, en partie en réaction aux violences subies. Jouant sur les enjeux de masculinité et de féminité, les régimes contestés ont en effet infligé, à travers leurs hommes (et parfois femmes) en uniforme, des violences aux actrices protestataires, avec pour objectif de porter atteinte à l'ensemble du mouvement révolutionnaire (ou de la révolte). En avril 2019, des militantes algéroises sont ainsi forcées par des policières à se déshabiller dans un commissariat. En Syrie, le viol des femmes est utilisé comme un instrument de dissuasion à l'encontre des populations insurgées. La trajectoire des mouvements sociaux dépend alors partiellement des réactions collectives, allant du silence à la dénonciation des humiliations, en passant par le découragement de l'engagement des femmes. La représentation de leur corps comme vulnérable et en proie à la répression des régimes conduit des familles à interdire aux femmes de prendre part au mouvement de contestation, les appréhensions pouvant être redoublées par des séquences historiques traumatiques, telle la « décennie noire » en Algérie. Dans ce contexte, il aura fallu que le premier vendredi de grande manifestation, le 22 février 2019, soit exempt de la répression habituelle à l'encontre des militant·e·s, pour qu'un obstacle majeur à l'engagement des Algériennes soit levé. Quasi exclusivement masculins, les cortèges protestataires se féminisent alors très vite. Les violences sont aussi le fait d'individus ordinaires, prenant ou non part aux protestations, comme cela a été le cas sur la place Tahrir au Caire, mais aussi en mars 2019 à l'encontre des féministes algéroises, sommées de retirer leurs revendications tout autant que de se retirer du mouvement.

La grande politisation des corps et des sexualités résulte en partie des spécificités des situations révolutionnaires, caractérisées par le franchissement de lignes de genre (réelles et symboliques). Des réassignations s'ensuivent qui visent à restaurer l'ordre du genre, celui-ci semblant plus que jamais menacé. Si, loin des stéréotypes néo-orientalistes, les femmes du Moyen-Orient et du Maghreb sont au quotidien nombreuses dans les espaces publics, leurs mouvements sont, comme dans d'autres contextes, liés à des finalités pratiques (se rendre à l'école et à l'université, dans les administrations, au travail, dans les commerces, chez des proches, etc.), et les espaces publics tenus pour des lieux de passage. De ce point de vue, les révolutions ont autorisé des pratiques improbables en conjoncture ordinaire : l'occupation, de jour mais aussi de nuit, de certains espaces par des femmes et des filles de tous âges, en mixité ou en non-mixité : places emblématiques des révolutions (la place de la Perle à Manama, celle du Changement à Sanaa, Tahrir au Caire, la Kasbah à Tunis, etc.), sièges des autorités locales et régionales, administrations, usines, universités, etc. Les révolutions se sont aussi accompagnées de transgressions corporelles, de l'adoption de tenues vestimentaires dissonant avec les normes de féminité et de masculinité dominantes.

Au Maghreb et au Moyen-Orient, la politisation des questions sexuelles et corporelles ne constitue pas une nouveauté qui aurait brusquement surgi avec les révolutions. Les termes mêmes dans lesquels elle est dite et énoncée puisent dans la mémoire des mouvements sociaux et de la répression passés. L'indignation suscitée, en Algérie, par l'humiliation des militantes forcées de se déshabiller dans un commissariat s'alimente ainsi de la construction d'une analogie entre les pratiques de l'armée coloniale française et celles des autorités algériennes actuelles. Pendant la guerre de libération algérienne, les nationalistes avaient déjà dénoncé le viol des *moudjahidate* et les dévoilements publics contraints des Algériennes par des militaires français. En Égypte, le harcèlement sexuel dans les espaces publics a fait l'objet d'une médiatisation avant la révolution. Les collectifs et les associations de femmes qui s'auto-organisent, au cours des révolutions, pour dénoncer les violences sexistes et/ou sexuelles, s'appuient sur des réseaux, des expériences et des revendications précédant les événements. Si la Tunisie a connu, entre 2012 et 2014, une longue mobilisation contre le viol des femmes, l'exigence de réforme du code pénal pour qu'il intègre davantage sa criminalisation appartient au cahier de doléances des féministes tunisiennes bien avant 2011.

Les révolutions ont néanmoins produit des effets propres : d'abord, en élargissant le répertoire de l'action collective, auparavant limité par les institutions autoritaires, et en permettant la diffusion et la réappropriation des modes de protestation. Jusque-là apanage de militant·e·s inséré·e·s dans des réseaux transnationaux, les pratiques de bouche cousue ou les grèves de la faim ont été en Tunisie reprises par des femmes (et des hommes) ordinaires des classes populaires, dans un contexte de libéralisation du champ médiatique. Ensuite, les révolutions ont été des moments majeurs de formation militante pour de nouvelles générations (adolescent·e·s ou jeunes adultes en 2011), dont les visions politiques du monde se forgent dans un contexte d'ouverture de l'espace des possibles et d'innombrables transgressions de genre et de sexualité. Emblématiques sont, de ce point de vue, les collectifs LGBT égyptiens et le mouvement associatif LGBT tunisien qui se créent dans le sillage des révolutions. Formées à partir de 2012, à la faveur de la libéralisation du champ associatif mais aussi pour s'auto-organiser contre les violences à l'endroit des minorités sexuelles et de genre, les associations LGBT tunisiennes ont convergé vers la demande de dépénaliser l'homosexualité. Impensable avant 2011, cette revendication a acquis depuis une légitimité, des candidats aux élections présidentielles de 2019 l'ayant intégrée à leur programme électoral. La révolution tunisienne a aussi rendu possible la politisation du racisme à l'encontre des personnes noires – des tentatives ont eu lieu avant, dont les auteur·e·s ont été réprimé·e·s. À travers des interventions publiques, les militantes noires dénoncent inlassablement la dévalorisation et la stigmatisation des corps noirs.

Des mouvements similaires existent dans d'autres pays, sans avoir été favorisés par des conjonctures révolutionnaires. Le Liban compte ainsi la plus ancienne association LGBT du Moyen-Orient et du Maghreb (Helem, fondée au début des années 2000) ainsi que des collectifs féministes très engagés contre le racisme et la xénophobie, avant le mouvement d'octobre 2019. Des collectifs militants LGBT se trouvent aussi dans les territoires palestiniens occupés, en Algérie et au Maroc. Certain·e·s membres des collectifs et associations LGBT du Moyen-Orient et du Maghreb se définissent comme trans ou queers, réclament le droit à une identité de genre non binaire ou autre que celle socialement assignée.

Des revendications et des modes d'action collective circulent par-delà les frontières nationales, entre les pays de la région, mais des apprentissages et des réappropriations sont aussi à l'œuvre avec d'autres pays. Exemple parmi d'autres, le *flashmob* des féministes chiliennes contre le viol et les agressions sexuelles est ainsi repris en décembre 2019 par des militantes tunisiennes sur la place de la Kasbah, à Tunis, et environ à la même période, par des militantes algériennes à Béjaia. Les paroles et les slogans sont traduits dans les langues des pays où ils sont adoptés, mais ils sont aussi réadaptés, en fonction de la spécificité - relative - des contextes locaux et nationaux.

L'AUTEURE

Abir Kréfa est maîtresse de conférences en sociologie à l'université Lyon 2. Spécialiste des mouvements sociaux, du genre et des sexualités, elle mène des recherches sur la révolution tunisienne et la crise politique algérienne. Elle a récemment publié, avec Amélie Le Renard, *Genre et féminismes au Moyen-Orient et au Maghreb* (Amsterdam, 2020).

POUR EN SAVOIR PLUS

Sarah Barrières et Abir Kréfa (coord.), *Genre, crises politiques et révolutions, Ethnologie française*, 2019/2.
Annie Benveniste et Valérie Puzol (coord.), *Corps en colère, L'Homme & la Société*, n° 209, 2019/1.
Frances Hasso et Zakia Salime (dir.), *Freedom Without Permission : Bodies and Space in the Arab Revolutions*, Duke University Press, 2016.
Entretien : « Le mouvement féministe dans la révolution libanaise », paru dans *Lundi matin* n° 228, 16 février 2020. En ligne : https://lundi.am/Le-mouvement-feministe-dans-la-revolution-libanaise.
« Falgatna : flashmob féministe contre les agressions sexuelles, Nawaat. » En ligne : https://www.youtube.com/watch?v=gPKknjAeN2c.

Au Soudan, les femmes étaient à l'avant-garde

conversation entre **Mayada Adil** et **Hind Meddeb**
traduit de l'anglais par **Benjamin Guérif**

Mayada Adil est une militante et activiste soudanaise, réfugiée en France. Créatrice de mode, elle s'efforce de faire vivre, par ses créations, les couleurs du Soudan et de montrer la diversité et la beauté des femmes et des tenues soudanaises. Hind Meddeb est cinéaste. Très engagée auprès des jeunesses du monde arabe en révolution, elle a fait la connaissance de Mayada lors d'un tournage. Toutes deux se sont immédiatement liées d'amitié. Elles ont soutenu, depuis le Soudan pour Hind Meddeb, et depuis la France pour Mayada Adil, la révolution soudanaise de 2018-2019.

Hind Meddeb – Nous pourrions commencer par vous raconter comment nous nous sommes rencontrées car c'est totalement lié à la révolution soudanaise. En 2016, des milliers de réfugiés campaient dans les rues de Paris dans des conditions terribles, à la merci d'un harcèlement policier quotidien. Les réfugiés que j'ai rencontrés venaient d'Afghanistan, de Somalie et d'Érythrée, mais la majorité venait du Soudan. Coincés à Calais, d'où ils n'arrivaient pas à passer la frontière vers l'Angleterre, ils s'étaient résignés à retourner à Paris et à demander l'asile politique à la France. Comme je parle arabe, j'en ai aidé un certain nombre à remplir leur dossier pour l'Ofpra qui demande à des étrangers dont ce n'est pas la langue de tout rédiger en français ! C'est ainsi que j'ai rencontré Souleiman, un jeune réfugié du Darfour. Il m'a raconté son histoire, un long périple afin d'échapper à la guerre et à l'esclavage. Puis j'ai découvert qu'il écrivait des poèmes. Son attitude naturelle devant la caméra et sa veine poétique sur l'exil ont fait qu'il est devenu le personnage principal de mon documentaire, *Paris Stalingrad*. J'ai ensuite rencontré beaucoup d'autres Soudanais en exil, comme Moneim Rahma, poète et activiste politique condamné à mort au Soudan pour son engagement auprès de l'APLS (Armée populaire de libération du Soudan). Ou encore le poète Hassan Yassine, qui a attendu près de trois ans que les autorités françaises lui reconnaissent le statut de réfugié politique alors qu'il a été persécuté par le régime et emprisonné pour avoir créé une ONG vouée au sauvetage des bébés nés hors mariage, parfois abandonnés dans des poubelles. Lorsque la révolution a commencé au Soudan, mes amis Hassan, Moneim et Souleiman m'ont encouragée à partir au Soudan. Fuyant la dictature d'Omar el-Bachir, exilés à Paris, ils suivaient à distance cette révolution à laquelle ils auraient rêvé de prendre part. Leur statut de réfugié (qui interdit le retour au pays) et l'issue politique incertaine du soulèvement les tenaient à l'écart du destin politique de leur pays. J'ai donc fait ma demande de visa pour le Soudan, portée par le désir de mes amis soudanais à Paris, avec l'idée que je pourrais partager mes images avec eux et leur faire vivre par procuration cette révolution à laquelle ils auraient tant voulu participer.

Hassan Yassine m'a dit : « Si tu vas là-bas, prends contact avec Mayada. Elle t'aidera à avoir les bons contacts sur place. » Et j'ai discuté avec toi Mayada au téléphone, alors que j'étais en Tunisie. Juste au son de ta voix, j'ai perçu que tu étais une personnalité rayonnante… Tu étais tellement enthousiaste, pleine de joie, intelligente. Tu m'as donné beaucoup d'informations sur le pays, les gens… puis tu t'es mise à m'envoyer des numéros de téléphone. Chaque personne que tu m'as fait rencontrer au Soudan lorsque j'ai commencé à tourner le film m'a apporté une aide précieuse. Je n'aurais vraiment pas pu faire ce film, *Nos voix, nos armes*, sans toi, Mayada. C'est drôle, parce que nous sommes d'abord devenues amies au téléphone. Coup de foudre amical au premier coup de fil !

Mayada Adil – Exactement !

H. M. – Finalement, c'est la révolution qui m'a permis de te rencontrer.

M. A. – Je me souviens, quand je te parlais de la révolution, quand je te mettais en relation avec les bonnes personnes, quand je te disais où aller, où filmer, je sentais que tu allais être notre porte-voix. Tu allais raconter notre histoire, montrer tout ce qui se passait dans le pays, les manifestations révolutionnaires… Et c'est bien ce qui est arrivé, lorsque tu es revenue avec toutes ces images, toute cette documentation. Je me souviens, lorsque tu m'as demandé de t'aider à traduire les conversations que tu avais enregistrées, j'étais très émue. C'était comme si j'y étais. Tu as tout de suite voulu aider la communauté soudanaise de Paris à se mobiliser et à agir. Avant, j'avais l'impression, comme d'autres activistes nationaux installés en dehors du Soudan, d'observer la révolution de loin, nous nous sentions paralysés. Nous n'étions pas capables de faire quoi que ce soit, à ce moment-là, parce que nous ne savions pas exactement quoi faire. Mais lorsque tu es revenue, c'est avec l'énergie du peuple soudanais. Nous avons commencé à écrire des articles, lancer une pétition, prendre contact avec des parlementaires européens…

H. M. – Oui, nous avons publié un texte dans la presse que nous avons écrit avec des représentants de la diaspora soudanaise – les poètes Hassan Yassine et Moneim Rahma, le philosophe Omer Omran, toi et moi. Il a été publié dans la presse française, par le journal *Libération*[1] puis envoyé au Parlement européen. Nous avons rassemblé plus de neuf mille signatures en faveur de notre pétition demandant au Parlement européen de prendre position en faveur du peuple soudanais qui menait sa révolution[2].

M. A. – Exactement. Et tu es revenue à Paris la veille du massacre de Khartoum le 3 juin 2019.

H. M. – Ça a été terrible. Je suis revenue en France parce que la situation tournait mal. Les autorités soudanaises ont commencé à arrêter des journalistes. Ils ont fermé les bureaux d'Al Jazeera et saisi leurs images et leur caméra. Le Conseil militaire a écrit à tous les diplomates pour leur interdire de se rendre au sit-in révolutionnaire. Mon compagnon Joseph Paris, qui est également cinéaste, a compris en suivant la révolution soudanaise sur Twitter que je ferais mieux de rentrer…

M. A. – Il a été visionnaire.

H. M. – Il suivait les événements sur les réseaux sociaux et il a senti que quelque chose n'allait pas. C'est lui qui m'a convaincue de rentrer pour mettre les séquences déjà tournées en sécurité. Cela valait mieux que de risquer l'arrestation et la confiscation de mes images.

M. A. – Oui car pendant ton séjour au Soudan, tu as passé tout ton temps avec les manifestants. C'était très dangereux pour toi…

H. M. – Bien sûr, les militaires savaient qui j'étais et où je me trouvais… et jusqu'à ce que je sois dans l'avion, j'avais réellement peur d'être arrêtée et fouillée. J'étais là-bas toute seule, sans équipe de production, je ne pouvais compter sur aucune protection. Face à tant de violence déployée contre des manifestants pacifiques, que faire ? Comment partager l'esprit du peuple soudanais avec le reste du monde ? Ma seule arme est de faire un film où je montre deux forces qui s'affrontent, l'esprit lumineux du sit-in faisant face à l'intervention sinistre des militaires qui sèment la mort sur leur passage.

M. A. – Après le massacre du 3 juin à Khartoum, lorsque l'armée et la milice des Janjawid [troupes paramilitaires impliquées notamment dans les atrocités commises au Darfour, épuration ethnique et crimes de guerre] attaquèrent les révolutionnaires soudanais qui occupaient depuis deux mois le quartier autour du ministère des Armées pour demander la passation du pouvoir aux civils. Les militaires ont détruit le sit-in, brûlé les tentes des gens qui occupaient les lieux et tué plus de cent cinquante personnes en une heure. J'ai alors décidé de réaliser une vidéo pour soutenir les femmes qui avaient été violées ce jour-là par les Janjawid. Je voulais répondre aux militaires qui avaient humilié ces femmes. Je voulais dire : « Notre révolution n'instrumentalise pas le corps des femmes. »

H. M. – C'était un genre d'improvisation visuelle. Tu as fabriqué une grande pancarte, ça ressemblait à un grand drap sur lequel était écrit…

M. A. – « Le corps des femmes n'est pas un champ de bataille. »

H. M. – Et c'était écrit dans un style graffiti. C'était fabriqué avec des sous-vêtements féminins…

M. A. – Oui, je crois qu'il faut expliquer pourquoi nous avons utilisé des sous-vêtements. Au moment du massacre, les Janjawid, après avoir violé les femmes sur la place, prirent leurs culottes et les brandirent comme des drapeaux dans les rues, le jour même. Nous avons fabriqué un drapeau soudanais en utilisant des dessous féminins, afin de rendre le pouvoir aux femmes, de leur rendre leur fierté.

H. M. – L'idée était de le placer dans un endroit marquant, un endroit de Paris où tout le monde puisse le voir. Je t'ai filmée quand tu déployais le drap – sur le pont de l'Alma, un très beau site avec la tour Eiffel en arrière-plan. Je t'ai d'abord filmée en gros plan, puis j'ai traversé le pont afin d'avoir une vue d'ensemble. Au bout de dix minutes environ, la police fluviale est arrivée ! Ils ont retiré le drap, car il n'est pas permis de déployer d'étendard sur un monument public. Nous étions déjà parties, mais nous avons pu les observer de l'autre côté du quai et nous avons beaucoup ri.

M. A. – La vidéo de cette action a été largement partagée par les Soudanais sur les réseaux sociaux. Ça a entraîné beaucoup de discussions – de controverses – mais la plupart des gens ont compris l'idée, le lien avec les femmes violées, et s'y sont montrés favorables.

H. M. – Et le succès que cette vidéo a rencontré au Soudan montre l'importance des initiatives de la diaspora.

M. A. – Exactement. Ça a touché le Soudan. Et ça a lancé un débat. Une grande discussion entre les femmes et les hommes. Ça a aussi contribué à la mobilisation de lobbyistes – ceux du Khartoum Process [forum regroupant certains pays d'Europe et d'Afrique de l'Est, notamment consacré aux migrations] – qui ont lutté contre le financement indirect des milices janjawid par l'Union européenne, avec l'intention d'y mettre définitivement fin. Tout ça a fini par se révéler très efficace. Le travail de traduction, également. Traduire pour les médias anglophones les nouvelles diffusées en arabe a été très important à ce moment-là. Tu nous as aidés, Hind, là aussi. Pour nous, tu es désormais une vraie Soudanaise !

H. M. – D'ailleurs, ce qui est très drôle, c'est que quelques mois plus tard mon film *Paris Stalingrad* a été sélectionné au SIFF (Sudan Independent Film Festival) et il a été présenté dans la catégorie « Films soudanais » ! Sans doute parce que le film était en dialectal soudanais, et que le personnage principal est soudanais, mais... pour moi, cela voulait aussi implicitement dire : « Oui, bien sûr, je suis soudanaise ! »

M. A. – Après ton passage à Khartoum pendant la révolution, beaucoup de gens qui savaient que nous étions amies m'ont dit à quel point ils avaient apprécié que tu sois à leurs côtés pendant le sit-in.

H. M. – Sur le sit-in, j'ai été impressionnée par l'organisation sur place mais surtout j'ai été submergée par cette vague d'amour qui enveloppait tous les participants. Il y avait un sentiment d'harmonie, de rassemblement de tous, depuis les sans-abri jusqu'aux gens aisés... C'était une forme d'utopie. Lorsque vous assistez à un événement pareil, que vous voyez que l'espèce humaine est capable de produire autant de beauté et de solidarité...

M. A. – Que ce genre de chose est possible.

H. M. – Sur le sit-in démocratique à Khartoum, les révolutionnaires ont créé une école pour les enfants des rues, un hôpital de fortune. Les artistes avaient leur QG. Ils organisaient des ateliers de peinture et de musique, des concerts... Chaque quartier, chaque association avait sa tente. C'était le ramadan, tout est organisé pour cuisiner collectivement et distribuer des repas gratuits à l'heure de la rupture du jeûne.

M. A. – La diaspora soudanaise à travers le monde a envoyé des financements aux organisateurs du sit-in pour soutenir la flamme révolutionnaire et permettre aux associations de se réapprovisionner.

H. M. – C'était vraiment de l'auto-organisation à grande échelle. Chaque personne contribuait à la vie du sit-in. Avoir été témoin d'un moment historique aussi exceptionnel redonne de l'espoir. J'ai aussi remarqué que le rapport des révolutionnaires soudanais à la religion avait profondément changé. Je dirais qu'il s'agit d'une révolution post-islamiste. Pendant que j'étais là-bas, c'était le ramadan, beaucoup de gens ne jeûnaient pas, et ils ne s'en cachaient pas. Une telle chose n'aurait par exemple pas été possible dans mon pays, le Maroc, où les gens qui ne font pas le ramadan sont obligés de se cacher. Et si la police vous voit en train de manger dans la rue, ou si on vous dénonce, vous pouvez aller en prison pour ça, et vous devez payer une amende. Selon moi, tout le monde devrait être libre de faire ou non le ramadan. Et au Soudan, j'ai vu de mes yeux cela arriver, ce niveau de tolérance qui permet aux religieux et aux athées de vivre ensemble.

M. A. – Et donc c'était accepté au Soudan.

H. M. – C'était totalement accepté à ce moment-là, sur le sit-in démocratique à Khartoum. Ce n'était absolument pas un problème. J'étais vraiment surprise !

M. A. – Mais ça aurait été impossible avant la révolution.

H. M. – Bien sûr. Et quand les gens m'invitaient à partager *l'iftar* [rupture du jeûne], je disais : « Vous êtes sûrs ? » Je disais que je ne jeûnais pas, que je ne voulais pas déranger. Ils me répondaient que ce n'étais pas un problème. Cette tolérance, le fait que ces gens ne voulaient plus vivre avec toutes ces restrictions, était quelque chose de tellement nouveau. L'islam est une religion qui admet le libre-arbitre ; votre foi, elle est entre vous et Dieu, il n'y a pas d'intermédiaire. À la différence du catholicisme, il n'y a pas de clergé. En islam, vous pouvez prier partout, vous n'avez pas besoin de mosquée, la religion est dans votre cœur – cet esprit est bien loin de ce que les prêcheurs modernes ont fait de l'islam. Malheureusement, les mouvements wahhabites et salafistes, les Frères musulmans, tous ces gens-là en ont fait un dogme davantage soucieux de contrôler le corps des femmes, de contrôler la société que d'élever les esprits. Finalement, ces prêcheurs ont fait de la religion une somme de règles, vidée de sa spiritualité. Je pense que le peuple soudanais a compris qu'il fallait revenir à l'esprit et abandonner l'application des règles à la lettre. Vous n'avez pas à vous soucier du regard des autres, ce que vous faites, vous le faites pour vous-même et non parce que quelqu'un pourrait vous voir et vous juger : « Oh, elle est voilée, ça doit être une femme bien. » Ou alors : « Il fait le ramadan, donc c'est un homme bien. » Ce qui est vraiment stupide, car il ne s'agit que du monde des apparences.

Ce que j'ai vu au Soudan m'a insufflé de l'espoir, parce que j'ai eu l'impression que le rêve de mon père était sur le point de se réaliser. Mon père [l'écrivain Abdelwahab Meddeb] – je t'ai donné quelques-uns de ses livres – a beaucoup écrit sur l'islam, sur le droit des femmes au Maghreb et au Moyen-Orient, et il rêvait de voir les gens changer leur rapport à la religion. Il combattait réellement tous les gens qui réduisaient la religion à un dogme social, un ensemble de règles juridiques, tout en négligeant sa dimension spirituelle... Les révolutionnaires soudanais m'ont donné l'impression qu'ils étaient en quelque sorte les enfants de mon père. Même s'ils n'avaient pas lu ses livres, ils en étaient inconsciemment les héritiers. C'est triste qu'il n'ait pas été là pour le voir. Mon père avait aussi traduit en français un roman du grand écrivain soudanais Tayeb Salih (*Saison d'une migration vers le Nord*). Ils se sont rencontrés et sont devenus amis. Mon père aimait beaucoup le Soudan – c'est ma mère qui me l'a dit, j'étais enfant à l'époque où il traduisait le livre, je ne m'en souviens pas. Il appréciait la littérature soudanaise, il la trouvait inventive, et il admirait la position des intellectuels soudanais parce qu'ils puisaient autant dans le corpus en langue arabe que dans la culture africaine.

M. A. – Et c'est vrai.

H. M. – Quand j'étais au Soudan, l'autre chose qui m'a surprise et qui était très différente par rapport à l'Égypte ou à la Tunisie, c'était que les gens lisaient beaucoup. Sur le sit-in démocratique à Khartoum, deux jeunes professeurs de langue, Al Tahir et Hamza, ont eu l'idée de créer une bibliothèque partagée, où les gens pouvaient apporter ou donner des livres. On pouvait y trouver les livres qui avaient été interdits sous la dictature d'Omar el-Bachir. Al Tahir et Hamza ont commencé par apporter quelques-uns de leurs livres, et au bout de quelques semaines, il y avait des milliers de livres. Et bien évidemment, la première chose que firent les militaires lorsqu'ils dispersèrent les manifestants le 3 juin 2019 fut de brûler tous les livres. Mais Hamza et Al Tahir sont en train de recréer ce projet dans leur quartier. Ensuite, ils ont l'ambition d'exporter ce modèle de bibliothèque partagée dans tout le pays. Chaque village, chaque quartier pourrait se doter d'une librairie partagée. Sur le sit-in démocratique à Khartoum, que vous passiez devant la bibliothèque partagée à cinq heures du matin ou à minuit, vous trouviez toujours une bonne dizaine de personnes en train de lire. J'ai été surprise de voir que de nombreux Soudanais avaient lu les grands textes de la littérature marocaine – certains avaient lu Mohamed Chokri, par exemple, ou ils avaient entendu parler de mon père. Ils sont très cultivés. Pour eux, la culture écrite, la poésie, la littérature, la philosophie sont très importantes, même au sein de la jeune génération. Ça, c'est quelque chose que l'Égypte et la Tunisie ont perdu. Peut-être parce que le Soudan a été jusqu'à aujourd'hui préservé du capitalisme – c'était en quelque sorte l'un des bons côtés du régime d'Omar el-Bachir. Au Soudan, vous n'avez pas de McDonald's, vous n'avez pas accès à toutes ces marques uniformisées venues d'Amérique ou du monde occidental. Le pays est calme, on peut s'y ennuyer, et quand vous vous ennuyez vous trouvez le temps de lire. Le rapport au temps au Soudan est très différent de ce qu'il est ici en Europe, où nous sommes toujours en train de courir après quelque chose, avec tellement de sollicitations sociales...

M. A. – Je pense que l'environnement soudanais, par nature, n'est pas matérialiste. Il est imprégné de soufisme, de spiritualité.

H. M. – J'aimerais que l'on parle de ce qu'on a appelé « le Printemps arabe ». De ce que j'ai vu, je pense que le Soudan s'inscrit dans la continuité de ce qui s'est passé en 2011 en Tunisie, en Égypte, en Syrie et en Libye.

M. A. – Oui. Ça a commencé avec un mouvement général de protestation à travers le monde arabe en 2011...

H. M. – Et n'oublions pas les manifestations qui se produisirent au Soudan en 2013.

M. A. – Les Soudanais ont essayé dès 2011, mais ils n'étaient pas organisés. Puis à nouveau en 2013, à cause de la hausse des prix. Ce n'était pas une révolution, plutôt une sorte d'Intifada. Ils ont essayé, mais là non plus ce n'était pas organisé. Et le régime a continué à opprimer les citoyens. C'est une histoire de résistance. Ils ont essayé pendant dix ans, et ils ont appris – comme vous dites – de toutes les révolutions qui les avaient précédés, particulièrement de l'égyptienne. Tout le monde a dit : Faites attention, c'est le même scénario que la révolution égyptienne, nous ne devrions pas faire comme ça. Le massacre du 3 juin a lui aussi suivi le scénario des événements entre le régime égyptien et les islamistes en juin 2013.

H. M. – Ce n'est pas exactement le même scénario, car en Égypte la première chose que les Frères musulmans ont faite sitôt élus a été de virer les fonctionnaires qui n'étaient pas de leur bord afin de les remplacer par des sympathisants. En ce sens, ils inauguraient eux aussi un genre de dictature. Et ça n'a pas plu aux gens. Une partie des révolutionnaires a considéré que la révolution avait été confisquée par les Frères musulmans après l'élection de Mohamed Morsi.

M. A. – Ce qui a divisé le mouvement révolutionnaire.

H. M. – Ensuite, l'armée a utilisé ce ressentiment pour mener un coup d'État et procéder à son tour à une contre-révolution. Ils ont exploité la situation…

M. A. – La division.

H. M. – Ce n'était pas une division à proprement parler, plutôt des gens qui se disaient qu'ils voulaient quelque chose pour l'Égypte, pour tout le monde, pas juste pour les Frères musulmans. C'était très beau. Ça a commencé par tous ceux qui ont marché ensemble en 2013 pour faire cesser la suprématie des Frères musulmans et retrouver l'esprit de la révolution. Le problème, c'est que l'armée a été très habile en transformant ce nouvel épisode de la révolution en coup d'État militaire.

M. A. – Oui. Ce qui s'est passé au Soudan, c'est que l'armée a gardé le pouvoir afin de pouvoir décider du sort de la révolution.

H. M. – Le massacre du 3 juin sur le sit-in démocratique à Khartoum visait tous les révolutionnaires, alors qu'en Égypte la répression visait spécifiquement un groupe politique, les Frères musulmans. Le massacre de la place Rabia-El-Adaouïa [du 14 au 16 août 2013, au Caire, après le coup d'État du 3 juillet contre Mohamed Morsi] a été terrible, plus de huit cents personnes ont été tuées en quelques heures. C'est inimaginable.
Quant à l'avenir du Soudan… Comment le vois-tu ? Et comment vois-tu l'avenir de ton implication pour le Soudan ?

M. A. – D'abord, j'ai choisi de faire un master consacré aux droits de l'homme et à l'action humanitaire en France, parce que je veux me former et avoir ma vision personnelle de la manière dont je pourrais m'engager davantage à l'avenir. J'ai hâte. Et oui, je suis toujours en contact avec des groupes militants. Nous discutons toujours de la manière dont nous pourrions nous impliquer davantage. Mais en même temps, nous observons ce qui se passe pendant la période de transition. C'est notre rôle. Cette période de transition doit s'achever dans les deux ans. Je crois qu'après cela, nous pourrons revenir à quelque chose de plus concret.
Au moment où la révolution a éclaté au Soudan, j'avais demandé l'asile en France. On suivait la situation au pays, et on ne savait pas grand-chose, et la plupart des gens ne faisaient pas confiance à notre gouvernement sur sa gestion de la situation.
J'étais tout le temps sur Facebook et Twitter, suivant l'évolution de la situation quotidiennement, ou plutôt seconde après seconde. Je n'aurais pas pu faire autre chose. Faire ça, et participer à des actions, avec quelques autres militants, pour faire connaître le problème en France. Malgré tout, vous pensez toujours que ce n'est pas suffisant. Vous voulez faire plus, vous voulez apporter davantage. J'ai donc participé à la traduction de l'arabe vers l'anglais de contenus en ligne, de posts Facebook, d'articles, de choses comme ça. Mais lorsque tu es revenue, Hind, tu as apporté ce regain d'énergie dont nous avions

désespérément besoin. Tu avais également le regard de quelqu'un qui avait été le témoin de plusieurs révolutions auparavant. Tu nous as aidés à mieux nous organiser afin que nous soyons plus efficaces dans notre défense de la révolution soudanaise.

H. M. – Peut-être y avait-il aussi le fait que mes images étaient chargées d'émotion. Il y a une sacrée différence entre des images de news, des vidéos prises au téléphone portable et les images que je tourne. Quand je filme avec ma caméra, je suis extrêmement concentrée, je vis intensément l'instant, je communie avec les gens présents, leurs existences, leurs luttes... Quand je filme, mon corps et mon esprit fusionnent avec ceux que je filme et dont j'admire le courage. Ma caméra est subjective, elle embrasse les émotions de ceux que je filme.

M. A. – Et leurs combats. Tu as interviewé des gens que tu ne savais pas que je connaissais. Cela n'a fait que confirmer que ta vision des événements entrait en résonance avec la mienne. Selon toi, qu'est-ce que les trois révolutions auxquelles tu as assisté et sur lesquelles tu as travaillé (Soudan, Égypte, Tunisie) ont en commun ?

H. M. – J'ai réalisé un film en Tunisie, intitulé *Tunisia Clash*, qui suivait la révolution tunisienne à partir de la scène rap. Et j'en ai fait un autre en Égypte, intitulé *Electro Chaabi*, qui filmait la révolution égyptienne du point de vue de la jeunesse des bidonvilles du Caire où se fabriquait une musique incroyablement créative, les paroles de leurs chansons étaient très politiques, habitées par l'énergie de la révolte. Je dirais que la grande différence entre les révolutions tunisienne, égyptienne et soudanaise est que cette dernière a bénéficié de l'expérience de celles qui l'ont précédée.

M. A. – Oui. Les Soudanais ont appris ce qu'il fallait apprendre.

H. M. – Ils sont très conscients de tout ce qui était arrivé précédemment dans le reste du monde arabe. Et ils sont très attachés à la dimension pacifique de leur mouvement. Ils estiment que l'on n'a aucune chance de vaincre une armée avec des armes.

M. A. – « La seule manière de contrer la violence, c'est la protestation non violente. »

H. M. – Mais comment faire ? C'est vraiment difficile, non ? L'autre particularité au Soudan, c'est que les femmes étaient nettement à l'avant-garde de la révolution, ce qui n'était pas le cas en Égypte où les femmes étaient présentes mais où elles ont subi un harcèlement sexuel très violent. Au Soudan, les gens ont été bien plus respectueux des femmes. Jusqu'à mon départ, le 1er juin 2019, je n'ai jamais été témoin de harcèlement sexuel lorsque j'étais sur le sit-in, l'occupation par le peuple des rues adjacentes au QG de l'armée.
Une autre chose m'a frappée : en Tunisie et en Égypte, une partie des forces politiques qui luttaient contre le régime, la dictature, étaient des partis islamistes – Ennahdha et les Frères musulmans. Ils n'ont pas déclenché les révolutions, mais ils s'y sont ralliés et y ont pris part. Ils constituaient aussi les groupes politiques les mieux organisés, ce qui explique que, dans les deux pays, ils aient remporté les élections. Ils disposaient également de soutiens financiers à l'étranger, notamment du Qatar ou des États du Golfe. Ils n'ont pas gagné seulement parce que leur idéologie était la meilleure, mais aussi parce qu'ils étaient mieux organisés que les partis de gauche, qui n'avaient pas les mêmes ressources financières. Je me souviens qu'en Égypte, au second tour des premières élections

libres, les gens avaient le choix entre Ahmad Chafiq, ancien général, il était clairement le candidat de l'armée, et Mohamed Morsi, qui représentait les Frères musulmans. Et c'était curieux, car ces partis ne partageaient pas les valeurs de la jeunesse révolutionnaire, et la première chose qu'a faite le parti Ennahdha en arrivant au pouvoir après avoir gagné les élections en octobre 2011, c'est de mettre des artistes en prison pour « atteinte aux bonnes mœurs » ou consommation de cannabis. Une vague conservatrice a déferlé sur la Tunisie entre 2012 et 2013. Et elle contredisait l'esprit de la révolution qui avait d'abord été menée par une jeunesse rebelle qui fume des joints et écoute du rap contestataire.

M. A. – Au Soudan, la révolution a pu avoir lieu parce que tous les groupes sociaux, et même certains militaires, étaient unis contre un ennemi commun : le régime.

H. M. – Exactement. Et la grande différence au Soudan (c'est très important), c'est que les gens n'ont pas mêlé la religion à tout ça. La seule chose qu'ils voulaient, c'était la liberté, et ils voulaient aussi être libres par rapport à un régime religieux qui les avait opprimés. N'oublions pas que la dictature d'Omar el-Bachir était à la fois religieuse et militaire. Pour moi, la révolution soudanaise est post-islamiste. Cela signifie que les gens admettent que la religion ne peut relever que de la sphère privée, et que pour vivre en paix, il faut accepter les croyances des autres, chrétiens, animistes... Sortir de l'hégémonie de la culture arabe et musulmane, admettre que le Soudan est aussi un pays africain. Le régime de Bachir était vraiment raciste, il imposait à tous une seule langue (l'arabe) et une seule religion (l'islam). Ce qui a justifié des politiques de purification ethnique au Darfour, au Kordofan et dans la région du Nil Bleu.

M. A. – Il y a une image très célèbre du sit-in de Khartoum : quatre femmes du Soudan du Sud, une nonne, une femme en niqab, une femme « libérée » (disons : sans hijab), toutes ensemble sur une seule image. C'est un symbole d'unité, peu importe la religion. C'est ça la puissance de la révolution soudanaise.

H. M. – Tu sais, c'est ça mon rêve. Qu'à l'avenir, on accepte qu'une femme puisse porter un niqab, et qu'une autre soit en bikini, et que tout le monde cohabite pacifiquement. J'espère que c'est ça l'avenir du monde. Et les premiers à avoir compris ça, peut-être à cause de trente ans de dictature religieuse, ce sont les Soudanais. Je pense que la plupart des Iraniens pensent la même chose aujourd'hui.

M. A. – C'est très vrai. Et les choses peuvent se résoudre pacifiquement.

H. M. – Oui. Et... les gens ne sont pas stupides. Les femmes, les hommes, les jeunes, ils réfléchissent à toutes ces questions, ils travaillent dessus, ils ne restent pas inactifs.

M. A. – J'ai aussi vu une chose tangible dans ma famille : pendant la révolution, ma mère a changé d'avis. C'était une femme très conservatrice, parce qu'elle a grandi sous le régime précédent. Vous savez, l'instauration du régime s'est appelée *al-Sahw al-Islami*, le Réveil islamique. Moi, j'ai grandi en opposition à ces traditions, aux forces de l'ordre islamique qui exerçaient leur contrôle sur le corps des femmes au Soudan. J'ai grandi en résistant à ça, lorsque je suis devenue créatrice de mode, lorsque je me suis écartée de la façon « pudique » de se vêtir pour préférer des choses plus délurées. Cela signifiait aussi me confronter aux valeurs de ma famille, défier le statu quo de la société conservatrice dans laquelle j'étais née. Ma mère refusait même que nous allions manifester, parce qu'elle avait peur – mon père était déjà engagé politiquement, elle ne voulait pas que ça recommence. Car mon père a dû partir en Arabie saoudite à cause de son engagement politique, sous le régime précédent. Et ma mère ne voulait pas non plus que je manifeste à Paris, ni où que ce soit ! « Ils ne doivent pas te voir », me disait-elle, entre autres choses. C'est pour ça que je pense que la manière dont, pendant la révolution, elle en est venue à accepter que mes frères et sœurs manifestent, à comprendre pourquoi j'étais en dissidence, a amélioré nos relations. Maintenant, elle me comprend mieux. Le mouvement social, la révolution, a changé les gens. Et j'ai vu ce changement se produire depuis l'intérieur, dans ma propre famille, et se répandre partout dans la société. La contribution des femmes à la révolution a été particulièrement importante. Par exemple, les vendeuses de thé dans la rue, toutes des femmes, ont été aux avant-postes de la révolution. Des femmes sont venues d'aussi loin que le Darfour pour faire la cuisine pour tous les manifestants qui occupaient la place. Ce sont aussi des femmes qui ouvraient leur porte pour cacher les révolutionnaires quand les forces de sécurité et la police secrète les poursuivaient. J'ai raconté, à l'Institut du monde arabe pendant le forum « Citoyennes » auquel j'ai été invitée, qu'on dit souvent dans mon pays que la place de la femme est dans sa cuisine. Mais c'est précisément parce que les femmes se trouvaient dans leur cuisine qu'elles avaient un endroit pour discuter de ce qui se passait en dehors de chez elles, de problèmes comme l'augmentation du coût de la vie, des difficultés qu'elles rencontraient. Étant les plus opprimées d'entre tous, elles ont emmené ces discussions dans la rue. Donc, selon moi, la révolution est née dans les cuisines de toutes ces femmes...

H. M. – ... La révolution a commencé dans les cuisines... !

M. A. – Oui, et puis elle s'est répandue à travers tout le pays. C'est comme ça que je vois la contribution des femmes à cette révolution. C'est le changement que nous voulions voir. Il s'agissait aussi d'accepter la nouvelle génération, avec ses idées nouvelles, prête pour le changement. Mes frères et sœurs sont au Soudan, ils ont manifesté au Soudan quand je manifestais à Paris. Mon frère distribuait des tracts et participait à toutes sortes d'activités avec l'opposition, et je restais en contact permanent avec lui, avec tout le monde. Mes relations avec ma famille sont devenues encore plus fortes grâce à tout cela, grâce à la révolution.

H. M. – Comment vivais-tu le fait d'être une femme soudanaise à Paris qui regardait à distance la révolution se dérouler dans son pays ?

M. A. – Question difficile. Comme je l'ai dit, j'étais en train de demander l'asile, mais j'étais en plein doute. Devais-je rentrer immédiatement ? Car peut-être pourrais-je contribuer davantage en étant sur place. J'en ai parlé à quelques activistes au Soudan, qui m'ont conseillé de rester et d'aider depuis la France car ce serait même plus utile. Donc avec quelques autres militants, on a organisé des manifestations, place de la République, devant des ambassades, nous avons interpellé l'Union européenne à Bruxelles... et lorsque tu es arrivée, Hind, tu nous as montré tes vidéos si puissantes. Et dès le jour de ton arrivée, tu as tenu un meeting avec des opposants soudanais en exil à Paris. Nous avons traduit, rédigé des articles et des pétitions... Ensemble, avec les groupes de Soudanais mobilisés, nous avons fait campagne de manière formelle pour que

Et si la violence et la non violence ne faisaient qu'un...
il n'y aurait jamais eu de révolution arabe sans l'une ni l'autre.

Violence, non-violence, par Sonia Ben Salem
(@sony.bensalem)

Sonia Ben Salem est une illustratrice franco-tunisienne née à Tunis en 1986. Son diplôme de designer graphique en poche, elle intègre rapidement l'Atelier Glibett, un collectif d'illustrateurs de Tunis. Sonia aime transmettre son attachement au patrimoine à travers des projets artistiques, en dessinant avec humour des scènes typiquement tunisiennes.

CI-CONTRE

Mondialisation des révolutions arabes, par Hamid Sulaiman

Né à Damas en 1986, Hamid Sulaiman a suivi une formation d'architecte, mais se consacre à la peinture et au dessin. Il se fait arrêter en 2011 pour avoir participé à des manifestations du printemps arabe, mais parvient à se rendre en Jordanie puis en Égypte. En juin 2012, il obtient un visa pour l'Allemagne, où s'installe sa mère. Lui finit par s'établir en France : « La France, c'était le pays de la BD. » Dans son premier roman graphique, *Freedom Hospital* (Éditions Çà et là-Éditions, 2016), il relate l'histoire d'un hôpital clandestin en Syrie. Son travail a été exposé à l'Institut du monde arabe en 2014, dans le cadre de l'exposition SYRIE : CRIS-ACTION, et il a été invité à de nombreux débats et rencontres. Aujourd'hui, il vit et travaille à Angoulême.

PAGE CI-CONTRE

Mondialisation des révolutions arabes, par Incrusted (@incrusted_)

Né à Tlemcen, en Algérie, Ramzi Benlaldj (alias Incrusted) est un jeune graphiste et illustrateur indépendant, pratiquant aussi le collage. Passionné d'art, de littérature et de cinéma, il a passé la plus grande partie de sa vie à Oran. Il doit sa notoriété au succès rencontré sur les réseaux sociaux, notamment Instagram, où il partage la majorité de ses œuvres.

RÉVOLUTION
Arabe
ثورة
THE POWER OF THE
PEOPLE
STRONGER
"حرية"
"ديمقراطية"
ضد النظام
الفاسد

PAGE CI-CONTRE

Absence de leadership dans les révolutions, par Tammam Alomar
(@tammam.alomar)

Né en 1986 à Masyaf en Syrie, Tammam Alomar est diplômé de la faculté des arts plastiques de l'université Paris 1 Panthéon-Sorbonne. Depuis 2011, il a réalisé des affiches politiques et des campagnes de sensibilisation en employant la technique du graffiti, la calligraphie arabe et le photomontage. Il travaille sur le corps humain, thématique qui résonne particulièrement en Syrie où l'on ne compte plus les morts et les détenus torturés.
Il réside actuellement à Paris et a participé à de nombreuses expositions, à la fois collectives et individuelles, en France et à l'étranger.

CI-DESSOUS

Absence de leadership dans les révolutions, par Ganzeer
Our leaders (@ganzeer)

Ganzeer se situe entre l'art, le design et le storytelling, suivant les principes de ce qu'il nomme le *Concept Pop*. Ses productions sont très variées, entre pochoirs, peintures murales, peintures, pamphlets, bandes dessinées, installations et design graphique.

Les œuvres de Ganzeer ont pu être vues à travers une quarantaine d'expositions, dans des galeries, des lieux impromptus, des ruelles ou des musées comme le Brooklyn Museum à New York ou encore The Palace of Arts au Caire.

PAGE CI-CONTRE
Les lieux des révolutions, par Zarifi Haidar Marín
(@justzhm)

Zarifi Haidar Marín est une designer urbaine, architecte et illustratrice autodidacte née au Venezuela et basée à Beyrouth. Elle est passionnée par l'art et le design et aime la photographie, la création, le dessin. Elle illustre pour sourire et recevoir les sourires de ceux qui regardent son travail.

Contestations créatives, par Meen One
À bas le pouvoir militaire
(@meen_one)

Meen One, de son vrai nom Moeen Gharbi, est un artiste urbain et calligraphe tunisien basé à Paris depuis 2014. Avec un style qui lui est propre, il mélange lettrages et dessins pour imaginer une calligraphie atypique et intrigante. L'image ainsi créée est à un appel à la recherche du sens de la calligraphie représentée. Son travail a été exposé à l'Institut du monde arabe en 2015, au sein de l'exposition « Hip-Hop, du Bronx aux rues arabes ».

المسرح الكبير
THE GRAND THEATER
جامع محمد الأمين
MOHAMMAD AL-AMIN MOSQUE STEPS
ساحة الشهداء
MARTYR'S SQUARE
"البيضة"
THE EGG
ثورة
جدران الثورة
REVOLUTION WALLS
المجتمع المدني
موقف العازارية
AAZARIEH PARKING
"الرينغ"
THE RING
الحمراء
Hamra
وسط المدينة
Centre Ville
Zarifi Haidar 2020
#JUST2HM

Contestations créatives, par Bahia Shehab
A Forgotten Blue Bra

Bahia Shehab est artiste, graphiste et historienne de l'art. Elle est professeure à l'université américaine du Caire, où elle a fondé le programme de design graphique. Ses œuvres ont été exposées dans plusieurs galeries et rues à travers le monde, et ont été présentées dans le documentaire *Nefertiti's Daughters* en 2015. Elle a reçu de nombreux prix, et a publié plusieurs ouvrages parmi lesquels *At the Corner of a Dream: A Journey of Resistance and Revolution* (2019, Gingko Library).

l'Union européenne cesse de financer les milices paramilitaires du général Hemetti, qui prétendent lutter contre l'immigration clandestine [Mohamed Hamdan Daglo, *alias* « Hemetti », responsable d'exactions au Darfour, homme-clé de la junte].

H. M. – L'Union européenne les finançait indirectement pour empêcher les migrants de rejoindre la Libye.

M. A. – Oui, de l'immigration illégale. Cette campagne a rassemblé les militants soudanais qui vivaient en Angleterre, en Suède, en Norvège, à Bruxelles…

H. M. – Ça a été une mobilisation à l'échelle de l'Europe.

M. A. – Oui, exactement. Ils ne sont pas seulement réfugiés, il y a aussi des étudiants, des travailleurs…

H. M. – Je suis très pessimiste en ce moment. Car l'argent est un problème : il est toujours entre les mains de l'armée, et de la milice paramilitaire du général Hemetti. Il est l'homme le plus riche du pays. Il est propriétaire des principales mines d'or du pays et il envoie ses recrues faire la guerre au Yémen, recevant en échange de très grosses sommes d'argent de l'État saoudien. Il s'est enrichi pendant les années de guerre civile. Pour se développer, le pays a besoin de cet argent, mais les militaires ne veulent pas que le gouvernement de transition réussisse. Dans un monde rêvé, la plupart des actifs de l'armée devraient être nationalisés. Les militaires essayent de coincer le pays dans une impasse, afin de pouvoir intervenir à la dernière minute en se faisant passer pour des sauveurs.

M. A. – Et ils protègent toujours l'ancien régime.

H. M. – Et même l'accord qui a été passé entre les civils et les militaires en août 2019 pour mettre en place un gouvernement de transition est problématique. Le massacre du 3 juin venait tout juste d'avoir lieu, la société civile réunie sous la bannière des « Forces pour la liberté et le changement » a accepté de signer cet accord avec le général Hemetti, le responsable dudit massacre. Les vidéos du massacre montrent ses miliciens à l'œuvre, et il continue pourtant de dire publiquement à la télévision qu'il n'est pas responsable. C'est ridicule. Et cruel. Cruel pour les civils de signer un accord avec leur propre bourreau.

M. A. – Il y a quelque chose que nous ne savons pas, Soudanais comme non-Soudanais. Quelque chose s'est produit avant le massacre. Au départ, il y avait des discussions concernant le partage du pouvoir entre militaires et les civils des FFC (Forces for Freedom and Change). Mais en moins d'une semaine, le massacre a tout changé et ça a donné un accord entre les militaires et les civils. Ils l'ont signé tout de suite après le massacre. Il y a quelque chose de pas clair là-dedans – nous ne savons pas comment ont évolué les discussions, parce qu'il n'y avait aucune transparence. Au départ, les FFC étaient représentatives des forces révolutionnaires, elles contribuaient à la mobilisation et emmenaient la révolution sur une voie pacifique, mais à la fin de nombreux révolutionnaires se sont sentis trahis. En fait, ça a été comme un pacte avec le diable.

H. M. – Exactement. Tout ça a été fait dans un esprit de compromis : « Si nous voulons la paix, il va falloir accepter cela. » Mais c'est très dangereux. Nous avons vu, avant la Seconde Guerre mondiale, l'Europe céder sans fin pour éviter la guerre avec l'Allemagne, mais à force de céder vous vous faites dévorer.

M. A. – Si l'on regarde ce qui se passe juste maintenant, vont-ils mettre fin à la guerre civile ? Voit-on une certaine forme de justice sociale émerger ? Les groupes soudanais les plus opprimés sont-ils devenus leur priorité ? Le but de l'accord – faire cesser la guerre civile – n'est toujours pas atteint. Les gens qui ont provoqué la guerre sont toujours très puissants aujourd'hui. Existe-t-il la moindre justice sociale ? On n'en voit pas la trace. Les droits des femmes, des groupes opprimés, ne sont pas une priorité pour eux. Ils se concentrent sur les accords internationaux, recherchent la reconnaissance internationale, plutôt que de se préoccuper des besoins de leurs propres citoyens. Mais le mouvement social continue de se renforcer : les gens sont conscients de leurs droits. Il y a de nombreux syndicats, regroupements de travailleurs…

H. M. – Toute la beauté de la révolution vient des citoyens ordinaires, des comités de résistance partout dans le pays, la plupart organisés par des militants qui ont à peine vingt ans et qui s'efforcent de travailler à l'échelle locale.

M. A. – Le rôle de la diaspora aujourd'hui est d'apporter un soutien à ces syndicats et à ces autres groupes organisés pour les aider à être plus efficaces sur le terrain. La priorité doit être de faire advenir une forme de justice sociale. On reste forts, ensemble, on fait bloc. On peut au moins réussir à faire ça.

H. M. – Oui, c'est la reconquête de l'espace public par le peuple ! Les Soudanais en avaient été privés pendant trente ans. Les gens ont repris leur liberté. Même après le massacre du 3 juin, les gens ont eu le courage de redescendre dans la rue. Ils ont organisé d'autres marches, des manifestations simultanées avec différents départs et parcours de cortège afin que les militaires soient débordés et ne puissent pas arrêter tout le monde. Les relations qui sont nées sur le sit-in à Khartoum demeurent fortes aujourd'hui. On assiste à la naissance d'une nouvelle manière de penser, d'une nouvelle forme d'organisation de la résistance. C'est tellement précieux – la liberté de parole. Lorsque je suis arrivée au Soudan trois mois après le massacre du 3 juin, j'ai vu que les jeunes revenaient peu à peu sur les lieux du sit-in pour repeindre les fresques révolutionnaires que les militaires avaient effacées. Peu à peu, ils se sont réapproprié les lieux symboliques que les militaires avaient essayé de leur confisquer.

M. A. – Je pensais que les gens qui avaient occupé les places publiques pendant la révolution les occupaient toujours sur le plan artistique aujourd'hui.

H. M. – Non ce n'est pas si évident. Pendant plusieurs mois, les militaires ont occupé les ruines du sit-in, effaçant toutes les traces de la présence révolutionnaire et refusant que cela devienne un lieu de mémoire. Mais avec le temps et de la persévérance, la tendance s'est récemment inversée. Par exemple, j'ai rencontré un jeune homme originaire du Darfour qui a ouvert un café sous le pont du district de Colombia où de nombreux révolutionnaires ont été assassinés par les militaires…

M. A. – « Colombia » est un endroit connu pour être un repaire de dealers.

H. M. – Il se trouve sur les bords du Nil, juste en face du sit-in révolutionnaire. Les gens y buvaient du thé en fumant du hash. Beaucoup de gens ont été tués sous ce pont. C'est là que ce jeune homme, six mois après la destruction du sit-in, a ouvert « Colombia Corner ». C'est un ancien sans-abri. Le café a été entièrement construit avec des matériaux recyclés. Les sièges et les tables sont en pneus de voiture et en ferraille. Il a invité ses amis artistes révolutionnaires à faire la déco. C'est un lieu de création et d'échanges. Depuis qu'il a ouvert en novembre dernier, il gagne sa vie grâce à ce café, c'est fou ! Quelque chose comme ça n'aurait jamais pu arriver auparavant…

J'ai une toute dernière question pour toi : tu sais que le monde occidental a une façon bien à lui de voir les femmes arabes, africaines ou musulmanes. Peut-être en as-tu fait l'expérience ici, à travers tes échanges avec les gens, les questions qu'ils te posent. Et je voudrais t'interroger sur ton expérience personnelle, et tes amis, lorsque vous étiez au Soudan sous la dictature. Comment pouvais-tu être une femme libre dans ce contexte ? Comment contournais-tu les interdits de la dictature religieuse ? Est-ce que ça t'a rendue plus forte ? Penses-tu pouvoir être plus forte qu'une femme occidentale après avoir traversé tout ça ?

M. A. – Ayant grandi en Arabie saoudite, revenir au Soudan, pour moi, c'était la liberté ! Lorsque j'ai commencé à étudier la médecine au Soudan, la première chose que j'ai faite a été d'aller voir un organisme de formation médicale international, qui a une antenne consacrée aux droits de l'homme. J'ai décidé de les rejoindre. Au bout d'un moment, ayant compris ce que ces principes de droits de l'homme défendaient, je suis devenue plus ferme pour défendre mes propres droits : *men haqi*, « c'est *mon* droit de faire ça, c'est *mon* droit ». Suivre ce principe m'a fait comprendre que je défendais encore mieux mes droits à travers de nombreuses choses : par rapport à ma famille, à la société, à l'oppression politique qui pèse sur les femmes. J'ai commencé à résister, et ce fut la clé pour obtenir ce que je voulais, et avant tout la liberté. Je ne pouvais exprimer politiquement ce que je voyais et ressentais, aussi me suis-je exprimée sur le plan artistique, à travers le stylisme. Mes premières collections, en tant que styliste, avaient un sens politique, j'y défiais le *qanun an-nizam al-'am* (la loi pour l'ordre public) en révélant davantage le corps féminin. La manière dont ça a touché et inspiré d'autres femmes m'a fait penser que je pourrais faire quelque chose d'utile, donner de meilleurs moyens d'agir à d'autres femmes comme moi je pouvais désormais agir. Quand je travaillais avec l'OMS, j'ai visité des camps de réfugiés au Soudan du Sud, où j'ai vu de très belles Sud-Soudanaises. Elles se trouvaient dans des situations de grande vulnérabilité, et les seules déclarations qu'elles pouvaient faire, en dehors de la joie qu'elles pouvaient manifester, c'était leur manière de se vêtir. Avec toutes leurs couleurs, leur façon de poser face à mon objectif… J'ai décidé de travailler avec ces femmes afin de donner un écho plus large, plus international, à leurs voix. C'est pourquoi j'ai présenté mon travail à l'UNESCO. L'idée de faire quelque chose sur le plan artistique, et de ne laisser personne derrière, et d'accepter la diversité dans notre société, a été pour moi, en soi, une forme de résistance.

H. M. – Si je te suis bien, les femmes arabes ou africaines ne sont pas des victimes.

M. A. – Non.

NOTES

1. « Soudan, rompre le silence », *Libération*, 12 juin 2019. En ligne : https://www.liberation.fr/debats/2019/06/12/soudan-rompre-le-silence_1733285.

2. https://sudaneserevolution.wesign.it/en.

LES AUTEURES

Médecin de formation, créatrice de mode par passion, **Mayada Adil** est une féministe soudanaise vivant actuellement à Paris. Elle est étudiante en Master Human Rights and Humanitarian Action à Sciences Po. Elle est également la fondatrice de Mayada's Brand, une marque travaillant sur des projets d'émancipation économique des femmes vivant dans des communautés vulnérables, des déplacées internes et réfugiées en Afrique et en Europe.
En 2018, elle représente le Soudan à l'occasion de l'UNESCO Africa Fashion Reception pour célébrer la beauté africaine, loin des standards habituels. Mayada est également très active dans la lutte contre le financement européen des Janjawid, la milice soudanaise.

Hind Meddeb a grandi entre la France, le Maroc et la Tunisie, ses deux pays d'origine. Dans ses films documentaires, elle observe toutes les formes de résistance à l'ordre établi en filmant du côté de ceux qui se révoltent. Entre 2011 et 2013, à l'heure du Printemps arabe, elle réalise *Tunisia Clash et Electro Chaabi*, deux longs métrages documentaires sur la création musicale comme acte révolutionnaire. Son dernier film, *Paris Stalingrad*, reconstitue le parcours des réfugiés qui arrivent à Paris, harcelés par la police et réduits à survivre sur des campements de fortune autour du métro Stalingrad (sélectionné à la 41e édition du festival « Cinéma du réel », au Festival international de Toronto (TIFF 2019). Au printemps dernier, elle commence le tournage d'un nouveau film au Soudan, *Nos voix, nos armes*, portrait au long cours d'une jeunesse soudanaise déterminée à conquérir sa liberté. Hind Meddeb est souvent invitée à intervenir lors des rencontres et débats de l'Institut du monde arabe.

POUR EN SAVOIR PLUS

Adil Babikir, *Modern Sudanese Poetry : An Anthology*, African Poetry Book Series, 2019.
Abdelaziz Baraka Sakin, *Le Messie du Darfour*, Zulma, 2016.
–, *Les Jango*, Zulma, 2020.
Suhaib Gasmelbari, *Talking About Trees*, documentaire, 2019.
Nicolas Grimal, *Soudan, année zéro*, Soleb, 2020.
Tayeb Salih, *Saison de la migration vers le Nord*, trad. Abdelwahab Meddeb et Fady Noun, Actes Sud, coll. « Babel », 1999.
Sabah Sanhouri, *Miroirs*, Merit, 2015.

L'humour, « ce trésor pas si caché »

entretien avec **Nazim Baya**
par **Victor Salama**

En 2011, le monde découvrait non seulement le potentiel révolutionnaire de toute une génération de jeunes Arabes, mais aussi une puissance comique et satirique, peu connue en dehors de cette région. Dans la rue, à travers des slogans, le street art ou des pancartes, ou en ligne sur les réseaux sociaux ou les sites Internet, l'humour a permis d'exprimer à la fois l'espoir, le dégoût et les doléances. Dans des sociétés sous contrôle, il entrait par effraction pour révéler l'écart entre l'omniprésente parole officielle et les réalités quotidiennes qu'on fait taire. Ces voix qui dénoncent et déconnent agacent rapidement les autorités de nombreux pays arabes. Prenant la mesure du danger que représentent ces respirations joyeuses et mordantes, ils sévissent : l'un est envoyé en prison pour y mourir, un autre est contraint à l'exil, un caricaturiste a les doigts broyés. Pourtant, rien ne semble vraiment pouvoir arrêter le rire et la satire dans cette région, comme le montre un de ses fleurons, *El Manchar*, en Algérie.

أنا المهرج.. قمتو ليه ؟ خفتو ليه؟
لا في ايدى سيف ولا تحت مني فرس
رباعيات صلاح جاهين

« Je suis le clown.
Pourquoi partez-vous ? Pourquoi avez-vous peur ?
Je n'ai ni monture ni épée dans la main. »

Salah Jahine, *Quatrains*.

Victor Salama – Comment est né le projet *El Manchar* ? Qu'est-ce que vous comptiez bâtir aux premiers moments de ce magazine satirique si particulier dans la région ?

Nazim Baya – *El Manchar* est né en 2013. Sur Facebook d'abord, à travers une page où il était question de publier des vannes sur l'actualité politique. Bouteflika, malade et diminué après son AVC, se préparait à briguer son quatrième mandat. Il s'agissait pour moi de tourner en ridicule ce forcing kafkaïen. Le ton est vite donné. Premier statut publié sur la page « Quelle est la différence entre le journal *El Manchar* et Bouteflika ? Aucune, les deux sont à scies (assis) », *El Manchar* voulant dire « la scie » en arabe. La page connaît un certain succès, surtout auprès des jeunes. Une année après, le site est lancé. J'ai dû changer un peu de registre en me tournant vers la parodie. Le succès est immédiat. Il faut dire que ça a aussi pris à cause de la naïveté de certains lecteurs qui prenaient nos articles au premier degré. Pratiquement chacune de nos publications faisait le buzz, aidée en cela par la crédulité de certains lecteurs. Nos infos « bidon » ont fait la une de plusieurs quotidiens dits « sérieux », des ouvertures de JT. Nous avons même réussi quelques *hoax* (canulars) planétaires. Avec le temps, *El Manchar* s'est fait un nom et les lecteurs partagent toujours autant nos publications mais ils savent maintenant qu'il ne s'agit que de parodie.

V. S. – Quel public ciblez-vous ? Essentiellement algérien ? maghrébin ? arabe ? Un monde arabe hors les murs (les diasporas) ?

N. B. – Je dirais que nous ciblons tous ceux qui sont réceptifs à notre humour. Nous ne faisons pas de calculs, nous n'avons pas de stratégie marketing. Mais je suppose que de par la nature des sujets que nous traitons d'une part, et de la langue que nous utilisons d'autre part, nous devons toucher essentiellement des Algériens francophones, peu importe leur positionnement géographique. Donc, des Algériens d'Algérie surtout, des Algériens établis en France, puisque la France abrite la plus grande communauté algérienne à l'étranger, puis des Algériens un peu partout, en Belgique, au Canada et ailleurs. Nous comptons aussi beaucoup de lecteurs marocains.

V. S. – L'humour est le trésor le mieux caché des Arabes. En dehors de notre sphère culturelle, peu de gens soupçonnent la richesse et la vigueur de l'humour arabe. Est-ce que vous partagez ce sentiment ?

N. B. – L'humour arabe est invisible parce qu'il n'est pas mis en valeur. Excepté l'Égypte, aucun pays arabe ne possède un écosystème à même de faire prospérer « ce trésor caché ». L'humour évolue donc dans la marge avec les moyens dérisoires de la clandestinité. Il ne faut pas s'étonner qu'il ait un peu de mal à s'exprimer. Pourtant, et contrairement aux idées reçues, l'humour dans les pays arabes procède d'une longue tradition. Surtout la blague politique. Cela est certainement dû à la nature des régimes politiques, souvent autoritaires et dictatoriaux, en place depuis l'accès à l'indépendance. En Algérie par exemple, la blague politique a fait florès dans les années 1970-1980 alors que la liberté d'expression était carrément inexistante. On a souvent tendance à croire aussi que la religion proscrit l'humour alors qu'il n'en est rien. Dernièrement j'ai lu un article qui parlait de l'humour dans l'islam. Le moins qu'on puisse dire, c'est que les Anciens étaient de sacrés vanneurs. J'y ai retenu un beau mot. C'est Abu Ishaq el-Madani, un grand mufti médinois quraychite, à qui on demande si « un homme de quatre-vingts ans pouvait avoir un enfant ». Et Abu Ishaq de répondre : « Oui, s'il a un voisin qui en a trente ! »

V. S. – Comment percevez-vous la situation et l'évolution de l'humour en Algérie et dans le monde arabe ?

N. B. – Je dirais plutôt qu'il ne se porte pas trop mal, malgré le poids des interdits en tout genre. Interdits religieux, interdits sociétaux, censure, dictature, etc. Il faut dire qu'Internet est une aubaine. Les réseaux sociaux ont permis à cet humour caché dont on parlait tantôt de se dévoiler au grand jour. Donc finalement le trésor n'est pas si caché que ça, il suffit d'aller sur les réseaux sociaux pour le découvrir.

V. S. – Choisir la langue française pour tourner en dérision la classe dirigeante algérienne et révéler l'écart entre la propagande du régime et la réalité quotidienne est un choix qui peut interroger. Pourquoi et comment avez-vous fait ce choix linguistique ? Est-ce que cela a soulevé des réactions et des questionnements identitaires ?

N. B. – La langue française n'a pas été un choix pour moi. Je me sens plus à l'aise en français qu'en arabe classique. C'est en grande partie à cause de ma formation universitaire. J'aurais aimé pouvoir écrire en arabe avec autant de facilité pour pouvoir toucher plus de monde. L'Algérie compte encore des locuteurs francophones, on estime qu'ils représentent un tiers de la population. Donc je dirais que ça s'est fait de façon naturelle, d'ailleurs je ne me suis jamais posé de question dans ce sens. Mais pour certains, écrire en français c'est faire systématiquement le jeu de la France. C'est l'argument des « mouches électroniques » pour discréditer les opposants.

V. S. – Vous avez lancé *El Manchar* en 2013, lorsque le président Bouteflika, déjà gravement malade, a brigué un nouveau mandat. À quel moment avez-vous senti qu'*El Manchar* était en train de changer de dimension, de devenir un phénomène médiatique ? Quel rôle a-t-il joué selon vous durant le soulèvement populaire de 2019-2020 ?

N. B. – Nous avons beaucoup ri de Bouteflika, de son obsession du pouvoir, de son alacrité comme disait Hollande. Nous l'avons fait parce que nous n'avions pas d'autre choix. C'était rire ou pleurer. Ce sentiment était partagé par beaucoup d'Algériens qui ont peut-être trouvé dans notre humour un exutoire. Je ne sais pas si nous sommes pour quelque chose dans le soulèvement populaire du 22 février, ça serait prétentieux de l'affirmer. En tout cas, moi perso je l'ai vécu comme un accomplissement. L'accomplissement de cinq années de matraquage humoristique.

Ça devait être le sentiment de beaucoup d'Algériens qui ont lutté pour l'instauration d'une démocratie. Mais finalement, il revient à mes compatriotes de dire si *El Manchar* y était pour quelque chose. Il y a une image qui m'a marqué cependant. Pendant les manifestations du vendredi, il y avait des petits jeunes qui vendaient des badges, des badges à l'effigie de Boudiaf, de Hocine Aït Ahmed, d'Ali la Pointe et d'autres héros de la révolution algérienne. Je n'étais pas peu fier de découvrir qu'il y avait aussi le badge d'*El Manchar* parmi toutes ces figures glorieuses. Pour la petite histoire, les vendeurs (au nombre de quatre, tous étudiants) ont été embarqués par la police et emprisonnés. Ils ont passé six mois en prison.

V. S. – Combien êtes-vous dans l'équipe d'*El Manchar* ? Comment est-elle organisée ? Quel est votre modèle économique et quelles évolutions envisagez-vous pour votre média dans les mois et les années à venir ?

N. B. – Actuellement, nous sommes quatre. Nous faisons ça sur notre temps libre. Nous ne disposons pas d'un local. Donc chacun bosse chez lui. Nous travaillons bénévolement. Parce qu'*El Manchar* n'est pas un journal à proprement parler. Nous sommes des petits artisans de l'humour. Nous ne sommes pas enregistrés, nous travaillons « au noir ». Nous sommes sur le Net et nous comptons y rester. Nous espérons quand même légaliser notre activité en enregistrant notre site en tant que média. Mais l'espoir est-il encore permis ?

V. S. – Avant de commencer *El Manchar*, aviez-vous un modèle, une inspiration, une idole dans l'humour ?

N. B. – Mes modèles sont nombreux. Il y a tout d'abord *El Manchar* « historique », le journal satirique (papier) qui paraissait dans les années 1990, et dont nous portons le nom aujourd'hui. Il n'a malheureusement pas fait long feu, pris à la gorge par des problèmes financiers. Il y a aussi *Le Gorafi* qui reste le journal parodique de référence dans le monde francophone. J'ai grandi avec les album BD du plus grand caricaturiste algérien : Slim, *Zid Ya Bouzid* et *Il était une fois Rien*, deux album d'anthologie. Sinon, mon idole dans l'humour est Pierre Desproges.

V. S. – Où en est la satire publique dans le monde arabe ? Au temps des pionniers ? des artisans ? Ou au contraire est-ce qu'on commence à observer un début de professionnalisation ?

N. B. – Dire que la satire est au temps des pionniers serait une insulte pour les anciens. Ceux qui ont essayé de faire des choses avant nous et qui n'ont pas pu s'inscrire dans la durée. Mais en même temps, il faut reconnaître que la professionnalisation est encore loin. Nous faisons avec les moyens du bord, nous ne nous en plaignons pas. Tout ce que nous demandons c'est de ne pas être arrêtés (rires).

V. S. – En 2011, les gouvernements arabes « découvraient » les réseaux sociaux. Pour utiliser une image sportive, on peut dire qu'ils jouaient à l'extérieur, que ce n'était pas leur terrain de prédilection. Aujourd'hui, les choses semblent avoir évolué. Les pouvoirs en place ont investi le champ numérique et ont compris le profit qu'ils peuvent en tirer. Est-ce un défi politique supplémentaire ? Ou est-ce une nouvelle opportunité, qui permettrait notamment de rebondir sur la propagande d'État diffusée sur les réseaux sociaux ?

N. B. – En Algérie, les réseaux sociaux ont été occupés tardivement par le pouvoir en place. Jusqu'en avril-mai 2019, le terrain était vierge. Pourquoi 2019 et pas 2011 ? Parce que le Printemps arabe n'est pas passé en Algérie. Les autorités n'ont pas pris toute la mesure de l'influence des réseaux sociaux sur l'opinion publique. Après le déclenchement du *hirak*, d'ailleurs en partie grâce à Facebook puisque les appels à manifester ont été lancés sur cette plateforme, le pouvoir a vite compris que la fabrication de l'opinion ne passait plus par les médias de masse. Les chaînes de télé, la presse écrite ont perdu tout crédit vis-à-vis de la population qui s'est tournée vers les réseaux sociaux. Mais le 22 février marque un tournant dans l'histoire numérique algérienne, d'abord par l'occupation massive des réseaux par les « mouches électroniques », sorte de légion affidée au pouvoir, puis par la mise en place d'un arsenal juridique pour traquer et punir les voix dissidentes sous couvert de lutte contre les *fake news* et le discours de haine. Est-ce un défi ? Oui, certainement. Encore un autre, j'ai envie de dire. Le risque est énorme, c'est de se voir jeté en prison. Nous nous en sommes bien sortis jusqu'ici – Dieu merci –, croisons les doigts pour que ça continue.

V. S. – Les *memes*[1] et les vidéos TikTok sont les formes les plus populaires en ce moment, surtout chez les jeunes (immense majorité en Algérie en particulier et dans les pays arabes en général). Avez-vous des réflexions par rapport à une évolution plus « visuelle » / « graphique » d'*El Manchar* ? N'avez-vous pas l'impression d'être parfois concurrencés, voire dépassés, par l'efficacité des internautes qui usent eux aussi de satire pour commenter l'actualité ?

N. B. – L'efficacité des memes est foudroyante. C'est simple, intelligent. C'est une forme d'expression très en vogue en Algérie. D'ailleurs, c'est tellement efficace qu'un jeune internaute a été écroué pour des memes publiés sur Facebook il y a à peine une semaine. Après, je ne considère pas que ce soit de la concurrence. Bien au contraire, ça participe de l'ambiance rigolote qu'*El Manchar* essaie de créer en faisant feu de tout bois.

V. S. – Comment continuer à faire exister la satire dans le monde arabe au milieu d'un triangle des Bermudes constitué d'un autoritarisme grandissant, de l'essor des infaux (confondre la satire avec de vrais infos et la répandre) ? L'absurdité des situations et de la propagande ne dépasse-t-elle pas souvent la satire ? Quel défi cela représente pour vous ?

N. B. – J'ai l'impression que nous sommes de plus en plus sur le fil du rasoir. Vous décrivez très bien la situation, c'est un vrai triangle des Bermudes et nous risquons – en tout cas c'est le sentiment que j'ai depuis quelques semaines – d'être mis au trou à tout moment. La liberté d'expression a connu un net recul dernièrement en Algérie. Incarcération de militants politiques, de journalistes, censure de médias électroniques, la dictature s'installe insidieusement. De nouveaux amendements ont été introduits dans le code pénal pour lutter contre les *fake news*. Qu'entend-t-on par *fake news* ? Quels en sont les contours ? La parodie sera-t-elle incluse dedans ? Ce sont des choses bien distinctes, dans mon esprit en tout cas, mais les autorités vont-elles se servir de cet amendement pour museler un peu plus l'opposition ? Je ne vous cache pas que cela m'inquiète au plus haut point.

V. S. – « Les blagues les plus drôles sont celles racontées lors de funérailles », disait un membre de l'équipe de Bassem Youssef, le satiriste égyptien maintenant exilé aux États-Unis[2]. Est-ce que le contexte arabe actuel est propice à la satire ? Comment continuer à rire dans le drame ?

N. B. – Rire dans le drame, oui. Rire des drames, c'est un peu plus compliqué. Ça soulève de nombreux questionnements d'ordre moral. Peut-on rire de tout ? Oui, certainement. Peut-on rire d'un attentat alors que les cadavres sont encore chauds ? Je ne sais pas, la question est complexe d'autant plus que le rire est toujours le rire d'un groupe et il doit en ceci répondre à certaines exigences morales. Le domaine du rire est un terrain miné et il faut savoir où mettre le pied.

V. S. – Existe-t-il des sujets tabous pour votre média ? Avez-vous dressé des lignes rouges au regard de certains sujets, tels que la religion ou le sexe, face à des gouvernements autoritaires et un public souvent très conservateur ?

N. B. – En dehors de la religion, nous n'interdisons aucun sujet. Et encore, nous essayons juste de ne pas tomber dans le blasphème. Il n'est pas rare que nous nous en prenions à des religieux, par exemple. Mais j'avoue que c'est délicat. C'est un exercice de funambule, avec d'un côté les lecteurs qui sont intransigeants et ne tolèrent aucun écart quand il s'agit de religion et de l'autre la loi qui interdit tout simplement « l'atteinte aux symboles de l'islam ». Mais encore une fois, j'ai peur que le champ de l'interdit s'étende à d'autres domaines avec les nouveaux amendements introduits dernièrement dans le code pénal.

NOTES

1. *Meme* : image satirique déclinée et diffusée largement sur Internet.
2. Sara Taksler (réal.), *Tickling Giants*, Netflix, 2016.

LES AUTEURS

Nazim Baya est le fondateur du journal parodique algérien *El Manchar*. Il était intervenu en juin 2019 au Forum de l'IMA sur les nouveaux médias du monde arabe.

Victor Salama a été professeur à la filiale francophone de Sciences politiques de l'université du Caire (FESP) de 2014 à 2019. Il a collaboré à plusieurs ouvrages sur le monde arabe contemporain. Ses recherches portent sur la communication publique et les médias, avec une attention particulière pour le monde arabe et l'Égypte. Il vit et travaille aujourd'hui entre Le Caire et Paris.

POUR EN SAVOIR PLUS

Farid Allilat, *Bouteflika, l'histoire secrète*, Éditions du Rocher, 2020.
Bachir Dahak, *Les Algériens. Le rire et la politique, de 1962 à nos jours*, Qatifa, 2015.
Jean-Jacques Schmidt, *Le Livre de l'humour arabe*, Sindbad/Actes Sud, 2005.
Sara Taksler, *Tickling Giants*, long métrage, 111 min, 2016.

Sur le front de la cyberguerre

entretien avec **Rima Sghaier**
par **Anna Sylvestre-Treiner**

Chebba, une petite ville du Sahel tunisien, a une réputation frondeuse. On y raconte encore comment ses habitants ont un jour osé jeter des tomates au visage du président Habib Bourguiba lors d'une de ses visites. Peut-être Rima Sghaier est-elle habitée par le même esprit que sa cité natale. Des décennies plus tard, à son tour, elle a défié le pouvoir. En 2011, à tout juste dix-huit ans, cette étudiante est de ceux qui sont descendus dans la rue pour mettre fin au règne de Zine el-Abidine Ben Ali.

Anna Sylvestre-Treiner – C'était quoi, avoir dix-huit ans, lors de la révolution en Tunisie ?

Rima Sghaier – C'était vivre un incroyable bouleversement. Je me souviens qu'avant la chute du président Ben Ali, le futur me semblait sombre. Je ne voyais d'issue heureuse ni pour moi, ni pour mes amis, ni pour mon pays. En réalité, je n'avais jamais connu que la vie sous dictature. La censure, la peur des représailles pour un mot de trop, la chape de plomb… Souvent, je disais à ma famille : « Je vais mourir avant Ben Ali. » C'est dire à quel point cet homme me semblait inamovible et éternel.
Alors, en janvier 2011, lorsque le régime est tombé, j'ai pleuré. C'est comme si je revenais à la vie. Je crois que pour la première fois je me suis vraiment sentie jeune. J'avais une grande énergie en moi. Une adrénaline folle.

A. S.-T. – Comment vous êtes-vous engagée dans ce mouvement ?

R. S. – Je n'étais pas une activiste mais j'étais intéressée par ce qui se passait dans mon pays et très motivée. Sous Ben Ali, ce n'était pas facile d'avoir des informations, l'opposition travaillait en secret. Mais j'avais la chance de fréquenter des gens qui étaient vraiment engagés. Cela aide beaucoup de regarder ceux qui n'ont pas peur, ils vous montrent le chemin. Je fréquentais aussi l'association des étudiants de Chebba, qui était officiellement une association culturelle mais qui était en réalité très politique. Ces réseaux m'ont permis d'avoir accès à une presse critique comme *Al-Mawkif* [journal clandestin], qu'on ne trouvait qu'à un seul endroit à Chebba et qu'on achetait sous le manteau.
Parallèlement, j'utilisais beaucoup Internet et les réseaux sociaux. Grâce à des VPN [système

permettant de masquer ses données de connexion], j'arrivais à avoir accès aux médias internationaux. Sous une dictature, certains sont complètement coupés de ce qui se passe dans le pays mais moi j'avais la chance de pouvoir contourner la censure. Je savais que de nombreuses personnes essayaient de renverser ce régime.

A. S.-T. – Cette révolte, on l'a surnommée « l'e-revolution » tant certains estiment que sans Internet l'histoire aurait été différente. Êtes-vous de ceux-là ?

R. S. – C'est certain, cela a été un moment clé. En 2011, les réseaux sociaux sont apparus comme le lieu de la liberté d'expression. Mais aujourd'hui, avec dix ans de recul, je crois que leur rôle a été exagéré. Certes, Facebook, qui était le réseau social utilisé par quasiment tout le monde en Tunisie et qui n'était pas censuré, nous a aidés à nous organiser, mais cette révolution est arrivée surtout à cause du mécontentement. C'est l'accumulation des colères qui l'a créée, c'est parce qu'il y a eu des gens pour se lever qu'elle a eu lieu. Je crois qu'on a idéalisé le rôle de Facebook.

A. S.-T. – Mais à l'époque, comment le ressentiez-vous ? Il y avait d'un côté les médias traditionnels et une parole officielle, et de l'autre, Internet et une certaine liberté, non ?

R. S. – Oui, cela me semblait un outil formidable. La censure était partout. On ne pouvait parler librement ni dans la rue ni à l'université : certains professeurs étaient liés au parti au pouvoir et nous risquions d'être renvoyés. Alors, Internet me semblait un univers incroyable. Je pouvais aller sur la page Facebook de quelqu'un qui partageait des articles censurés, je suivais les blogs d'activistes comme Lina Ben Mhenni [cyberactiviste devenue égérie de la révolution, décédée en janvier 2020], j'accédais aux comptes de gens qui rapportaient les manifestations… C'est là aussi qu'on s'organisait. Je me souviens d'ailleurs que le 1er janvier 2011 j'avais publié sur ma page Facebook la photo d'une femme et il était écrit « Je veux un pays libre ». Impensable dans la vraie vie. Cet outil nous a aidés, c'est vrai, mais les réseaux sociaux ce n'est pas que cela.

A. S.-T. – Que voulez-vous dire ?

R. S. – Dix ans plus tard, on ne compte plus le nombre de fois où Facebook et Twitter ont coupé les voix des activistes. Ils ont fermé leurs profils, leurs pages. Cela s'est passé en Syrie avec des comptes d'opposants à Bachar el-Assad ; cela s'est passé en Irak, au Liban… Dans de très nombreux pays, Facebook collabore avec les régimes, et pas les meilleurs d'entre eux. Je vous parle de régimes autoritaires.

A. S.-T. – De quelle façon ?

R. S. – Ce n'est pas très compliqué pour un gouvernement d'envoyer un message à Facebook en disant : « Cette page est liée à des activités terroristes, il faut la fermer. » Et ensuite Facebook s'exécute, sans chercher à en savoir plus. C'est une passivité complice.

A. S.-T. – Peut-être est-ce parce que les pouvoirs se sont eux aussi mis aux nouvelles technologies… La révolution tunisienne de 2011 ne leur a-t-elle pas démontré qu'il leur fallait maîtriser Internet ?

R. S. – Oui, c'est la tâche à laquelle se sont attelés beaucoup de régimes. Ces gouvernants ont peur des réseaux sociaux, de ce qui s'y dit et s'y organise. La diffusion d'images est aussi un problème, car ils savent que cela laisse des traces et pourrait les contraindre à devoir rendre des comptes. Lorsque quelques semaines plus tard les manifestations ont débuté en Égypte en 2011, le pouvoir a ainsi diminué le débit de la connexion Internet. Plus récemment, au Soudan, lors de la répression des manifestations en 2019 [qui ont finalement conduit à la chute d'Omar el-Bachir], le réseau a été complètement coupé pendant des jours. Couper Internet, c'est la nouvelle arme des régimes. Ils savent que pour avoir la mainmise sur leur pays, ils doivent maîtriser les communications. C'est au cœur de la guerre, et ce combat est de plus en plus sophistiqué.

En Égypte, les autorités ont récemment été capables d'obtenir la copie d'une carte SIM d'un activiste. Elles avaient accès à ses e-mails, à ses messages WhatsApp, elles connaissaient les lieux d'où il se connectait. C'est évidemment un pouvoir dingue. Aujourd'hui, les journalistes et les opposants sont la cible d'attaques informatiques. C'est ce qu'on appelle la cyberguerre, la guerre de la Toile.

A. S.-T. – Qu'est-ce que cette cyberguerre ? Comment se déroule-t-elle ?

R. S. – Partout dans le monde, les États investissent des sommes très importantes pour acquérir des logiciels d'espionnage. Le but, c'est d'être en capacité de pirater des systèmes de sécurité et d'avoir accès à nos téléphones, par exemple. Dans certains pays, on utilise le budget du contre-terrorisme pour cela. Le problème, c'est que ce n'est pas seulement pour traquer des terroristes, mais aussi pour surveiller de simples opposants. Wikileaks a montré comment, aux États-Unis, une surveillance massive avait été organisée illégalement. C'est la même chose dans les pays arabes, les régimes mènent cette cyberguerre. Ils veulent faire taire les voix où qu'elles se trouvent. Tout cela est effrayant.

A. S.-T. – Vous évoquez la surveillance des citoyens via Internet, mais cette cyberguerre se joue aussi entre États. On a beaucoup parlé de l'ingérence russe lors de la présidentielle américaine de 2016. D'autres élections sont désormais l'objet de luttes d'influence comme la dernière élection tunisienne…

R. S. – Tout à fait, ce qui s'est passé aux États-Unis a mis sur la place publique cette guerre. On parlait d'ailleurs de « l'armée de trolls russes ». Mais dans ce combat, Facebook et les autres géants du Net ne sont pas des acteurs neutres. Ils ont leur part de responsabilité.

En Tunisie, du jour au lendemain, Facebook a fermé une soixantaine de comptes d'activistes, de journalistes mais aussi de citoyens lambda en mai 2020. Personne n'a compris pourquoi, puis l'entreprise a parlé d'une « erreur technique ». Ensuite, elle a publié un communiqué sur une société tunisienne, eReputation, expliquant que celle-ci avait créé des faux comptes pour tenter d'influencer l'opinion lors de la présidentielle de 2019.

Le problème c'est que certains profils n'avaient aucun lien avec cette société. Des ONG ont alors demandé à Facebook de partager ses informations mais elles n'ont jamais eu aucune réponse. Le problème est là : quand nous posons des questions à ces grandes firmes, elles ne rendent jamais de compte. En revanche, elles modèrent des contenus, contraignent au silence.

A. S.-T. – À vos yeux, ces réseaux sociaux qui étaient un espace de liberté en 2011 sont devenus des lieux de censure ?

R. S. – Exactement. Facebook a souvent été du mauvais côté de l'histoire. Il a été prouvé que cette entreprise est dangereuse à cause de son algorithme. On ne le connaît pas bien, mais ce qu'on sait c'est qu'il favorise les discours de haine. Facebook ferme certains comptes ; en revanche, d'autres peuvent y tenir des propos considérés comme illégaux dans de nombreux pays. Il lui est arrivé de tolérer et de mettre en valeur des messages du président des États-Unis qui incitent à la violence. Twitter a longtemps fait la même chose, jusqu'à finir par signaler un des tweets de Donald Trump et à se confronter au président des États-Unis.

A. S.-T. – Votre objectif, c'est donc de tenter de trouver des outils pour contrôler ces grandes entreprises ?

R. S. – Il faut tenter de se protéger. On ne peut pas leur faire confiance. Leur objectif, c'est de faire de l'argent, et pour cela, elles utilisent nos données, notre vie privée. Nous devons prendre conscience que nous sommes des pions dans ce système. De la même façon que nous nous battons sur le terrain pour protéger nos libertés, nous devons faire la même chose sur Internet.

A. S.-T. – Diriez-vous que les géants du Net sont plus puissants que certains dirigeants ?

R. S. – Évidemment. Vous avez sans doute déjà entendu cette phrase : les données, c'est le pouvoir. Les Gafam [Google, Apple, Facebook, Amazon, Microsoft] en détiennent une quantité hallucinante. Vos documents, vos e-mails, vos centres d'intérêt, votre santé, vos orientations politiques… Leur modèle économique consiste à récupérer ces informations privées, puis à les revendre. Tout cela dans l'ombre. C'est une économie basée sur la surveillance et c'est extrêmement dangereux.

A. S.-T. – On a peur éventuellement d'un régime, mais rarement des Gafam… Ce qui vous effraie, est-ce l'absence de contre-pouvoir ?

R. S. – Exactement, notre rôle c'est de surveiller ceux qui nous surveillent. Certains disent qu'il faudrait cesser d'utiliser les réseaux sociaux. Je ne crois pas que ce soit la bonne approche. En revanche, face à l'opacité de ces entreprises, nous devons exiger la transparence. Il faut arrêter de dire : « Peu importe que l'on me regarde, car je n'ai rien à cacher. » C'est ne pas se rendre compte que ces entreprises font du profit avec nos vies privées, qu'elles contrôlent ce que nous voyons lorsque nous nous connectons, qu'elles agissent sur ce que nous consommons, et même qu'elles influencent nos votes. Cela semble être un combat de David contre Goliath, mais c'est comme lorsqu'on se bat contre certains régimes. Tout est toujours possible. Il faut que nous soyons de plus en plus nombreux à exiger que ce qui se passe aujourd'hui soit différent demain, et nous y arriverons.

A. S.-T. – Dix ans après, que reste-t-il du combat et de l'élan qui a traversé la Tunisie en 2011 ?

R. S. – C'est une question à laquelle chaque Tunisien répondrait sans doute différemment. Bien sûr, il y a eu énormément d'acquis, les élections sont plus transparentes, la liberté d'expression est plus importante mais je ne dirais pas que ces libertés sont totales. Il y a toujours des journalistes arrêtés, la censure revient parfois et nous sommes encore loin de ce que nous sommes en droit d'exiger.

A. S.-T. – Pensez-vous que cela soit très différent d'avoir dix-huit ans aujourd'hui en Tunisie ?

R. S. – Oui, en 2011, lorsque j'avais dix-huit ans, il était très compliqué d'avoir accès à l'information, de savoir ce qui se passait. Aujourd'hui, c'est l'inverse, les jeunes ont à portée de main une foule de contenus. Mais ils disent qu'ils en ont marre, beaucoup sont dégoûtés de la politique. Ces dix années étaient peut-être une parenthèse. En 2011, nous avons quitté une certaine apathie, dans laquelle il semble que nous replongions aujourd'hui.

LES AUTEURES

Dix ans après avoir pris part à la révolution tunisienne, **Rima Sghaier** poursuit sa lutte pour les droits humains dans l'univers numérique. Au Maghreb et au Moyen-Orient, elle collabore avec plusieurs ONG et est à l'origine du projet Safe First Contact qui vise à aider les activistes et les journalistes à améliorer leur sécurité numérique. En juin 2019, elle est intervenue au Forum de l'IMA sur les nouveaux médias dans le monde arabe.

En 2011, alors que la contestation grondait dans les rues du Maghreb, **Anna Sylvestre-Treiner** est partie vivre au Maroc. Ce fut le début d'années de reportages et de rencontres dans plusieurs pays du continent. Après huit années de vie en Afrique, elle est rentrée à Paris… ou presque. Aujourd'hui responsable de l'Afrique à *Courrier international*, elle continue à avoir les yeux rivés sur ce continent.

POUR EN SAVOIR PLUS

Rasha A. Abdulla, "The Revolution Will Be Tweeted", *The Cairo Review of Global Affaire*, 2011.
Sophie Bessis, *Les Valeureuses ou Cinq Tunisiennes dans l'Histoire*, Elyzad, 2017.
Michel Camau, *L'Exception tunisienne. Variations sur un mythe*, Karthala, 2018.
Dégage. La révolution tunisienne, ouvrage collectif, Le Layeur, 2011.
Mathias Enard, *Zone*, Actes Sud, 2008.
Linda Herrera, *Revolution in the Age of Social Media. The Egyptian Popular Insurrection and the Internet*, 2014 (non traduit).
Paolo Kahn et Aleister Sutton, *Thala, une autre histoire de la révolution tunisienne*, documentaire, 2017.
Manele Labidi, *Un divan à Tunis*, long métrage, Kazak Productions, 2019.
Albert Memmi, *La Statue de sel*, Gallimard, 1953.
Jillian York, *The Future of Free Speech under Surveillance Capitalism*, Silicon Values, à paraître en mars 2021.

L'UNION SPORTIVE DE LA MEDINA D'ALGER (USMA) EST FONDÉE LE 5 JUILLET 1937 ET DEVIENT VITE L'UN DES CLUBS LES PLUS POPULAIRES DU PAYS.
USMA
UNION SPORTIVE MÉDINA D'ALGER
1937
Scenario : Jean-Pierre Filiu / Illustrations : Halim
25 ANS PLUS TARD, JOUR POUR JOUR...
L'ALGÉRIE DEVIENT INDÉPENDANTE. L'USMA REMPORTE LE PREMIER CHAMPIONNAT D'ALGÉRIE FACE AU MOULOUDIA CLUB D'ALGER (MCA) L'AUTRE GRAND CLUB DE LA CAPITALE.
DANS UNE ALGÉRIE DE PLUS EN PLUS MILITARISÉE, LES STADES DE FOOTBALL DEMEURENT UN DES RARES ESPACES DE LIBERTÉ D'EXPRESSION.
LA FIN EN 1989 DU RÈGNE DU PARTI UNIQUE N'ÉPARGNE PAS AU PAYS L'ÉPOUVANTE DE LA "DÉCENNIE NOIRE", LA GUERRE CIVILE DES ANNÉES 1990.
LE PRÉSIDENT BOUTEFLIKA ÉLU EN 1999 POUR RAMENER LA PAIX MAINTIENT L'INTERDICTION DES RASSEMBLEMENTS DANS LA CAPITALE, TRANSFORMANT LES STADES EN DÉFOULOIRS DE LA FRUSTRATION DE TOUTE UNE GÉNÉRATION.
PAIX ~ CONCORDE
LES ROIS D'ALGER
POLICE
POLICE
POLICE
LES SUPPORTERS DE L'USMA, APPELÉS AUSSI "ULTRAS", S'ORGANISENT EN OULED AL-BAHDJA, LES "ENFANTS DE LA RADIEUSE" (UN DES SURNOMS D'ALGER) AUTOUR DE LEUR STADE DE BAB-EL-OUED.
POLICE
C'EST UNE VÉRITABLE FRATERNITÉ, ANCRÉE DANS LES QUARTIERS POPULAIRES, AVEC SES CHANTS ET SES RITES, QUI N'HÉSITE PAS À DÉFIER LE RÉGIME ET SA POLICE.
BOUTEFLIKA ENCHAÎNE LES MANDATS DE 5 ANS, S'ACCROCHANT AU POUVOIR DANS LE PALAIS DE LA MOURADIA, MALGRÉ UN AVC QUI LE LAISSE IMPOTENT EN 2013.
CE PRÉSIDENT-POTICHE EST TRÈS CONFORTABLE POUR LA CLIQUE D'AFFAIRISTES CIVILS ET MILITAIRES QUI MET LE PAYS EN COUPE RÉGLÉE.
POSTE
ALGERIE
250 599
000 Dinars
CORRUPTION
LA CASA DE PAPEL
POUR LES OULED AL-BAHDJA, L'ALGÉRIE VIT UN BRAQUAGE DIGNE DE "LA CASA DE PAPEL" LA SÉRIE MONDIALEMENT POPULAIRE OÙ DES MILLIARDS D'EUROS SONT DÉVALISÉS.
ILS COMPOSENT EN 2018 "LA CASA DEL MOURADIA" POUR MIEUX DÉNONCER LA CORRUPTION DU RÉGIME ET SON MÉPRIS DU PEUPLE.
LES SUPPORTERS CLAMENT DANS LES STADES LEUR REJET DU PANTIN PRIVÉ DE VIE QUI LES HUMILIE DEPUIS LA PRÉSIDENCE.

L'ANNONCE DE LA CANDIDATURE DE BOUTEFLIKA POUR UN CINQUIÈME MANDAT PLONGE LA POPULATION ALGÉRIENNE DANS L'ACCABLEMENT.
UN APPEL À MANIFESTER LE 22 FÉVRIER 2019 SE RÉPAND SUR LES RÉSEAUX SOCIAUX.
DÉGAGE
LES ULTRAS DESCENDENT EN CORTÈGE VERS LE CENTRE D'ALGER, FOURNISSANT À LA CONTESTATION SON SERVICE D'ORDRE.
C'EST UNE VÉRITABLE MARÉE HUMAINE QUI DÉFERLE DANS LA CAPITALE REPRENANT À PLEINS POUMONS LA CASA DEL MOURADIA
LA CASAA DEL MOURADIA
TOUS LES VENDREDIS ET DANS TOUT LE PAYS, LES MARCHES PACIFIQUES SE SUCCÈDENT. C'EST LE HIRAK : LE MOUVEMENT.
LA DÉMISSION DE BOUTEFLIKA N'APAISE PAS LES MANIFESTATIONS QUI EXIGENT UNE TRANSITION DÉMOCRATIQUE VERS UN RÉGIME DÉBARRASSÉ DE L'EMPRISE DES GÉNÉRAUX.
EN JUIN 2019, L'USMA REMPORTE LE CHAMPIONNAT D'ALGÉRIE.
LA NOUVELLE INDÉPENDANCE !!!
EN JUILLET, L'ÉQUIPE NATIONALE D'ALGÉRIE DÉFIE TOUS LES PRONOSTICS EN REMPORTANT LA COUPE D'AFRIQUE. ELLE DÉDIE SA VICTOIRE AU PEUPLE PLUTÔT QU'AU RÉGIME.
JAMAIS LA LIBÉRATION DES 42 MILLIONS D'ALGÉRIENNES ET D'ALGÉRIENS N'A PARU SI PROCHE.
JAMAIS ALGER N'A ÉTÉ AUSSI BELLE.

CI-AVANT
La Casa del Mouradia : les chants des révolutionnaires
planches BD par **Halim**, texte de **Jean-Pierre Filiu**

Jean-Pierre Filiu, historien et arabisant, est professeur des universités à Sciences Po, Paris. Il anime sur le site du *Monde* le blog hebdomadaire « Un si proche Orient ». Il a publié une vingtaine d'ouvrages, diffusés dans une quinzaine de langues, dont le plus récent est *Algérie, la nouvelle indépendance* (Seuil, 2019). Jean-Pierre Filiu est fréquemment invité aux rencontres et débats de l'Institut du monde arabe.

Créateur du label « Guerilla », **Halim** est auteur de BD, journaliste et scénariste franco-algérien. Après un cursus d'arts graphiques, il travaille simultanément pour la publicité et la presse internationale. Membre de « Cartooning for Peace », Halim est un collaborateur régulier de France 24, et ses œuvres sont en exposition permanente au Musée national de l'histoire de l'immigration. Auteur multiprimé, ses romans graphiques rencontrent, depuis *Petite maman* (Dargaud, 2017), un succès public et critique. Son dernier album, *Falloujah* (Steinkis/Les Escales), sur les mots de Feurat Alani, est paru en mars 2020.

« En Syrie, les graffitis et les banderoles sont le journal intime des citoyens »

témoignage par **Sana Yazigi**
traduit de l'arabe par **Nabil Ajan**

J'éprouve une légèreté et une pesanteur à la fois.

Après 2011, l'année de la révolution, je ne pouvais rien écrire sans que le personnel ne se mêle au professionnel, au général ! Et je ne pouvais faire face au présent sans me retourner vers le passé, comme si je buvais à la source.

Je viens de Syrie, je viens de l'Orient, un Orient triste, j'ai cinquante ans et ma révolution n'est pas encore achevée.

La route à suivre est toujours possible, je l'emprunterai.

Le possible me fait éprouver la légèreté, le prix du défi de l'impossible est pesant.

À chaque fois que je ferme les yeux me reviennent des visages et des seuils, le brouhaha des bonnes gens, des justes, ainsi que les sacrifices, la tristesse et la nostalgie, la colère et la joie, le pessimisme et l'espoir, l'absence et la présence, la force et la fragilité.

Dans la Syrie d'« Al-Assad », la Syrie d'al-« assaf » (du « regret ») comme l'ont appelée les révolutionnaires quand ils ont pressenti la catastrophe, nous avons fixé des yeux les yeux du monstre, alors il a bu de notre sang mais nous sommes restés.

Depuis 2013, je travaille, complètement hors cadre académique ou professionnel, à un projet dont le thème est la « mémoire », que j'ai intitulé « Mémoire créative de la révolution syrienne ».

Pourquoi la mémoire ? Je n'ai pas de réponse à cette question et je ne sais pas pourquoi on choisit ce que l'on choisit.

Une mémoire de ce qui est présent, ce qui est en cours… Comme s'il venait de disparaître ! Une obsession, ou bien la mémoire d'un présent habité par son passé, que j'ai voulu incarner dans un seul corps… dévoilant l'avenir !

Des questions me hantent, et je continue mon travail.

En Syrie, j'ai obtenu mon diplôme à la faculté des Beaux-Arts, où la bibliothèque était toujours fermée car nous étions évidemment des vandales jusqu'à preuve du contraire ! Comment prouver le contraire ?

L'université ne m'a rien enseigné, seul un professeur l'a fait, l'artiste qui nous a quittés très tôt, le regretté Abd Al-Qader Arnaout, qui m'a collé une fois un zéro ! C'était une punition, pour m'inciter à réfléchir, à avoir foi en mon imagination et à ne pas céder au poids de l'ennui, à l'interdit et à tout ce qui est fermé. Il y a toujours une petite porte ouverte sur notre intérieur, il ne faut surtout pas la fermer ! Ton souvenir est impérissable, mon professeur.

En 2012, j'ai participé à une seule manifestation protégée par l'armée libre, je m'en souviendrai toujours, ce souvenir est indélébile, je serai toujours habitée par le sens que cette manifestation symbolise pour moi.

Pendant cette manifestation, on dansait, on chantait, il y avait des banderoles, des tambours et des danses ! Épaules collées les unes aux autres et mains entrelacées, une place de joie illuminée. C'est là que j'ai entendu pour la première fois ma voix sortir de la gorge… avec liberté.

Durant les six années qui ont précédé le début de la révolution, j'ai travaillé dans le domaine culturel et artistique sur le projet « agenda culturel », un guide culturel bilingue, arabe-anglais, couvrant les activités artistiques et culturelles à Damas et dans les autres villes du pays.

Cette expérience m'a permis d'observer, de noter et d'être présente dans différentes sphères, les sphères de la création. Qui produit ? Quoi ? Où ? Pour qui ? Et également les sphères de la censure… Que peut-on faire ? Comment détourner la censure ? Où en sommes-nous ?

Le plus important, c'est que mon travail m'a permis de saisir la grande différence entre l'avant et l'après 2011 au niveau de l'expression artistique professionnelle mais aussi non professionnelle, et sa présence dans la société, son influence, son impact, son effet.

Je ne me présente pas ici ni ailleurs comme une critique, une chercheuse ou une analyste de la production artistique créative, je n'en ai pas les compétences. Cependant, je pense qu'après des années de travail dense je peux me permettre de noter, de m'interroger, d'exposer des idées et d'exprimer mon opinion.

En 2011, des acteurs culturels et des artistes syriens ont suspendu leurs activités pour protester ouvertement contre la répression, ce qui leur a coûté très cher.

Les galeries et les centres culturels ont fermé leurs portes successivement en signe de protestation. Les programmes culturels se sont arrêtés, notamment les programmes des centres culturels dépendant de l'État. Alors l'« agenda culturel », constitué de quarante pages en bilingue durant les meilleures saisons, s'est transformé pendant un an pour se réduire à deux pages seulement, à l'été 2012. Ainsi l'« agenda culturel » est-il devenu un document en soi contredisant la version du régime qui disait, de longs mois durant, que la Syrie allait bien (*Souria Bikheir*).

Dans le projet « Mémoire Créative », le propos n'était pas l'art mais plutôt l'expression libre et la mémoire de cette expression ; l'art y est inclus forcément. Comment les gens, artistes et autres, ont-ils exprimé la révolution et ses conséquences ? Comment ceci a-t-il reflété le changement dans la relation de « l'Homme syrien » à son environnement ?

C'est l'obsession de la mémoire du temps, où aussitôt que l'espace s'y est ouvert, l'Homme syrien a brillé. Les talents, les idées, les désirs et les souhaits ont jailli pour exprimer ce que nous voulons et comment nous le voulons.

Les graffitis, les murs et les banderoles... l'art populaire par excellence, sont devenus le journal intime du citoyen, où il inscrit son vécu documenté dans l'espace et le temps, et le partage avec l'environnement proche et lointain. En vingt-deux domaines de création constitués de milliers de matériaux, on a pu observer, recueillir et documenter le plus grand nombre possible de formes d'expression. Les gens ont dialogué par ce biais, interagi chacun de leur place et échangé leurs productions. Nous avons ici l'affiche d'un designer qu'il a publiée sur sa page Facebook et que nous voyons dessinée sur un mur dans une ville syrienne. Là, c'est une caricature publiée par un artiste dans un journal et reproduite sur une banderole. Voici également une chanson enregistrée dans un studio et qui est reprise par les manifestants, des images poignantes... auxquelles des poètes et des poétesses ont insufflé une âme.

Quant à la caméra du téléphone portable, la caméra du citoyen-témoin, elle a donné naissance à des centaines de milliers de séquences vidéo sur YouTube. Ces séquences ont été reproduites dans des films du cinéma syrien, un cinéma devenu international en un temps record.

Des pratiques citoyennes artistiques, contestataires et politiques quantitativement et qualitativement inédites !

La créativité et l'expression ont acquis un rôle désormais, et pas n'importe quel rôle.

Voici une citation dense et pertinente du chercheur Mohamed Jamal Barout extraite de son ouvrage *La Dernière Décennie dans l'histoire de Syrie. La dialectique de l'inertie et de la réforme* (Arab Center for Research and Policy Studies, 2012), qui confirme ce rôle : « Parmi les nouveaux médias, Youtube n'a jamais joué de rôle majeur dans la mise au jour de grandes dynamiques du changement social par des acteurs locaux, comme en Syrie, et n'a pas transformé ces dynamiques. [...]

Le rôle des reporters sur le terrain appartient désormais à l'histoire dans tous les sens du terme. C'est pourquoi les vidéos sur YouTube représentent un genre de nouveaux documents historiques, en tant qu'"information recueillie sur le vif", une information sur ce qui se déroule dans le réel. Cette information doit être soumise à la critique interne et externe pour vérifier qu'elle n'a pas été "fabriquée". Des reporters se sont ainsi formés sur le terrain, qui appartiennent au peuple, et qui ne sont pas des professionnels. Dans la constitution d'une opinion protestataire, ce sont des acteurs sociaux parmi les plus importants. »

Les barrières entre les individus et les groupes sociaux étrangers les uns aux autres sont tombées. Ainsi, les gens se sont ouverts les uns aux autres et se sont mis à communiquer directement, sans salle d'exposition, ni théâtre, ni intermédiaire, ni autorisation de sécurité, ni recommandation de quiconque. Le créateur et son public se retrouvent dans une relation directe.

Les artistes et les créateurs se sont engagés pour servir l'intérêt public, ils représentent dorénavant leurs concitoyens, l'art s'est transformé dans la révolution, d'un art « élitiste » loin des gens, en un art qui les représente, raconte leur histoire et conserve leur mémoire.

L'artiste se présente ici en tant que citoyen avant d'être un artiste, il utilise son art pour résister au despotisme sous toutes ses formes. Un engagement et une interaction sans précédent lui ont valu la célébrité et la popularité directement auprès des gens.

Cependant, en contrepartie, cette célébrité et cette popularité ont constitué pour lui une menace directe et l'ont mis devant un danger imminent dans un pays dont le dirigeant croit qu'il n'y a que lui qui représente le peuple, il n'y a que lui qui existe.

Le régime a tué le caricaturiste Akram Raslan car il s'y est opposé par ses dessins, comme il a tué le jeune appelé qui a exprimé son opposition en refusant de tirer sur les gens !

L'art et les artistes ont dû faire face à de grands défis au fil du temps et tout au long des années, selon le lieu ou les conditions dans lesquels ils se trouvent, que ce soit en Syrie ou dans les pays d'asile.

Je peux au moins, d'après mon expérience sur le terrain, que ce soit en Syrie ou encore au Liban, parler de ce que j'ai vécu personnellement et de ce que j'ai vu comme défis en ce qui concerne les responsabilités de l'art et de l'artiste dans son travail en faveur de l'intérêt général et pour l'émancipation. Ce sont des défis inhérents à la position de l'artiste, dans son travail et son choix, et ce qui en a résulté : arrestation, assassinat, fuite, exil, ou réduction au silence.

Au Liban, l'art syrien et la créativité syrienne en exil ont contribué à un certain épanouissement de la communauté artistique et culturelle. La présence de cet art en exil a été saluée à plusieurs niveaux, pour un certain temps. Les changements et les revirements de la décision politique internationale et ses agendas, la versatilité de l'opinion locale, en raison de la grande pression exercée par le nombre considérable des réfugiés, et l'exploitation politique de ce problème par les pires méthodes se sont reflétés directement sur la vie des gens sur le terrain, et parmi eux les artistes. Ainsi la logique du marché et le jeu cynique des rapports de force ont-ils pris le dessus.

De nombreux défis ont émergé face à cette situation, au Liban et certainement dans d'autres pays, et d'autres villes, comme à Berlin, devenue un des refuges les plus célèbres de la culture et de l'art syrien, ou encore à Paris, le refuge traditionnel où la présence syrienne a été revigorée par l'arrivée de jeunes Syriens.

Un des défis les plus importants, à mon avis, est de considérer l'artiste opprimé, en danger, en sa qualité d'artiste. Puis de réclamer sa liberté et l'amélioration de ses conditions de vie et de travail, de considérer qu'il est exposé à des menaces et à une oppression, à la différence de tous les autres citoyens, dans un sens qui est au minimum une discrimination, sinon une humiliation subie par le citoyen syrien quel qu'il soit.

Sans exclure la nécessité de soutenir l'artiste en tant que représentant des opprimés. En effet, il est capable d'exprimer cette injustice collective par le truchement de son art et des outils dont il dispose.

On nous définit désormais en tant qu'« artistes et non en tant que citoyens artistes », c'est là la deuxième impasse dangereuse.

Vider l'art de son contenu, surtout de son message politique, de son lien avec l'intérêt public, et de son expression directe sur la question de la justice et de la liberté risque de le vider de son sens. On demande à l'art de garder la forme et d'annuler le fond ou de le rendre ambigü, de le construire pour l'inconnu ! Ce qui aboutit forcément à lui ôter sa responsabilité sociétale et en conséquence à lui enlever *de facto* son impact.

C'est un autre type de despotisme, indirect, de règlements soumis au fond à la décision politique internationale et ses orientations, règlements dissimulés sous la cape des programmes humanitaires, des programmes d'aide et des programmes sociaux. Je veux désigner ici une grande partie des projets culturels, des programmes, des sponsors et des bailleurs de fonds internationaux.

Sous cette pression, les artistes sont passés d'acteurs influents, à générateurs de projet. Il était souvent difficile vu la situation précaire de la majorité des créateurs, de refuser ces conditions et de s'y opposer.

Si nous avons consacré à l'art et à la créativité tout cet espace et toute cette importance, ce n'est pas parce que nous avons l'illusion que l'art change la réalité socio-politique ou bien qu'il est capable de réaliser le changement escompté, non ! Mais nous affirmons que l'art exerce une certaine influence, qu'il est doté d'un caractère dynamisant. Il ébranle les consciences et s'imprime dans les esprits, à condition d'avoir un sens et d'être libre de toute contrainte.

« L'art peut-il intervenir dans la construction de la mémoire ? Une mémoire juste », l'art est-il beau à condition qu'il soit juste ?

Quel est le rôle de la mémoire dans l'histoire ? Comment ne confond-on pas mémoire et histoire alors que les deux se nourrissent l'une de l'autre, comme le dit l'historien Carlo Ginzburg.

Derrière les milliers d'œuvres artistiques et créatives, il y a des histoires, il y a des lieux et des hommes.

Pensons aux générations futures… L'enfant, comme l'on dit, a besoin de son passé comme il a besoin de nourriture.

Ce n'est pas fini… nous avons de l'imagination, de la créativité et de la mémoire avec lesquelles nous nous battons, nous défendons notre existence, contre l'exclusion, la disparition forcée et le déni.

« Qui sommes-nous… Demandez à l'histoire, elle lira notre page », comme l'a dit si bien Samih Choucair dans sa chanson épique, Ya 7aif ياحيف, « Quelle injustice ! ».

L'AUTEURE

Graphiste diplômée de la faculté des Beaux-Arts de l'université de Damas, **Sana Yazigi** est la fondatrice et cheffe de projet de « Mémoire Créative de la révolution syrienne », une plateforme en ligne recensant les créations artistiques et culturelles nées au cours de la révolution syrienne et produites depuis. Elle a également fondé l'initiative « ALWAN », qui œuvre pour l'accompagnement psychologique des réfugiés syriens au Liban par la thérapie artistique, et « The Cultural Diary », le premier agenda culturel bilingue arabe-anglais en Syrie publié de 2007 à 2012.

POUR EN SAVOIR PLUS

Marc-Olivier Bherer, « L'art doit-il être moral ? Dialogue entre une philosophe et une sociologue », *Le Monde*, 11 octobre 2019.

L'Ours Syrien, *Ô Liberté !*, chanson, 2011.

Mémoire créative de la révolution syrienne, « Trois questions à l'écrivain Odai Al Zoubi et à l'artiste Mohamad Omran à l'occasion de la parution du livre *Multitude, nuits sombres comme des vagues déferlantes* », 2020. En ligne : https://creativememory.org/fr/interview/.

محمد جمال باروت، العقد الأخير في تاريخ سورية : جدلية الجمود والإصلاح، المركز العربي للأبحاث ودراسة السياسات [Mohamed Jamal Barout, *La Dernière Décennie dans l'histoire syrienne. Dialectique entre l'inertie et la réforme*], Centre arabe de recherche et d'études politiques, 2012.

Créer des contre-récits

entretien avec **Laila Soliman**
par **Pauline Donizeau**

La metteuse en scène et dramaturge Laila Soliman est l'une des artistes majeur·e·s de la scène égyptienne contemporaine. Depuis le début des années 2000, son travail a cherché à combiner théâtre et engagement politique et social, et la révolution de 2011 a joué un rôle important dans son évolution vers le choix du théâtre documentaire.

Pauline Donizeau – Les deux pièces que vous avez créées en 2011, *No Time for Art* et *Lessons in Revolting*, présentent des points communs tant du point de vue de leur contenu que celui de la forme théâtrale choisie : elles traitent des événements révolutionnaires en cours et appartiennent au théâtre documentaire. Cette esthétique était-elle pour vous la seule permettant de traiter l'actualité politique ?

Laila Soliman – J'ai commencé à m'intéresser au théâtre documentaire plus tôt dans ma carrière. Quand j'étais étudiante, j'ai mené entre 2002 et 2006 des ateliers de théâtre d'improvisation avec de jeunes Palestinien·ne·s dans un camp de réfugiés au Liban. À cette époque, j'étudiais le théâtre de manière très classique, tel qu'il était enseigné par les professeurs de l'Université américaine du Caire. En faisant ces ateliers, j'ai commencé à m'intéresser à d'autres choses : Augusto Boal et le Théâtre de l'Opprimé, les techniques d'Eugenio Barba, l'improvisation, et toutes ces expérimentations des années 1970 qui essayaient de lier le théâtre et la société. Pourtant, il y avait toujours cette dichotomie entre le théâtre professionnel et le « socio-théâtre » – ou ces autres termes utilisés pour désigner le travail avec des non-professionnel. le.s. D'une certaine manière, j'étais très insatisfaite. À cette époque, j'étais très engagée politiquement – même si je n'étais pas une militante à temps plein. C'était un moment où l'Égypte sortait de l'apathie. Lorsque la guerre en Irak a commencé, des manifestations gigantesques ont eu lieu au Caire, ce qui était inattendu. Des étudiant·e·s, des ami·e·s et des collègues ont été arrêté·e·s. Et puis, en 2004, le mouvement Kefaya [« Ça suffit ! », mouvement d'opposition au gouvernement de Hosni Moubarak] a commencé. J'ai senti que je devais faire du théâtre au sujet de la politique. En 2004, j'ai monté *The Retreating World*, un texte de Naomi Wallace sur la guerre en Irak. J'ai beaucoup cherché pour trouver un texte qui me parlait vraiment. En 2008, j'ai été arrêtée et détenue un jour, et mes travaux de 2009 ont été, je crois, une réaction à cela. J'ai créé la pièce *At Your Service*, qui était une première expérimentation pour mélanger deux textes, l'un de Harold Pinter, l'autre de Dario Fo et Franca Rame. À ce moment-là, le collectif allemand Rimini Protokoll cherchait une dramaturge en Égypte pour leur pièce *Radio Muezzin*. J'ai travaillé avec eux et et j'ai beaucoup appris sur le théâtre documentaire. Ce qu'ils faisaient ne correspondait pas exactement à ce que je rêvais de faire, car je restais attirée par des formes plus classiques, mais j'étais intéressée par ce lien étroit entre le théâtre et le réel. En 2010, j'ai monté *L'Éveil du printemps* de Frank Wedekind. Nous avons travaillé collectivement, j'ai ajouté des témoignages et j'ai qualifié le résultat de « docu-fiction » : ce spectacle portait en germe tous les choix que j'ai fait plus tard. Je faisais alors partie du programme d'écriture du Royal Court Theatre. Il s'agissait d'une autre réaction face à cette difficulté que j'avais à trouver des textes qui me parlaient : j'ai décidé d'écrire moi-même les textes de mes spectacles.

P. D. – *No Time for Art* est donc le premier spectacle que vous avez monté sans vous appuyer sur une pièce existante. Quel a été le processus de création ?

L. S. – *No Time for Art* est un spectacle en quatre parties, basé sur des témoignages. Pour la première partie, par exemple, j'ai travaillé à partir du témoignage qu'Ali Sobhy, un acteur et ami, avait publié sur Facebook après son arrestation. Et puis, j'ai découvert une autre histoire, celle du frère d'un ami, qui venait d'être libéré de prison, et j'ai eu l'idée de combiner ces témoignages. Le travail de dramaturgie n'a donc pas été un travail d'écriture, mais plutôt de montage et de collage pour créer un texte de théâtre.

P. D. – Dans ce spectacle, vous avez également ajouté des extraits de vidéos des médias officiels égyptiens, pourquoi ?

L. S. – Il s'agissait d'une dénonciation des médias qui évitaient certains sujets, taisaient des faits ou falsifiaient des informations. Je voulais en particulier parler de la violence militaire, car c'est à cette époque que la propagande affirmant que les militaires avaient sauvé la révolution commençait à être construite. Cette création avait une visée militante claire, et cherchait à créer un contre-récit qui était plus proche de ma réalité.

P. D. – Et qu'en est-il de *Lessons in Revolting* ?

L. S. – L'histoire de *Lessons in Revolting* est très différente. D'abord, parce qu'il s'agit d'un spectacle co-créé avec Ruud Gielens. Nous avons travaillé avec dix autres artistes, il s'agissait d'une expérimentation du point de vue du travail collectif. Nous avons aussi travaillé vite, à la suite des manifestations de janvier 2011. Il s'agissait donc aussi d'une expérimentation pour répondre à une question : peut-on créer une œuvre de l'intérieur d'une révolution plutôt qu'une œuvre au sujet de cette révolution ? Nous voulions interroger la relation entre l'art et la politique, en cherchant une forme qui pourrait créer une relation differente, ne requérant pas une distance de l'artiste à son sujet.

P. D. – En 2014, vous avez mis en scène *Hawa el-Horreya*, qui est votre première pièce post-révolutionnaire. La pièce traite de la révolution de 1919 en Égypte, et crée un lien entre cet événement et la situation actuelle de l'Égypte. Pourquoi avez-vous fait ce choix de détour historique ?

L. S. – Le projet était d'abord une réponse à une invitation du London International Festival of Theatre (LIFT) pour le centenaire de la Première Guerre mondiale. J'ai décidé de travailler sur la mémoire de la guerre en Égypte. Pour cette pièce, j'ai collaboré avec l'historienne Alia Mossallam, qui travaille à écrire une histoire sociale de l'Égypte à travers l'étude de la poésie et des chansons populaires. Nous avons d'abord constaté qu'il n'existe pas de mémoire collective de la Première Guerre mondiale en Égypte. Les émeutes populaires qui ont eu lieu en 1917 contre l'occupation anglaise ne sont jamais appelées « révolte » dans l'histoire égyptienne, elles sont nommées « mouvement de protestation ». Et cela est lié au fait que les événements advenus pendant la guerre ont été effacés par la révolution nationaliste de 1919 dans l'histoire officielle. C'est la mémoire de cet événement-là qui a été préservée jusqu'à aujourd'hui pour construire le récit national.

P. D. – La pièce aborde aussi la situation en Syrie après 2011. Pourquoi avez-vous décidé de mettre en parallèle la situation des deux pays ?

L. S. – Historiquement, la Syrie et l'Égypte sont étroitement liées. Mais surtout, le processus de recherche et de création de mes spectacles est toujours influencé par les personnes qui y participent. Pour cette pièce, j'ai choisi de travailler avec Nanda Mohammad [une actrice syrienne vivant en Égypte] et si Nanda n'avait pas joué dans cette pièce, je ne sais pas si la Syrie aurait été aussi présente. Je travaille toujours avec un collaborateur scientifique, et celui-ci devient presque un personnage de fiction dessinant le cadre dans lequel entrent les matériaux réels, documentaires. Je commence parfois mes projets avec une question de recherche, ou une histoire à raconter, et ensuite je choisis qui va travailler avec moi pour différentes raisons – plus ou moins rationnelles ou instinctives. Puis, à partir de là, nous trouvons une forme. Pour cette pièce, nous avons trouvé énormément de matériaux historiques, mais il y avait aussi de nombreux points que l'on ne pouvait pas éclaircir... Nous n'étions pas capables de créer une histoire cohérente à partir de ce dont nous disposions. Alors, la trame narrative de la pièce est devenue le processus de recherche lui-même, et le conflit entre le rapport objectif et le rapport intime à l'Histoire. C'est même devenu le conflit entre moi, en tant qu'artiste, et Alia Mossallam, en tant que chercheuse.

P. D. – Après *Hawa el-Horreya*, vous avez monté *Zig Zig* en 2016, qui est aussi une pièce basée sur un sujet historique : le viol des femmes égyptiennes du village de Nazlat el-Shobak par des soldats britanniques en 1919. Quelle était l'idée du projet ?

L. S. – J'ai trouvé les documents pour cette pièce grâce à Alia Mossallam, au cours de notre travail pour *Hawa el-Horreya*. J'ai décidé que je voulais créer un spectacle consacré à l'histoire de ces viols et aux dossiers d'enquêtes sur ceux-ci, que j'ai étudiés avec l'aide de la chercheuse britannique Katherine Halls. Et puis, la décision a été prise de ne pas créer uniquement un spectacle sur ces archives, mais aussi à partir de notre lecture de ces archives en tant que femmes. Très tôt, il était clair pour moi que je ne voulais que des femmes sur scène. La première chose que j'ai dite c'est : « J'imagine ces documents mis en jeu par une armée de femmes. » Je ne voulais pas d'acteurs masculins jouant le rôle des oppresseurs sur scène.

P. D. – Lorsque *Zig Zig* a tourné en Europe, la pièce a souvent été présentée comme une œuvre féministe. Est-ce que, pour vous, le fait de regarder l'Histoire du point de vue des femmes et de traiter de questions féminines a changé votre approche de la création et de la politique ?

L. S. – Je pense que je suis d'abord intéressée, de manière générale, par les questions de marginalisation, de rapports de pouvoir et par la solitude humaine. Je suis intéressée par les questions féminines parce que je suis une femme. À un certain moment, je n'aimais pas être classifiée comme féministe, mais maintenant je l'accepte et j'en suis même fière. Mais je pense que cela est – encore une fois – lié à ce qui est arrivé au cours du processus de création pour *Hawa el-Horreya*. Lorsqu'on travaille avec une historienne femme, on devient très conscient du fait que les femmes n'apparaissent pas dans l'Histoire, et qu'elles ne l'écrivent pas non plus. Lorsque nous faisions des recherches pour le spectacle, il était très clair pour nous que nous cherchions à faire entendre la voix du peuple en général, et pas seulement celle des femmes. Mais, au bout d'un moment, moins on trouve d'éléments sur un certain sujet, plus cela irrite ! Alors je crois que la volonté de travailler sur les femmes est venue de là. Et je pense que cela a aussi à voir avec une prise de conscience grandissante de la question des privilèges. Plus on devient conscient de cela, plus on s'interroge : comment puis-je traiter d'époques qui ne sont pas les miennes ? Comment puis-je aborder des sujets qui ne me concernent pas en tant qu'artiste de théâtre ? L'une des réponses que j'ai trouvées a été de commencer par mon point de vue, en tant que femme.

P. D. – Depuis 2016, vous avez mené des projets en Europe, en Tunisie et en Afrique du Sud. Est-ce que vous continuez à travailler en Égypte, et/ou avec des acteurs et actrices égyptien·ne·s ?

L. S. – Je n'ai pas produit de spectacle en Égypte depuis *Zig Zig*... En ce moment, c'est très difficile pour moi de travailler en Égypte, d'accepter l'idée que je ne m'expose pas à des risques seule, mais que je ne suis pas capable d'assurer la sécurité d'une équipe complète – et ce, même si l'on ne pense pas faire quelque chose de mal, mais parce que les conditions sont tellement précaires qu'on ne sait jamais ce qui peut déranger, ni quand. L'idée de mettre en danger une équipe, dont tous les membres ne défendent pas nécessairement le message diffusé par le contenu, est quelque chose de très dérangeant pour moi.

P. D. – Au vu des transformations politiques qu'a connues votre pays, l'Égypte, et du point de vue de votre propre processus créatif, comment votre position a-t-elle évolué ces dix dernières années ?

L. S. – Je crois que j'ai vieilli. Une partie de moi est désenchantée. Je ne sais pas si ma position a changé, mais parfois certaines questions qui étaient au premier plan sont passées au second plan, et cela ne cesse de se déplacer. Mais je crois que ce qui a vraiment changé au cours de ces dix années se situe du côté d'une plus grande conscience des problématiques de représentation et de privilèges. Par ailleurs, dans mes deux projets de 2011, je me focalisais surtout sur la relation entre le théâtre et la politique. Mais depuis, la poétique a pris une place centrale dans mon travail. Je reviens à des préoccupations formelles, aux questions de poésie visuelle qui n'étaient pas tellement au premier plan avant, avec cette idée de retrouver du plaisir dans la vie et dans mes travaux.

LES AUTEURES

Née en 1981, **Laila Soliman** est une metteuse en scène et dramaturge égyptienne indépendante, qui vit et travaille au Caire. Son œuvre témoigne d'un vif intérêt pour les flux de mutation dans la sphère socio-politique et leur influence sur les individus, les relations humaines et les structures du pouvoir. Son travail s'intéresse à la mémoire collective et personnelle, pour combler le fossé entre la version officielle des événements et les expériences intimes.

Pauline Donizeau est docteure en Études théâtrales et maîtresse de conférences à l'université Lumière Lyon 2. Ses travaux de recherche portent sur la scène égyptienne contemporaine. Plus largement, ils s'intéressent aux liens entre création théâtrale et politique, depuis la décolonisation jusqu'à aujourd'hui, à l'échelle du Moyen-Orient.

POUR EN SAVOIR PLUS

Mohammed Albakry et Rebekah Maggor, *Tahrir Tales : Plays from the Egyptian Revolution*, Seagull Books, 2016.

Asef Bayat, *Life as Politics : How Ordinary People Changed the Middle East*, Stanford University Press, 2013 (2e édition).

Pauline Beugnies, *Rester vivants*, documentaire, Rauyela Productions, 2017.

Pauline Donizeau, Yassaman Khajehi et Najla Nakhlé-Cerruti (dir.), *Scènes politiques du Maghreb au Moyen-Orient*, *Théâtre/Public* n° 233, Éditions théâtrales, juin 2019.

Eyad Houssami (dir.), *Doomed by Hope : Essays on Arab Theatre*, Palgrave Macmillan, 2012.

Brinda J. Mehta, *Dissident Writings of Arab Women*, Routledge, 2014.

CI-CONTRE
Illustration par Ibticem Larbi (@1bt1cem)

À travers ses œuvres à l'influence urbaine, inspirées par la banlieue parisienne dans laquelle elle a grandi, cette jeune Maroco-Tunisienne raconte des histoires intrigantes qui font écho aux questions du monde réel. « Le vestige de mes illustrations est un souvenir, un témoignage de ma vie et de ceux qui m'accompagnent. Peut-être que des histoires te feront écho, que des visages te rappelleront tes proches car, au final, on partage tous un bout d'une même histoire, celle de notre époque. » **Ibticem Larbi** a participé au premier volume de la collection « Araborama », et a cofondé en 2020 le collectif d'artistes Mechta.

Hawa el-Horreya

extrait de la pièce écrite par **Zainab Magdy, Nanda Mohamed, Alia Mossallam** et **Laila Soliman**

Et pourquoi, de toutes les chansons de cette période, *Prunelle de mes yeux* est la seule qui m'émeut tellement ?

Est-ce que Naima El Masreyya chantait cette chanson pour ceux qui étaient partis à la guerre ?

Prunelle de mes yeux,
Je veux retourner à mon pays

Docteur, docteur,
Venez examiner mon fils

J'ai appelé le docteur
pour qu'il vienne examiner mon cœur

Mais le docteur m'a dit :
« Je n'ai pas de remède pour toi »

Il m'a dit de prendre dix bouteilles d'eau de rose
enveloppées de velours

Elles me distrairont de mon bien-aimé
et leur beauté me suffira.

Ô mon pays, mon pays,
Les autorités m'ont pris mon fils

Si je devais mourir, ne retenez de moi que ceci :
Qu'il se trouve, dans un champ étranger,
Quelque coin de terre qui toujours sera anglais.

Quand j'entends les mots « Angleterre » ou « Grande-Bretagne »,
je vois le visage souriant de Saïd

Saïd c'est mon cousin, mais il est comme un frère pour moi.

Il étudiait la composition musicale à Londres

Et soudain, le 13 avril 2014,
il a souffert d'une rupture de l'aorte et il est mort.

Depuis ce moment, quand j'entends les mots « Angleterre » ou « Grande-Bretagne »,
je vois le visage souriant de Saïd.

Saïd n'est pas mort à la guerre.
Saïd est mort dans un hôpital à Londres.

Sa famille a fait une demande de visa pour aller l'enterrer,
mais la demande a été refusée.

Londres.
Le visage souriant de Saïd.

Il y a quelque temps, j'avais du travail à Londres,
alors je suis allée visiter Saïd à Kensal Green,
moi et son frère Nasser.

On a trouvé la tombe, pas très facilement.
On est restés un peu avec Saïd,
on lui a laissé quelques fleurs et des trucs qu'il aime,
et puis on est partis.

Londres.
Le visage souriant de Saïd.

À l'époque, la censure –

Bon, je crois que je vais m'arrêter ici.

Et puisque j'ai commencé avec ma lettre,
je voudrais terminer avec la réponse de mon ami.

Car ce qu'il m'a écrit de la prison de Tora
est vraiment plus beau que toutes les conclusions que je pourrais écrire.

Tout comme les guerres sont importantes pour l'histoire européenne, comme rappel de ce qu'est la nation, de qui elle s'agit.
Ces révolutions sont devenues, pour nous, des icônes de fierté patriotique et de nationalisme.

L'autre jour, pendant que je faisais la vaisselle, j'ai pensé qu'en ce moment il est devenu tellement difficile de s'exprimer avec des mots.

Et je me suis trouvée en train de penser aux révolutions et tout,
et je me suis demandé : est-ce que ça m'intéresse vraiment la révolution de 1919 ?

À propos, il y a des moments où je sens que tout ce que je dis est prétentieux.
Et un moment plus tard je sens tout le contraire.

« Comme la guerre mondiale l'était pour l'Europe, le souvenir de 1919 n'est pas un souvenir qui favorise l'explosion d'une révolution des marges. Les marges de l'économie, les marges de l'Histoire, les marges de la société. »

Je suis souvent préoccupée par le fait qu'il est très difficile de trouver des statistiques fiables sur le nombre de morts en Syrie.

Je veux dire que, tout comme on n'arrive pas à trouver assez de documents sur la période d'avant 1919,
peut-être que dans cent ans les gens ne trouveront rien sur ce qui se passe aujourd'hui.

Enfin, je ne sais pas ce qu'ils vont trouver.
Mais peut-être qu'on ne trouvera jamais la vérité.

Ça fait trois ans que la Révolution syrienne a éclaté,
et pourtant il y a toujours des gens qui me demandent :
« Il tue vraiment les gens, Bachar el-Assad ? »

En général, les gens ne veulent pas écouter.

Des centaines de milliers de martyrs et de détenus.

Des millions de blessés, de réfugiés, et de personnes déplacées.

Des chansons, des pièces de théâtre, des films, des photos.

Tous faits de et sur la Révolution syrienne, et pourtant –

« 1919 ne favorise que des révolutions dirigées par des hommes politiques, des révolutions qui amènent des constitutions. Et des constitutions qui poussent les révolutions de nouveau vers les marges.

Des révolutions qui produisent des parlements qui poussent les électeurs dans les profondeurs des marges, et étouffent leurs rêves quand ça suffit de rêver. »

Je ne suis sûre que d'une seule chose : Je ne comprends pas la politique et je ne l'aime pas.

Et je ne veux pas en parler.

Je veux parler de ma grand-mère,
mes amis, ma famille.

De gens que je ne connais pas, mais que je connais.

Pas des histoires, mais des moments.

« À propos de la Première Guerre mondiale, sais-tu que la loi anti-manifestation a été écrite en 1914 en vue des conséquences que la guerre aurait eues sur les masses égyptiennes ? »

« Cent ans plus tard, elle est toujours en vigueur. Cependant, le théâtre musical est beaucoup plus amusant. »

Le corps des femmes en révolution, par Yasmine Diaz
Blue Revolution (@yasmine.diaz)

D'origine yéménite, Yasmine Nasser Diaz est une artiste pluridisciplinaire qui traite des tensions autour de la religion, du genre, et des identités de « troisième-culture » ; autant de notions qui se recoupent. Dans ses travaux les plus récents, elle utilise des installations immersives, des gravures et des collages à base d'archives personnelles et d'images trouvées. Elle vit et travaille à Los Angeles, et ses œuvres ont été exposées dans de nombreux musées et collections.

PAGE CI-CONTRE

Internet et les révolutions, par Aude Nasr
(@ahlan.my.darlings)

Aude Nasr (Aboul-Nasr) est une illustratrice et photographe franco-libanaise basée à Paris. Son travail vise à témoigner de ce qui l'entoure, qu'il s'agisse de thématiques sociales, de questionnements sur les minorités et communautés dont elle est issue, ou encore d'imaginaires nocturnes. Elle a participé à l'événement « Paris-Beyrouth, 24 heures pour le Liban » en septembre 2020 à l'Institut du monde arabe.

Corps en révolution, par Sarah Saroufim
Body Count. You're not using me, I'm using you (@sarahsaroufim).

Illustratrice, animatrice et designer graphique américano-libanaise, Sarah Saroufim utilise le noir et le blanc dans ses œuvres, qu'elle truffe de nombreuses formes. Elle réfléchit sur sa personne et son environnement, tout en explorant des notions comme la relation entre le corps et l'esprit, la sexualité, le trauma. Elle a remporté en 2019 la compétition *Absolut Vodka Creative* pour son travail artistique sensibilisant à la santé mentale.

تريد ان نسقط الـهوموفوبيا
ثـورتنـا ثـورة نـسـويّـة
bye bye homophobia bye bye homophobia bye bye homophobia bye bye homophobia bye bye homophobia bye
our revolution is a women's revolution our revolution is a women's revolution
beyrouth feminist march, november 3rd 2019
@dayna_ash:
meet us for a feminist march from mathaf to Riad al Sol7
Sunday
2pm

CI-DESSUS
Internet et les révolutions, par Ali Hassan
(@alihassanqo)

Ali Hassan est un étudiant égyptien de 17 ans qui s'est lancé dans le dessin en 2017. Son acharnement au travail le pousse à persévérer dans les métiers du design et de l'illustration.

PAGE CI-CONTRE
Internet et les révolutions, par Narmeen Hamadeh
(@narmeenh.illustrations)

Née à Riyad de parents palestiniens, Narmeen Hamadeh a co-fondé Skamlah, un studio d'architecture intérieure et de paysagisme. En tant qu'illustratrice, elle s'est forgée une empreinte esthétique par la culture, l'activisme et la quête du beau. Dans son œuvre, elle rend hommage aux idiomatismes palestiniens et à l'expression des enfants de « troisième culture ». Elle a récemment collaboré avec Ballare, une entreprise impliquée dans la résistance palestinienne, pour produire des masques fabriqués à Bethléem par les résidents du camp de réfugiés de Aida.

NAME: PEOPLE OF PALESTINE
YEAR: EVERY YEAR
PRESS
NAME: PEOPLE OF LEBANON
YEAR: 2019
PRESS
عيش حرية عدالة اجتماعية
NAME: PEOPLE OF EGYPT
YEAR: 2011
PRESS
MOHAMED BOUAZIZI
NAME: PEOPLE OF TUNISIA
YEAR: 2010
PRESS
PRESS
NAME: PEOPLE OF SYRIA
YEAR: 2011
PRESS
NAME: PEOPLE OF SUDAN
YEAR: 2018
PRESS
Gallery
Riyadh
ARAB WOMAN
PRESS
الثورة، الثورة نهج الأحرار

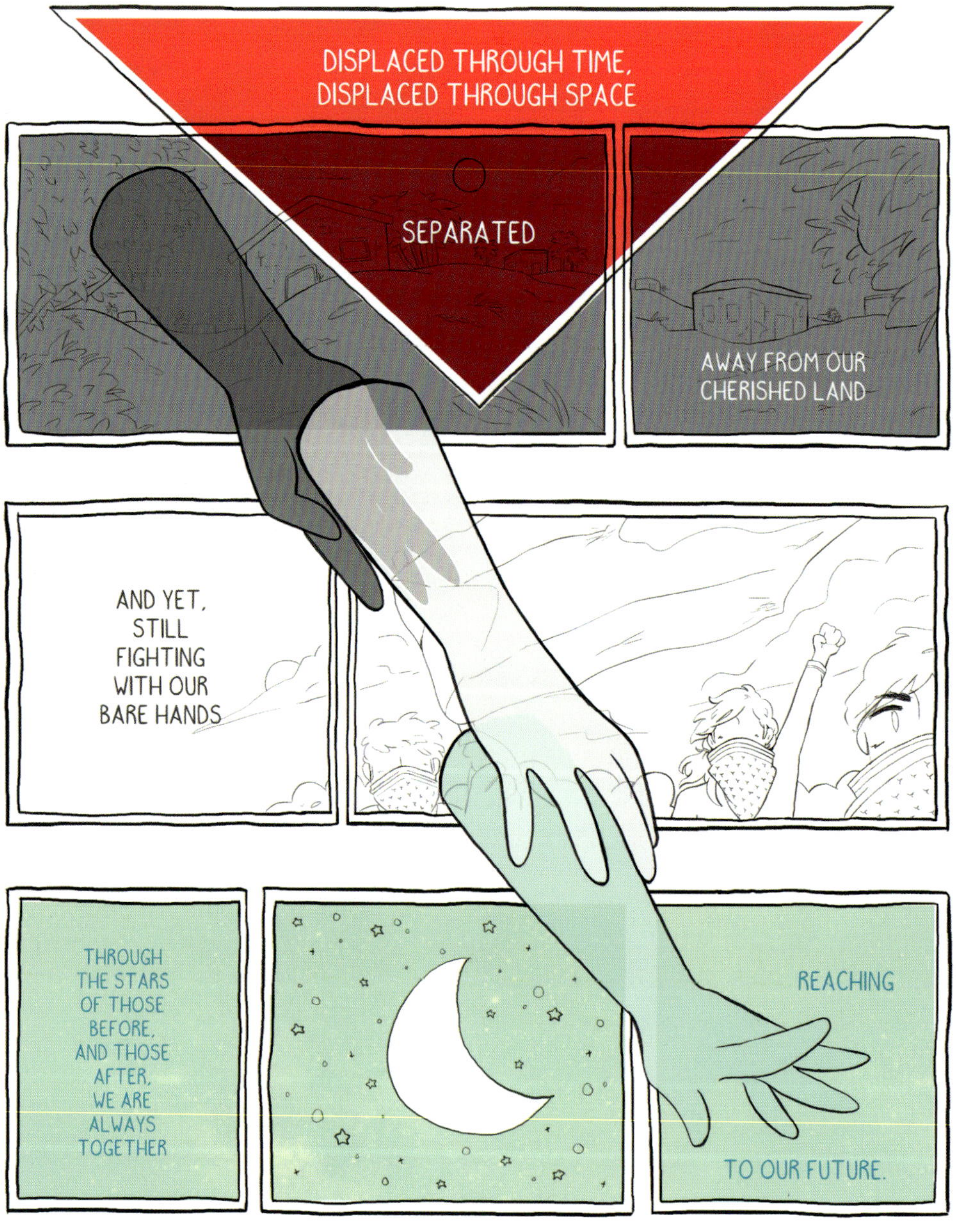

Le rôle des diasporas, par Iasmin Omar Ata
(@deltahead_)

Originaire du Moyen-Orient, Iasmin Omar Ata est dessinatrice de BD, développeuse de jeux vidéo et illustratrice. Son art aborde le face-à-face avec la maladie, la compréhension de l'identité, le démantèlement des structures oppressives et le futurisme islamique.

TRADUCTION
Déplacés à travers le temps,
l'espace,
séparés, éloignés de notre terre chérie,
nous continuons pourtant à nous battre à mains nues,
à travers les astres de ceux qui nous ont précédés et de ceux qui nous succèderont,
nous sommes ensemble,
pour atteindre notre avenir.

PAGE CI-CONTRE
Le rôle des diasporas, par Ichraq Bouzidi
Le Sac du pays – شنطة وطن
(@ichraq.bouzidi)

Ichraq Bouzidi est une artiste pluridisciplinaire s'exprimant à travers l'illustration comme la sculpture, l'installation, la peinture ou l'art conceptuel. À travers ses travaux minimalistes, poétiques et subtils, elle aborde les thèmes de l'identité, la dualité, les problématiques du genre et de l'urbanité. Diplômée d'architecture, elle vit et travaille à Dubaï.

شنطة
وطن

L'humour dans les révolutions, par Willis from Tunis
(@willisfromtunis)

Nadia Khiari, enseignante en arts plastiques, peintre et dessinatrice, a publié plusieurs recueils de chroniques de la révolution et publie ses dessins dans *Siné Mensuel*, *Courrier international*, etc.
Le chat Willis from Tunis est né le jeudi 13 janvier 2011, durant le discours du président déchu tunisien, Ben Ali, qui promettait, entre autres, la liberté d'expression. Cette chronique graphique était le moyen pour l'auteure de partager avec son entourage direct, sur les réseaux sociaux, son ressenti vis-à-vis de la situation historique vécue par la Tunisie. Sur le ton de la satire, le matou chroniquait l'actualité au jour le jour. Il n'a pas cessé depuis.

PARMI LES RÉVOLUTIONS…

La révolution voyage

par **Leyla Dakhli**

Dans le monde arabe contemporain, « la révolution » a des territoires d'élection et des références partagées. L'un des temps forts de cette communauté de révolte est celui des luttes anticoloniales. Elle a même, à certaines périodes, des berceaux, qui se sont déplacés. Dans les années 1950, la révolution est égyptienne ; dans les années 1960, elle est algérienne ; puis elle viendra d'Arabie. Elle est, tout au long de cette période de soulèvements, associée fermement à la Palestine, ultime terrain d'un affrontement anti-impérialiste qui a pris de nombreux visages. À la fin de la décennie 1970, elle sort du territoire arabe pour prendre racine en Iran, sous la forme de la révolution islamique.

Cette question des territoires et des circulations révolutionnaires est souvent évoquée sous une forme nostalgique par d'anciens membres de groupes d'obédience marxiste, ou d'ancien·ne·s combattant·e·s révolutionnaires, comme une époque révolue qui a laissé son lot de belles images, de moments que l'on n'imagine pas voir se reproduire aujourd'hui. Et on évoque alors le fameux Festival panafricain d'Alger, où l'on entendit Miriam Makeba chanter la liberté en langue arabe. Cette nostalgie dessine une cartographie des circulations qui est aujourd'hui très largement recouverte. Les frontières franchies alors se sont fermement refermées sur celles et ceux qui les avaient revendiquées et défendues.

Les révolutions produisent des ondes, et voyagent en traduction et en adaptations depuis le début du XXe siècle dans la région. Celle de 1908, portée par ceux que l'on appelle les Jeunes-Turcs, a transformé l'Empire ottoman en profondeur, même si elle a été de courte durée. Partout dans l'empire, et particulièrement dans ses provinces arabes, on se rallie aux idéaux universalistes de la révolution constitutionnelle, fondée sur la justice, la liberté et l'égalité. *'Adâla*, *Hurriyya*, *Musâwât*. Les groupes de révolutionnaires prennent le nom d'*Ahrâr*, hommes libres, des associations se créent, des journaux, des cercles de discussion. Le centre névralgique de cette effervescence pour les Arabes est Le Caire. Mais ils se retrouvent aussi beaucoup dans les capitales européennes et à Istanbul. Ce moment d'effervescence inspire aussi des régions qui commencent à s'organiser pour demander plus d'autonomie face aux pouvoirs coloniaux.

Après la chute de l'Empire ottoman, la colonisation européenne s'est étendue à l'ensemble de la région, et c'est donc le mouvement anticolonial qui se structure dans la solidarité entre les espaces. Le mouvement anticolonial est le socle d'un combat radical pour l'émancipation, dans lequel on retrouve de nombreuses tendances idéologiques, mais qui rassemble dans une volonté de changer radicalement de régime et l'ordre des dominations à l'échelle planétaire. Le caractère transnational de cette lutte apparaît comme une évidence et des solidarités concrètes s'organisent. Elles peuvent s'appuyer sur le rêve nationaliste arabe ou sur l'internationalisme socialiste, ou, le plus souvent, sur un mélange des deux. Elles se trouvent des points de ralliement et des capitales, ainsi que des figures de référence.

Nasser est incontestablement l'une des figures les plus saillantes. Après son accession au pouvoir en Égypte et surtout après ses spectaculaires prises de position anti-impérialistes, comme la nationalisation du canal de Suez en 1956, il devient la figure du combat anti-impérialiste dans le monde arabe. La voix de l'Égypte s'exprime à travers la propagande nassérienne et les différents partis qui s'en inspirent, mais aussi à travers la radio, le cinéma, et surtout la chanson populaire. Des leaders des mouvements anticoloniaux séjournent au Caire. Nasser est considéré dans le monde comme l'un des chantres de l'anti-impérialisme.

Mais l'Égypte est la capitale du monde arabe bien avant l'accession au pouvoir des officiers libres. Dès après la Seconde Guerre mondiale, on y voit s'organiser la résistance palestinienne, ainsi que le noyau d'une coordination maghrébine. Le Tunisien Habib Bourguiba, pourtant éloigné des idéaux de la nation arabe, est accueilli comme d'autres en ce pays à partir de 1945. Il y fonde un relais pour le Néo-Destour, où le rejoignent d'autres combattants nationalistes tunisiens et maghrébins. Au même moment au Caire, la Ligue arabe discute de la question de l'Afrique du Nord. Dans ce cadre, un congrès de l'Afrique du Nord, mené par les nationalistes du Caire, se déroule du 15 au 22 février 1947. Il se solde par la création du Bureau du Maghreb arabe. Il s'agit de renforcer l'action des mouvements de résistance à l'intérieur et à l'extérieur en vue de sensibiliser l'opinion internationale.

Le résistant rifain Abdelkrim el-Khattabi, s'étant échappé d'un navire qui devait l'emmener en résidence surveillée à Marseille, arrive au Caire le 31 mai 1947. Sous son impulsion, le Comité de libération de l'Afrique du Nord est créé en janvier 1948. Ce dernier prône l'indépendance totale et le refus de tout compromis avec le colonisateur. Il est dirigé par El-Khattabi, désigné président à vie, et Bourguiba, désigné secrétaire général. Toutefois, malgré le prestige du dirigeant rifain, la question palestinienne occupe le centre des préoccupations des pays arabes, et le Maghreb peine à se faire entendre. C'est pourtant au Caire qu'Abdelkrim el-Khattabi meurt en 1963, après avoir refusé de reconnaître l'indépendance de son pays, résultat selon lui d'une entente entre la monarchie et le pouvoir colonial. On lui organise des funérailles nationales et sa dépouille repose dans le carré réservé aux héros du monde arabe.

Pendant la guerre d'Algérie, c'est encore au Caire que se déroulent certains épisodes importants de la structuration de la résistance, notamment la réunion du CNRA (Comité national de la résistance algérienne) en août 1957. L'Égypte est également le principal fournisseur en armes de la résistance algérienne, qui transitent alors par la Libye et la Tunisie.

Mais dans les années 1960 et 1970, alors que le prestige de l'Égypte de Nasser reste intact pour une bonne partie des révolutionnaires d'inspiration arabiste, d'autres espaces s'ouvrent pour les rêves d'émancipation socialiste.

L'Algérie indépendante est un foyer vivant de la révolution mondiale après 1962. On y retrouve des exilé·e·s de toutes les parties du monde où se déroulent des combats contre l'impérialisme, qu'il s'incarne dans la présence d'une puissance colonisatrice européenne ou dans l'oppression d'une minorité sur un peuple. Ainsi, Alger est la patrie des combattant·e·s des pays encore sous domination portugaise (Mozambique, Guinée-Bissau, Angola) et un lieu d'accueil pour les Black Panthers qui y installent une base ou pour l'ANC de Nelson Mandela qui considère l'Algérie comme « son pays ». Les expériences qui sont menées pendant les premières années de l'indépendance algérienne sont des modèles pour d'autres dirigeants amenés à prendre le pouvoir après les indépendances. *La Bataille d'Alger*, de Pontecorvo, contribue à diffuser le mythe et à faire connaître les héros de la révolution algérienne. Ben Bella incarne cette Algérie nouvelle tournée vers le continent, qui fonde la revue *Révolution africaine*, dirigée par Jacques Vergès. Frantz Fanon, le médecin antillais qui avait rejoint la lutte du peuple algérien, fait aussi partie du Panthéon. Che Guevara établit sa base arrière à Alger pour travailler à diffuser la révolution en Afrique. Et c'est le leader guinéen Amilcar Cabral qui invente la formule de « Mecque des révolutionnaires ». Ce temps dure jusqu'au début des années 1970, le temps d'accueillir encore les réfugié·e·s venu·e·s d'Argentine et du Chili, chassé·e·s par les dictatures, le temps aussi pour le régime algérien de se figer dans la dictature et de tourner le dos à ses idéaux.

Mais pour les groupes marxistes révolutionnaires, d'autres foyers de la lutte en pays arabe s'avèrent plus attirants. La crise du modèle révolutionnaire qui s'incarnait dans des leaders arabistes fait s'effondrer des espoirs et en crée d'autres, d'une radicalité nouvelle. La montée d'un mouvement révolutionnaire dans la péninsule arabique, en commençant par la révolution yéménite en 1962, la guérilla antibritannique au Sud-Yémen de 1963 à 1967, et le combat qui débute en 1965 dans la province du Dhofar. La langue de la révolution devient pour la gauche dans ces années-là celle de l'Arabie.

Cette gauche révolutionnaire débat et questionne les modèles de développement et les possibilités d'émancipation. Elle porte des penseurs comme Samir Amin, Anouar Abdelmalek, Abderrahman Badawi, Abdallah Laroui ou Nawwal Saadawi. Elle débat aussi de la possibilité et de la nécessité de la lutte armée. Alors que certain·e·s sont fasciné·e·s par les modèles de résistance armée, d'autres restent attaché·e·s à la non-violence comme pratique émancipatrice de lutte. Les revers que connaissent les mouvements de guérilla les poussent vers d'autres exils, banni·e·s cette fois par des coups d'État et des reprises en main autoritaires. Ainsi les militant·e·s du Front populaire de libération d'Oman se retrouvent-ils en exil en Libye après la reprise en main de 1970. C'est l'âge de la retraite. Beaucoup sont emprisonné·e·s ou forcé·e·s à l'exil. D'autres sont assassiné·e·s.

Les combattant·e·s palestinien·ne·s paient le prix fort. La lutte palestinienne est au centre depuis 1948. Mais après 1967 et la défaite des pays arabes, elle prend une tournure différente, qui s'accentue encore après le massacre et l'expulsion des Palestiniens de Jordanie. Les Palestinien·ne·s et leur cause ont été trahi·e·s par les pouvoirs arabes en place, trop faibles ou trop prompts à négocier des compromis pour tenir loin d'eux la menace d'une force devenue le symbole de la lutte contre l'oppression, une surface de projection pour l'ensemble de la jeunesse arabe. À Beyrouth, les camps du FPLP accueillent des jeunes révolutionnaires de toutes origines, venu·e·s prêter main forte, mais aussi apprendre les rudiments de la lutte armée pour combattre les pouvoirs en place chez eux.

La révolution palestinienne a une place à part dans cette histoire de circulations, jusqu'à aujourd'hui. Elle marque des positions à l'intérieur de chacun des pays de la région. Les relations avec les révolutions sœurs ont donné lieu à de nombreux moments de solidarité. Un lien particulièrement fort existait avec l'Algérie, alors que les deux pays restaient les seuls dans la région à combattre la présence coloniale. Le FLN a inspiré la stratégie palestinienne de lutte armée par l'union de différents groupes politiques sous une bannière commune. Après l'indépendance, l'Algérie est devenue une source loyale et fiable de soutien politique, militaire et logistique. L'établissement d'une représentation officielle dans ce pays a été un moment important dans l'histoire de la solidarité avec la Palestine.

En 1974, c'est à Rabat que la Ligue arabe reconnaît l'OLP comme seul représentant légitime du peuple palestinien. L'attachement des pays arabes à la question palestinienne se traduit dans des avancées diplomatiques et des engagements concrets, mais aussi à l'échelle des groupes et des individus par des engagements directs. Certains pays manifestent leur soutien de manière très vive. Dans le Golfe, par exemple, le Koweït s'est développé comme une base de soutien solide. Il fournit un espace pour la collecte de fonds et offre des interventions fortes dans les forums internationaux, y compris, par exemple, les événements sportifs. À certains moments, comme lors de l'invasion israélienne du Liban en 1982, de nombreux pays, mouvements de libération, dirigeants, intellectuels, médecins, volontaires combattants et artistes se sont rassemblés pour soutenir la révolution palestinienne assiégée dans un élan de solidarité internationale sans précédent. Si c'est alors en Tunisie que l'OLP trouve refuge, la révolution palestinienne reste quant à elle présente dans les références et les mobilisations de l'ensemble des peuples du monde arabe, devenant, dans des pays de plus en plus fermes et autoritaires, la seule cause pour laquelle il est possible de manifester sa solidarité et le lieu d'expression du politique par excellence.

Depuis 1979, l'appel de la révolution s'est transformé. Les jeunes révolutionnaires n'ont jamais été exclusivement épris·es de transformation sociale d'inspiration marxiste. Les dimensions religieuse et nationale ont toujours été une composante essentielle de ces mouvements. Mais avec l'institutionnalisation et la transformation autoritaire des modèles nationalistes, la défaite cuisante des révolutionnaires de gauche, l'espace de la révolution conservatrice islamiste s'est ouvert. Les combats de la guérilla en Afghanistan et le succès de la révolution islamique en Iran transportent alors l'espoir de transformation de ce côté-là, pour au moins trois décennies.

L'AUTEURE

Historienne spécialiste de l'histoire intellectuelle et sociale du monde arabe contemporain, **Leyla Dakhli** est chargée de recherche au CNRS (centre Marc-Bloch). Elle a dirigé l'ouvrage collectif *L'Esprit de la révolte* (Seuil, 2020). Elle est notamment l'auteure de *Le Moyen-Orient. Fin XIXe-XXe siècle* (Seuil, 2016) et *Histoire du Proche-Orient contemporain* (La Découverte, 2015). Elle dirige actuellement un programme de recherche financé par le Conseil européen de la recherche (ERC) intitulé DREAM (DRafting and Enacting the revolution in the Arab Mediterranean). Régulièrement invitée aux rencontres et débats de l'Institut du monde arabe, elle est aussi membre du comité de réflexion des « Rendez-vous de l'actualité de l'IMA », et du comité scientifique de l'exposition « Divas arabes » (printemps 2020 à l'Institut du monde arabe).

POUR EN SAVOIR PLUS

Fadi Bardawil, *Revolution and Disenchantment : Arab Marxism and the Binds of Emancipation*, Duke University Press, 2020.
Fathi Ben Haj Yahia, *La Gamelle et le Couffin. Fragments d'une histoire de la gauche au temps de Bourguiba*, Mots Passants, 2011.
Mohamed Ben Slama et Amirouche Laïdi, *Alger, la Mecque des révolutionnaires*, documentaire, 2016.
Jeffrey James Byrne, *Mecca of Revolution : Algeria, Decolonization, and the Third World Order*, Oxford University Press, 2016.
Yoav Di-Capua, *No Exit : Arab Existentialism, Jean-Paul Sartre and Decolonization*, University of Chicago Press, 2018.
Fred Halliday, *Arabia Without Sultans*, Penguin, 1974.
–, *Revolution and Foreign Policy : The Case of South Yemen, 1967-1987*, Cambridge University Press, 1990.
Burleigh Hendrickson, « March 1968 : Practicing Transnational Activism From Tunis to Paris », *International Journal of Middle East Studies*, 2012.
Abdel Razzaq Takriti, *Monsoon Revolution : Republicans, Sultans, and Empires in Oman, 1965-1976*, Oxford University Press, 2016.
The Palestinian Revolution, http://learnpalestine.politics.ox.ac.uk/.

La Révolution française a-t-elle été volée ? Le droit des peuples à disposer d'eux-mêmes

par **Kaouther Adimi**

« Ça ne changera rien ! »

Le 22 octobre 1956, le sultan du Maroc, Mohammed V, s'envole à bord de son avion royal. Il se rend à Tunis où l'attend le président Bourguiba pour tenir une conférence avec les partis frères du Maghreb. Depuis six mois à peine, le Maroc n'est plus sous protectorat français.

À sa suite décolle un second avion. Il s'agit cette fois d'un engin de la compagnie Air Maroc-Air Atlas. À son bord, cinq hommes qui font l'Histoire : Ahmed Ben Bella, futur premier président de l'Algérie indépendante, Mohamed Khider, Hocine Aït Ahmed, Mohamed Boudiaf et Mostefa Lacharef.

Il est midi.

L'hôtesse prend son temps pour servir les plateaux-repas, a une attention pour chacun. Les hommes fument, mangent peu, la tension est là, palpable. L'avion fait escale en Espagne pour effectuer le plein, évitant ainsi de devoir entrer dans l'espace aérien français. Les cinq passagers sont-ils détendus ? Pensent-ils à ce grand projet qu'ils bâtissent patiemment ? À ce rêve d'indépendance ? Peut-être échangent-ils quelques bribes d'information sur les enjeux de cette rencontre, l'importance d'un Maghreb uni face à la puissance coloniale qu'est encore la France.

Ils l'ignorent mais à Alger, on s'agite. Ordre a été donné de faire décoller un avion pour les suivre. À Oran, on se prépare également dans le cas où il ferait demi-tour. L'occasion est trop belle pour la laisser filer. Se pose vaguement la question de cet acte de piraterie à l'encontre du Maroc et du roi mais que pèse le respect des conventions aériennes et diplomatiques face à l'arrestation des cinq hommes dont certains sont recherchés ?

L'équipage, qui est français, reçoit ordre de se poser à Alger. Le pilote proteste, il n'est aux ordres ni de l'armée ni de la police, il s'agit d'une compagnie privée marocaine. On ricane et les mots fusent : sûreté d'État. Le pilote n'a pas le choix. Il informe l'hôtesse. Un sourire de façade, elle passe auprès des passagers pour s'assurer que ces messieurs ne manquent de rien. Un thé ou un café leur ferait-il plaisir ? Et l'air de rien, elle tire les rideaux afin qu'ils puissent se reposer. Et surtout pour qu'ils ne se rendent pas compte qu'ils sont en train de faire demi-tour.

L'avion survole la Méditerranée. Il fait de grands cercles au-dessus de la mer. Le pilote compte et attend. Il doit atteindre le nombre d'heures de vol prévues avant d'atterrir pour éviter d'éveiller les soupçons. Enfin, l'avion se pose. *Bienvenue à Tunis*. Les cinq hommes ajustent les costumes, vérifient que les cravates sont bien nouées. L'image qu'il faut donner au reste du monde est celle d'un groupe uni, digne, droit. L'hôtesse de l'air affiche un sourire de façade, ouvre la porte et d'une voix qu'on imagine faussement enjouée les invite à sortir.

Les cinq passagers se pressent devant le petit escalier. Ils sont accueillis par des photographes, des cameramans et des policiers.

Gagner et perdre en même temps, c'est peut-être ce à quoi Guy Mollet, le président du Conseil, a pensé. Il n'a rien validé et découvre après coup le détournement de l'avion alors même qu'il tentait de négocier secrètement avec les Algériens à Rome et au Caire et qu'il comptait sur l'aide de la Tunisie et du Maroc.

Mohammed V de son côté rappelle son ambassadeur de France et rentre au Maroc où des émeutes éclatent, les Marocains voyant dans le détournement de l'avion un affront et un acte de piraterie.

On peut consulter l'archive vidéo de cette arrestation. Les cinq hommes font face aux caméras, ils sont menottés et semblent attendre. Il s'agit de reportages de l'époque, principalement pro-Algérie française. On n'entend donc pas le mouvement d'humeur de Ben Bella. Furieux, ce dernier, qui combattait à Cassino douze ans plus tôt et qui fut décoré par de Gaulle en personne, assène à sa sortie de l'avion : « Ça ne changera rien ! »

Il aurait pu ajouter : « C'est trop tard. »

L'ineffaçable empreinte de la France

Lorsque l'équipe d'*Araborama* me propose le sujet « La révolution algérienne a-t-elle été volée ? », c'est avec un mouvement d'humeur que je demande si « la Révolution française a été volée ».

Cela me rappelle le titre volontairement provocateur de Matthew Connelly, professeur d'histoire à l'université Columbia : « Comment la guerre d'Algérie a-t-elle donné l'indépendance à la France ? » Connelly s'interroge sur *les raisons pour lesquelles la guerre d'Algérie suscite encore autant d'émotion cinquante ans après*. Pour Benjamin Stora, si « cette guerre ne se finissait pas, dans les têtes et dans les cœurs », c'est « parce que, de part et d'autre de la Méditerranée, elle n'avait pas été suffisamment nommée, montrée, assumée dans et par une mémoire collective ».

Elle suscite tant d'émotion qu'elle dépasse le champ purement politique. Le cinéma, par exemple, est un bon révélateur des crispations. Le film de Gillo Pontecorvo, *La Bataille d'Alger*, sorti en 1966, a connu menaces et attentats dans les salles à sa sortie et boycott de la délégation française à Venise où il a remporté un Lion d'or mais aussi, fait exceptionnel, la censure. En 2010, le film *Hors-la-loi* de Rachid Bouchareb subissait une violente campagne de dénigrement avant même sa sortie en salle. De l'autre côté de la Méditerranée, en 2014, Lyes Salem a vu son film *L'Oranais* être interdit de projection sur la pression du très puissant ministère des Moudjahidine et des Ayants droit.

En 2013, dans le cadre d'un festival auquel je participais, une association me proposa une table ronde autour de la littérature algérienne et de la mémoire. L'association m'envoya le « fil rouge » de la rencontre pour la préparer :

L'ineffaçable empreinte de la France. Appropriation de la langue et de la culture françaises comme arme contre l'occupant ou seule solution d'avenir ?

Accès aux études et diplômes, rupture avec génération des parents AVEC UNE FORTE INTÉGRATION DES VALEURS DE LA RÉPUBLIQUE (liberté, égalité, fraternité) TOUT EN GARDANT UN LIEN MATRICIEL TRÈS FORT AVEC LA TERRE MÈRE.

DE L'ENTHOUSIASME À LA DÉSILLUSION (après 1962). Amertume, sentiment de trahison, silences, retour des femmes dans les foyers, exil, manipulation, haine, revanche, montée de la corruption.

MONTÉE DES FANATISMES. En réaction : humour et repli sur soi, chemin de l'intégrisme, suicide, exil.

Lors de ce même festival, une journaliste qui interviewait l'écrivain algérien Waciny Laredj l'apostrophait ainsi : « Alors vous, c'est incroyable, vous avez décidé d'écrire en arabe ! Expliquez-nous pourquoi ? » Sur une autre scène, l'écrivain Yahia Belaskri faisait face à une victime des attentats du Milk Bar et répondait à un journaliste qui lui demandait ce qu'il ressentait face à cette personne. Magistral : « Je comprends et fais mienne votre douleur comme je fais mienne la douleur de toutes les victimes de la guerre d'Algérie. »

Étonnant paradoxe que la guerre d'Algérie en France, qui le temps de quelques jours a cristallisé les débats dans une ville du sud du pays. Étonnant paradoxe qui consiste pour une partie de la France à refuser toute forme de repentance mais d'attendre d'un écrivain qu'il se repente au nom de son pays. Yahia n'avait que quatre ans au moment de l'attentat du Milk Bar. De vouloir assumer actes de tortures, viols, disparitions forcées, mais de refuser l'ouverture des archives – de toutes les archives – qui permettraient de faire la lumière sur ces actes.

Il est sans doute rassurant de penser que la révolution algérienne a été volée, mais il serait malhonnête de mettre en concurrence une colonisation par un pays étranger et un gouvernement corrompu, autoritaire et omnipotent. Il est tout autant regrettable de voir le gouvernement algérien, année après année, expliquer ses échecs par l'histoire de la colonisation.

Lady Diana et la haine de la *Queen Mum*

Le 31 août 1997 est un dimanche. J'ai onze ans et les vacances d'été sont sur le point de s'achever. C'est le dernier dimanche avant la rentrée et j'ai veillé à me lever très tôt. Nous habitons dans un immeuble de quatre étages construit à la va-vite dans une cité de Bouzaréah. Le nôtre est le numéro 20, le dernier. Il est proche d'un petit bois et la nuit, parfois, on peut entendre ce qui me semble être des loups mais qui devait sans doute être des chiens errants. L'après-midi, je traîne avec les petits voisins. Nous cueillons des pommes de pin et nous les faisons griller avant de croquer les graines. Dehors, derrière les murs de la cité, c'est la guerre même si nous n'utilisons pas ce mot.

Pour nous, c'est la vie nomale : couvre-feu, sirènes assourdissantes, bombes et coups de feu.

Quatre étages, comme des blocs, les uns sur les autres. Murs sombres, pièces exiguës. Mais le 31 août, je suis contente car je me suis réveillée avant mes frères et je vais pouvoir regarder mes dessins animés préférés. J'allume la télévision, le son baissé au minimum pour ne réveiller personne. Sur toutes les chaînes, les mêmes images passent en boucle : Lady Diana est morte dans un accident de la route. Sur le pont de l'Alma. Mon père est originaire d'El Eulma et je crois que Diana est morte là-bas. C'est étonnant mais cela me semble plausible car le journaliste rappelle les engagements de la princesse, notamment contre les mines antipersonnel, et précise que la conférence diplomatique sur l'interdiction des mines antipersonnel s'ouvre le lendemain à Oslo.

Sur les onze millions de mines cachées en Algérie par l'armée française entre 1956 et 1959 tout au long des frontières avec le Maroc et la Tunisie, trois millions sont alors encore enfouies. Elles tuent toujours les malchanceux qui posent le pied au mauvais endroit. Les terroristes des groupes armés islamistes s'en servent pour réaliser des réserves de TNT. La France, qui ne parle pas encore de « guerre » lorsqu'elle évoque l'Algérie (il faudra attendre 1999 !), refuse de transmettre les cartes qui permettraient à l'armée algérienne de les localiser.

La « grande » guerre dont on ne parle pas en France et la guerre, qu'on ne veut pas qualifier, qui nous enferme, en Algérie. Sans date de fin, sans horizon. Sans ligne d'arrivée.

À onze ans, au petit matin, pelotonnée sur le vieux canapé défoncé, au dernier étage du bâtiment 20, je regarde les ambulanciers sortir la princesse des cœurs de la carcasse de la grosse voiture. Je pense que la pauvre femme est morte dans ce petit village de l'est de l'Algérie et que sa famille aura du mal à faire rapatrier le corps à cause des visas. Les terroristes eux continueront tranquillement à faire des réserves de TNT parce que Diana ne peut plus rien pour nous.

Ce n'est qu'en 2007 que les cartes des mines sont remises par la France à l'Algérie.

J'évoque ici les mines comme je pourrais évoquer les essais nucléaires au Sahara – dont les retombées réelles ne furent connues qu'en 2013 après la déclassification de documents classés secret défense – pour expliquer comment la guerre d'Algérie a continué à se raconter, à s'étendre, à résonner auprès des Algériens, au cours des années. On pourrait prendre un autre chemin – il y en a tant –, celui, par exemple, des disparus par milliers et dont on ne sait toujours pas ce qu'ils sont devenus. Le site 1000autres.org est une formidable initiative qui tente de faire ce travail de recherche de témoignages, de recoupements et de mise en relation mais ça ne suffit pas.

Et ça ne suffit plus en France, ce pays qui aime tant les plaques commémoratives mais qui ne recueille pas la parole des millions d'appelés. Qui a oublié les destins extraordinaires de Français ordinaires comme l'éditeur Jean Subervie engagé pour l'indépendance de l'Algérie sans avoir de lien ni avec l'Algérie ni avec les Algériens. Qui laisse tristement mourir les hommes dans le silence et avec eux leurs histoires. Des écrivains et des artistes de tous les arts, des chercheurs et des historiens ouvrent les malles, déterrent les récits, et racontent des bribes de ce que fut cette France du XXe siècle mais cela ne suffit pas. Il reste encore tant d'archives fermées au public et aux chercheurs, tant de zones d'ombres, tant de mythes à déconstruire ensemble.

Ils ne nous aiment pas

Le 14 novembre 1917, le préfet d'Oran écrit au gouverneur général car il s'inquiète au sujet de la naturalisation des indigènes :

« Voilà une disposition qui peut avoir les plus graves conséquences pour la vie communale en Algérie. On peut être sûr que dans toutes les localités où l'élément étranger ou israélite, joint à l'élément indigène, sera suffisant pour constituer la majorité électorale, l'accord se fera entre ces deux parties pour écraser le troisième, celui des Français de race. [...] L'étranger ne nous aime pas, l'indigène ne nous aime guère, il est donc à craindre qu'ils s'accordent pour lutter contre nous, et qu'ils ne créent toutes sortes d'embarras à l'administration et aux Français d'origine. »

Plus d'un siècle plus tard, le gouvernement français prépare une loi pour lutter contre « les séparatistes ». Les musulmans, c'est-à-dire moi, nous, vous, sont visés en premier lieu. L'extrême droite, elle, continue d'évoquer l'invasion des étrangers, de ces étrangers qui « n'aiment pas » la France. De l'autre côté de la Méditerranée, un peuple a renversé un pouvoir et cherche à empêcher le nouveau pouvoir de lui voler une nouvelle fois « son indépendance ».

« 1962 territoire libéré – 2019 peuple libéré », peut-on lire sur une pancarte.

POUR EN SAVOIR PLUS

Rachid Bouchareb, *Hors-la-loi*, long métrage, 2010.

– , *Indigènes*, long métrage, 2006.

Assia Djebbar, *La Soif*, Julliard, 2001.

Mouloud Feraoun, *Journal, 1955-1962*, Points, 2011.

Galic, Kris et Rey, *Un maillot pour l'Algérie*, bande dessinée, Dupuis, 2016.

Malek Haddad, *Le quai aux fleurs ne répond plus*, 10/18, 1973.

Mouloud Mammeri, *L'Opium et le Bâton*, Points, 2012.

Bernard Mazo, *Jean Sénac, poète et martyr*, Seuil, 2013.

Mounia Meddour, *Papicha*, long métrage, 2019.

Elaine Mokhtefi, *De Fanon aux Black Panthers*, La Fabrique, 2019.

Gillo Pontecorvo, *La Bataille d'Alger*, long métrage, 1965.

Lyes Salem, *L'Oranais*, long métrage, 2014.

L'AUTEURE

Née en 1986 à Alger, **Kaouther Adimi** vit désormais à Paris. Après deux premiers livres, *L'Envers des autres* (prix de la Vocation 2011) et *Des pierres dans ma poche*, elle connaît un important succès avec *Nos richesses* (prix Renaudot des lycéens), paru au Seuil en 2017, évocation du légendaire libraire et éditeur Edmond Charlot. Son dernier roman, *Les Petits de Décembre*, publié en 2019, explore la société algérienne d'aujourd'hui, avec ses duperies, sa corruption, ses abus de pouvoir, mais aussi ses espérances. Elle est venue présenter ses romans à l'Institut du monde arabe à plusieurs reprises, aux « Rencontres littéraires de l'IMA, Une heure avec... ».

CI-CONTRE
La Révolution algérienne. El Moudjahida
par Mehdi Boubekeur (@mehdibbkr)

Designer et artiste pluridisciplinaire nord-africain, **Mehdi Boubekeur** travaille sur la relation entre l'homme et les espaces de vie, ainsi que sur leurs parcours. Être créatif ancré dans sa terre natale, l'Afrique du Nord, il y a forgé son regard, construit ses aspirations et affûté sa pratique. Son diplôme de designer d'espace en poche, il quitte l'École des beaux-arts d'Alger avec pour objectif de faire mûrir sa vision en s'ouvrant au monde. Une fois à l'université Rennes 2 pour un master en Arts plastiques, il fonde sa propre entreprise de design global et de photographie. Son travail a été exposé à l'Institut du monde arabe en 2017, lors de la deuxième Biennale des photographes du monde arabe contemporain.

الله اكبر
الجزائر
RÉFÉRENDUM D'AUTODÉ-TERMINATION
هل تريد أن تصبح الجزائر دولة مستقلة
EL MOUDJAHIDA
LA RÉVOLUTION PAR LE PEUPLE ★ LA LIBERTÉ EST ENCORE LOIN !
OUI
نعم
1954
YAAAAW 3LIKOUM L'BLINDE
1962
MORICE
DANGER
لن نركع
1988
SMA7 ULAC
1992
سلمية
سلمية
المحمية بالله
YAWMINA HADA

Le wahhabisme, une révolution conservatrice ?

par **Stéphane Lacroix**

L'insistance historiographique sur la rupture qu'aurait constitué, à partir du XIXe siècle, le phénomène dit de la Nahda – ou renaissance arabe –, porté par les figures de réformateurs religieux comme Jamâl ad-Dîn al-Afghâni ou Muhammad 'Abduh, ne doit pas occulter le fait que la rhétorique de la réforme religieuse n'est pas nouvelle en islam. La Sunna ne dit-elle pas que « Dieu fera advenir pour Sa communauté à la fin de chaque siècle un homme qui renouvellera pour elle Sa religion » ? Comme le montre l'historien Ahmad Dallal, les aspirants rénovateurs de l'islam (*mujaddidun*) sont même pléthore au XVIIIe siècle, dans un moment où les grands empires musulmans – ottoman et moghol, notamment – entrent en crise. Muhammad ibn Abd al-Wahhab, qui naît en 1703 dans le Najd, au cœur de la péninsule arabique, est de ceux-là. C'est son message religieux que ses contemporains nommeront « wahhabisme » (*wahhabiyya*), tandis que ses partisans lui préféreront à partir du XXe siècle le terme de « salafisme » (*salafiyya*) – terme néanmoins polysémique et à la trajectoire complexe, ce qui complique son usage pour l'historien des idées.

Aux yeux d'Ibn Abd al-Wahhab, ses coreligionnaires ont oublié les principes authentiques de l'islam, et le monde musulman est retombé en *jahiliyya* – un terme qui dans l'historiographie islamique désigne la période d'« ignorance » ayant précédé la révélation. C'est particulièrement le soufisme, dont les pratiques mystiques occupent alors une part majeure de la religiosité musulmane, que dénonce le cheikh najdi, car il y voit une violation du monothéisme islamique, le *tawhid*, qui implique l'adoration de Dieu seul, sans intermédiaire ni associé. Le chiisme, dédié au culte des imams, est également visé. Le projet d'Ibn Abd al-Wahhab consistera dès lors à purifier l'islam de toutes ces croyances et pratiques qu'il rejette comme autant d'« innovations blâmables » (*bid'a*) et à promouvoir en lieu et place de celles-ci une stricte orthodoxie sunnite se réclamant de l'exemple des premiers musulmans (les « pieux ancêtres », *al-salaf al-salih*) et inspirée dans sa définition par les écrits d'un théologien de la fin du XIIIe siècle, aussi érudit que rigoriste, Ahmad Taqî ad-Dîn ibn Taymiyya (1263-1328).

La radicalité politique du propos lui donne sans conteste des aspects plus révolutionnaires que réformistes (sans même parler de l'étymologie du mot « révolution » qui correspond parfaitement au projet wahhabite – celui d'un « retour à l'origine »). L'ennemi d'Abd al-Wahhab n'est ni plus ni moins que l'islam dominant de son époque, et il n'hésite pas à jeter l'anathème sur la plupart de ses contemporains musulmans, dont il dénonce l'impiété (*kufr*). Le grand empire musulman voisin, l'Empire ottoman, qui a hérité (sans encore véritablement s'en réclamer) de la fonction califale et dont l'extension s'arrête aux frontières du Najd, n'est pas épargné. En somme, c'est tout l'ordre religieux de l'islam de son temps qu'Ibn Abd al-Wahhab met au défi.

Sans surprise, le prédicateur fait d'abord face à des réactions mitigées, quand elles ne lui sont pas franchement hostiles. Le sort lui sourit finalement en 1744 quand le prince (*amir*) d'une petite localité du Najd, Dir'iyya, le prend sous sa protection. Ce prince s'appelle Muhammad ibn Sa'ud et il est le fondateur éponyme de la dynastie saoudienne. Le « pacte » non écrit qui lie alors les deux hommes est le suivant : le prince s'engage à faire appliquer et à promouvoir le message du prédicateur, et ce dernier apporte au prince la légitimité religieuse qui lui faisait défaut. Ce qui n'était jusqu'alors que razzias tribales destinées à accumuler du butin devient des djihads voués à ramener à l'orthodoxie islamique ceux qui s'en étaient éloignés. Auréolé de l'autorité du réformateur religieux, Ibn Sa'ud va peu à peu parvenir à unifier les tribus de la péninsule sous sa bannière, donnant naissance au premier État saoudien. S'ensuit une extraordinaire expansion politique et militaire : en l'espace de quelques décennies, des pans entiers de la péninsule arabique sont conquis ; en 1801, la ville sainte chiite de Kerbala est mise à sac ; et en 1803-1804, ce sont les villes saintes de La Mecque et Médine qui tombent aux mains de l'État saoudien. Les wahhabites s'empressent d'y détruire les mausolées des compagnons du Prophète, dont – selon les enseignements du cheikh fondateur – l'adoration populaire contrevient au principe du monothéisme exclusif.

Pour les Ottomans, qui ne voyaient jusqu'alors dans les wahhabites qu'une « secte hérétique » sans importance opérant aux marges de l'Empire, le camouflet est de taille. Leur réaction ne se fait pas attendre : le vice-roi d'Égypte et vassal ottoman Muhammad 'Ali lance en 1811 une contre-offensive pour venger l'affront. Les villes saintes sont reprises, et la capitale de l'État saoudien rasée en 1818. La défaite militaire des Sa'ud ne marque pourtant pas la fin du wahhabisme. À peine l'occupation égyptienne du Najd prend-elle fin à la fin des années 1830, que l'État saoudien renaît de ses cendres, sur les mêmes bases religieuses. Il s'effondrera une seconde fois du fait de querelles internes à la famille régnante en 1870, avant de renaître encore au début du XXe siècle grâce aux efforts d'Abd al-Aziz ibn Sa'ud, père de l'actuel roi Salman. C'est cette ultime renaissance qui fondera l'Arabie saoudite telle que nous la connaissons aujourd'hui, et qui devient royaume en 1932.

Le génie politique d'Abd al-Aziz est d'avoir su, quand elle lui était nécessaire, exploiter la puissance révolutionnaire du wahhabisme tout en parvenant, le moment venu, à la neutraliser. Exilé au Koweït à la fin du XIXe siècle, c'est sous la seule bannière du *tawhid* – entendu au sens de Muhammad ibn Abd al-Wahhab – qu'il rallie les tribus de la péninsule pour reconquérir le territoire de ses ancêtres. L'avant-garde de son armée est constitué du corps dit des Ikhwan, qui – comme les combattants du XVIIIe siècle – se mobilisent au nom d'un djihad destiné à ramener à l'islam une Arabie mécréante. En 1924, les villes saintes tombent à nouveau aux mains d'un État saoudien en passe de regagner ses frontières historiques. La logique qui anime Abd al-Aziz change alors : il s'agit désormais de faire accepter ce fait accompli tant à ses voisins musulmans qui continuent de considérer le wahhabisme avec une immense méfiance, qu'aux Anglais qui occupent l'Irak et la Transjordanie et se méfient d'un expansionnisme saoudien incontrôlé. En 1929, l'armée régulière d'Abd al-Aziz se retourne contre les Ikhwan, qui refusent de mettre fin à leurs raids sur l'Irak voisin. Ceux-ci sont écrasés avec l'aide de l'aviation britannique. Les décennies suivantes verront le pouvoir saoudien redéfinir les contours de son message religieux au profit d'un « wahhabisme atténué », pour reprendre une expression d'Henri Laoust : tout en continuant de promouvoir un ultraconservatisme social, l'establishment religieux saoudien prend garde désormais à modérer ses anathèmes contre les musulmans divergents, et fait de la loyauté à l'égard du pouvoir des Sa'ud sa valeur cardinale. La manne pétrolière, qui – en échange de la soumission des oulémas au pouvoir royal – permet à la famille régnante de financer généreusement leurs efforts de prédication, à l'intérieur comme à l'extérieur des frontières du pays, entretient ce système. Devenus fonctionnaires, les oulémas sont organisés en un corps hiérachisé à la tête duquel siège le mufti du royaume, nommé par le roi.

L'essence révolutionnaire du wahhabisme, quoique désormais officiellement étouffée, resurgira à différentes reprises au cours du XXe siècle. C'est le cas, par exemple, en 1979, lorsqu'un groupe se réclamant des premiers Ikhwan et recrutant chez les Bédouins sédentarisés – ces grands perdants de la modernisation saoudienne – ira exhumer des textes du wahhabisme classique, celui des XVIIIe et XIXe siècles, les justifications de sa révolte à l'égard d'un pouvoir qu'il juge corrompu. C'est ce groupe, persuadé de compter en son sein le messie de l'islam (*mahdi*), qui occupera pendant plusieurs semaines la grande mosquée de La Mecque, avant d'en être expulsé avec l'aide du GIGN français, dans une opération qui fera des centaines de victimes. À la fin des années 1980, des idéologues comme les Palestino-Jordaniens Abu Muhammad al-Maqdisi et Abu Qatada al-Filastini iront à leur tour puiser dans la tradition wahhabite des deux premiers siècles les concepts qui leur permettront de bâtir une assise religieuse au courant djihadiste naissant. Cette opération sera d'abord loin de faire l'unanimité au sein de ce dernier, les chefs d'al-Qaïda se méfiant d'une théologisation excessive de leur combat, qu'ils considèrent avant tout comme une lutte politique. Ce n'est qu'avec la naissance de l'État islamique (EI) en Irak en 2006, devenu État islamique en Syrie et en Irak en 2013, que les efforts d'Al-Maqdisi et d'Al-Filastini porteront véritablement leurs fruits. Car c'est bien de la geste de Muhammad ibn Abd al-Wahhab que prétend s'inspirer l'EI, tout en la transposant dans un environnement radicalement différent de celui de la péninsule arabique du XVIIIe siècle, et en lui adjoignant un appareil conceptuel étranger au cheikh najdi et destiné à penser avant tout la lutte contre l'Occident.

Et c'est bien là le paradoxe : le wahhabisme des origines est certes révolutionnaire, mais il est – nous l'avons dit – une révolution au sein de l'islam, dans un contexte antérieur à la colonisation européenne du Proche et Moyen-Orient. Plutôt que les juifs ou les chrétiens, qu'il ne mentionne d'ailleurs que succinctement dans ses écrits, les ennemis d'Ibn Abd al-Wahhab sont avant tout les musulmans qu'il juge « déviants ».

De la même manière, la question de la *shari'a* – qui agitera les mouvements islamistes au XXe siècle – n'est pas réellement posée sur un mode polémique ; pour Ibn Abd al-Wahhab, comme pour l'ensemble de ses contemporains, la *shari'a* est une évidence, puisque son statut de norme n'a alors pas été remis en cause par l'intrusion du droit positif européen. Ibn Abd al-Wahhab, enfin, continue de séparer fonctionnellement pouvoir spirituel et pouvoir temporel – comme il le prouve en déléguant l'autorité politique à la famille Sa'ud, que les wahhabites n'ont jamais songé à proclamer califes. Le plupart des mouvements dits « salafistes » actifs de nos jours, en Orient comme en Occident, restent axés sur cette logique de purification de l'islam, et ont vu dans les slogans de l'EI une trahison de leurs idéaux.

Pour finir de filer la métaphore révolutionnaire, on pourrait dire enfin que le wahhabisme doit aujourd'hui faire face, dans son bastion saoudien, à une véritable « contre-révolution » menée par le prince héritier Mohammed ben Salmane, dont le projet consiste à refonder la nation saoudienne sur de nouvelles bases sécularisées – celles d'un nationalisme exacerbé, porté par un État vertical et ultra-autoritaire. Les oulémas, qui par dizaines croupissent dans les prisons du royaume, ont été parmi les premiers à en faire les frais. Voilà qui pourrait, si les conditions socio-économiques du royaume venaient à se dégrader, réveiller le potentiel révolutionnaire du wahhabisme et provoquer un retour de bâton religieux dont on peut encore difficilement imaginer l'ampleur.

L'AUTEUR

Stéphane Lacroix est chercheur au CERI/Sciences Po et professeur associé à Sciences Po. Il est notamment l'auteur de *Les Islamistes saoudiens. Une insurrection manquée* (PUF, 2010) et *Saudi Arabia in Transition : Insights on Social, Political, Economic and Religious Change* (Cambridge University Press, 2015, avec B. Haykel et T. Hegghammer). Il est intervenu de nombreuses fois aux « Rendez-vous de l'actualité de l'IMA » et aux « Jeudis de l'IMA ».

POUR EN SAVOIR PLUS

David Commins, *The Wahhabi Mission and Saudi Arabia*, I. B. Tauris, 2009.
Michael Crawford, *Ibn 'Abd al-Wahhab*, Oneworld, 2014.
Stéphane Lacroix, *Les Islamistes saoudiens. Une insurrection manquée*, PUF, 2010.
Nabil Mouline, *Les Clercs de l'islam. Autorité religieuse et pouvoir politique en Arabie saoudite (XVIIIe-XXIe siècle)*, PUF, 2011.
Alexeï Vassiliev, *The History of Saudi Arabia*, Saqi Books, 2000.

Le mahdisme : du djihad révolutionnaire au conservatisme religieux

par **Christophe Ayad**

Un siècle avant la révolution iranienne, le Soudan a connu la première révolution islamique de l'histoire contemporaine. Cette révolution, qui trouve encore des échos dans le Soudan contemporain, est le fait d'un seul homme, Mohammed Ahmed, un homme de religion issu tout à la fois de la tradition soufie (confrérie Samaniya) et d'une formation rigoriste. Ce fils de charpentier naval est né en 1844 à Dongola, sur les rives du Nil. Il a grandi à Karari, près d'Oumderman, avant de partir se former dans la Jezira puis dans le nord du pays. Installé comme prédicateur sur l'île d'Aba, sur le Nil blanc, il a sillonné la région du Kordofan, étendant sa réputation et prenant le pouls d'un pays de plus en plus exaspéré par l'occupation égyptienne – depuis 1821 – à laquelle était venue s'ajouter celle des Britanniques – à partir de 1873. Le poids des taxes et l'interdiction de la traite esclavagiste – pourtant encouragée par l'Égypte à son arrivée dans le pays – pèsent sur la population.

Le 29 juin 1881, Mohammed Ahmed se proclame à trente-six ans le Mahdi, c'est-à-dire « l'envoyé » chargé d'annoncer le retour du prophète Jésus (Issa), qui coïncidera avec la fin des temps. Il lance alors un djihad pour chasser les infidèles et les mauvais musulmans non seulement du Soudan mais de tout le territoire de l'Oumma, la communauté des musulmans, qu'il veut libérer pour retrouver la pureté de l'islam des origines. Quatre ans et demi plus tard, il s'empare de Khartoum, la capitale, dont la garnison est massacrée. Son chef, le général britannique Charles Gordon, très connu au Royaume-Uni pour ses opinions anti-esclavagistes, est décapité et sa tête est promenée au bout d'une pique.

Cet événement, qui a connu un retentissement considérable à l'époque dans tout l'Occident, en particulier en Europe où le Royaume-Uni était considéré comme quasi invincible dans son empire, a paradoxalement disparu de la mémoire collective. Sauf au Soudan où le mahdisme, à l'origine une révolution religieuse, nationaliste et anticoloniale, est devenu un mouvement politique essentiel tout au long du XXe siècle, au point qu'il est identifié à l'indépendance du pays, obtenue le 1er janvier 1956, notamment grâce à l'action sans relâche d'Abdel Rahman al-Mahdi, le fils de Mohammed Ahmed. Ce mouvement est aujourd'hui incarné par l'homme politique Sadiq al-Mahdi, Premier ministre à deux reprises (1966-1967 et 1986-1989), toujours influent mais contesté sur la scène politique soudanaise.

Au moment où il se proclame le Mahdi, en 1881, le prédicateur Mohamed Ahmed vise surtout les occupants égyptiens du Soudan. Il leur reproche leur pratique trop légère de l'islam, leur propension à nommer des non-musulmans (chrétiens coptes, Syro-Libanais chrétiens, officiers britanniques, mercenaires italiens, etc.) à des postes d'administrateurs, et leur refus de prendre en considération la tradition soufie très forte au Soudan. Son appel au djihad se nourrit du mécontentement généré par les impôts élevés prélevés sur la population paysanne. Cette pression fiscale a poussé, tout au long du XIXe siècle, les paysans de la vallée du Nil à émigrer vers le sud, au Kordofan ou au Darfour, où ils se sont livrés à l'élevage ainsi qu'à la traite d'esclaves demandés par l'Égypte khédivienne qui voulait agrandir son armée.

Lorsque le général britannique Charles Gordon est nommé, en 1871 gouverneur de la province d'Equatoria, aux confins de l'Ouganda, par la couronne égyptienne, elle-même sous la tutelle lointaine du califat ottoman, il se met en tête de supprimer l'esclavage, au nom de ses valeurs protestantes et au grand dam des autorités égyptiennes de Khartoum. Cet effort lui vaut une aura de saint en Europe mais de solides inimitiés à Khartoum. Démissionnaire, il est finalement nommé gouverneur général du Soudan en 1877. Sa volonté renouvelée de mettre fin à l'esclavage rencontre d'innombrables obstacles, malgré le soutien du khédive au Caire. Il démissionne deux ans plus tard et quitte Khartoum, déprimé, épuisé par les rébellions et les difficultés à mettre en œuvre ses réformes. En butte aux soulèvements répétés d'Al-Zubeir Rahma Mansour, grand notable du Darfour et le plus riche des marchands d'esclaves, Gordon avait ordonné la décapitation de son fils Souleiman, en 1879, pour avoir fait preuve d'insubordination au khédive.

C'est dans ce contexte troublé qu'éclate la rébellion de Mohammed Ahmed contre les fonctionnaires de l'État égyptien, qu'il nomme les « Turcs », en tant que représentants du califat de Constantinople, les Britanniques présents au Soudan ne l'étant à l'époque qu'à titre privé, comme employés du khédive. Le fondement de sa révolte est avant tout religieux. Le soufisme de Mohammed Ahmed est un mysticisme, mais il n'est pas synonyme de tolérance envers les interdits islamiques comme on a souvent tendance à le croire en Occident. C'est un soufisme très rigoriste qui se rapproche du salafisme dans sa volonté d'imiter le Prophète et ses compagnons jusque dans leur mode de vie. Avec ses quelque trois cents partisans initiaux, qu'il nomme les Ansar (à l'instar des compagnons du Prophète), le prédicateur ne fait pas vraiment peur aux dirigeants égyptiens du Soudan, habitués aux soulèvements locaux, qu'ils aient une origine tribale, sociale ou régionale.

La prédication de Mohammed Ahmed est plus religieuse que nationaliste, mais en prétendant libérer son pays des « impies » qu'il assimile à des étrangers, il fait de la religion le fondement de l'unité du Soudan. À l'époque, le Soudan n'est pas vraiment un pays mais un territoire constitué de plus ou moins grands groupes tribaux aux alliances complexes. Leur seule référence commune est l'islam. Et c'est donc au nom de l'établissement d'un État islamique pur que le Mahdi mène son djihad. Et l'appellation de « Turcs » lui permettait de nommer ses ennemis sans les qualifier d'Arabes.

Vainqueur fortuit d'un premier affrontement sur l'île d'Aba alors que ses Ansar sont inférieurs en nombre et en armement, le Mahdi s'enfuit au Kordofan, où il compte de nombreux partisans et relais. Ce repli est assimilé dans sa geste à l'hégire du Prophète de La Mecque à Médine. Deux nouvelles victoires contre des contingents de plusieurs milliers d'hommes lui gagnent une réputation nationale, qu'il entretient en envoyant de nombreux courriers et émissaires aux leaders tribaux et religieux du pays, où il est toujours question de religion plus que de tactique militaire et de stratégie politique. Sa guerre est avant tout une guerre de propagande, destinée à lui rallier la majorité des croyants.

Les premières victoires des Ansar encouragent des soulèvements locaux qui immobilisent les troupes égyptiennes. Le Mahdi profite, par ailleurs, du soulèvement anticolonial de l'officier égyptien Ahmed Orabi dans le delta du Nil contre la sujétion de son pays aux Britanniques et aux Français qui tiennent le pays grâce à la dette accumulée à la suite du percement du canal de Suez. Cette révolte entraîne l'intervention militaire directe de Londres en Égypte en 1882 et la quasi-dissolution de l'armée égyptienne. Il n'y a donc plus de renforts possibles pour Khartoum, sauf à faire appel aux Britanniques. Face à des troupes égyptiennes démotivées et des mercenaires peu fiables, le Mahdi fait preuve de capacités de commandement remarquables et d'un véritable leadership. Lorsqu'il est en position de faiblesse, Mohammed Ahmed adopte une tactique de guérilla et se fond dans une population qui lui est plutôt favorable, ne serait-ce qu'à cause de son ascendant religieux. Pour interdire l'arrivée de tout renfort par la mer Rouge, il délègue Osman Digna, un leader tribal hadendawa de l'est du Soudan, chargé d'assiéger le port de Suakin. En nommant des représentants et des commandants militaires régionaux, le Mahdi a façonné durablement le paysage politique soudanais, donnant à certaines tribus, ralliées les premières, un ascendant historique.

Malgré des défaites, comme lors de son assaut initial contre El-Obeid, capitale du Kordofan, le Mahdi fait preuve d'une grande capacité tactique et stratégique : il autorise le recours aux armes à feu saisies à l'ennemi ; il fait répandre parmi les Soudanais servant les occupants qu'ils seront épargnés en cas de désertion ; enfin, il coupe les lignes d'approvisionnement en vivres et en armes entre Khartoum et les provinces. Après la prise d'El-Obeid en 1883, le Mahdi nomme un ministre des Finances, met en place un embryon d'État avec un système judiciaire basé sur la charia et marche sur Khartoum. Il défait en chemin le corps expéditionnaire commandé par un officier britannique à la retraite, William Hicks.

Face à la menace montante des Ansar, que les Occidentaux surnomment les « Derviches », des voix suggèrent le retour de Gordon, vu comme un sauveur potentiel. Malgré les réticences du Foreign Office, pour lequel le Soudan n'est pas prioritaire, il est envoyé à Khartoum début 1884. Mais, alors que sa mission consiste à rapatrier le contingent égyptien et les étrangers désirant partir, Charles Gordon soutient le siège face aux 50 000 hommes du Mahdi tout en comptant sur l'arrivée d'un corps expéditionnaire britannique pour sauver la capitale. Le leader soudanais propose à Gordon de se rendre une dernière fois le 12 janvier 1885, lui garantissant une évacuation vers le nord, mais ce dernier refuse. L'avant-garde du contingent britannique de Wolseley, envoyé à la rescousse depuis Le Caire, arrive trop tard : Khartoum est tombée le 26 janvier 1885. Toute la garnison égyptienne restante est massacrée et Gordon, tué sur les marches de son palais, est décapité. Sa tête est ramenée au Mahdi qui avait pourtant demandé de prendre le commandant anglais vivant.

L'unificateur du Soudan contemporain, celui qui lui a donné sa forme et son contenu, est donc un homme de religion combattant au nom d'un islam pur et dur, anticolonial et hostile à toute intrusion étrangère. Aujourd'hui, il serait qualifié de salafiste djihadiste. Pour lui, la politique ne s'entend qu'à l'intérieur du champ de l'islam. Le savoir ne doit pas incorporer les apports occidentaux et non musulmans. C'est aussi sa conception de l'islam qui lui dicte une conduite modeste : revêtu d'une simple *jibba* (tunique) comme ses partisans, il mène une vie frugale et refuse titres et richesses promis par Gordon. Mais ce vœu de pauvreté n'est pas une aspiration à l'égalité. Il défend en effet un ordre fondé sur l'esclavage, qui n'est absolument pas illégitime en islam.

Mais autant la révolution mahdiste a été un succès, autant la mise en œuvre de l'État islamique idéal a été difficile, d'autant que Mohammed Ahmed est mort – du typhus – à peine six mois après sa conquête de Khartoum, qu'il avait délaissée comme capitale pour lui préférer Oumderman. Les treize années (1885-1898) durant lesquelles les mahdistes, dirigés par le calife Abdullahi ibn Sayyed Mohammed, régnèrent sur le Soudan sont mal documentées. Mais les témoignages de prisonniers en fuite, comme Rudolf von Slatin, resté captif des « Derviches » de 1883 à 1895 et épargné en raison de sa conversion à l'islam, donnent l'image d'une barbarie sanguinaire et convainquent l'Europe de reprendre le Soudan.

Le calife Abdullahi, choisi parmi les trois « compagnons » désignés par le Mahdi, s'attacha à perpétuer autant que possible le message de Mohammed Ahmed de la manière la plus littérale qui soit. Réinstaurant l'esclavage, il met aussi en œuvre une version radicale de la charia : fumer est punissable de 100 coups de fouet, boire, de 80 ; la musique, la danse sont interdits, de même que les fêtes, les parures, les jurons. L'adultère, c'est-à-dire les relations hors mariage, est passible de décapitation pour les hommes et de lapidation pour les femmes. Ces dernières doivent être strictement voilées et sont bannies de l'espace public. Mais autant l'État mahdiste sait comment faire en matière d'ordre social, autant il est démuni en matière d'économie. Son incapacité à faire face à la famine de 1889-1890 marque un tournant et l'échec du projet.

Ce régime fait, à bien des égards, penser à celui des talibans afghans, mais il en diffère par ses visées expansionnistes. À l'instar du Mahdi, le calife Abdullahi écrit aux leaders musulmans de l'Empire ottoman en leur demandant de se soulever contre l'occupation « turque ». Le Mahdi ambitionnait de libérer l'ensemble de l'Oumma et, à terme, d'aller jusqu'à La Mecque. Cet expansionnisme conduit à des combats avec l'Éthiopie et l'Égypte, ses deux grands voisins. Il précipite l'intervention militaire britannique de Kitchener destinée, en 1898, à reprendre Khartoum, venger Gordon et aussi barrer la route aux Français, qui veulent étendre leur empire colonial au Sud-Soudan, ainsi qu'aux Italiens présents en Érythrée et même à Kassala, prise un temps aux mahdistes. Confronté à une force militaire supérieure et mieux organisée, l'Etat mahdiste, concentré à Oumderman, n'a pas pu recourir aux tactiques de guérilla qui lui avaient si bien réussi. Inspiré par un rêve de victoire, le calife Abdullahi lance l'assaut contre les troupes de Kitchener de jour et à terrain découvert, dans la plaine de Karari. C'est un massacre : plus de 10 000 Ansar (sur 50 000) sont tués en une seule journée. L'État mahdiste s'effondre en quelques mois.

Le millénarisme de l'État mahdiste et sa conception pure et agressive de l'islam font également penser à « l'État islamique » fondé en 2014 par Abou Bakr al-Baghdadi à cheval sur l'Irak et la Syrie. Mais là aussi, des différences majeures existent. L'État mahdiste n'a pas fait preuve d'une hostilité particulière envers les chrétiens : les églises existantes n'ont pas été détruites ou désacralisées. Soucieux d'établir sa pérennité, il a accepté l'héritage et la diversité du système confrérique soudanais, malgré leur dissolution décrétée par Mohammed Ahmed de son vivant. À tel point que la tombe du Mahdi, à Oumderman, la capitale des Ansar, juste en face de Khartoum, est devenue un lieu de pèlerinage dès son érection.

Une fois le mahdisme défait militairement avec la capture d'Osman Digna, le dernier émir en liberté, en janvier 1900, les Britanniques, nouveaux maîtres du pays, s'attachent à détruire toute idée d'un retour de ses héritiers sous une quelconque forme. Ils dynamitent le tombeau du Mahdi à Oumderman, exhument son corps, dont les ossements sont jetés dans le Nil et le crâne emporté par Kitchener – avant d'être ultérieurement enterré à Wadi Halfa, à la frontière soudano-égyptienne. Les deux fils aînés du Mahdi sont exécutés et le benjamin, Sayyid Abdel Rahman, né après la mort de son père, est blessé mais épargné. Il a alors vingt-trois ans et se voit assigné à résidence. Le mahdisme est officiellement interdit et, pour contrer son influence, le pouvoir anglo-égyptien fonde un Conseil des oulémas et soutient la confrérie soufie concurrente des Khatmiya, réputée proche de l'Égypte.

Le déclenchement de la Première Guerre mondiale marque un tournant décisif. Désireuse de trouver des alliés contre le pouvoir ottoman, Londres se réconcilie avec le mahdisme : Sayyid Abdel Rahman est autorisé à faire des tournées de prédication pour dénoncer les « Turcs impies ». Une fois la victoire acquise, l'héritier est invité à Londres où il rencontre brièvement le roi George V, auquel il prête allégeance. De retour au pays, Sayyid Abdel Rahman al-Mahdi renforce habilement et patiemment son influence, sans pour autant montrer au grand jour de velléité indépendantiste. Au contraire, lors du soulèvement de 1924, il penche en faveur du protectorat anglo-égyptien. Il développe de vastes cultures agricoles qui lui rapportent des sommes importantes pour ses œuvres de charité. Parallèlement, la mise en place, par les Britanniques, d'un système d'« *indirect rule* » se traduit par l'émergence de chefs tribaux et religieux *a priori* hostiles ou éloignés du mahdisme. Mais, avec intelligence, Sayyid Abdel Rahman, au lieu de les combattre, tisse des liens, développe un réseau et s'attache à gagner leur confiance.

En 1943, la prise de contrôle du Congrès général des diplômés, fer de lance du modernisme et de la lutte pour l'indépendance, par les concurrents de Sayyid Abdel Rahman pousse ce dernier à opérer un virage anti-égyptien et à se rapprocher de l'occupant britannique, hostile à l'union de l'Égypte et du Soudan en un seul pays. Le néo-mahdisme de Sayyid Abdel Rahman, formalisé politiquement dans le parti Umma, devient ainsi le symbole d'un nationalisme purement soudanais sourcilleux et rural, contre le nationalisme unioniste pro-égyptien et urbain d'Ismaïl al-Azhari, qui avait réussi à s'adjoindre la secte Khatmiya dans sa formation politique, le Parti national unioniste. Mais au moment de l'indépendance, en 1956, l'habile Azhari réussit à éviter l'écueil de l'union avec l'Égyptien tout en s'imposant aux élections.

Les deux premières années de la jeune démocratie soudanaise voient le Parti unioniste et l'Umma se succéder au pouvoir, sans plus de succès l'un que l'autre. En position de faiblesse, l'Umma encourage en 1958 le coup d'État militaire du chef d'état-major Ibrahim Abboud, en espérant le contrôler et le convaincre de proclamer le vieux Sayyid Abdel Rahman président à vie. Las, ce dernier meurt l'année suivante et Abboud confisque la totalité du pouvoir. Le fils de Sayyid Abdel Rahman, Siddiq, prend la tête de la confrérie des Ansar et du parti Umma, mais il meurt en 1961. Il est remplacé par son demi-frère Al-Hadi, tandis que son fils Sadiq rentre de Grande-Bretagne où il a étudié la philosophie et les sciences politiques à Oxford.

Quand, en 1964, le régime militaire est renversé par un soulèvement populaire, l'Umma est rapidement tiraillé entre la tendance moderniste, incarnée par Sadiq al-Mahdi, et le traditionalisme d'Al-Hadi et de son homme lige, Ahmed Mahgoub. La faction traditionaliste s'appuyait sur les forces conservatrices de l'ouest du pays, notamment les grandes tribus nomades du Kordofan (Kababishs, Baggaras) alors que la base de Sadiq al-Mahdi est plus urbaine et éduquée. Ce dernier fait un bref passage au pouvoir en 1966-1967 avant d'être mis en minorité. De toute façon, loin des querelles politiciennes de Khartoum, la guerre civile au sud commence à devenir le problème principal de la vie politique. Et en la matière, Sadiq al-Mahdi n'a rien d'un « moderniste » : il défend une islamisation forcée du sud du pays à majorité animiste et chrétienne.

En 1969, un nouveau coup d'État militaire, menée par un officier nassérien, le général Jaafar al-Nimeiry avec le soutien des communistes, met fin à ce deuxième épisode parlementaire. Les deux branches du mahdisme sont interdites et pourchassées. Mais, alors que Sadiq est détenu puis envoyé en Égypte, Al-Hadi est écrasé militairement avec ses partisans sur l'île d'Aba. Il meurt dans un bombardement en 1970, laissant Sadiq al-Mahdi seul héritier du mahdisme. Parti en exil en Libye à partir de 1974, Sadiq al-Mahdi finit par rentrer au pays en 1977 à la faveur d'une réconciliation nationale décrétée par Nimeiry, qui s'est débarrassé de ses anciens alliés communistes en 1974. Alors que le leader mahdiste faisait une concession en rejoignant le bureau politique du parti unique, l'Union socialiste soudanaise, Nimeiry cède sur la religion en engageant un processus de mise en conformité du droit soudanais avec la charia. Mais conscient que ce rapprochement avec le pouvoir passe mal auprès de sa base, Sadiq prend ses distances puis rompt avec le pouvoir en 1983 lorsque Nimeiry, en mal de légitimité, décide de l'instauration de la charia sous l'influence du Frère musulman Hassan al-Tourabi. Il est emprisonné jusqu'à la chute de Nimeiry, renversé par une intifada populaire de 1985.

Cela lui vaut une popularité intacte à la chute de la dictature usée de Nimeiry et la victoire aux élections libres de 1986. Mais il est obligé de gouverner une coalition de bric et de broc pour obtenir une majorité. Héritier des Ansar sans en être l'imam, poste resté vacant depuis la mort d'Al-Hadi al-Mahdi, Sadiq est un concentré de contradictions : indépendantiste et anti-égyptien mais à la merci de ses hôtes libyens durant son exil et même après, moderniste revendiqué mais attaché à l'identité et aux lois islamiques, démocrate mais assumant l'héritage de ses prestigieux ancêtres, urbain mais prisonnier d'une base électorale rurale. Sa politique, faite de contradictions et de reculs, s'en ressent. Par fidélité à son héritage islamique, il est ainsi incapable d'abroger la charia comme le demandent les rebelles sudistes pour mettre fin à la guerre civile qui a repris en 1983. Au contraire, pour venir à bout de la guerre dans le sud, il crée des milices tribales chargées de se payer en pillages et dont le contrôle lui échappe rapidement. À l'ouest, Kadhafi mine son autorité par ses visées sur le Darfour. Ces atermoiements et la perte de contrôle progressive du pays conduisent à un coup d'État miliaire en juin 1989, mené par des officiers islamistes secrètement conseillés par le chef des Frères musulmans Hassan al-Tourabi, lui-même gendre... de Sadiq al-Mahdi.

Le Parlement est dissous, tous les partis sont interdits et leurs leaders incarcérés ou en exil. Tourabi et son homme lige, le général Omar al-Bachir, mettent le pays en coupe réglée. Ils instaurent un régime islamique pur et dur qui, au moins en apparence, fait penser à l'État mahdiste du XIXe siècle avec la mise en œuvre des châtiments corporels, la relégation des femmes et le djihad proclamé contre la rébellion impie du Sud-Soudan. Même la dimension universaliste et conquérante du mahdisme des origines est présente dans le « tourabisme » avec l'accueil au Soudan de différents groupes djihadistes étrangers, dont celui d'Oussama Ben Laden, ainsi que l'organisation de conférences annuelles « anti-impérialistes » et islamistes à Khartoum.

Le néo-mahdisme, déjà affaibli par les querelles intestines et familiales ainsi que par le leadership défaillant de Sadiq al-Mahdi, s'effondre avec le coup d'État de 1989. Le parti Umma se divise en chapelles et en de multiples formations. Hassan al-Tourabi possède une dimension intellectuelle et un prestige qui l'apparentent bien plus à Mohammed Ahmed que son propre arrière-petit-fils, Sadiq al-Mahdi. Enfin, le néo-mahdisme est dépassé par la multiplication, depuis 2000, des rébellions armées au Darfour, au Kordofan (monts Nouba), dans la région du Nil bleu et même dans l'Est, pour ne parler que du nord du Soudan. Par ailleurs, la participation de la formation mahdiste officielle au dialogue national puis au gouvernement lors des dernières années du régime Al-Bachir ont beaucoup décrédibilisé Sadiq al-Mahdi, comme c'était déjà le cas à la fin des années 1970 lorsqu'il avait rejoint le régime Nimeiry.

Dernier coup porté au mahdisme politique, la révolution de 2019 dans laquelle les mahdistes n'ont joué aucun rôle. Ce sont des structures issues de la société civile urbaine et moderne aidées par d'ex-communistes qui ont joué le rôle d'animateurs d'un mouvement non violent et massif et sans leader. Cette révolution, nourrie de tous les échecs antérieurs, assume l'idéal démocratique occidental sans aucun complexe. Plus de la moitié des Soudanais n'étaient pas nés la dernière fois que Sadiq al-Mahdi a été Premier ministre, en 1989. Depuis son retour à Khartoum, ce dernier ne cesse de flirter avec les militaires qui partagent le pouvoir avec une composante civile au sein de la transition démocratique censée mener à des élections en 2022. Comme s'il ne pouvait concevoir un pouvoir réellement civil et démocratiquement élu pour le Soudan...

Pour conclure, le mahdisme, au-delà de ses métamorphoses et de ses vicissitudes, est une composante essentielle de l'identité soudanaise. Son héritage continue de se faire sentir jusqu'à nos jours. Pas tant dans l'éventuel retour au pouvoir d'un des nombreux descendants de Mohammed Ahmed, le fondateur, que dans la difficulté du pays à séparer son identité nationale de la question religieuse ainsi que dans un farouche sentiment d'indépendance et de singularité répandu dans toutes les composantes de la société soudanaise. En tant que modèle révolutionnaire, en revanche, il a fait son temps et a cédé la place à une jeunesse plus pacifique, plus pluraliste et moins religieuse.

L'AUTEUR

Christophe Ayad est grand reporter pour *Le Monde*. Il a été correspondant de *Libération* en Égypte de 1994 à 2000 et a couvert le monde arabe pendant vingt ans. Il est lauréat du prix Albert-Londres 2004 pour ses reportages en Irak et au Rwanda. Christophe Ayad est également l'auteur de *Géopolitique de l'Égypte* (Complexe, 2002). Fréquemment invité aux rencontres et débats de l'Institut du monde arabe, il est aussi membre du comité de réflexion des « Rendez-vous de l'actualité de l'IMA ».

POUR EN SAVOIR PLUS

Étienne Barilier, *Dans Khartoum assiégée*, Phébus, 2018.
Olivier Cabon (dir.), *Histoire et civilisations du Soudan – De la préhistoire à nos jours*, Soleb, 2017.
M. W. Daly et P. M. Holt, *A History of the Sudan – From the Coming of Islam to the Present Day*, Routledge, 2011.
Marc Lavergne, *Le Soudan contemporain. De l'invasion turco-égyptienne à la rébellion africaine (1821-1989)*, Karthala-Cermoc, 1989.
Jamal Mahjoub, *Le Train des sables*, Actes Sud, 2002.
Fergus Nicoll, *The Mahdi of Sudan and the Death of General Gordon*, Sutton Publishing, 2005.

Le chiisme est-il révolutionnaire ?

entretien avec **Sabrina Mervin**
par **Christophe Ayad**

La révolution islamique de 1979 en Iran a marqué une rupture majeure dans l'histoire contemporaine du monde musulman. Le monde arabe, majoritairement sunnite, mais frontalier de l'ancienne Perse, a été secoué par les contrecoups de ce fait historique, qui a, en partie, remodelé le Moyen-Orient et son paysage politico-religieux. Mais cette révolution est-elle le fruit d'une tradition chiite qui serait plus encline au soulèvement et à la contestation ? Autrement dit, le chiisme est-il intrinsèquement révolutionnaire là où le sunnisme serait conservateur ? Rien n'est jamais aussi simple ni figé. Sabrina Mervin, historienne de l'islam et directrice de recherche au CNRS (CéSor/EHESS), est l'une des meilleures connaisseuses en Europe du monde chiite et de ses débats tant religieux que politiques.

Christophe Ayad – La doctrine religieuse chiite comporte-t-elle des éléments favorables à la contestation de l'ordre établi ? Autrement dit, le chiisme est-il plus révolutionnaire que le sunnisme dans son dogme ?

Sabrina Mervin – Le dogme du chiisme duodécimain s'est construit autour de la doctrine de l'imamat qui constitue une spécificité majeure par rapport à l'islam sunnite : l'imamat fait partie du dogme chiite, c'est-à-dire des « fondements de la religion » (*usûl al-dîn*) alors que ce n'est pas le cas pour le califat sunnite.

Or, que dit la doctrine de l'imamat, qui prolonge et complète celle de la prophétie ? L'imam est le guide divinement inspiré de la communauté, choisi par « désignation divine ». Tout comme le prophète Muhammad et sa fille Fatima, il est infaillible, ne commet ni erreur ni faute. Il est le dépositaire, après Muhammad, de la loi divine : il est habilité à expliciter le Coran qui, sans lui, reste muet, dirige la prière, collecte les impôts religieux, déclare le djihad, etc.
À partir d'Ali, le chiisme duodécimain admet une lignée de douze imams – d'où son nom. Toutefois, selon la tradition, ces imams furent persécutés,

assassinés par leurs ennemis (les sunnites), tant et si bien que le douzième, pour échapper à la mort, disparut en 874. Depuis, il est occulté, mais vivant, et les fidèles attendent sa réapparition. Ainsi, l'autorité appartient à un chef charismatique à la fois absent et présent. Tout autre pouvoir est illégitime et inique, ce qui ouvre la porte à la contestation, à la révolte, voire à la révolution – mais aussi, pratiquement, aux accommodements avec le pouvoir.

C. A. – Est-ce que les conditions historiques d'apparition du chiisme, l'assassinat d'Ali dans un contexte de lutte pour la succession du Prophète puis les martyres de ses fils Hussain et Abbas sur le champ de bataille, sont la source d'une appétence plus forte pour les bouleversements révolutionnaires ?

S. M. – Si le chiisme n'est pas révolutionnaire par essence puisqu'il prône un ordre dynastique – les imams sont des descendants du Prophète par sa fille Fatima –, l'un des événements qui ont participé à sa fondation a fait l'objet d'une lecture révolutionnaire. L'islam s'est, en effet, ramifié en trois grandes branches (sunnisme, chiisme et kharidjisme) qui se sont elles-mêmes divisées, sur des divergences doctrinales mais aussi lors de querelles de succession, de conflits entre clans, de batailles et de séditions. Parmi ces événements figure la bataille de Kerbala qui opposa, en 680, le troisième imam des chiites, Hussain, petit-fils du Prophète, à l'armée du calife omeyyade Yazîd. Cet événement aurait pu rester mineur au regard de l'histoire, d'autant que les auteurs sunnites en ont organisé l'oubli, s'il n'était pas devenu une pièce maîtresse de la mémoire collective chiite. La bataille de Kerbala fonctionne comme un mythe fondateur du chiisme duodécimain : elle la pourvoit en modèles à imiter, détermine le bien et le mal, marque l'ennemi. Hussain, une partie de sa famille et ses compagnons ayant péri dans un combat inégal en nombre, ils sont les héros et les martyrs de Kerbala. Or, le but de l'épopée de Hussain était de se dresser contre le pouvoir usurpé de Yazîd. Son mouvement a donc été réinterprété comme une révolte contre l'oppression, une potentielle révolution.

C. A. – Ce mythe de Kerbala, vous voulez dire qu'il est encore vivant ?

S. M. – Il est même très vivant. L'épopée des imams et de la famille sacrée, particulièrement les épisodes de la bataille de Kerbala et ses suites directes ont donné lieu à un énorme corpus de textes, en prose et en vers, qui s'appuie, au moins en partie, sur la tradition chiite – c'est-à-dire des hadiths. Ces récits sont rapportés, chaque année, lors des commémorations de la bataille de Kerbala qui se déroulent pendant dix jours, au mois de Mouharram, et culminent le dixième jour, celui d'Achoura, célébrant le martyre de Hussain. Puis, elles reprennent pour se prolonger jusqu'à quarante jours après la mort de l'imam : c'est le moment d'un ultime pèlerinage au mausolée de Hussain, à Kerbala, qui rassemble aujourd'hui des millions de chiites (une quinzaine en 2019). Ces célébrations constituent en quelque sorte le premier degré de la religiosité : bon nombre de chiites qui ne pratiquent pas les prières quotidiennes, par exemple, participent aux commémorations du martyre de Hussain, de ses proches, tels ses fils ou son demi-frère Abbas, et de ses compagnons. Durant ces cérémonies, à travers différents rituels, l'épopée est racontée, encore et encore, revécue, voire rejouée par les fidèles. Le mythe est reproduit chaque année.

C. A. – Il a donc été réinterprété tout au long de l'histoire jusqu'à aujourd'hui. De quelle manière ?

S. M. – À chaque fois que les chiites ont été proches du pouvoir, ils ont développé ces rituels qui leur sont propres. Avec le temps, les procédés narratifs et les pratiques se sont diversifiés. À la base, on trouve la visite pieuse aux tombeaux de Hussain et des martyrs de Kerbala. Puis il y a des « séances de deuil » (*majlis al-'azâ'*) où l'on raconte les épisodes de l'épopée aux fidèles qui se lamentent, versent des larmes. Des saynètes reproduisant des épisodes du drame ont été jouées, lors de processions publiques, ce qui a donné naissance à un véritable théâtre rituel (le fameux *ta'zieh* persan). Les réformistes contemporains, considérant Achoura comme une « école », ont encouragé les conférences pour édifier les croyants. Ainsi, à partir d'un corpus déjà très riche et de pratiques variées, le « message » de Hussain et le sens de sa geste ont été régulièrement mis à jour. C'est une véritable culture populaire qui se déploie dans des images, des films, des chants, dans des espaces privés et publics, dans les médias, et cela partout dans les mondes chiites. Elle a pour thèmes : le soulèvement de Hussain contre la tyrannie et l'injustice, la victoire du sang sur l'épée, celle de l'opprimé sur l'oppresseur, etc.

C. A. – Vous parlez d'accommodement avec le pouvoir comme alternative à la révolte, cela signifie-t-il une soumission ou une dissimulation en attendant que le rapport de force devienne favorable ?

S. M. – L'accommodement avec le pouvoir constitue un mode de vie, ou de survie, pour un groupe religieux minoritaire. Dans le cas des chiites, on parle volontiers de dissimulation parce qu'il existe un point de dogme (la *taqiyya*) disant que tout croyant menacé peut taire sa foi véritable pour éviter la persécution. Les chiites l'ont utilisé, mais ils se sont aussi soumis aux pouvoirs en place, comme d'autres populations, en continuant de manière plus ou moins discrète à pratiquer leur culte. Ce qui nous amène à analyser les situations au cas par cas, même pour ce qui concerne les dynasties chiites, à commencer par les Safavides. Ceux-ci ont en quelque sorte fondé le chiisme iranien, dont ils ont fait la religion officielle, alors qu'ils étaient eux-mêmes sunnites, mais soufis et sympathisants des Alides. La majorité de la population était, à l'avènement des Safavides au début du XVIe siècle, sunnite. Ainsi, l'Iran a été converti au chiisme pour faire face à l'Empire ottoman qui, en même temps, se formait autour d'une majorité sunnite.

C. A. – Ces dynasties ont-elles été obligées de se réclamer de cet imam caché pour légitimer leur règne ?

S. M. – Comme les mouvements messianiques et millénaristes antérieurs, les Safavides se posèrent eux-mêmes comme des sauveurs. Pour fonder leur empire, ils s'appuyèrent surtout sur une légitimité religieuse en se présentant comme des descendants des imams chiites ; les Qajars, qui régnèrent en Iran de 1794 à 1925, allaient faire de même. Les Safavides adossèrent aussi leur pouvoir à l'autorité d'oulémas chiites, qu'ils fussent locaux ou bien venus du Jabal 'Amil (actuel Liban du Sud) ou du Bahreïn. Ils ont ainsi institué des fonctions religieuses officielles qui leur permirent d'inclure des oulémas dans leur administration, déclenchant un processus de légitimation réciproque. Toutefois, il y eut toujours des oulémas chiites, sous les Safavides puis sous les Qajars, pour garder leurs distances avec le pouvoir en place, voire le critiquer. Ils se dotèrent par ailleurs peu à peu d'outils doctrinaux leur permettant d'exercer l'autorité en statuant et en agissant au nom de l'imam, en tant que ses « députés ».

C. A. – Parallèlement au chiisme iranien, le chiisme irakien joue un rôle de plus en plus politique au XXe siècle. Quelle est la cause de cette politisation croissante ? À quand remonte-t-elle ?

S. M. – Il faut revenir à la dernière décennie du XIXe siècle, alors que l'institution cléricale est en plein développement à Najaf. Le sultan ottoman Abdülhamid II mène alors une politique panarabe qui, en Irak, constitue une réponse à la diffusion du chiisme, notamment auprès des tribus. En Iran, les Qajars avaient laissé les Russes et les Britanniques s'implanter dans le pays et s'emparer de ses ressources. En 1890, le prince Nassereddine Shah, déjà impopulaire, accorde contre rémunération une concession de tabac à un opérateur britannique et déclenche ainsi une vive opposition. Encouragé par le fameux Jamâl al-Dîn al-Afghâni, un grand clerc iranien résidant à Najaf, Hasan Shirâzi, émet en décembre 1891 une fatwa interdisant la consommation de tabac qui a un effet retentissant. Cette « fatwa du tabac » est considérée comme un point de départ : un religieux détaché des biens de ce monde s'oppose à la fois à « l'étranger » et au pouvoir du prince ; en quelques mots, il défend les intérêts du peuple (comme ceux des marchands) et il déstabilise les puissants.

C. A. – La fatwa est émise en Irak, par un Iranien. La politisation se fait donc sur les deux fronts, en même temps ?

S. M. – Le transnationalisme des élites cléricales chiites a pour conséquence une certaine perméabilité entre l'Iran et l'Irak.
C'est en Iran que le mouvement constitutionnaliste, lancé par des intellectuels modernistes à partir de 1906, met les religieux en demeure de réagir et d'entamer une réflexion sur le pouvoir politique et l'islam. Ils doivent se positionner sur l'opportunité de créer un Parlement pour restreindre l'autoritarisme du Shah. Ainsi, un grand nombre de traités sont rédigés sur la question de savoir si la Constitution et le Parlement sont compatibles avec les valeurs de l'islam, et sur le rôle que doivent jouer les clercs pour garantir la conformité de la Constitution et des lois avec les normes de l'islam. Des débats parfois très vifs divisent les clercs. Les Iraniens résidant à Najaf y participent et, parmi eux, de grands maîtres, dont Mohammad Kâzem Khorasâni. Certains s'illustrent comme de farouches défenseurs de ce mouvement constitutionnaliste – une révolution – qui pose des questions fondamentales et fait entrer l'Iran dans la modernité. Ces questions seront reformulées à maintes reprises, jusqu'à aujourd'hui.

C. A. – Peut-on qualifier le soulèvement de 1920 en Irak de révolution ?

S. M. – Avant sa mort en 1911, Khorasâni émet des fatwas appelant au djihad contre les envahisseurs russes, en Perse, et italiens, en Libye, qui agressent les territoires musulmans. Ses disciples et d'autres oulémas, à Najaf, déclarent le djihad contre l'invasion britannique de l'Irak en 1914 et appellent à un soulèvement qu'ils conduisent eux-mêmes, participant aux combats. Néanmoins, l'occupation de la Mésopotamie ottomane est achevée en 1918. Deux ans plus tard, les oulémas chiites des villes saintes soutiennent une autre révolte, cette fois contre le mandat britannique. Il n'est plus question de défendre l'Empire ottoman mais de réclamer l'indépendance et la création d'un État arabe et islamique. Tous les grands clercs chiites ne s'engagent pas dans ce mouvement qui aboutit à la révolution de 1920, car certains, même au sommet de la hiérarchie cléricale, considèrent qu'ils n'ont pas à intervenir dans les affaires politiques. Les tenants de l'activisme l'emportent et Muhammad Taqî Shirâzi, à partir de 1919, prend les rênes d'une insurrection qui rallie les religieux, les notables et les chefs de tribu. À la fin de novembre 1920, la révolte est matée et le clergé chiite subit une dure répression : ses leaders sont exilés sous prétexte qu'ils sont des Persans. Les oulémas chiites, sous la monarchie, voient leur pouvoir et leur influence décliner et la *hawza* de Najaf, qui forme les clercs, perd de ses effectifs. En Iran, Qom va bénéficier de cette situation puisque c'est là que s'installent les exilés, dont Abdul-Karim Haeri Yazdi qui va y faire revivre la *hawza*.

C. A. – Par la suite, comment expliquer la présence de nombreux chiites parmi les mouvements de gauche et dans le Parti communiste en Irak ? Les idéaux de libération et de justice sociale formaient-ils une sorte d'affinité naturelle entre chiisme et communisme ?

S. M. – S'il y a une résonance, en arabe, entre les deux termes *chî'î/chuyû'î* (chiite/communiste), on ne peut pas parler d'affinité naturelle – elle est construite – mais plutôt tenter des explications historiques et sociologiques. Après l'exil des leaders de la révolution de 1920, le clergé chiite irakien se replie sur lui-même et sur sa tradition, il se détourne des questions politiques. Parallèlement, on assiste à un exode rural des chiites du sud vers les grandes villes, ce qui crée chez eux des aspirations nouvelles. Dans les années 1940, ils sont attirés par les idéologies marxisantes alors que les paysans contestent les droits des propriétaires terriens. Au sein de la *hawza*, de jeunes clercs ambitionnent de réformer la tradition. Certains, épris de justice sociale et déçus par la vie cléricale, quittent le turban pour embrasser le communisme. Parmi eux, on trouve des Irakiens mais aussi des Libanais qui viennent du sud du pays, délaissé par l'État. En Iran aussi, les idées marxistes font des adeptes. Dans les trois pays, le clergé traditionnel se sent menacé par le pouvoir d'attraction du marxisme et des clercs se mettent à produire des écrits visant à le concurrencer sur son propre terrain : la contestation, l'égalité, la justice. En Irak, en février 1960, le *marja'* Muhsin al-Hakîm, déclare, dans une fatwa, tout lien avec le communisme illicite.

C. A. – Les ayatollahs Ruhollah Khomeini et Muhammad Bakr al-Sadr, présents tous deux à Najaf, en Irak, dans les années 1960, mettent au point le concept de *wilayat al-faqih* (le pouvoir doit revenir aux clercs). Qu'est-ce que cette théorie a changé au chiisme politique ?

S. M. – Le concept de *velâyat-e faqih* (la guidance du jurisconsulte), tel qu'il est réélaboré par Khomeini, constitue l'ossature du pouvoir des clercs instauré en Iran après la révolution de 1979 et, jusqu'à aujourd'hui, une sorte de marqueur des allégeances politico-religieuses : il y a ceux qui adhèrent au concept et ceux qui le refusent, ceux qui changent d'opinion, etc. C'est une manière de se positionner par rapport à la République islamique d'Iran qui a érigé le concept en doctrine quasi sacrée et en a fait une ligne rouge à ne pas franchir.

Avant d'en venir à ce concept, il faudrait revenir sur l'émergence du mouvement islamique, en Irak, et sur les prémices de la révolution islamique, en Iran, dans les années 1960. En Irak, dès 1957, un groupe de chiites influencés par les Frères musulmans, dont Muhammad Bakr al-Sadr, fondent le parti Dawa, dans le but de transformer la société et de la préparer à l'avènement d'un État islamique. Sadr, parallèlement, s'empare du lexique et des idéaux du marxisme pour le réfuter, reformule la tradition islamique et propose une « troisième voie », dans les ouvrages *Notre économie* et *notre philosophie*. En 1979, il rassemble une

série de textes dans un livre, *L'islam dirige la vie*, et rédige une *Note préliminaire* pour la future Constitution de la République islamique d'Iran. Plus que Khomeini, il s'attache à donner toute sa place au peuple, à l'Oumma. Ses écrits auront un retentissement marquant.
En Iran, Khomeini n'est pas le seul idéologue de la révolution. Alors qu'il est exilé à Najaf, des oulémas se préoccupent de réformer les institutions de l'islam, mais aussi d'économie, de politique, de justice sociale : Taleghani, Behechti, Motahhari, pour ne citer qu'eux. Comme Muhammad Bakr al-Sadr, tué par les services irakiens en 1980, ils n'auront pas le temps de voir les fruits de leurs efforts ; ils meurent entre 1979 et 1981.

C. A. – Comment Khomeini a-t-il intégré la dimension de la défense des opprimés, longtemps l'apanage de la gauche marxiste, à sa théorie politico-religieuse ?

S. M. – 'Ali Sharî'atî (1933-1977) avait précédé les clercs révolutionnaires, avec un discours religieux de gauche, tiers-mondiste mais anticlérical. Il parlait d'un chiisme rouge, celui d'Ali, des martyrs et de la justice, qu'il opposait au chiisme noir, fondé par les Safavides et dominé par le clergé et la monarchie. Pour lui, le chiisme est la religion de la révolte contre l'injustice, non celle des pleurs et des lamentations, et pas seulement au moment des célébrations religieuses. « Chaque jour c'est Achoura et chaque terre est Kerbala », dit-il en reprenant un hadith. Cette idée restera. Khomeini, notamment, la fait sienne. Avec lui, le message de Hussain devient politique, révolutionnaire et universel. L'imam est l'opprimé par excellence, qui guide tous les autres après lui. Le monde se divise entre ses partisans, ceux du bien, et les partisans de Yazîd, ceux du mal : l'Amérique, Israël et les autres « arrogants » de la terre.

Cependant, sa première source, c'est le Coran. Comme d'autres idéologues de l'islam politique, notamment Sayyid Qutb qui l'a influencé, il procède à une relecture, à une actualisation et à une politisation de termes coraniques, dont il fabrique des concepts et des slogans. Ainsi, les « déshérités » s'opposent aux « arrogants ». Dans la série de discours qu'il délivre à Najaf, en 1969, ensuite retranscrits dans *Le Gouvernement islamique*, Khomeini commence par critiquer le colonialisme et l'Occident avant de déployer sa théorie sur la guidance du jurisconsulte, et il termine son argumentation par la nécessité de renverser les gouvernements tyranniques.

C. A. – En quoi la révolution islamique de 1979 en Iran a-t-elle marqué une rupture dans l'histoire des révolutions du monde musulman ? Est-ce parce qu'elle a été une révolution totale avec un changement total du cadre politique et institutionnel, un bouleversement de l'ordre social et, enfin, une affirmation de l'islam comme une idéologie mondiale, à l'instar du capitalisme ou du communisme ?

S. M. – Certainement. Et puis c'est une révolution islamique qui a réussi. D'abord, elle a évincé la révolution qu'avaient entamée d'autres acteurs de la société iranienne, non islamiques (intellectuels, gauchistes, tiers-mondistes, etc.). Ensuite, elle s'est pérennisée, en Iran : aujourd'hui, ceux que l'on appelle les « conservateurs » s'emploient à maintenir les valeurs et les acquis (particulièrement pour eux-mêmes) de la révolution.

C. A. – Il y a eu, durant les premières années du nouveau régime, une volonté d'exporter la révolution islamique iranienne à l'ensemble du monde musulman. Peut-on considérer qu'elle a finalement échoué, à part au Liban ?

S. M. – Il est généralement admis, en effet, que seul le Hezbollah libanais a suivi et appliqué « la ligne de l'imam » (*i.e.* Khomeini). Après quelques succès dans les mondes chiites et ailleurs, l'exportation de la révolution (présentée comme islamique et non comme chiite) s'est épuisée. En revanche, l'Iran a continué de diffuser à l'extérieur de ses frontières sa conception de l'islam chiite et une culture religieuse à la fois politique et « spirituelle » par le biais d'institutions diverses, dans le but d'exercer une influence. Après l'expansion révolutionnaire, place au *soft power*.

C. A. – Vous parlez justement du Hezbollah. Est-il le seul fruit de la révolution islamique iranienne ou aussi celui du mouvement des déshérités lancé par Moussa Sadr dans la communauté chiite du Liban durant les années 1970 ?

S. M. – Le Hezbollah se réclame en effet de l'héritage de Moussa Sadr, comme le font d'ailleurs tous les courants chiites libanais aujourd'hui, chacun se focalisant sur l'un des aspects de sa pensée et de son action ; certains le voient comme un révolutionnaire, d'autres comme un réformateur ou un réformiste. Moussa Sadr est l'un des premiers clercs chiites à suivre une double formation, universitaire et religieuse, à Téhéran, à Qom et à Najaf. Issu d'une lignée de clercs transnationale, cousin de Muhammad Bâqir, il quitte l'Iran pour s'installer au Liban en 1959. Il y fonde, en 1967, le Conseil islamique chiite supérieur, instance qui représentera la communauté chiite sur le plan religieux, favorisant ainsi le processus de son intégration dans l'État. Puis il crée le Mouvement des déshérités, en 1974, et bientôt sa branche armée, Amal, pour défendre la patrie contre les incursions israéliennes, d'une part, et pour revendiquer plus de justice sociale pour les chiites, d'autre part. Dans les années 1970, avant la révolution iranienne, les chiites du Liban revendiquent le développement économique et social du Liban du Sud et mettent en cause le pouvoir des leaders politiques traditionnels. Moussa Sadr harangue les foules durant les célébrations d'Achoura dont il fait un vecteur de mobilisation. Il érige Hussain en modèle à imiter pour lutter contre l'injustice, l'oppression et la tyrannie.

C. A. – Au fur et à mesure de sa montée en puissance, le Hezbollah est devenu un parti de gouvernement et même le principal garant de l'État libanais aujourd'hui. Comment concilier cette fonction et son message révolutionnaire ?

S. M. – C'est tout le travail de l'appareil de direction du Hezbollah dont on dit souvent, aussi, qu'il est un État dans l'État. Depuis qu'il participe au jeu parlementaire au début des années 1990, il a développé par ailleurs ses deux principaux atouts : un service d'action sociale massif et efficace et une branche militaire de plus en plus puissante. L'aspect social reste déterminant pour assurer son influence auprès de ses sympathisants et partisans, avec des actions qui se diversifient et s'adaptent, comme on l'a vu lors de la mobilisation du parti pour « résister » à « l'attaque sanitaire » du Covid-19. Quant à la branche militaire, elle a toujours pour fonction, dans le discours du Hezbollah, de faire face aux politiques jugées hégémoniques et agressives des États-Unis et de ses alliés. Le message est réajusté pour répondre aux situations mais il s'agit toujours de défendre les « opprimés ».

C. A. – En Iran, vous évoquiez les « conservateurs » comme les gardiens de l'héritage de la révolution islamique de 1979. Comme leur nom le souligne justement, ne sont-ils pas aujourd'hui le parti de la réaction et de l'immobilisme face à une société en mouvement, en particulier la jeunesse urbaine ?

S. M. – Certes. La République islamique a instauré et mis en pratique une idéologie politico-religieuse officielle dans laquelle bon nombre d'Iraniens ne se reconnaissent pas, dont une partie de la jeunesse – rappelons que 60 % de la population a moins de quarante ans – qui détourne cette idéologie, les normes et les pratiques qui en découlent. Pour certains, la « révolution » est devenue « réactionnaire ». Quant aux milieux cléricaux, ils sont divisés ; rappelons que bon nombre de grands clercs de Qom ou de Machhad ne soutiennent pas le système officiel, qu'ils l'expriment ou non.

C. A. – En Syrie, le Hezbollah et la République islamique iranienne sont intervenus militairement pour mettre fin à la révolution armée contre le régime de Bachar el-Assad, au nom de la défense de leurs intérêts géopolitiques. Cela n'a-t-il pas sonné le glas de leur aura révolutionnaire dans un monde arabe majoritairement sunnite ?

S. M. – Ce sont les observateurs extérieurs qui analysent l'engagement militaire du Hezbollah en Syrie, à partir de 2013, en termes d'intérêts géopolitiques et de dispositif régional. Le parti, lui, présente autrement ses objectifs à ses militants : la protection des lieux saints (« Zaynab ne sera pas capturée une seconde fois ») ; celle des chiites, en tant que communauté religieuse, menacés par Daesh ; la lutte contre l'influence des États-Unis et de l'Arabie saoudite dans la région, accusés de soutenir et de financer les groupes djihadistes takfiristes. Le Hezbollah se pose encore une fois comme le défenseur des populations chiites et de leurs croyances, en palliant les déficiences de l'État libanais, incapable de répondre à la menace comme il l'a déjà été face à Israël. Cette guerre est vue comme une guerre de survie. Certes, ce discours, loin de la raison d'être du Hezbollah, à savoir la « résistance » (*muqâwama*) à Israël, résulte de réajustements idéologiques qui ont suscité la perplexité jusque dans les rangs de ses partisans, mais d'un autre côté, même des non-sympathisants du Hezbollah estiment que s'il n'avait pas réagi, Daesh aurait pu pénétrer au Liban.

L'aura révolutionnaire du Hezbollah dans le monde arabe a évidemment pâti de cet engagement auprès de l'État syrien qui réprime une révolte, à la base, pacifique. C'est le régime de Bachar el-Assad que le Hezbollah a contribué à sauver.

C. A. – À partir de quand la République islamique a-t-elle perdu son élan révolutionnaire : est-ce à la mort de l'ayatollah Khomeini, en 1989, qui a cédé la place à une ère dominée par le duo Rafsandjani-Khamenei ?

S. M. – Le décès de Khomeini, le fondateur charismatique, marque un tournant, d'autant qu'il avait désavoué son dauphin, l'ayatollah Montazeri, et que Khamenei a rencontré, au début, des difficultés à s'imposer. Par ailleurs, la guerre contre l'Irak, qui avait mobilisé l'énergie nationale, est terminée et l'heure est à la reconstruction, et non plus à la révolution. Si le discours reste populiste-tiers-mondiste, il s'agit, pour le duo Rafsandjani-Khamenei, de mettre en place un État-providence susceptible de redistribuer et de développer : éducation pour tous, accès aux soins, au logement, sécurité sociale, etc., sont les acquis de cette période, qui permettent d'améliorer les conditions de vie dans les zones urbaines mais aussi rurales. Ainsi, une classe moyenne émerge, accordant une place nouvelle aux femmes et aux jeunes.

L'élection triomphale du réformiste Mohammad Khatami à la présidence de la République en 1997 en est une conséquence. Avec Khatami, si l'élan n'est plus révolutionnaire, il est porteur d'espoir et va transformer la société, malgré les déceptions de bon nombre d'acteurs qui attendent plus de réformes. En 2005, l'arrivée au pouvoir d'Ahmadinejad constitue un retour au conservatisme pour certains et, pour d'autres, un regain révolutionnaire. Cependant, malgré le populisme de son discours qui prône la justice sociale et fustige la corruption, l'opposition gronde et les mouvements sociaux s'organisent à la veille de l'élection présidentielle de 2009.

C. A. – Le mouvement vert de 2009 contestant la réélection d'Ahmadinejad marque-t-il le début d'une rupture radicale entre le « peuple » et le régime, qui n'a pas hésité à écraser une révolution pacifique ?

S. M. – Certes, d'autant que les manifestants qui s'opposent à la réélection truquée d'Ahmadinejad en demandant « Où est mon vote ? » ne veulent pas détruire le système de la République islamique, mais se fondent sur lui pour bâtir une société plus juste. Les chefs du mouvement, Mir Hossein-Moussavi et Mehdi Karroubi, sont des révolutionnaires de la première heure devenus des réformateurs. Deux visions de la République islamique, émanant de porteurs du projet révolutionnaire, s'affrontent. La rupture entre ces deux visions se révèle d'autant plus radicale que la répression du mouvement, pacifique, est violente, disproportionnée. C'est une rupture avec la classe moyenne, les jeunes, avec tous ceux que l'État a oubliés ou spoliés et tous ceux qui s'étaient employés à constituer un espace public – une société civile. Leurs mots d'ordre, dignité, pacifisme, préfigurent ceux des révoltes arabes qui vont suivre.

C. A. – Comment la République d'Iran analyse-t-elle les révolutions arabes lorsqu'elles éclatent en 2011 ? Le régime n'y voit-il pas une répétition de 1979 en surinterprétant leur dimension religieuse ? Et les Iraniens y voient-ils un élan vers la liberté, dans lequel ils ont été précurseurs et qui leur a été refusé par la force en 2009 ?

S. M. – Dès le début du mois de février 2011, Ali Khamenei, dans son prêche du vendredi, appelle à la solidarité révolutionnaire avec les contestations de Tunisie et d'Égypte et veut croire au grand soir d'une révolution islamique dont l'Iran est le modèle. Son discours reprend les grands slogans anti-impérialistes et défend la volonté des peuples. Mais qui peut y croire ? Pendant ce temps, les Iraniens, eux, échangent avec les révoltés et se reconnaissent dans leurs mouvements.

C. A. – Au Bahreïn, un début de révolution a été transformé en soulèvement confessionnel des chiites. Comment cela s'est-il fait ?

S. M. – C'était un mouvement social, populaire, qui touchait une grande partie de la population, dont la majorité est chiite alors que le pouvoir est sunnite. Néanmoins, rien de confessionnel, à la base. Mais l'Iran, qui lorgne sur Bahreïn, a tenté d'exercer son influence sur les chiites alors que l'Arabie jouait les protecteurs du royaume. Une fois encore, le bras de fer entre les deux puissances régionales a nui à la population. La répression a été violente, le mouvement peu à peu complètement écrasé. Le principal parti chiite, al-Wifâq, pourtant prêt à s'accommoder de la situation, a été suspendu et son leader est incarcéré. Les condamnations à mort de militants des droits humains, notamment chiites, se poursuivent. Cette « révolution de la perle » a été complètement étouffée, et à double titre puisque les médias l'ont négligée.

C. A. – Au Liban, le Hezbollah n'a-t-il pas échoué en reproduisant, une fois au gouvernement, les pratiques clientélistes, à l'inverse de son action caritative en tant que parti ? Les manifestants de l'automne 2019 l'ont dénoncé au même titre que les autres partis politiques libanais.

S. M. – Bien sûr, l'aura de pureté et d'incorruptibilité dont jouissait le Hezbollah au début des années 1990 s'est dissipée au fur et à mesure que le parti s'intégrait dans le système politique. Paradoxalement, alors qu'il a participé au gouvernement à plusieurs reprises depuis 2005, c'est en palliant les déficiences de l'État, par son action sociale et sa grande capacité de mobilisation et d'intervention, comme lors de la crise sanitaire du Covid-19, qu'il a pu continuer à dominer les régions sous son contrôle. Toutefois, pour ceux qui ne sont pas entièrement acquis à sa cause, il a perdu de sa crédibilité, comme parti révolutionnaire, lorsqu'en mai 2013 Hassan Nasrallah s'est officiellement déclaré aux côtés du régime syrien et contre les rebelles. En octobre 2019, il est visé par les slogans des manifestants contre la corruption du gouvernement, le clientélisme, le confessionnalisme, etc. – tout ce qui, pour eux, mine le Liban et a conduit le pays à la faillite.

C. A. – Au Yémen, voyez-vous dans le mouvement houthi une dimension révolutionnaire, la volonté de changer un ordre sclérosé et injuste ? Ou n'est-ce qu'un discours de façade opportuniste et copié du Hezbollah libanais ?

S. M. – Au départ, la « révolution » yéménite de 2011 a eu pour objectif, comme les mouvements qui l'ont précédée dans le monde arabe, de fonder un nouvel ordre politique, loin de la sclérose du passé. Les zaydites [membres d'une branche minoritaire du chiisme, répandue dans le nord du Yémen où prospère le mouvement houthi], particulièrement, luttaient contre leur marginalisation par l'État central et revendiquaient leur héritage religieux en s'inspirant d'un discours révolutionnaire à l'iranienne. Cependant, d'une guerre à l'autre, et même si les slogans revêtent les atours de la justice sociale ou de la lutte contre la corruption et les prébendes, la situation s'est complexifiée. Là encore, bien des facteurs sont en jeu : locaux (la division des acteurs au sud), nationaux (dont la partition du pays) et régionaux, avec, une fois encore, la rivalité entre l'Arabie saoudite et l'Iran, la présence des Émirats, l'ombre du Hezbollah, l'animosité entretenue entre sunnites-salafistes et chiites-zaydites, etc.
Il n'y a plus beaucoup de place pour une révolution, même une révolution néo-royaliste, sur cet échiquier où la question est de gérer la partition et le problème majeur, aujourd'hui, la famine. Quant à affirmer que les houthistes sont inféodés à l'Iran et suivent la même ligne que le Hezbollah libanais, c'est exagéré. En revanche, il reste, au sein des mondes chiites, l'idée que les formations chiites de différentes nationalités se serrent les coudes dans une solidarité indéfectible, même si chacune garde son agenda politique, et elle se concrétise dans des alliances politiques.

C. A. – Revenons en Irak ! Après l'invasion américaine de 2003 et la guerre civile entre chiites et sunnites qui a suivi, après la guerre de reconquête contre Daesh de 2014 à 2018, on observe aujourd'hui une contestation de l'ordre politico-milicien dans la jeunesse chiite. D'où vient cette nostalgie d'un Irak sans confessionnalisme que les plus jeunes n'ont pas connu ?

S. M. – Toute la population souffre en Irak, sauf les individus qui tirent des bénéfices d'un système politique corrompu et de l'économie milicienne qui s'y est mise en place. Les jeunes manifestants osent occuper la rue parce qu'ils n'ont rien à perdre et ils sont majoritairement chiites parce que les sunnites ne sont pas en position de se rebeller contre le pouvoir : on pourrait les accuser d'être d'anciens soutiens de Saddam Hussein ou de Daesh. Il s'agit moins, de leur part, de nostalgie que d'une volonté de construire un État viable, pour tous, avec des services, l'électricité, l'eau, l'accès aux soins, etc. Une grande partie des jeunes ne fait plus confiance ni aux milices ni aux partis politiques – quelle que soit leur obédience confessionnelle – et ne se reconnaît plus dans une idéologie, quelle que soit son orientation.

C. A. – Le clergé de Najaf a soutenu la révolte de l'automne 2019 alors que le pouvoir est aux mains de partis chiites. Pourquoi ?

S. M. – Le problème n'est absolument pas confessionnel et il n'est pas étonnant que la *marja'iyya* de Najaf (l'institution matérialisant l'autorité religieuse que se partagent des grands clercs, Ali Sistani en tête) se soit prononcée pour les manifestants. Les chiites du pays souffrent de la situation, et avec eux les membres des institutions religieuses, même celles de l'administration des lieux saints qui sont liées à l'État. Ne pas accompagner le mouvement aurait conduit le clergé chiite à se couper de la base populaire du pays et de sa jeunesse, qui représente la moitié du pays. Que pouvait faire le clergé ? Se ranger du côté des partis politiques ? Ils sont vivement critiqués, même celui de Moqtada al-Sadr, dont les tergiversations, puis le ralliement à l'Iran ont émoussé la popularité. Soutenir la répression, particulièrement brutale, notamment de la part de milices ou de factions pro-iraniennes du Hachd al-Chaabi [la Mobilisation populaire, mise sur pied en 2014 pour combattre Daesh] ? Impossible. L'Irak n'est pas l'Iran. D'autant que la mainmise de l'Iran, son infiltration dans les rouages politiques et économiques du pays fait l'objet d'un rejet radical des jeunes manifestants suivis, de manière certes plus diplomatique, par une grande partie du clergé chiite irakien.

C. A. – N'est-ce pas en Irak, plus pluraliste, plutôt qu'en Iran que se joue l'avenir du chiisme politique ?

S. M. – Dans chacun de ces deux pays, le clergé n'est pas monolithique. En Iran, une partie du clergé ne s'aligne pas sur le chiisme officiel issu de la révolution et, en Irak, des partis politico-religieux et leurs milices se réclament d'un chiisme politique plus ou moins calqué sur le modèle iranien.
Le clergé irakien dit traditionnel propose en effet un autre rapport au politique que celui du clergé officiel iranien. On le qualifie souvent de quiétiste, ce qui est, aujourd'hui, à reformuler. Le terme est utilisé depuis le renversement de Saddam Hussein en 2003, la montée en puissance des chiites et la découverte, par les Américains et le monde, d'Ali Sistani comme personnage clef de la scène politique irakienne. Depuis, Sistani n'a pas véritablement changé mais il ne cesse de s'accommoder d'une situation changeante dans laquelle il a un rôle politique à jouer. Et il le joue. Il ne s'agit pas d'appliquer une idéologie, un nouveau « chiisme politique », mais de faire de la politique, au quotidien. Sistani répond aux attentes plus qu'il ne les devance, mais il ne se défile pas lorsqu'il faut s'impliquer, quitte à prendre des risques. Il le fait tout en restant chez lui, dans l'un des vieux quartiers de Najaf, et sans prendre la parole lui-même : deux clercs, à Kerbala, en sont chargés. C'est une pratique de la politique qui correspond à sa conception

de l'exercice de l'autorité religieuse et celle-ci ne relève ni du quiétisme ni du chiisme politique. Quant à l'avenir du chiisme politique, il semble en tout cas en déphasage par rapport aux revendications de la population qui, en Irak, rejette les idéologies ; bien plus, une nouvelle génération ne croit plus en l'émergence d'un personnage charismatique susceptible de régler les problèmes et de galvaniser les foules. Il en est de même en Iran, où l'on peut se demander si Qassem Soleimani n'a pas été la dernière figure de ce type. Si le régime a toujours ses partisans, une partie de la population s'est détournée du chiisme politique qu'il promeut et recompose ses pratiques religieuses hors des normes qu'il édicte.

NB : Cet entretien a été réalisé avant l'explosion du 4 août 2020 à Beyrouth.

LES AUTEURS

Sabrina Mervin est historienne, directrice de recherche au CNRS, affectée au CéSor (Centre d'études en sciences sociales du religieux). Ses travaux se concentrent sur le chiisme contemporain – en particulier les autorités religieuses et les pratiques rituelles – ainsi que sur la transmission du savoir en Islam. Elle développe aussi des projets en anthropologie visuelle et prépare un documentaire sur le pèlerinage de l'Arba'în à Kerbala.

Christophe Ayad est grand reporter pour *Le Monde*. Il a été correspondant de *Libération* en Égypte de 1994 à 2000 et a couvert le monde arabe pendant vingt ans. Il est lauréat du prix Albert-Londres 2004 pour ses reportages en Irak et au Rwanda. Christophe Ayad est également l'auteur de *Géopolitique de l'Égypte* (Complexe, 2002). Fréquemment invité aux rencontres et débats de l'Institut du monde arabe, il est aussi membre du comité de réflexion des « Rendez-vous de l'actualité de l'IMA ».

POUR EN SAVOIR PLUS

Sabrina Mervin, *Histoire de l'islam. Fondements et doctrines*, Flammarion, coll. « Champs », 2016.

Sabrina Mervin, Yasser Tabbaa et Erick Bonnier (photographies), *Najaf, The Gate of Wisdom : History, Heritage and Significance of the Holy City of the Shi'a*, Unesco Publishing, 2014.

Sabrina Mervin, *Un réformisme chiite. Ulémas et lettrés du Jabal 'Âmil de la fin de l'Empire ottoman à l'indépendance du Liban*, Karthala-CERMOC-IFEAD, 2000.

– (dir.), *Le Hezbollah, état des lieux*, Sindbad/Actes Sud, 2008.

– (dir.), *Les Mondes chiites et l'Iran*, Karthala-IFPO, 2007.

CI-DESSUS
Funérailles, par Mohamad Omran
(@mohamad.omran79)

Né en 1979 à Damas en Syrie, diplômé de la faculté des Beaux-Arts de Damas en section sculpture, et de l'université Lyon 2 en Histoire de l'art contemporain, **Mohamad Omran** vit et travaille à Ivry-sur-Seine. Le thème de la foule, de l'assemblée, est fréquent dans son travail; d'autant plus depuis la révolution de 2011 dans son pays. Certaines de ses œuvres ont été exposées à l'IMA, au sein des expositions «Mémoires partagées» (2020) et «Un œil ouvert sur le monde arabe» (2018).
Cette illustration a été réalisée avec le soutien d'Ettijahat-Independent Culture et de l'Institut Goethe.

Irak, 1920 : un mythe fondateur

par **Pierre-Jean Luizard**

Peu de mythes ont été l'objet d'interprétations aussi divergentes. Révolution nationaliste, islamique, tribale, mouvement issu des classes populaires… la révolution de 1920 en Irak, dont on commémore le centenaire, continue à susciter des visions contradictoires.

La révolution de 1920 ne fut pas une révolution nationaliste. Comment aurait-elle pu l'être alors que la conscience nationaliste arabe se limitait à quelques notables, hommes politiques et officiers, la plupart de ces derniers ayant alors rejoint Fayçal en Syrie ? La société des trois vilayets de Mossoul, Bagdad et Bassorah demeurait encore largement ce qu'elle était à l'époque ottomane : une mosaïque de communautés dont les liens réciproques n'illustraient encore aucune entité commune. De fait, trois communautés ethniques, les Arabes, les Kurdes (qui ne rejoindront l'Irak qu'en 1925 contre leur gré) et les Persans, et deux communautés religieuses, les chiites et les sunnites, participèrent au soulèvement à des échelles différentes.

La révolution de 1920 fut toutefois la première manifestation majeure d'une forme d'identité nationale irakienne. À ce titre, elle devait jouer un rôle important dans la mythologie politique du pays et, plus tard, être la référence de l'ensemble de l'opposition à la monarchie et des forces hostiles aux Britanniques.

La révolution de 1920 exprimait la convergence du mécontentement de quatre groupes sociaux : celui des tribus, celui des ulémas chiites, celui des citadins dirigés par des notables et, à un bien moindre degré, celui de la communauté irakienne en exil, dont les officiers chérifiens installés en Syrie.

Pour la première fois depuis des siècles, les chiites et les sunnites avaient collaboré politiquement, les tribus de l'Euphrate et les citadins de Bagdad avaient fait cause commune. Dépassement momentané des divisions confessionnelles entre chiites et sunnites, ainsi que du clivage entre villes et campagnes et des oppositions entre les différentes régions du pays, la révolution de 1920 illustrait également le dépassement des antagonismes ethniques, puisque les Kurdes se soulevèrent au même moment que les tribus arabes et que des Persans, oulémas et étudiants en religion des villes saintes, eurent un rôle dirigeant dans le mouvement.

Le refus du mandat et l'indépendance étaient le cri de ralliement de tous les mécontents. Toutefois, ce mot d'ordre occultait des divergences de fond. L'expression de « gouvernement arabe », utilisée par les oulémas chiites, les chefs de tribu, les dirigeants du mouvement patriotique de Bagdad et les officiers chérifiens, recouvrait des visions très différentes. La hiérarchie religieuse chiite fut la seule à agir de façon relativement unifiée et cohérente et à exprimer un projet politique qui était, en même temps, un véritable projet de société. Le mot d'ordre d'un « gouvernement arabe islamique », que les mujtahids n'ont cessé de mettre en avant dans toutes leurs déclarations, demeurait cependant assez imprécis. Il s'agissait surtout d'un slogan politique destiné à combattre les projets de domination directe de la Grande-Bretagne sur l'Irak. Les tribus chiites constituèrent la base sociale essentielle de la révolution. C'est le Moyen-Euphrate qui fut le véritable foyer de l'insurrection dont la direction politique se trouvait dans les villes saintes chiites.

Soulèvement des régions tribales chiites de l'Euphrate, la révolution de 1920 ne reçut aucune aide de l'extérieur. Alors que le parti Haras al-Istiqlâl prit une part importante dans la révolution, le parti Al-'Ahd, qui soutenait le projet chérifien, ne joua aucun rôle dans le soulèvement. Ni les kémalistes ni le gouvernement chérifien de Damas n'apportèrent une aide quelconque au mouvement en Irak. Le soulèvement des tribus chiites d'Irak rencontra peu d'écho dans le monde arabe, nouvelle illustration d'un isolement séculaire et de la marginalité des chiites en son sein.

De la nature tribale du mouvement résultait aussi son hétérogénéité et son caractère local : le Moyen-Euphrate (Samâwa, Hilla et la Shâmiyya, l'arrière-pays de Najaf) demeurèrent le bastion de l'insurrection, tandis que les tribus du Tigre ne se soulevèrent pas, les cheikhs tribaux dépendant souvent dans cette région du gouvernement pour l'attribution des terres. Bassorah et Mossoul restèrent totalement en dehors du mouvement. L'alliance des villes saintes chiites avec les dirigeants du mouvement patriotique de Bagdad ne doit pas masquer que Bagdad demeura sous le contrôle étroit des Britanniques.

La conscience politique se limitait aux sayyids et aux cheikhs. Pour la première fois, des cheikhs tribaux du Moyen-Euphrate étaient en contact constant avec les villes saintes et les dirigeants du mouvement patriotique des grandes villes. Il s'agissait dans tous les cas d'une forme de patriotisme émotionnel et non pas d'un nationalisme élevé au rang d'une idéologie. Les mots « *umma* » (nation, généralement employé au sens religieux, islamique), « *bilâd* » (pays) et « *watan* » (patrie), employés pour qualifier l'entité irakienne naissante, illustrent bien l'absence de séparation dans les esprits entre le patriotisme islamique et le patriotisme irakien. Le rayonnement des villes saintes et l'énorme pouvoir des mujtahids sur les tribus se trouvaient confirmés.

La révolution de 1920 devait faire l'objet de confrontations passionnées entre historiens, chacun croyant pouvoir, en fonction de son appartenance idéologique, lui attribuer une cause essentielle ; au nom de l'islam, il est toutefois incontestable que les oulémas chiites s'étaient faits les champions de la lutte contre le mandat et pour l'indépendance. L'ayatollah Muhammad Taqî Shirâzi est ainsi surnommé le « leader de la révolution de 1920 ».

Toutefois, l'imbrication de facteurs locaux complexes ne permet pas de privilégier l'un d'eux.

Cette diversité a permis des revendications faites au nom de la révolution de 1920 malgré leur contradiction évidente avec l'événement historique. Ainsi, afin de mieux symboliser l'unité islamique réalisée entre sunnites et chiites en faveur de l'indépendance, le parti Haras al-Istiqlâl décida de l'organisation commune des processions commémorant la naissance du Prophète, les « mawlids », la principale manifestation religieuse sunnite, avec celles du deuil chiite (la première procession commune eut lieu le 19 mai 1920). On se souvient, dans un temps beaucoup plus récent, des Brigades de la révolution de 1920. Formées en 2005 dans la province d'Al-Anbâr pour lutter contre l'occupation américaine, les Brigades de la révolution de 1920 étaient formées d'anciens membres de l'armée irakienne dissoute par Paul Bremer en mai 2003 et illustraient l'opposition armée aux Américains d'islamistes nationalistes sunnites dont les sentiments anti-chiites ne sont pas un mystère. La célébration de l'union entre sunnites et chiites lors de la révolution de 1920 peut difficilement être identifiée à la haine confessionnelle qui prédomine dans les années 2000.

Devenue un mythe fondateur de la conscience nationale irakienne, et revendiquée par les nationalistes arabes bien qu'il ne furent pas les principaux acteurs des événements, objet d'une réappropriation de la part du mouvement religieux depuis les années 1970, soumise à une exégèse marxiste par certains chercheurs soviétiques, la révolution de 1920 a suscité de nombreux ouvrages, essentiellement en arabe, mais aussi en anglais, en français, en persan et en russe.

L'AUTEUR

Pierre-Jean Luizard est directeur de recherches au CNRS, au sein du groupe Sociologie Religions, Laïcités à Paris. Il est l'auteur de nombreux ouvrages, dont notamment *Chiites et sunnites, La Grande Discorde en 100 questions* (Tallandier, 2019) et *La République et l'Islam. Aux racines du malentendu* (Tallandier, 2019). Il est intervenu de nombreuses fois à l'Institut du monde arabe, aux « Journées de l'Histoire » comme aux « Jeudis de l'IMA ».

POUR EN SAVOIR PLUS

Muhammad Mahdî al-Basîr, *Târîkh al-qadîya al-'irâqiyya (Histoire de la cause irakienne)*, Bagdad, 1924.

'Alî al-Bâzirgân, *Al-waqâ'i' al-haqîqiyya fî al-thawra al-'irâqiyya* (*Les Véritables Événements de la révolution irakienne*), Bagdad, 1954.

Farîq Mizher al-Fara'ûn, *Al-haqâ'iq al-nâsi'a fi al-thawra al-'irâqiyya sanat 1920* (*Les Vérités évidentes de la révolution irakienne de 1920*), Bagdad, 1952.

'Abdallâh al-Fayyâd, *Al-thawra al-'irâqiyya al-kubra sanat 1920* (*La Grande Révolution irakienne de 1920*), thèse présentée à l'Université américaine de Beyrouth en 1954, Bagdad, 1963.

'Abd al-Razzâq al-Hasanî, *Al-'Irâq fî dawray al-ihtilâl wa al-intidâb* (*L'Irak entre l'occupation et le mandat*), Sayda, 1985.

–, *Al-thawra al-'irâqiyya al-kubra sanat 1920* (*La Grande Révolution irakienne de 1920*), Beyrouth, 1978.

Muhammad 'Alî Kamâl al-Dîn, *Thawrat al-'ishrîn fî dhikrâha al-khamsîn, ma'lûmat wa mushâhadât fi al-thawra al-'irâqiyya al-kubrâ sanat 1920* (*La Révolution de 1920 dans son cinquantième anniversaire, documents et témoignages sur la grande révolution irakienne de 1920*), Bagdad, 1975.

Muhammad al-Khâlisi, *La Vie de l'ayatollah Mahdî al-Khâlisî, Batal al-islâm (Héros de l'islam)*, traduit de l'arabe et annoté par Pierre-Jean Luizard, La Martinière, 2004.

L. N. Kutlov, *Thawrat al-'ishrîn al-taharruriyya al-wataniyya fî al-'Irâq* (*La Révolution de 1920 de libération patriotique en Irak*), traduit du russe en arabe, Beyrouth, 1975.

Pierre-Jean Luizard, *La Formation de l'Irak contemporain, le rôle politique des ulémas chiites à la fin de la domination ottomane et au moment de la création de l'État irakien*, Éditions du CNRS, 1991.
J. W. Nazamin, *The Iraqi Revolt of 1920*, thèse, Durham University, 1974.
'Alî al-Wardî, *Lamhât ijtimâ'iyya min târîkh al-'Irâq al-hadîth* (*Aspects sociaux de l'histoire moderne de l'Irak*), Bagdad, 1969-1972, volume 5 sur la révolution de 1920.
'Abd al-Shahîd al-Yâsirî, *Al-butûla fi thawrat al-'ishrîn* (*L'Héroïsme dans la révolution de 1920*), Najaf, 1966.

Aux confins de l'Arabie, la rébellion oubliée du Dhofar

entretien avec **Marc Pellas**
par **Benjamin Barthe**

Marc Pellas fut dans les années 1970 l'un des animateurs du comité de solidarité français avec la révolution du Dhofar, en Oman. Aujourd'hui spécialiste des questions de sécurité dans le Golfe et la péninsule Arabique, il revient sur cet épisode méconnu de l'histoire des soulèvements arabes.

Benjamin Barthe – Avant de parler de la révolution du Dhofar, il faut parler du Dhofar tout court, une région montagneuse de l'ouest d'Oman au climat très particulier…

Marc Pellas – Le Dhofar reçoit en juillet-août le *khareef*, une queue de mousson venue du Kerala indien, et devient un paysage de type méditerranéen, touffu et très vert, où il fait bon vivre. La côte est dominée par des fronts de falaise successifs, jusqu'à un haut plateau, fendu par des vallées profondes et des grottes. Il y a des sources, des cascades, des troupeaux, des bergers. C'est un paysage unique, qui de nos jours attire des centaines de milliers d'estivants du Golfe. Et puis à mesure que l'on progresse dans l'arrière-pays, l'influence du *khareef* s'estompe et le Dhofar verdoyant cède la place au Rub al-Khali, le désert le plus absolu de la planète.

B. B. – Le « Front de libération du Dhofar » (FLD) proclame le « début de la révolution » le 9 juin 1965. Quel est le ressort de ce soulèvement armé ?

M. P. – Il s'agissait d'un mouvement régionaliste, qui n'avait pas d'autre objectif que de desserrer les interdits incroyablement archaïques qu'imposait le sultan de l'époque, Saïd ibn Taïmour, au pouvoir depuis 1932. Oman n'avait que deux écoles, pas d'hôpitaux dignes de ce nom, quasiment aucun service public… Le FLD était animé par des travailleurs du pétrole et des militaires revenus du Golfe – Sharjah, Bahreïn, Qatar… – où ils étaient entrés en contact avec l'ébullition politique de l'époque, notamment le nationalisme arabe. Ces hommes voulaient faire éclater le carcan imposé par le sultan, qui vivait retranché depuis 1958 dans son palais de Salalah, la capitale du Dhofar, sous la protection des Britanniques, la puissance tutélaire à Oman à cette époque.

B. B. – De quoi l'archaïsme du sultan procédait-il ?

M. P. – Saïd ibn Taymour était cultivé mais il avait le sentiment que c'était un moyen de pérenniser sa domination. Sans doute craignait-il que, s'il lançait une dynamique de modernisation, celle-ci finirait par lui échapper. Le régionalisme dhofari était aussi alimenté par les carences de la construction nationale omanaise. Le pays était alors constitué de trois parties, qui formaient un ensemble peu cohérent : Mascate et la bande côtière du nord ; l'Oman intérieur, théâtre d'un soulèvement contre le sultan, à la fin des années 1950, que les Britanniques avaient écrasé ; et puis les montagnes du Dhofar, au sud-ouest, séparées de Mascate par mille kilomètres de désert.

B. B. – Dans quel contexte régional ce soulèvement éclate-t-il ?

M. P. – Dans toute la péninsule Arabique, le compte à rebours des indépendances est lancé. À la fois parce que c'est un mouvement général et parce que les Britanniques annoncent en juin 1967 leur intention de se désengager de l'est de Suez. Dans les États de la Trêve [l'appellation donnée aux principautés de la rive arabe du Golfe, sous tutelle de Londres, qui formeront, après leur indépendance en 1971, les Émirats arabes unis], mais aussi à Qatar et à Bahreïn, Londres s'efforce de transformer des despotes ramollis en gestionnaires postcoloniaux présentables. L'exploitation pétrolière de la région ne fait que commencer, mais son importance est déjà bien cernée. En novembre 1967, les Britanniques sont expulsés d'Aden par un soulèvement armé. Un régime se réclamant peu à peu du marxisme se met en place au Yémen du Sud.

B. B. – À partir de 1968, le soulèvement régionaliste dhofari s'idéologise aussi…

M. P. – Cette année-là, le FLD se transforme en Front populaire de libération du golfe Arabique occupé (FPLGAO). Les révolutionnaires omanais, qui se sont en partie marxisés, ambitionnent d'unifier l'ensemble des petites monarchies de la péninsule Arabique, jusqu'au Koweït, dans un grand Golfe indépendant et républicain. Cela dit, si certains militants sont effectivement marxistes, imprégnés d'internationalisme, le ciment du FPLGAO, qui deviendra en 1974 le Front populaire de libération d'Oman (FPLO), demeure l'aspiration indépendantiste vis-à-vis de Londres et la volonté d'en finir avec l'absolutisme.

B. B. – À quel système politique alternatif songeaient-ils ?

M. P. – Les militants omanais voulaient une république vertueuse, qui porte haut les valeurs d'éducation, de développement économique et d'égalité des citoyens. Une ambition que poursuivaient aussi à cette époque les Sud-Yéménites, en quête d'un « État équitable » comme réponse au féodalisme et au tribalisme, avec toutes les limites que leur imposaient le dénuement économique et l'encerclement stratégique. Dans l'esprit des révolutionnaires dhofaris, il existait peut-être un modèle implicite, celui incarné par Mohammad Mossadegh, le Premier ministre iranien, modèle d'intégrité et de résistance au colonialisme, qui avait été renversé en 1953 par un coup d'État conçu par la CIA.

B. B. – Ces aspirations se sont-elles traduites dans les pratiques des révolutionnaires ?

M. P. – Oui, de plusieurs façons. Les décisions locales étaient prises par des conseils auxquels participaient les citoyens. Chaque combattant devait apprendre à lire et à écrire et instruire à son tour des hommes et des femmes du djebel. Ce mouvement fut accompagné de multiples mesures de libération du statut des femmes. Une partie d'entre elles ont combattu aux côtés des hommes. Et pour les jeunes, des écoles ont été créées, qui ont ensuite été concurrencées par les écoles établies sous l'égide du nouveau sultan, Qabous, arrivé au pouvoir en 1970, à l'issue d'un coup d'État conçu et exécuté par les Britanniques.

B. B. – Dans ses mémoires, *Du Dhofar à Bahreïn, mémoires de luttes et d'espoirs* (Non Lieu éditions, 2018), le militant bahreïnien Abdulnabi al-Ekry, qui a participé au soulèvement du Dhofar, se montre un peu critique des réalisations sociales du Front. Il mentionne le fait que, en dépit de l'interdiction de la polygamie, certains dirigeants prenaient une deuxième femme…

M. P. – Oui, il y a eu des écarts entre les objectifs et les réalisations, c'est sans doute le cas dans toutes les situations de guerre. Mais le statut des femmes a profondément évolué. Quant à Abdulnabi al-Ekry, il a été un temps un combattant mais il était aussi ingénieur agronome et il a créé une ferme expérimentale dans les zones « libérées », qui faisait partie du travail de développement mené par les indépendantistes.

B. B. – Alors que le sultan Saïd, puis son fils Qabous sont soutenus à bout de bras par le Royaume-Uni, qui compte près d'un millier d'hommes sur le terrain, les Dhofaris reçoivent de l'aide militaire de la Chine communiste puis de l'Union soviétique. À cette époque, le conflit est décrit comme un « Vietnam du Golfe ». La formule est-elle pertinente ?

M. P. – Elle paraît pertinente à première vue, parce que la situation s'inscrivait dans le cadre d'un affrontement entre des forces émancipatrices, soutenues par le camp communiste et des forces occidentales, qui visaient à perpétuer une domination économique et politique. Mais la comparaison s'arrête là. Au Dhofar, région très peu peuplée et très aride en dehors des mois de mousson, les miracles de la guerre populaire à la vietnamienne n'ont pas pu opérer dans la mesure où tout se passait à l'échelle 1/100, ou même 1/1 000 : l'espace, la population, etc. Et les enjeux sont devenus symboliques au Vietnam alors qu'en Oman, ils étaient très lourds. En étendant leurs ambitions politiques aux principautés du Golfe, des régions qui allaient fournir 40 % ou plus des exportations mondiales de pétrole, les révolutionnaires dhofaris sont apparus comme une menace pour les intérêts occidentaux. Or, ce que voulaient la plupart des petites sociétés tribales éparpillées d'Oman à Koweït, c'était fragmenter les indépendances afin que chacune d'elles puisse récupérer le maximum de la rente pétrolière sur laquelle elle était assise. Inscrire le combat dans une perspective de libération globale fut une faute politique qui attisa l'opposition des tribus les plus puissantes.

B. B. – Le tournant de la guerre intervient en 1973, avec l'envoi en Oman, aux côtés des forces loyalistes, d'un contingent militaire iranien. Que venait faire le chah dans cette histoire ?

M. P. – Les Britanniques ne parvenaient pas à faire reculer les révolutionnaires. L'armée du sultan, composée de mercenaires baloutches pakistanais et arabes, encadrés par des officiers britanniques, ne réussissait pas à inverser la tendance, même après l'arrivée d'un contingent jordanien en renfort. Le chah d'Iran de son côté souhaitait faire étalage de sa puissance. Son offre de services coïncidait avec la doctrine Nixon de l'époque : « *Let Asians fight Asians*. » Elle répondait aussi à la paranoïa développée par la presse occidentale autour du détroit d'Ormuz, qualifié de « veine jugulaire » de l'Occident. Pourtant, les déclarations du Front, comme les intérêts évidents d'un éventuel Oman indépendant, excluaient toute menace sur la navigation pétrolière. L'Iran a envoyé deux demi-brigades et des chasseurs Phantom. À un coût humain et matériel très lourd, ces forces ont fini par reprendre les positions du FPLO, dont les combattants ont déposé les armes ou bien se sont repliés au Yémen du Sud. La chute des zones libérées marqua la fin officielle de la guerre, proclamée par Qabous, le 11 décembre 1975, mais les combats ne cessèrent véritablement qu'au milieu des années 1980.

B. B. – Les révolutionnaires ont-ils commis d'autres erreurs ?

M. P. – Certains analystes militaires pensent que le Front s'est affaibli en se laissant entraîner dans des combats à trop grande échelle, comme l'attaque avortée de la ville de Mirbat, en juillet 1972. L'athéisme militant de certains combattants a probablement aussi nui au Front. Le chef de l'armée omanaise, le général britannique John Graham, qui commandait des forces presque intégralement étrangères, s'est un jour permis d'affirmer qu'il était là pour « libérer [ses] frères du Dhofar de l'oppression de ces communistes [...] venus de l'étranger ».

B. B. – Cette révolution se déroula quasiment sans témoins et sans journalistes...

M. P. – Le mouvement de libération de la péninsule était occulté par les enjeux du conflit israélo-arabe, qui semblaient beaucoup plus importants. Deux chercheurs français ont néanmoins pénétré dans les zones libérées du Dhofar à la fin des années 1960, Gérard Laliberté et Jean-Pierre Viennot. J'ai aussi accompagné en novembre 1975 deux journalistes français dans ces régions, Bruno Dethomas du *Monde* et Hervé Chabalier du *Nouvel Observateur*. On circulait dans des canyons, on dormait dans les grottes, on mangeait de la chèvre puis, dans les canyons désertiques, du foie de chameau séché. Avec pas mal de kilos perdus.

B. B. – Comment Qabous a-t-il géré l'après-révolution ?

M. P. – Qabous a su construire sa légitimité en faisant comparativement mieux que ses pairs du Golfe. Malgré quelques excès royaux – des palais, d'immenses yachts... –, la rente pétrolière omanaise, limitée, a été canalisée plus efficacement vers le développement du pays que dans les autres autocraties de la région. L'appareil sécuritaire s'est développé, mais de manière moins gratuitement brutale que chez les voisins. Qabous a aussi consolidé sa légitimité en autorisant les combattants du Dhofar qui le souhaitaient à rentrer au pays pour y trouver une position sociale prenant en compte leurs compétences, en échange d'un renoncement à la politique. C'est ainsi que la révolution est peu à peu tombée dans l'oubli.

B. B. – Et puis au début des années 2000, les Omanais l'ont redécouverte...

M. P. – Oui, grâce à un livre, *Warda* (Actes Sud, 2002), du romancier égyptien Sonallah Ibrahim, qui raconte la quête d'un homme, parti à la recherche d'une combattante emblématique du Front connue à l'université. L'ouvrage mêle à cette trame fictive des tranches d'Histoire, sous la forme d'un journal de la lutte armée dans les zones libérées, composé à partir d'archives du Front. Sonallah ayant introduit dans son récit des notes de libération sexuelle, le régime omanais a voulu y voir la preuve de la dépravation des indépendantistes. Une partie de la jeunesse éduquée y a trouvé, au contraire, un premier récit historique sur une période que chacun savait avoir été essentielle.

B. B. – Dans l'imaginaire révolutionnaire arabe, la révolution omanaise reste nimbée d'une véritable aura. Pourquoi ?

M. P. – C'est sans doute dû à la dignité et à l'intégrité de ses dirigeants, qui n'ont jamais abdiqué leur autonomie, même vis-à-vis de ceux qui les soutenaient. Ils ont refusé de bout en bout de faire venir des conseillers militaires étrangers. Et dans les moments les plus difficiles, ils n'ont jamais fait de déclarations idéologiques pompeuses ou en décalage avec l'essence de leur combat, comme le demandaient pourtant de façon routinière sinon insistante Pékin, puis Moscou. La libération de leur pays primait sur tout. Ils n'ont pas perdu leur âme en devenant un pion du grand jeu de la guerre froide.

LES AUTEURS

Après avoir enseigné les mathématiques à Paris-VI jusqu'en 1981, **Marc Pellas** est devenu consultant en stratégie industrielle, puis, à partir de 1995, expert économique du secteur pharmaceutique international. Il intervient par ailleurs depuis 1972 comme analyste de la géopolitique du Golfe et de la péninsule Arabique, avec une attention particulière pour les questions de droits humains et les dynamiques de participation politique.
Il est, avec Jacqueline Meppiel, l'auteur d'un film de reportage et d'analyse de la révolution omanaise, *Golfe, Zone vitale* (1980, 52 min.).

Benjamin Barthe est journaliste, spécialiste du Proche-Orient. Après avoir vécu au Caire et à Ramallah, en Cisjordanie, il réside actuellement à Beyrouth, comme correspondant régional du quotidien *Le Monde*. Il a reçu le prix Albert-Londres en 2008 pour une série d'articles sur la bande de Gaza. Il est l'auteur de *Palestine, une nation en morceaux* (Éditions du Cygne, 2009) et de *Ramallah Dream* (La Découverte, 2011).

POUR EN SAVOIR PLUS

Gérard Laliberté, *La Guérilla du Dhofar*, Études internationales, 1973.
Marc Pellas, « Rivalités irano-saoudiennes dans le Golfe », *Le Monde diplomatique*, juillet 1977, et *Manière de voir*, juin 2016.
Abdel Razzaq Takriti, *Monsoon Revolution : Republicans, Sultans, and Empires in Oman 1965-1976*, Oxford University Press, 2013.
Marc Valeri, *Le Sultanat d'Oman, une révolution en trompe-l'œil*, CERI/Karthala, 2007.
Jean-Pierre Viennot, « La guérilla du Dhofar entre dans une nouvelle phase », *Le Monde diplomatique*, août 1972.

La montée en puissance du Yémen démocratique et sa disparition

par **Ali Mohamed Zaid**

La République démocratique populaire du Yémen fut déclarée le 30 novembre 1967, à la libération de la colonie d'Aden et des protectorats britanniques après cent vingt-neuf ans d'occupation.

La Grande-Bretagne occupa Aden en 1839 pour en faire un point de ravitaillement en charbon des navires à vapeur, sur la route maritime vers ses colonies en Inde et à l'est de l'Afrique. Pour contrôler plus de territoires avec un minimum de dépenses, elle se contentait d'occuper Aden et de conclure des accords de protection avec les chefs des tribus proches (les protectorats) afin de conserver la colonie d'Aden. De cette manière, la Grande-Bretagne contrôlait les côtes du golfe d'Aden, du détroit de Bab-el-Mandeb et de la mer d'Arabie jusqu'au détroit d'Ormuz, ainsi que le golfe arabe jusqu'au port de Bassorah, en Irak, sans recourir ni à une grande armée d'occupation ni à une vaste institution administrative.

À l'indépendance, la République démocratique populaire du Yémen hérita d'un pays divisé, composé de la colonie d'Aden, et de plus de vingt protectorats (sultanats, émirats et entités tribales) autonomes et en lutte entre eux, sans ressources naturelles, sans services éducatifs et sanitaires, où l'analphabétisme était dominant. L'agriculture traditionnelle ne pouvait pas nourrir la population et le pays importait la plupart de ses besoins alimentaires.

Seul Aden, qui était jusqu'alors une zone économique franche et un port international important, avait une économie de services et de commerce de transit. Mais à l'indépendance, cette économie se trouva vite en faillite totale : le canal de Suez bloqué à la suite de la guerre de juin 1967, le transport maritime international s'arrêta ; les compagnies commerciales, les sociétés de services et les banques se retirèrent rapidement d'Aden ; la base militaire britannique, qui était la plus grande base militaire dans le Proche-Orient, fut fermée et des milliers de personnes perdirent leurs moyens de vivre. Toute l'économie de la colonie d'Aden était paralysée. Les cadres qualifiés commencèrent à partir vers l'Arabie saoudite et les pays du Golfe encore occupés par les Britanniques.

Le gouvernement du Front national obtint l'indépendance et accéda au pouvoir par le moyen de la lutte armée contre l'occupation britannique et finalement contre un autre Front rival (le Front de libération) formé quand il était apparu que les forces coloniales allaient se retirer d'Aden. Ainsi, les armes jouèrent un rôle important dans la formation politique des nouveaux maîtres du pays. Cela deviendra une mine dangereuse sur le chemin du nouveau pouvoir.

Le Front national était le résultat de la montée en puissance de la pensée politique nationale dans les années 1950 et le début des années 1960. Influencé par le leader arabe charismatique Gamal Abdel Nasser, il avait des liens politiques étroits avec le Mouvement des nationalistes arabes, actif dans l'Orient arabe.

En effet, le Front fut fondé à Sanaa (capitale du Yémen du Nord) après le renversement du régime monarchique au Yémen, la proclamation de la république et l'arrivée de l'armée égyptienne pour la défense de cette république. À la création du Front, son leader, Qahtan al-Chaabi, occupa le poste du conseiller du président de la République du Yémen.

Une année après la proclamation de la république à Sanaa, le « Front national de libération du Yémen du Sud » fut proclamé et commença la lutte armée pour libérer les territoires occupés. Cinq ans plus tard, il négocia et conclut, à Genève, un accord d'indépendance avec le Royaume-Uni. C'est ainsi que la République démocratique et populaire du Yémen fut instaurée le 30 novembre 1967 ; Qahtan al-Chaabi devint le premier président de cette république indépendante.

La première grande réussite de cette république fut la réunification de la colonie d'Aden avec plus de vingt entités politiques et tribales autonomes dans un seul État centralisé, qui applique une seule Constitution, les mêmes lois, sous un seul pouvoir judiciaire.

Dès le début, le nouveau gouvernement dut faire face à de graves problèmes. D'abord le manque de ressources financières, rendant ainsi difficile le financement des institutions administratives, de l'armée et de la police, à cause de la paralysie du port d'Aden et de la faillite de sa zone économique franche. Le commerce de transit et de réexportation étant au point mort, le chômage était massif et le manque à gagner catastrophique.

Ensuite, comme les jeunes dirigeants du pays avaient acquis leur expérience politique et administrative pendant la lutte armée contre le colonialisme, ils étaient moins préparés à affronter une crise économique grave. Ils prenaient des mesures coercitives qui ajoutaient aux difficultés d'une économie en crise.

Le Front national se composait de groupes sociaux et de tendances politiques différents et contradictoires, qui acquirent leur éducation politique, leurs expériences administratives et leurs promotions grâce à la lutte armée. La compétition entre les différentes tendances opposées l'une à l'autre commença au lendemain de l'indépendance.

Au début, les slogans politiques et idéologiques réussirent à masquer les origines sociales profondes des contradictions entre les groupes différents.

Mais dans les premiers mois suivant l'indépendance, la petite armée héritée du pouvoir colonial déchu déclencha un coup d'État, qui imposa l'exclusion de certains dirigeants de la gauche du Front national. Une année plus tard, la gauche exclue accéda au pouvoir le 22 juin 1969, sortant ainsi les officiers de l'armée ancienne et emprisonnant le président de la République et son Premier ministre.

Une fois la gauche au pouvoir, on espérait avoir la stabilité et la cohérence nécessaires pour commencer le développement et la construction tant attendus. Malheureusement, le pays fut confronté en 1972 à la première guerre totale déclenchée par les forces traditionnelles yéménites soutenues par les forces traditionnelles arabes. Lors des négociations de paix entre frères ennemis, un accord de réunification du Yémen fut conclu et des commissions communes furent créées pour préparer la réunification espérée par les deux parties yéménites.

La stabilité relative ne dura que six ans. Les luttes internes au Front national menèrent à un nouveau conflit en 1978 ; le président de la République et ses collaborateurs militaires et civils furent supprimés. L'alliance entre la tendance victorieuse au sein du Front national et les autres petits partis de gauche s'accéléra, donnant naissance au Parti socialiste yéménite.

Les forces politiques traditionnelles yéménites et arabes estimèrent que la création du Parti socialiste laïque était une nouvelle provocation dans une péninsule arabique berceau de l'islam. Une nouvelle guerre éclata en 1979 entre les forces armées du Yémen du Nord et celles du Yémen du Sud. L'encerclement militaire et le boycott économique arabe s'intensifièrent contre Aden, ne lui laissant d'autre choix qu'une alliance accrue avec l'Union soviétique.

Les ressources en devises étrangères, issues essentiellement des émigrés dans les pays du golfe, ne suffisaient pas à financer les besoins en nourriture et en équipements importés.

L'État garantissait à tous les citoyens la nourriture, le logement, l'éducation, les soins médicaux, le plein emploi, la sécurité et l'égalité des chances. Les citoyens travaillaient avec l'État et attendaient qu'il leur fournisse tout, regardant sans crainte l'avenir de leurs enfants. L'accès égalitaire des femmes et des hommes à l'éducation, à la formation et au travail était garanti, et le code de la famille interdisait la polygamie.

Néanmoins, l'esprit de contribution commune et d'entraide collective pour répondre aux problèmes sociaux et aux besoins sociétaux disparut peu à peu. Le gouvernement n'eut pas d'autre choix que de limiter les importations au strict minimum. L'économie de rareté s'installa au moment où la société de consommation fleurissait autour de l'île socialiste isolée et boycottée. Une compétition entre le Yémen démocratique pauvre et sans ressources, d'un côté, et ses voisins enrichis par le boom pétrolier et l'abondance financière, de l'autre, commença. La grande fracture entre les deux parties s'accrut, sans espoir de combler ce fossé un jour.

La population appauvrie se lassait avec le temps des sacrifices consentis, sans voir une fin proche à ses privations. Le passeport de leur pays ne leur permettait même pas de travailler dans les pays riches du Golfe. Ils devaient le remplacer par des passeports du Yémen du Nord. La compétition économique entre Aden et ses voisins dans la péninsule arabique fut exacerbée par la découverte du pétrole au Yémen du Nord, avec l'aide des États-Unis. La fuite de la population vers les pays voisins s'intensifia.

Devant les difficultés à régler la crise économique, le Parti socialiste adopta une politique de gauche classique et ne réussit pas à trouver des solutions adaptées et efficaces. De même, la discorde et les luttes internes réapparurent. Deux pôles militaires, politiques et tribaux mobilisaient toutes leurs forces pour mener le combat final, chaque pôle étant persuadé que ses idées offraient la solution idéale à la crise économique, politique et sociale.

Le 13 janvier 1986, une guerre civile éclata entre les deux pôles. Chacun utilisait tous les moyens militaires et tribaux possibles afin de contrôler l'État et le Parti. Les militaires et les tribus proche d'Aden (d'Al-Dali', Yafi' et Radfan) gagnèrent la guerre ; le président de la République (qui était aussi le secrétaire général du Parti socialiste) fut chassé du pouvoir ainsi que tous les militaires issus de ses alliés tribaux (des provinces d'Abyan et de Chabwa) ; les intellectuels issus des petits partis de gauche alliés au président vaincu furent également exclus.

Après dix jours de combats acharnés et de destructions, le pôle victorieux se trouvait face à une dure réalité : les dégâts énormes, la crise économique, le manque des devises étrangères, d'un côté, et le boycott par les pays voisins et les mécontentements de la population déçue, de l'autre.

Le Yémen démocratique et les rescapés du Parti socialiste n'avaient qu'une seule solution : demander l'aide soviétique. Mais Moscou, en pleine perestroïka sous la direction de Gorbatchev, n'était plus la même : les dirigeants soviétiques se préparaient à la perte non seulement de leurs amis lointains, mais aussi de leurs alliés les plus proches en Europe de l'Est et à leurs frontières.

Le Parti socialiste yéménite perdit pendant les luttes internes répétées ses dirigeants les plus charismatiques, les plus qualifiés et les plus expérimentés. Un outsider rescapé du dernier combat (Ali Salem al-Bidh) accéda au poste de secrétaire général du Parti alors qu'il en avait été auparavant exclu pour avoir pris une seconde épouse, ce qui violait code de la famille. Se trouvant devant des difficultés insurmontables, économiques, politiques, militaires, sociales et diplomatique, le nouveau dirigeant du parti mit ses camarades, et surtout l'armée, devant le fait accompli en concluant avec le président du Yémen du Nord (Ali Abdalla Saleh), en visite à Aden, un accord de réunification immédiate du Yémen. Le processus de l'unification s'accélérait dans une ambiance de joie et d'enthousiasme général.

L'accord de la réunification du Yémen surprit tout le monde à l'intérieur et à l'extérieur du pays. Le Yémen connut une vague sans précédent de joie populaire dans cette réalisation d'un objectif historique glorifié et adoré. La population du Sud trouva dans la réunification une sortie honorable de l'économie de rareté, et le moyen tant espéré de réconciliation interne et d'appartenance à un pays intégré à sa région.

Récemment affaibli par un combat meurtrier, le parti ne montra aucune opposition sérieuse à la réunification. Devant l'enthousiasme populaire massif, ceux parmi les hommes politiques qui voulaient proposer d'autres moyens de fusionner les institutions de deux régimes politiques différents furent rejeté ou négligés par la majorité de la population.

Soucieux de représenter le désir ardent de modernisation au Yémen, le Parti socialiste introduisait dans la Constitution de l'État réunifié les garanties de la démocratie, la pluralité politique, la liberté de la presse, les libertés privées et publiques et la protection des droits de l'homme.

Quatre ans après la réunification du 22 mai 1990, l'amateurisme et la médiocrité des dirigeants de l'État unifié menèrent le pays vers la guerre, entre certaines unités de l'ancienne armée du Sud, d'un côté, et l'armée et les tribus du Nord alliées aux unités de l'armée du Sud chassées d'Aden pendant le combat de 1986. La défaite des forces sudistes semblant inéluctable, le dirigeant du Parti socialiste, qui avait lui-même conclu l'accord de réunification, viola la Constitution qu'il avait défendue avec acharnement trois ans plus tôt lors du référendum (1991), en appelant à la restauration du Yémen démocratique indépendant.

Cette manœuvre tardive ne servit à rien face à l'enthousiasme populaire, au poids de la population, et surtout aux armes de l'armée et des tribus. Chassé du pays, l'ancien secrétaire général du Parti socialiste ne se limitait pas seulement à renier son passé socialiste, sa mémoire et sa propre histoire politique ; il appelait à la lutte armée afin de créer un État du Sud arabe n'ayant rien à voir avec le Yémen.

La version yéménite du Printemps arabe regroupa l'opposition politique reconnue et ceux qui luttent pour la restauration des régimes anciens, y compris les séparatistes du Sud. Ils réussirent tous à détruire l'État unifié fragile, mais pas à construire leurs projets politiques contradictoires.

Les milices qui contrôlent actuellement Aden et les gouvernorats proches sont issues des tribus sorties victorieuses de la guerre civile de 1986 (Al-Dali', Yafi' et Radfan). La mémoire collective de leurs victimes d'antan (Abyan et Chabwa) reste vivante. L'ancienne guerre civile entre sudistes a recommencé alors que les gouvernorats de Hadramaout et Al-Mahra, loin à l'Est, restent à l'écart et trouvent leurs autonomies sous la bannière de l'État unifié dirigé par le président, élu et donc légitime, issu du Sud (Abd Rabbu Hadi) en exil à Riyad en Arabie saoudite, mais reconnu par la communauté internationale.

Le Conseil transitoire du Sud (composé des milices islamistes salafistes, des forces traditionnelles, des aventuriers politiques, d'anciens militaires et des guerriers tribaux récemment recrutés) s'impose actuellement par la force et l'appel à la scission. Mais il est rejeté par des parties importantes de la population de l'ancien Yémen démocratique. Son extrémisme qui appelle à créer l'État du Sud arabe fait fi de l'histoire et du bon sens politique et donc ne fait pas l'unanimité.

L'appui militaire, financier et politique des Émirats arabes unis à la scission est hérité de la politique coloniale britannique qui occupait les ports et les côtes maritimes, laissant le plateau tribal intérieur encerclé et abandonné. Mais les circonstances ont changé. L'Iran cherche des alliés qui lui permettraient de contrôler le détroit de Bab-el-Mandeb et d'occuper une position stratégique importante au sud de l'Arabie saoudite. Il offre un soutien politique et militaire sans limite aux tribus guerrières chiites du Nord. De même, le Conseil transitoire du Sud ne peut pas construire un État séparé sans contrôler les ressources pétrolières des gouvernorats de Hadramaout et Chabwa. Or il semblerait que ces deux gouvernorats ne puissent plus tolérer la suprématie des armes tribales du Conseil transitoire.

En effet, sans accord de paix négocié, les tribus guerrières et la population majoritaire du plateau yéménite n'accepteraient peut-être pas l'exclusion et l'encerclement, comme c'était le cas à l'époque coloniale. Par la politique de la haine contre les citoyens ordinaires du Nord, le Conseil transitoire du Sud met l'huile de la provocation sur le feu d'une guerre civile qui dure depuis cinq ans.

Enfin, sans une paix négociée et acceptée par les principales forces politiques et sociales au Yémen, la scission n'est pas une solution viable pour garantir la stabilité, la reconstruction et un avenir meilleur pour tous. Bien au contraire, elle risque d'être une porte vers une guerre civile qui se renouvellerait périodiquement.

L'AUTEUR

Ali Mohamed Zaid est un écrivain et traducteur né en 1953 au Yémen. Diplômé de l'Université américaine de Beyrouth et titulaire d'un doctorat de la Sorbonne, il a publié trois romans et deux ouvrages historiques. De 1990 à 2000, il a été Député délégué permanent du Yémen auprès de l'UNESCO.

POUR EN SAVOIR PLUS

Mohamed Bafaqih, *L'Unification du Yémen antique. La lutte entre Saba', Ḥimyar et le Ḥaḍramawt du Ier au IIIe siècle de l'ère chrétienne*, CEFAS, 1983.
Rémy Leveau, Udo Steinbach et Franck Mermier, *Le Yémen contemporain*, traduction arabe Ali Mohamed Zaid, Karthala, 2000.
مؤسسة الثقافة الجمهورية في اليمن، علي محمد زيد
أروقة للنشر والترجمة، القاهرة، ٢٠٢٠

L'armée de paysans sans armes du Rif

par **Zakya Daoud**

À la fin de l'année 2016, les esprits dans le Rif étaient en ébullition : des problèmes de terres (paysans sanctionnés et traduits en justice pour avoir cultivé du kif, la principale production de la région, prétendument illégale, exportée, extrêmement rémunératrice surtout pour les trafiquants), le drame d'un jeune chômeur devenu poissonnier, broyé dans une benne à ordures en voulant sauver son poisson confisqué par la police, des retards dans des projets gouvernementaux annoncés depuis des mois à grand renfort de promesses avaient considérablement alourdi l'atmosphère déjà tendue depuis des mois.

Le Rif, en effet, une bande de terre montagneuse de cinq cents kilomètres le long de la Méditerranée entre Tanger et la Moulouya, c'est-à-dire presque la frontière algérienne, est une terre pauvre qui n'a jamais pu nourrir ses enfants. De tout temps ils ont dû partir à l'étranger pour survivre. Sous la colonisation, ils partaient vers l'Oranie voisine faire les récoltes. Depuis l'indépendance du Maroc, ils ont fourni les plus gros contingents des émigrés vers le nord de l'Europe, Allemagne, Pays-Bas, Belgique, France, notamment la Corse : c'est grâce à leurs envois et grâce à la culture du kif que cette région a survécu.

Mais en 2016, la terre aride est encore assoiffée par la sécheresse et les jeunes Rifains qui avaient beaucoup espéré perdent patience. Le 6 février 2017, ils se rassemblent à Al Hoceïma pour saluer la mémoire de leur héros, Abdelkrim el-Khattabi, leur ultime recours à chaque fois qu'ils se sentent délaissés, incompris et maltraités par le pouvoir central de Rabat. Le drapeau d'Abdelkrim, lors de la fondation de son État, la république du Rif, entre 1921 et 1926, est brandi, des slogans clamés. De violents affrontements s'ensuivent. Selon la version officielle, une trentaine de policiers des forces anti-émeutes sont blessées, le nombre des victimes du côté des manifestants n'est pas révélé. Une nouvelle fois les Rifains sont entrés en révolte et font face à un pouvoir central que cette révolte tétanise d'autant plus qu'elle véhicule, selon lui, des relents sécessionnistes que la seule mention du grand stratège et nationaliste à l'aura internationale, Albdekrim el-Khattabi, véhicule.

La répression n'en sera que plus violente. Considéré comme le principal dirigeant contestataire, un chômeur quadragénaire, Nasser Zefzafi, qui s'est distingué par ses harangues et aussi par le fait qu'il a interrompu, dans une mosquée, le prêche d'un iman, est arrêté avec une cinquantaine d'autres Rifains. Les manifestations, où le drapeau berbère voisine avec celui de la république du Rif d'Abdelkrim, s'intensifient, les arrestations également. Le *hirak* du Rif est lancé. À Rabat, des manifestants de gauche et des membres de la mouvance islamiste Al Adl Wal Ihsane réclament la libération des personnes arrêtées, une coalition de vingt-deux organisations marocaines de droits de l'homme dénonce l'usage excessif de la force lors des interventions de la police antiémeute, mais les autorités estiment que la souveraineté marocaine sur le Rif a été mise en cause et les arrestations continuent, y compris celles d'observateurs et de journalistes. Aucune des interventions n'est prise en compte. La justice aggrave encore le sort des 86 personnes arrêtées et déférées, y compris et surtout pour Nasser Zefzafi et quelques-uns de ses compagnons, condamnés à vingt ans de prison. Ces jugements, d'appel en appel, s'étalent en 2018 et 2019 et maintiennent la même gravité des sanctions. Entre-temps, un militant rifain a été blessé par balle et en est mort.

Certes, le roi Mohamed VI a gracié une quarantaine de personnes sur les 150 militants détenus au départ ; certes, en octobre 2017, trois ministres et d'autres responsables politiques ont été démis de leurs fonctions pour malversations et mauvaise gestion. Certes, les disputes malvenues et inappropriées de partis politiques incompétents ont aggravé la situation ; certes l'influence des émigrés rifains en Europe a été évoquée et certains sont poursuivis. Mais malgré les attentes et le sentiment général, aucune atténuation des peines n'a été prononcée à l'encontre des principaux Rifains arrêtés, si bien qu'eux aussi durcissent leur attitude.

Le 23 août 2019, le leader du mouvement Nasser Zefzafi, en prison à Ain Sebaa, près de Casablanca, et cinq de ses camarades (Mohamed El Haki, Nabil Ahamjik, Samir Ighid, Wassim Boustati et Zakaria Adehchour) annoncent renoncer à leur citoyenneté marocaine et abandonner leur fidélité au roi Mohammed VI.

Les choses en sont encore là bien qu'un récent rapport du CNDH (Centre national des droits de l'homme), organisme officiel, figurant dans la Constitution du royaume, incline, avec des termes on ne peut plus prudents, à une vision plus modérée des problèmes du Rif et qu'une partie de la commission nommée par le roi Mohammed VI pour dessiner les termes d'un nouveau développement du royaume soit partie visiter le Rif en février 2020 pour étudier la situation agricole et qu'il soit question, de temps à autre, de légaliser la culture du kif.

Mais, pour comprendre ces événements du Rif, leur déroulement et surtout leurs répercussions et les réactions qu'ils ont suscitées, il faut remonter loin dans le passé, car cette terre pauvre, qui s'estime délaissée et revendique ses particularismes, est depuis toujours conditionnée par sa situation géographique et depuis des siècles par son histoire.

Le Rif, on l'a dit, est pauvre. Qui plus est, il est coincé entre l'Espagne, toute proche, et l'Algérie limitrophe, deux pays avec lesquels le Maroc entretient des relations compliquées, surtout l'Algérie.

Le Rif abritait une soixantaine de tribus, habitant des régions fortement contrastées, jalouses de leur indépendance, fermement décidées à n'obéir qu'à leurs propres chefs, en guerre perpétuelle et donc provoquant une situation à l'albanaise avec de continuelles vendettas entre de petites principautés rivales. Cette terre fut, au surplus, menacée d'invasions ibériques depuis qu'après la Reconquista, les rois catholiques avaient porté la guerre sur l'autre rive, au XVe siècle. Le 28 août 1415, en effet, Henri le Navigateur, fils du roi du Portugal, à la tête de 33 vaisseaux de ligne, de 59 galères, de 110 bateaux de transport et de 50 000 hommes, appuyé par des archers anglais, occupe la ville et la presqu'île de Sebta : la moitié de la population est massacrée, l'autre moitié réduite en esclavage. La ville est détruite et transformée en caserne, résultat de cette première « glorieuse incursion sur le sol de l'Afrique », comme la qualifie Henri le Navigateur.

Or c'était une ville phare, une sorte de Venise, marchande, intellectuelle, riche, autonome, qui recevait les caravanes apportant l'or du Sahara et dirigeait tous les échanges du Maroc avec les pays du monde unique d'alors, la Méditerranée. Le Maroc est étêté, émasculé. D'autant que les raids ibériques se multiplient : Tanger, Ksar el Sghir, Ksar el Kébir, Tétouan, Asilah, Larache, Melilla, toutes les îles de la côte. Les Marocains tentent à plusieurs reprises de reprendre leurs territoires perdus et les Rifains, tribus après tribus, vont défendre leurs côtes et les alentours des présides, le nom des lieux de relégation que sont les possessions ibériques : pieds nus, avec leurs djellabas de laine épaisses et courtes, leurs pauvres fusils, ils font montre d'un patriotisme dont, aujourd'hui, on voudrait les exclure. Ce sont des gens irréductibles, rebelles à toute autorité qu'ils n'ont pas choisie.

Au XIXe siècle, le Maroc, resté longtemps non colonisé, encore que grignoté de l'intérieur sur le plan économique par la dette et le système des protégés, tombe, après l'Algérie et la Tunisie, pour n'évoquer que ses voisins, dans l'escarcelle des puissances européennes, ce dont la conférence d'Algésiras en 1906 est le théâtre. Londres et Paris se disputent le pays, ils y sont tous les deux installés. Londres accepte de s'effacer en échange de l'Égypte mais revendique que le nord et le sud du Maroc passent sous l'influence de l'Espagne qui fait valoir des « droits historiques » qui ne sont autres que ses possessions sur les côtes.

Lyautey, résident de France à Rabat, trouve cette situation injuste et commence à s'agiter à la frontière de la zone française avec la zone dite espagnole pour, selon ses propres termes, « mettre un pied dans le Rif sans s'y risquer ». Berlin, exclue du partage, réclame d'y accéder. Londres alertée demande à Madrid d'occuper cette colonie qu'on lui a attribuée et où elle est présente sans y être, jouant sur la coopération des notables rifains qui se satisfont de cette occupation laxiste à l'heure où la Première Guerre mondiale est clairement imputable aux disputes coloniales, il n'est que de relire tant Jaurès que Rosa Luxemburg.

C'est ainsi que, contraint et forcé, Alphonse XIII, roi d'Espagne, envoie une armée dans le Rif commandée par un de ses favoris, sémillant mais incompétent, Silvestre. Celui-ci, la fleur au fusil, débarque à Melilla avec ses quelque 20 000 hommes et franchissant les limites de ce préside, s'avance dans la baie d'Al Hoceïma, territoire d'une des principales tribus du Rif, celle des Beni Ouriaghel.

Un des chefs de cette tribu se nomme Abdelkrim el-Khattabi, c'est un notable, nommé cadi, c'est-à-dire juge, par le sultan du Maroc, qui, comme beaucoup de notables, entretient des relations relativement cordiales avec les Espagnols au point d'envoyer un de ses fils étudier à Madrid et l'aîné, Mohamed, dit Mohand, travailler à Melilla, après avoir fait ses études à la Qaraouyne de Fès.

À Melilla, enclave occupée par les Espagnols, Mohamed est tour à tour et à la fois juge, instituteur et éditorialiste dans le seul hebdomadaire, le *Télégramma del Rif*, où il écrit des articles sans ambiguïté sur la politique qu'il préconise pour son pays, dans l'esprit de l'époque, celui d'Atatürk et des réformateurs culturels comme Mohamed Abduh en Égypte ou politiques comme Ferhat Abbas et Bourguiba en Algérie et en Tunisie, c'est-à-dire une réforme profonde des structures politiques, religieuses et économiques des pays colonisés pour qu'ils puissent recouvrer leur liberté.

L'Espagne rompant le *statu quo ante*, le cadi Khattabi abandonne sa collaboration avec les Espagnols et prend la tête de ses troupes pour défendre son territoire. Mais il meurt, empoisonné, pensera toujours son fils Mohamed Ben Abdelkrim, qui prend sa suite à la tête des troupes et se fait élire également par d'autres tribus pour mener le combat contre les Espagnols. À la tête du « Front des combattants du Rif », celui qui est désormais devenu, et appelé, Abdelkrim s'impose comme stratège : dans la vallée d'Anoual, il occupe tous les postes sur les hauteurs par une série de raids où il prend les armes, qu'il n'a pas, à ses adversaires, si bien que lorsque Silvestre arrive avec son armée et s'installe imprudemment au cœur du cercle des montagnes, il est déjà encerclé par les troupes rifaines d'Abdelkrim qui le pressent et l'obligent à lever le camp. C'est durant leur fuite, en juin 1921, que les Espagnols sont décimés par les Rifains. 12 000 hommes au bas mot perdent la vie, Silvestre compris.

Lorsque cette débâcle est connue, le tocsin sonne à Madrid, la monarchie vacille ; bientôt d'ailleurs, elle devra céder la place à une république puis à une guerre civile puis à la dictature franquiste, dans la droite ligne d'une défaite humiliante.

Par contre, dans tous les pays occupés, colonisés, c'est la liesse : pour la première fois une armée de paysans sans armes a vaincu des forces coloniales. C'est le triomphe de la guérilla sur les armes classiques. Mao Tsé-Toung, Hô Chi Minh, entre autres, salueront cette victoire, et Diên Biên Phu, qui sonnera le glas de la présence française en Indochine, est directement copié sur Anoual. Le Parti communiste français naissant s'empare de cette victoire des Rifains, saluant l'alliance, dans la foulée de Lénine, du colonisé et du prolétaire. Les surréalistes accentuent la renommée du chef rifain dont l'étonnante modernité est mise en avant.

Vainqueur des Espagnols, Abdelkrim le sera encore à plusieurs reprises jusqu'à sa reddition forcée en mai 1926, mais parallèlement aux combats, incessants, il construit un État qui sera appelé la république du Rif : drapeau, gouvernement, Constitution, école, tribunaux, décisions administratives, téléphone, usines d'armement, rien ne manque vraiment à cette construction étatique quoique sommaire, à l'échelle de ce petit pays pauvre. Cette expérience, tout comme la victoire d'Anoual, est saluée dans le monde entier, de l'Insulinde à l'Amérique latine.

Mais cette aura va se retourner contre Abdelkrim : il ne menace plus seulement l'Espagne, il menace la colonisation, donc le système mondial. Lyautey, qui durant les trois premières années de la république du Rif l'a favorisée en la laissant commercer avec son voisinage et en facilitant ses délégations à l'étranger, y compris à Paris et à Londres, se retourne contre Abdelkrim et le menace sur la frontière qui sépare les zones françaises des zones désormais rifaines. Depuis 1924, Abdelkrim sentant le danger et soucieux de ne pas s'opposer à deux adversaires, avait temporisé, mais pendant l'été 1925 l'armée française avance et le chef rifain doit réagir. Face à ses 30 000 combattants, il trouve une armée de 500 000 hommes avec 41 généraux commandés par le maréchal Pétain, 100 000 Français, et autant d'Espagnols encadrant des supplétifs marocains fournis par le sultan. En effet, à Rabat, celui-ci est sous la coupe de la résidence, qui d'ailleurs n'est plus conduite par Lyautey, lui-même réticent. Le Rif entier est pilonné par un armement composé des surplus de la Première Guerre mondiale et bombardé à coups de gaz moutarde fabriqué dans une usine de Melilla par des ingénieurs allemands et déversé sur les montagnes rifaines par des aviateurs américains.

La révolution rifaine est condamnée. Après la trêve hivernale, Abdelkrim livrera un baroud d'honneur d'une vingtaine de jours au printemps 1926 avant de se rendre aux militaires français qui l'envoient en exil à l'île de la Réunion.

Il y restera vingt ans, durant lesquels le Rif sera livré aux Espagnols, militarisé et fera l'objet d'une colonisation au rabais, encore plus appauvri que par le passé.

En 1945, Abdelkrim se sauve du bateau qui le ramenait en France et se retrouve au Caire où, tel un phénix, il renaît en dirigeant le bureau du Maghreb au Caire sous Nasser, en fustigeant la guerre d'Algérie. Il meurt en 1963. Sa dépouille est toujours en Égypte.

On ne peut s'étonner qu'après une telle épopée, Abdelkrim soit le héros incontesté de tous les Rifains, tant à l'intérieur qu'à l'extérieur du Maroc.

À chaque problème politique et économique, ils brandissent son drapeau et se réfèrent à sa résistance pour alimenter leur soif de liberté, demeurée intacte. C'est ce qu'ils ont fait en 1958-1959 lorsque, après la proclamation de l'indépendance du Maroc, leur rattachement au pays et leur intégration dans le système politique, économique et social s'étaient faits, selon eux, à leur détriment, ce qui les a amenés à se soulever (leur révolte a été mâtée dans le sang au prix de milliers de morts par la nouvelle armée marocaine créée deux ans auparavant, sous la direction du prince héritier de l'époque, le futur Hassan II). C'est ce qu'ils ont fait en 2016-2017 après la mort du pauvre poissonnier, tout en sachant très bien à quoi ils s'exposaient.

C'est ce que Jacques Berque appelait le réveil de l'intérieur du Maghreb surgissant bien après les indépendances, quand les forces internes jusqu'alors inexprimées peuvent enfin apparaître à la surface de pays nivelés à la fois par leur lutte anticoloniale et par la surface urbaine policée qui les avaient prises en main. On pourrait aussi bien appeler ces phénomènes de réclamation de liberté dans tous les pays le retour du refoulé !

L'AUTEURE

Zakya Daoud est journaliste et auteure de plusieurs biographies politiques dont celle d'Abdelkrim el-Khattabi, d'une vingtaine d'essais et de trois romans. Elle a dirigé la rédaction d'une revue politique et culturelle au Maroc, *Lamalif*, de 1966 à 1988. Elle est intervenue aux « Journées de l'Histoire de l'IMA » en mars 2020, autour des révoltes et des révolutions.

POUR EN SAVOIR PLUS

Abd el-Krim et la république du Rif, Actes du Colloque international d'études historiques et sociologiques, François Maspero, 1976.

Germain Ayache, *Origines de la guerre du Rif*, Smer, 1981.

Zakya Daoud, *Abdelkrim, une épopée d'or et de sang*, La Croisée des chemins, 2020.

Walter B. Harris, *Le Maroc disparu*, Balland, 1994.

Ouvriers égyptiens en lutte

par **Brecht De Smet**
traduit de l'anglais par **Benjamin Guérif**

Le 17 décembre 2010, le suicide du Tunisien Mohamed Bouazizi frappa l'ensemble du monde arabe, suscitant des vagues de révoltes dont les répliques se font encore sentir aujourd'hui avec les récents événements d'Algérie, du Liban et du Soudan. Des gens ordinaires se sont dressés contre la pauvreté, les inégalités et la dictature, exigeant « liberté, pain et justice sociale ». Une décennie après les premières manifestations, les histoires de la contestation dans la région ont été retracées. Loin d'un « éveil » soudain d'une population passive, qui aurait fleuri en un « Printemps arabe », ces histoires s'inscrivent dans un combat séculaire pour l'émancipation sociale et politique. Certains mouvements de protestation politique, comme la *Kifaya* égyptienne (qui signifie : « Assez ! »), avaient bien, au milieu des années 2000, attiré l'attention de l'Occident, mais la plupart des luttes sociales étaient demeurées sous le radar. Ce fut néanmoins l'accumulation progressive de telles luttes, souvent aux « marges » de la société, qui constitua la colonne vertébrale des révoltes arabes. La force, l'organisation, les alliances, les lignes politiques des mouvements ouvriers dans les pays concernés sont maintenant reconnues comme des facteurs essentiels pour expliquer les différentes issues des révoltes, depuis la réforme démocratique de Tunisie jusqu'à la guerre civile de Syrie, en passant par la restauration du régime en Égypte.

Dans cet article, je m'intéresse à la trajectoire du mouvement ouvrier égyptien au fil du XXe siècle. En Égypte, la grève des ouvriers du textile d'El-Mahalla el-Koubra entre 2006 et 2008 a inspiré, dans les années qui précèdent le soulèvement du 25 janvier 2011, des millions de travailleurs dans différents secteurs, depuis l'acier jusqu'aux professeurs en passant par les collecteurs d'impôts fonciers. Ces gens protestaient contre les bas salaires, les promesses de privatisations et les mauvaises conditions de travail. Plus encore, ces combats s'inscrivirent dans un mouvement de défiance vis-à-vis de la General Federation of Egyptian Trade Unions (GFETU, Fédération générale des syndicats égyptiens), une organisation placée sous la houlette de l'État, ce qui a poussé au développement d'un syndicalisme indépendant. Ce mouvement du monde du travail fut à l'origine d'expériences, de réseaux et de ressources qui furent mobilisées en 2011.

Le colonialisme, avec la réaction nationaliste qu'il a produite, a fortement influencé la formation d'une classe ouvrière égyptienne moderne. En dépit des efforts de modernisation entrepris par le khédive Mohammed Ali dans la première moitié du XIXe siècle, la structure sociale de l'Égypte était demeurée de nature précapitaliste, avec propriétaires fonciers et paysans à la campagne, commerçants et artisans en ville. L'occupation coloniale britannique à partir des années 1880 s'est traduite par l'abandon de la *corvée*[1] ainsi que par la privatisation et la dépossession de la propriété foncière paysanne. Au tournant du siècle, une nouvelle classe de travailleurs salariés se développait, avec encore un pied dans l'ancien système corporatiste précapitaliste et un autre dans un monde régi par de nouvelles formes de travail contractuel. La grève des débardeurs de charbon de Port-Saïd en avril 1882 constitue un parfait exemple de cette catégorie intermédiaire. Ces débardeurs étaient des paysans de Haute-Égypte devenus des manœuvres, payés à la pièce. Le refus opposé à leur demande d'augmentation conduisit à la grève, et au blocage du charbon sur le canal de Suez. L'épreuve de force économique fut principalement dirigée contre l'exploitation par le colonialisme étranger. Il ne s'agissait pas seulement de la première manifestation d'un mouvement ouvrier naissant, mais de la préfiguration de la coalition politique à venir entre le monde du travail et le mouvement de libération nationale.

À la fin du XIXe siècle, on estime que 37 % de la force de travail rurale égyptienne était devenue des travailleurs salariés. En 1916 cependant, il n'y avait encore que quinze usines modernes, employant de 30 à 35 000 travailleurs. Les travailleurs salariés urbains se retrouvaient dans les secteurs des transports, des communications et des services de l'État colonial. Une grève de rouleurs de cigarettes grecs entre décembre 1899 et février 1900 fut à l'origine du premier (quoique éphémère) syndicat d'Égypte. Suivirent le Manual Trades Workers' Union (MTWU, Syndicat des travailleurs manuels) et le Cairo Tramway Workers' Union (CTWU, Syndicat des tramways du Caire) en 1909. Le mot arabe pour syndicat était *niqaba*, qui se référait à la situation, de plus en plus dépassée, du *naqib* (gardien) des corporations précapitalistes et qui, de même que le terme britannique de *custodian*, désignait un rassemblement de gens sur la base de leur activité.

Tout comme en Inde, en Chine ou en Turquie, la Première Guerre mondiale catalysa la résistance anticoloniale en Égypte. Après la guerre, une délégation égyptienne (*wafd*), emmenée par le nationaliste Saad Zaghloul et soutenue par une campagne populaire de désobéissance civile et de pétitions, réclama l'indépendance du pays. La répression britannique provoqua une révolution. En mars 1919, la paysannerie entra en insurrection, qui fut violemment réprimée par les Britanniques. À partir d'avril, les travailleurs urbains et les *effendis*, des groupes modernes de la classe moyenne composés d'étudiants, de juristes, de professeurs et autres travailleurs qualifiés, prirent le relais de la révolte. En 1922, les Britanniques accordèrent à l'Égypte une indépendance relative, conservant le contrôle des affaires étrangères et du canal de Suez.

La révolte populaire stimula les capacités d'organisation et d'action du mouvement ouvrier, qui à son tour, à travers grèves et autres formes d'actions collectives, renforça la résistance anticoloniale. Cette alliance entre ouvriers et classes moyennes nationalistes semblait naturelle dans la mesure où leur principal adversaire était toujours l'État colonial britannique et les usines aux mains de capitaux étrangers. En conséquence, les revendications des travailleurs s'inscrivirent aisément dans la perspective nationaliste bourgeoise développée par les partis nationalistes tels que le Wafd et ses syndicats corporatistes.

La révolution de 1919 demeura inachevée, dans la mesure où aussi bien les forces coloniales que les propriétaires terriens locaux, et notamment le roi, Fouad Ier, d'abord sultan puis roi, purent conserver leurs positions de pouvoir. La domination étrangère se poursuivit, complétée et compliquée par les médiocres tentatives des capitalistes locaux de se ménager une niche pour eux-mêmes dans le tissu industriel égyptien. Dans *Le Jardin du passé*, dernier volume de *La Trilogie du Caire*, de Naguib Mahfouz, qui retrace l'histoire politique de l'Égypte entre 1919 et 1944, le personnage d'Adli Karim observe à juste titre : « Le parti Wafd, quant à lui, cristallise le nationalisme égyptien et le purifie de ses scories et de ses vices. Il est en outre l'école du patriotisme et de la démocratie ! Seulement, le problème est que la nation ne se satisfait pas et ne doit pas se satisfaire de cette école. Nous voulons franchir un nouveau pas. Nous voulons une école de socialisme ! L'indépendance, en effet, ne constitue aucunement une fin en soi mais le moyen de conquête des droits constitutionnels, économiques et humains du peuple[2] ! » À la fin des années 1930, l'hégémonie du Wafd commença à être défiée par la montée des Frères musulmans, des groupes fascistes comme Jeune Égypte, des intellectuels communistes, ainsi que par un mouvement ouvrier de plus en plus autonome.

La Seconde Guerre mondiale stimula la production industrielle en Égypte, qui soutenait l'effort de guerre britannique. En 1948, plus d'un demi-million de travailleurs étaient employés dans les industries nouvelles. En 1942, les troupes britanniques intervinrent contre le roi Farouk, qui recherchait une alliance avec l'Allemagne nazie, amenant non sans ironie un gouvernement du Wafd au pouvoir. Les syndicats indépendants furent légalisés, mais leurs fédérations demeuraient illégales, ce qui rendait difficile pour les travailleurs de surmonter leur émiettement entre de nombreux secteurs et lieux de travail différents. Après que le Wafd eut perdu le pouvoir en 1944, son rôle dans le mouvement ouvrier prit fin. Les syndicalistes se tournèrent alors vers leurs propres organisations politiques, telles que le Workers' Committee for National Liberation (WCNL, Comité ouvrier pour la libération nationale) fondé en 1945. Politiquement, le mouvement ouvrier continua à s'identifier au projet nationaliste, mais commençait désormais à jouer un rôle majeur dans la résistance anticoloniale. L'émergence d'un mouvement ouvrier complètement autonome coïncida avec une « seconde vague » du communisme en Égypte, qui vit les exigences des travailleurs se radicaliser. Les capitalistes locaux échouèrent à industrialiser et développer l'économie indépendamment des capitaux étrangers, et ne furent pas capables de contester les puissances « féodales » comme les grands propriétaires fonciers, les négociants importants ou encore le Palais.

Au début des années 1950, l'Égypte était mûre pour la révolution. Une révolte spontanée, au Caire, le 25 janvier 1952, paralysa l'État, mais contrairement à 1919 il n'y avait pas de force sociale susceptible de guider clairement la société. L'impasse sociale mena au coup d'État du Mouvement des officiers libres du 23 juillet 1952, dirigé par Gamal Abdel Nasser, qui promit de sévir contre « le féodalisme » et « l'impérialisme ». Les rapports entre l'État nassérien en construction et la classe ouvrière égyptienne s'avérèrent vite complexes. Nasser abolit la monarchie, industrialisa puis nationalisa l'économie, promulgua une réforme agraire qui brisa le pouvoir des propriétaires « féodaux » et mit en œuvre des réformes sociales avancées telles que la semaine de quarante-deux heures, des augmentations de salaire, une sécurité sociale, un système éducatif et de santé gratuit, des garanties contre les licenciements arbitraires. Cependant, en contrepartie, l'État nassérien exigeait la paix sociale, la passivité politique et un exercice du pouvoir autoritaire. Les meneurs de grèves furent incarcérés, et même pendus, et les syndicats indépendants furent dissous et remplacés par la GFETU, contrôlée par l'État. Les modalités de la grève évoluèrent, passant du classique arrêt de travail à des tactiques d'occupation d'usine sans arrêt de la production, par lesquelles les ouvriers demeuraient dans leur usine après leur service afin de montrer leur loyauté et d'exercer une pression morale sur l'État.

Avec le Chili de Pinochet, l'Égypte d'Anouar el-Sadate fut pionnière des politiques néolibérales dans le Sud. À partir de 1973, sa politique de la « porte ouverte » (*infitah*) se traduisit par un programme de privatisation et de libéralisation de l'économie, qui menaça les avancées sociales dont avait bénéficié la classe ouvrière. La fin des emplois garantis par l'État, combinée à l'explosion démographique et à l'exode rural créa dans les villes de nouvelles couches de travailleurs informels et de diplômés pauvres. Les étudiants et les travailleurs se rebellèrent, dans leurs universités et sur leurs lieux de travail. Les 18 et 19 janvier 1977, la mise en œuvre de mesures d'austérité du FMI, qui se traduisirent par des hausses de prix, provoquèrent une insurrection spontanée, dites « émeutes du pain ». Pendant les années 1980, le président Hosni Moubarak démantela l'État nassérien et son modèle de développement à une vitesse glaçante, se reposant sur la GFETU et la répression policière pour faire taire la contestation dans le monde du travail.

Dans les années 1990, une crise fiscale obligea Moubarak à demander un prêt au FMI et à s'engager dans un programme d'ajustement structurel, qui accéléra les processus de privatisation et de libéralisation. Ce programme accrut les conflits avec les paysans sur le coût de la terre et avec les ouvriers sur les salaires et les conditions de travail. Le mouvement ouvrier ne put plus utiliser le levier moral de l'occupation d'usine sans arrêt de la production, dans la mesure où les priorités de l'État n'étaient plus la loyauté politique et l'obéissance, mais l'efficacité économique et la baisse des coûts. Aussi, l'État, soucieux de conserver le contrôle de la situation, intensifia sa répression et sa violence à l'encontre des militants politiques, des journalistes et des ONG critiques du régime. Cela se traduisit par le retour de l'action politique par la rue, disparue depuis les années 1970 : mouvement de solidarité avec la Palestine en 2001, mouvement contre la guerre américaine en Irak en 2003, mouvement de 2005 pour des réformes (*Kifaya*), qui demandait des élections libres et transparentes à la présidence de la République. Dans la seconde moitié des années 2000, les arrêts de travail des ouvriers de Mahalla inspirèrent les grèves des collecteurs d'impôts, qui menèrent à la constitution du premier syndicat indépendant, qui à son tour donna des idées aux enseignants, retraités ou professionnels de santé, qui voulurent bâtir leurs propres structures.

La révolte du 25 janvier 2011 concentra toutes ces doléances sociales et politiques accumulées depuis longtemps en une seule explosion. Au départ, un large mouvement populaire englobait la classe ouvrière, derrière un slogan radical mais vague : « *Al sha'b yurid isqat al-nizam* » (« Le peuple veut la chute du régime »). Après deux semaines de manifestations, le mouvement ouvrier commença à se différencier des autres acteurs en organisant des grèves, constituant des syndicats indépendants, formulant des revendications sociales. Lorsque Moubarak démissionna et que l'occupation de la place Tahrir prit fin, les actions sur les lieux de travail se développèrent.

Les travailleurs exigeaient aussi *tathir*, c'est-à-dire le nettoyage du secteur public et de l'appareil d'État des partisans corrompus de Moubarak. En septembre 2011, les syndicats nouvellement constitués provoquèrent et coordonnèrent une vague de grèves qui dépassa largement les secteurs traditionnels de la contestation ouvrière pour inclure des médecins, des imams, des conducteurs de tuk-tuk, des pêcheurs, etc.

Le coup d'État de 2013 du général Abdelfattah al-Sissi mit fin à l'expérimentation démocratique en Égypte. Les grandes manifestations, l'activisme politique, la liberté de la presse, le syndicalisme indépendant furent férocement réprimés. Cependant, à la marge, des ouvriers et des paysans continuèrent à protester contre les réformes néolibérales et à défier la puissance de l'État. De la même manière, depuis le Maroc jusqu'à l'Iran, et en dépit des nombreux revers enregistrés dans les combats pour la démocratie, la liberté et la dignité, les peuples continuent à se battre pour leur subsistance quotidienne, remettant ainsi en question l'ordre établi et nous rappelant le poème, très populaire, du Tunisien Abou el Kacem Chebbi : « Si un jour, un peuple veut vivre, alors le destin répondra à son appel. Et sa nuit commencera à se dissiper, et ses chaînes se briseront et tomberont. »

NOTES

1. En français dans le texte.
2. Naguib Mahfouz, *Le Jardin du passé*, J.-C. Lattès, 1989, p. 108, traduit de l'arabe par Philippe Vigreux.

L'AUTEUR

Brecht De Smet est chercheur postdoctorant au Middle East and North Africa Research Group de l'université de Gand, en Belgique. Entre 2008 et 2015, il a mené des recherches de terrain en Égypte, portant sur les relations entre les leaders ouvriers, les intellectuels et les militants politiques. Il a publié deux livres et de nombreux articles sur le mouvement ouvrier égyptien et la révolution de 2011.

POUR EN SAVOIR PLUS

Maha Abdelrahman, *Egypt's Long Revolution : Protest Movements and Uprisings*, Routledge, 2014.
Anne Alexander et Mostafa Bassiouny, *Bread, Freedom, Social Justice : Workers & the Egyptian Revolution*, Zed Books, 2014.
Joel Beinin et Zachary Lockman, *Workers on the Nile : Nationalism, Communism, Islam, and the Egyptian Working Class, 1882-1954*, Princeton University Press, 1987.
Joel Beinin, *Workers and Peasants in the Modern Middle East*, Cambridge University Press, 2001.
Joel Beinin et Frédéric Vairel, *Social Movements, Mobilization, and Contestation in the Middle East and North Africa*, Stanford University Press, 2011.
John Chalcraft, *Popular Politics in the Making of the Modern Middle East*, Cambridge University Press, 2016.
Françoise Clément, « Le rôle des mobilisations des travailleurs et du mouvement syndical dans la chute de Moubarak », *Mouvements*, 66(2), 2011, p. 69-78.
Brecht De Smet, *A Dialectical Pedagogy of Revolt : Gramsci, Vygotsky, and the Egyptian Revolution*, Brill, 2015.
–, *Gramsci on Tahrir : Revolution and Counter-Revolution in Egypt*, Pluto Press, 2016.
Nadia R. Farah, *Egypt's Political Economy, Power Relations in Development*, The American University in Cairo Press, 2009.
Zachary Lockman (éd.), *Workers and Working Classes in the Middle East : Struggles, Histories, Historiographies*, State University of New York Press, 1994.
Marsha P. Posusney, *Labor and the State in Egypt : Workers, Unions, and Economic Restructuring*, Columbia University Press, 1997.

Révolutions arabes transnationales, par Enas Satir
(@enas.satir)

Enas Satir est une artiste soudanaise, installée à Toronto. Son travail parle de politique, de l'appartenance ethnique, de l'identité africaine et du fait d'être noir. Avec une formation en architecture et en design graphique, Enas Satir est une artiste pluridisciplinaire et autodidacte, utilisant différents supports comme la céramique, l'illustration et la photographie. Son œuvre vise la déstigmatisation, et le dialogue sur les sujets tabous d'une société aussi complexe que celle du Soudan.

CI-DESSOUS

Yémen, par Lama Ali
(@lamalzubairi)

Lama Ali, aussi connue sous le pseudo de Laymoon, est étudiante en architecture à l'université américaine de Sharjah, aux Émirats arabes unis. De nationalité française et yéménite, elle vit une grande partie de son enfance à Paris ; néanmoins, les trois années qu'elle passe au Yémen la marquent profondément, et le pays occupe une place centrale dans son art.

PAGE CI-CONTRE

Révolutions arabes transnationales, par Noha Habaieb
(@nohabaieb)

Noha Habaieb est illustratrice, travaillant entre Doha et Tunis. Elle fait partie des fondateurs du collectif LAB619, magazine de BD tunisien lancé en 2013. Elle participe à des résidences artistiques et les coorganise, sur les sujets de la migration, de l'identité et des frontières. En 2017, elle cofonde l'Atelier Glibett, un studio d'illustration installé à Tunis. Elle expose ses BD et illustrations en Tunisie, et dans le monde.

وطني المفدى ثائر
إنتهى عصر العبيد
أنا حرة في الجزائر
وطني الأم السعيد

CI-DESSOUS
Le Mahdisme au Soudan, par Moaz Elemam
(@moazdraws)
Moaz Elemam est un illustrateur et dessinateur de BD qui vit et travaille dans le sud des États-Unis.

PAGE CI-CONTRE
Minorités LGBTQIA+, par Joseph Kai
(@josephkai)

Les thèmes du sexe et de la marginalisation sont au cœur du travail actuel de Joseph Kai. L'illustrateur, installé depuis peu à Paris, travaille sur son premier roman graphique racontant l'histoire d'un artiste queer dont l'imagination est conditionnée par une inquiétude persistante. Il a participé à l'événement « Paris-Beyrouth, 24 heures pour le Liban » en septembre 2020 à l'Institut du monde arabe.

FUCK ANXIETY
BAS
L'

Le Rif, par Mehdi Annassi
(@_annassi)

Mehdi Annassi, alias Machima, est un artiste visuel multidisciplinaire basé à Casablanca. Autodidacte, il a démarré sa carrière dans l'industrie du jeu vidéo en 2008, et travaille depuis en tant qu'artiste digital, illustrateur, designer graphique et street artist. Fondateur de la revue collaborative de BD *Skefkef*, exposé au Maroc, en Espagne, en Egypte, en France, au Royaume-Uni et au Liban, Machima a été élu Créatif de l'année 2015 lors des *Maghreb Web Awards*.

Violence, Non-violence,
par Sulafa Hijazi
Birth 2012 (@sulafa_hijazi)

Née à Damas en Syrie, Sulafa Hijazi est réalisatrice et artiste visuelle et multimédia. Aujourd'hui installée à Berlin, ses travaux artistiques ont été exposés dans plusieurs galeries en Europe, et sont apparus dans plusieurs plateformes en lignes, journaux et ouvrages.

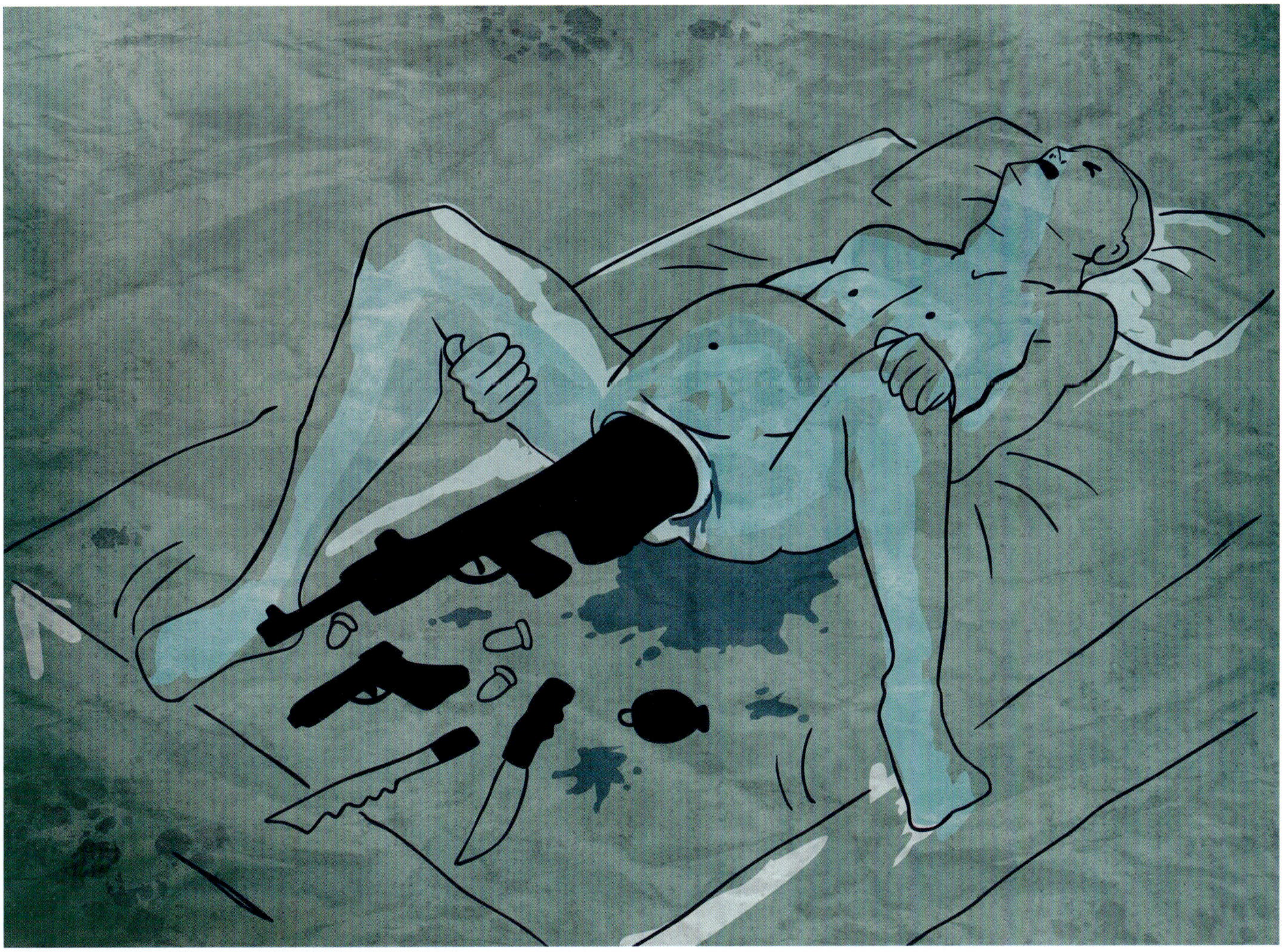

Minorités LGBTQ+, par Merieme Mesfioui
(@durga.maya)

Merieme Mesfioui (ou Durgamaya) est une designer graphique, illustratrice et bédéiste marocaine installée en France. Elle est également cofondatrice du SPIN OFF, festival de microédition et de musique alternative en parallèle du FIBD (Festival international de la BD) à Angoulême. Son travail érotique prône une réelle émancipation, et davantage de liberté pour les femmes comme pour la communauté LGBTQIA+ dont elle est l'alliée, au Moyen-Orient et en Afrique du Nord.

Le noir est la couleur de l'espoir (La révolution des LGBTQ+ arabes est toujours en cours)

par **Abdellah Taïa**

J'ai fait mon coming-out au Maroc en janvier 2006, dans le magazine de langue française *Tel Quel*, et en février de la même année à travers deux longues interviews publiées dans les journaux de langue arabe *Al-Jarida al-okhra* et *Al-Ayyam*. C'était certainement un geste courageux. Je ne l'ai pas vécu comme tel. Bien au contraire. J'avais trente et un ans et j'étais au bout du désespoir. Dans une solitude qui n'a fait que se confirmer à travers les années, au Maroc comme en France. J'avais certes réussi à devenir écrivain, à faire publier mes livres et cela me donnait une vraie légitimité pour parler, pour me lever et crier. Mais, au moment même où je parlais, où je faisais le « héros » que je n'étais pas, une nouvelle solitude est entrée en moi. Et je me rappelle m'être dit que j'étais fini. Pauvre Abdellah, tu n'auras jamais la force de les convaincre, de changer leurs mentalités. Et le pouvoir marocain va te regarder t'agiter sans absolument rien changer. Absolument rien. À quoi bon !

Sortir du placard c'est malheureusement oublier ce que le monde cruel vous a fait (les insultes, les viols, les dénigrements constants, les tentatives de suicide) et essayer de parler à ce même monde avec des mots réfléchis. Sortir de soi-même, s'endurcir, inventer un autre personnage pour dire la vérité. C'était cela ma stratégie. Face à eux, j'ai trouvé cette technique. Je peux dire que j'ai réussi un peu dans cette mission. Je suis resté digne, tout en ayant en moi un autre goût des choses. Et plus j'avançais dans cette révélation, plus je choisissais mes mots pour dire la réalité des LGBTQ+ au Maroc, plus je m'éloignais de moi-même. Le petit Abdellah d'avant qui a tellement, tellement souffert en silence à cause de ces gens sans cœur. Abdellah qui comprend qu'il n'y a que cela pour sauver sa peau : devenir plus intelligent et plus comédien qu'eux tous.

En 2006, il n'y a pas de place pour moi dans ce monde qui ne veut pas entendre et qui jamais ne va tendre une main douce pour m'aider à me réparer, à me reconstruire. Enfin, me construire comme un être humain.

Ce coming-out n'était pas une libération. Ni une émancipation. Rien de tout cela. C'était bien au contraire un enterrement. L'enterrement de quelqu'un qui était pourtant encore vivant. De mes propres mains, mourir. C'est déjà fini. Ils ne comprendront jamais. Ils ne verront qu'un petit Marocain qui se venge et jette sa famille dans un puits rempli de honte. Rien d'autre. Le malentendu encore une fois. Le silence qui tue encore une fois. L'isolement. Même respirer n'est plus possible. Avec eux et si seul. Ils ne comprendront pas, je te dis. Tu ne réussiras pas à la culpabiliser et ils vont se détourner de toi encore et encore. Oui, oui, tu n'es plus notre fils. Tu comprends bien sûr qu'ils font tout cela malgré eux. Ils ne font qu'obéir aux ordres d'en haut, le pouvoir, que jouer les rôles qu'on veut bien les laisser jouer. Tu comprends tout cela, depuis très longtemps déjà, et tu pleureras seul. Comme d'habitude. À quoi bon ! Tais-toi. Tu as trente et un ans, c'est trop tard pour toi.

J'avais peur, très peur de la police marocaine et des services secrets marocains. Je suis né en 1973. Petit, sans tout bien saisir de ce qui se passait, j'ai respiré profondément l'air de la répression massive des Marocains révoltés par le roi Hassan II. À Casablanca, après avoir donné l'interview à la journaliste Chadwane Bensalmiya, j'étais sûr que j'étais suivi et qu'ils allaient m'arrêter d'un moment à l'autre. L'article n'était même pas encore publié. Mais ils savent tout. Ils ont des oreilles partout. Mais dans quel gouffre tu t'es jeté, mon pauvre. On ne joue pas les héros dans ce pays sans une autorisation officielle. Tu es fou, ils ont raison. Tu fais le gentil, l'intelligent, mais, au fond de cette affaire, ce que tu as oublié, c'est la réalité, son poids, tu as oublié à quel point pour le pouvoir tu n'es rien. Rien. Oui, je ne suis rien. Je parle et je sais que je ne suis rien ? Je regarde ces journalistes sérieux, « bienveillants », et je ne fais que confirmer ce qu'ils savent, ce qu'ils voient : un petit rien. Ils voient quelqu'un qui vient d'un milieu très pauvre, c'est encore si visible, si inscrit sur ma peau. Et ils se demandent comment quelqu'un comme moi a pu si bien apprendre le français, le parler si bien, et même devenir écrivain dans cette langue, écrivain publié de surcroît. Moi-même je ne le sais pas. Mais il est hors de question de sortir de mon rôle. Je suis plus grand comédien qu'eux. Je suis le plus grand comédien de ma famille. Vraiment ? Prouve-le.

Je l'ai prouvé. J'ai parlé. J'ai fait celui qui, j'ai bien choisi mes mots, j'ai récité des répliques. Je crois que j'étais convaincant. Puisque cela a causé un scandale au Maroc. Un visage pour représenter les homosexuel·le·s dans ce pays. Il est parfait, cet Abdellah. Modeste en plus. Oui. Oui. Bien sûr. Tout ce que vous dites est vrai.

Face au monde, il faut toujours avoir un scénario prêt. En 2006-2007, tout en disant la vérité, je savais que je jouais le rôle à la perfection.

Dans leurs yeux, je voyais qu'ils étaient satisfaits. Abdellah est le bon client. Le bon personnage.

Entrer dans une nouvelle solitude. Plus dangereuse qu'avant. Bien plus. Le monde vous regarde tomber, il ne fait rien, il jouit de votre chute. Les gens savent et comprennent que ce combat est juste, important mais ils savent qu'il n'y a qu'une seule réponse possible : jouir de ce deuxième suicide. Les hommes adorent ça : la tragédie qui se passe en live devant leurs yeux, la tragédie de quelqu'un qui leur ressemble tellement et qui souffre des mêmes oppressions politiques qu'eux. Quelqu'un doit se sacrifier. Allez, lève-toi, Abdellah. Regarde-nous un instant. Oui, c'est ça. Tu seras parfait. Adieu. Quel courage, quand même.

Je n'ai aucun courage. J'étais au bout. À bout. La solitude du monde est la seule réalité vraie. Je le savais parfaitement au Maroc. Elle s'est confirmée très largement quand je suis allé en France en 1998 pour terminer mes études universitaires.

Impossible d'échapper. Impossible de sortir de leurs radars, de leur contrôle. Même à Paris, ils pouvaient me faire du mal s'ils le voulaient. Il suffit de penser au grand et merveilleux leader politique Mehdi Ben Barka, et à sa disparition à Paris, en 1965. Ce Mehdi était trop dangereux : il allait réellement réveiller le peuple, les peuples qui sortaient à peine de la colonisation et qu'on voulait déjà faire entrer dans une nouvelle soumission. Celle de l'impérialisme. Vous croyez vraiment que vous êtes sortis de la colonisation ?

Pauvre Mehdi Ben Barka. Je prie pour lui certains jours. Je le vois dans mes rêves. Je l'aime comme j'aime Robert Mitchum. Je l'écoute comme j'écoute une vieille dame marocaine qui mendie dans la Médina de Rabat. Elle n'a plus rien à perdre. Elle tend la main et elle dit tout.

Avec Mehdi Ben Barka, le Maroc aurait été autre chose. Il aurait libéré le peuple, lui aurait donné ses droits. Il aurait libéré les homosexuel·le·s de ce pays de la loi coloniale qui les criminalise. Et pas seulement dans ce pays.

2006. L'année de la peur. L'année de tous les dangers. C'est fini. Écrire des livres, devenir écrivain, c'est juste parce que trop tard. Je le fais et je continue de le faire avec ce goût, celui du désespoir, celui du pessimisme. Ce goût ne me quitte jamais. Et, étrangement, c'est là où je trouve toujours la force d'aller jusqu'au bout d'une idée, d'un rêve. Écrire parce que cela ne sert à rien. Et j'espère que le monde va me dire que j'ai tort. Plus que tort.

Le monde est endormi, drogué, esclavagisé. Il nage dans le divertissement. Il détourne les yeux sans problème. Il oublie, vite, si vite. Il oublie les autres. Il oublie le passé. Il oublie l'Histoire. Alors, ce n'est pas toi, petit Abdellah, qui vas le changer. D'autres avant toi ont essayé. Même toi, tu ne les connais pas. Arrête de nous jouer l'incompris, la victime idéale, arrête de te pavaner, arrête ton jeu, ton cirque. Arrête de faire l'Arabe de service en Occident. Tu sais bien qu'ils s'en foutent de toi là-bas. Et à travers leur soi-disant démocratie, ils ne cherchent qu'à imposer au reste du monde leur nouveau néo-colonialisme, rien d'autre. Tu es le parfait spécimen qui va les aider dans cette nouvelle et noble mission. Bravo. Bravo, Abdellah. C'est cela, ta révolte ? C'est ça, ta révolution ? Aider l'Occident à renforcer sa supériorité, l'aider à nous écraser avec ses droits de l'homme et je ne sais quoi d'autre ? C'est cela, ta mission, ton projet ? C'est cela, l'homosexualité ? Juste un truc pour dévisager des peuples qui ne sont toujours pas sortis de la première vague de colonialisme ? Tu es aveugle, petit Abdellah. Tu es petit. C'est tout.

Je ne suis dupe de rien. De rien du tout.

J'ai bien conscience que l'homosexualité, comme identité, est une invention occidentale et qu'elle est encore très récente. Je sais que le *pink washing* existe. Je sais que les droits de l'homme ne sont souvent qu'un argument publicitaire. Je sais tout. Je lis Noam Chomsky moi aussi. J'ai vu *The Century of the Self* de Curtis. La propagande occidentale. La fabrique du consentement. La technologie qui enferme la Terre entière. J'adore les films de Rainer Werner Fassbinder : ils disent tout cela. Dans son film *Le Droit du plus fort*, tout est résumé de ce que tu es en train de me dire. L'homosexualité n'est qu'un détail. La vraie de vraie réalité, c'est : les classes sociales, qui possède le monde, qui contrôle le monde, qui cherche encore et encore à nous endormir, à nous transformer en robots. Nous sommes déjà des robots, mon ami. Tu le sais. Je le sais.

Que faire ?

Il n'y a pas d'espoir. Il n'y a plus d'espoir ? J'ai parlé pour rien ? J'ai fait mon coming-out pour rien ? J'ai écrit des livres pour rien ?

Il n'y a que toi qui puisses répondre à ces questions. Que toi. Toi. Tu as raison, de toute façon : la solitude est notre lot à tous. Tu n'es pas le seul pessimiste sur terre. Et il n'y aura pas de révolution. Ne rêve pas trop. Les dictateurs arabes sont bien en place et l'Occident ne les abandonnera jamais. Ils font parfaitement pour lui le service après-vente, après-colonisation, si tu veux. Tout est fermé, verrouillé, bien verrouillé. Tu vois, toi, une révolution qui arrive ? Oui ? Non ? Tu vois, il n'y a rien, il n'y aura rien. L'horizon est voilé, bouché, noir.

Je le croyais, moi aussi. Le pouvoir avait réussi à nous convaincre qu'il n'y avait pas d'autre avenir postcolonial que celui de ce nouvel asservissement. On tue les Mehdi Ben Barka, on torture les étudiants qui se révoltent, on décrédibilise les partis politiques, on installe la peur jour et nuit, cette peur qu'on croit éternelle, on règne sur un peuple et on le méprise. On lui crache dessus, le peuple.

Il n'y a pas d'espoir. Aucun espoir.

Je me trompais. Très largement.

Fin 2010, début 2011, comme sortie de nulle part, une révolte a commencé dans le monde arabe. Une révolte. Une révolution. Des jeunes partout. Des jeunes qui semblaient dans un premier temps sans aucun lien avec les générations précédentes. Ils sortent dans les rues. Ils défient le pouvoir. Ils crient. Ils s'expriment. Ils sont en feu. Le feu qu'on attendait depuis si longtemps, si longtemps, dans le monde arabe.

C'est le Printemps arabe.

Un événement majeur dans l'Histoire du monde arabe depuis la fin du colonialisme.

Le peuple se réveille de nouveau. Il se rend compte que le pouvoir n'a pas réussi à le mater, à le tuer, à effacer de sa mémoire les souvenirs des anciennes révoltes. Oui, rien ne meurt. Et aucun dictateur n'est éternel.

Voilà une jeunesse arabe qui crie d'elle-même, dans sa propre logique, et qui ne cherche aucune bénédiction occidentale. Une jeunesse arabe qui réinvente la révolution.

2010 et 2011 sont les plus belles années de ma vie.

Parmi les révolutionnaires, il y avait des homosexuel·le·s, il y avait des transgenres, et bien d'autres minorités. Mieux : les textes politiques qui sortaient à ce moment-là n'oubliaient pas les LGBTQ+ arabes. Ils avaient l'intention de les libérer eux aussi. Moi aussi.

Certains font tout aujourd'hui pour minimiser l'importance de ce Printemps. Cela n'a servi à rien. Les dictateurs sont de retour. Les islamistes sont toujours là. Et l'Occident est ravi : il a repris ses affaires et ses contrats de vente d'armes. Tout va bien. Les peuples arabes dorment de nouveau.

On se trompe. Largement. Très largement.

Le Printemps arabe n'est pas mort. Son feu ne s'est pas éteint dans les cœurs et dans les esprits arabes. Et il faut tout faire pour que ce feu reste allumé.

Le désespoir est nécessaire pour bien voir la réalité du monde, notre petit monde et qui y gouverne. Le pessimisme est un microscope idéal pour aller au-delà des écrans et ne jamais tomber dans l'océan du romantisme faux. Le noir est la couleur de l'espoir.

Longtemps, j'ai cru que j'étais le seul véritable homosexuel du Maroc.

Depuis 2010, la question des LGBTQ+ est posée plus que jamais sur la table. Des associations ont vu partout le jour : KIFKIF et ASWAT au Maroc, HELM au Liban, CHAMS en Tunisie. Elles sont souvent créées par des jeunes qui n'ont aucun soutien. Des jeunes qui ont réussi à se connecter entre eux, à s'organiser et à mener le combat. Un combat politique. Un combat qui ne s'aveugle pas devant la réalité des autres minorités. Un grand combat mené par des jeunes qui ont tout compris au passé de Mehdi Ben Barka et aux livres de James Baldwin.

La peur est toujours là, en moi, dans mon cœur, sur ma peau. Mais je sais que je ne suis pas seul. Je sais que je ne suis pas un héros. Les héros, ce sont ces jeunes Arabes LGBTQ+ d'aujourd'hui qui se battent très courageusement, qui se mettent en danger, qui crient pour nous tou·te·s, qui manifestent pour George Floyd, pour Black Lives Matter et pour les droits des migrants et de toutes les minorités.

On n'a pas le choix : pour garder l'espoir vivant, il faut s'unir. Malgré le silence des pouvoirs arabes, malgré le capitalisme et ses monstres terrifiants, s'unir, s'unir, s'unir.

Sauver les LGBTQ+. Sauver le monde. Sauver la Terre.

J'ai quarante-six ans. Non, vraiment non, je ne suis pas seul.

La Révolution continue. Doit continuer. Aujourd'hui plus que jamais.

L'AUTEUR

Né à Rabat en 1973, **Abdellah Taïa** a publié plusieurs romans, aux éditions du Seuil, traduits en Europe et aux États-Unis, parmi lesquels : *L'Armée du Salut* (2006), *Une mélancolie arabe* (2008), *Le Jour du Roi* (2010) pour lequel il a reçu le Prix de Flore, et plus récemment *La Vie lente* (2019). Il a réalisé en 2014 son premier film, *L'Armée du Salut*, d'après son roman éponyme. Il vit en France depuis 1999. Il est intervenu plusieurs fois à l'Institut du monde arabe, dans le cadre des « Rencontres littéraires, Une heure avec… ».

POUR EN SAVOIR PLUS

Al-Jahiz (v. 776-869), *Éphèbes et courtisanes*, Payot et Rivages, 1997.

LEXIQUE RÉVOLUTIONNAIRE

Des vagues et des mots

par **Ziad Majed**

Le monde arabe a connu en 2011 des révolutions qui ont affronté des régimes de tyrannie, de corruption et de suspension du temps politique. Menées par une nouvelle génération d'hommes et de femmes en quête de liberté et de justice, ces révolutions ont suscité un énorme espoir. En l'espace de deux ans, elles ont fait tomber trois présidents que l'on pensait indéboulonnables : Zine el-Abidine Ben Ali (au pouvoir à Tunis depuis 1987), Hosni Moubarak (au pouvoir au Caire depuis 1981) et Ali Abdallah Saleh (au pouvoir à Sanaa depuis 1978). Un appui militaire international en a détrôné un quatrième, Mouammar Kadhafi (au pouvoir à Tripoli depuis 1969). Des élections relativement libres en Tunisie, en Égypte et en Libye ont suivi, et des projets de constitutions ont été présentés aux grands débats.

Mais l'an 2013 fut témoin d'un terrible retournement de situation. La férocité de la répression du régime des Assad en Syrie (au pouvoir à Damas depuis 1970) qui a transformé le processus révolutionnaire en conflit armé, le manque d'expérience politique et les échecs des transitions en Libye et au Yémen, le coup d'État militaire et les campagnes d'arrestations des militants politiques en Égypte, l'émergence de l'État islamique ou encore les luttes acharnées entre acteurs régionaux (notamment l'Iran et l'Arabie saoudite) ont tous généralisé la violence et créé des impasses et des fractures à travers la région. Désormais, une phase contre-révolutionnaire s'est installée, dont les différents auteurs ont prétendu ramener la stabilité. Cette dernière, par crainte de l'arrivée des réfugiés et de la montée des forces de l'Islam politique, était redevenue l'ultime priorité des politiques étrangères occidentales, au détriment des libertés et de la justice.

La suite connaîtra des interventions militaires massives iranienne et russe puis turque en Syrie, saoudienne et émirienne au Yémen, américaine contre l'État islamique en Irak et en Syrie, et un chaos répandu en Libye où plusieurs affrontements internes et externes se sont juxtaposés. Elle connaîtra également la paralysie du système onusien, laissant par son inaction des gouvernements auteurs de crimes de guerre et de crimes contre l'humanité sévir en toute impunité.

Une deuxième vague

En février 2019, un nouveau souffle est venu secouer la région. Il fut porté cette fois par les Soudanais et les Algériens. Comme leurs voisins en Tunisie ou en Égypte huit ans plus tôt, les millions de manifestants pacifistes à Khartoum, Alger ou Oran ont réinvesti l'espace public, ont rétabli des liens de solidarité sociale et retrouvé une fierté perdue depuis des décennies. Réclamant le changement, les réformes et le retrait des présidents et des élites politiques qui se voulaient « éternels », ils ont montré que les contre-révolutions, la terreur et les déchirures n'étaient pas une fatalité.

En octobre de la même année, des centaines de milliers de Libanais et d'Irakiens sont à leur tour descendus dans les rues, protestant contre la corruption de leurs gouvernements, et appelant à la construction d'une nouvelle citoyenneté et d'États de droit. Une deuxième phase révolutionnaire semblait se profiler, avant que les manœuvres politiques et les menaces des militaires en Algérie, la violence et les assassinats en Irak, la crise économique aiguë, l'explosion qui a dévasté la capitale au Liban et la pandémie due au Covid-19 ne l'étouffent en 2020.

Malgré ces revers tragiques et les nombreux éclatements, certains des acquis des révolutions arrachés en 2011 et 2012, puis en 2019 se sont maintenus. De la souffrance et des échecs sont nés des écrits, de l'art, une parole nouvelle qui se réapproprie l'histoire face au révisionnisme et au négationnisme des régimes et de leurs relais, et une volonté à laquelle s'attachent des activistes et des juristes (en partie exilés) d'en finir avec l'impunité dans leurs pays. Il s'est formé aussi, dans plusieurs sociétés bâillonnées par la censure et l'autocensure, une puissance dans l'expression de la résistance à toute hégémonie. On observe encore aujourd'hui le courage et la richesse des débats et des initiatives que porte cette expression, sur les droits des femmes, les libertés individuelles, la religion, la question communautaire, la violence, la prison, la corruption et le rôle politique des militaires.

À cela s'ajoute le cas de la Tunisie qui représente, malgré les failles et les nombreux défis, un modèle de transition politique prometteur. Cette exception tunisienne s'explique par le fait que l'armée s'est gardée à distance du champ politique, et n'a pas opté pour la répression en 2011. La chute de Ben Ali a été rapide, et les forces politiques du pays ont fait preuve durant et après la révolution de pragmatisme et de « modération ». En outre, la société tunisienne, moins divisée verticalement que la plupart des sociétés arabes et dotée d'une large classe moyenne urbaine éduquée, semble réussir son pari démocratique, même si les risques de régression que peuvent provoquer les déceptions sociales et économiques pèsent toujours.

Les mots des révolutions

En 2011 comme en 2019, des mots sont devenus les moteurs de la colère, de la contestation, de la mobilisation et de l'espoir. À travers les slogans, les chants, les articles ou les graffitis, ils ont créé un univers – réunissant dialectes et arabe classique – offrant aux foules, aux corps et aux poings levés dans les rues un sens et une temporalité politiques extraordinaires.

Des mots d'apparence simple ont ainsi pris une dimension galvanisante, défiant la peur et la mort.

Al-Cha'ab yourid isqat al-nidham !!
الشعب يريد إسقاط النظام

Tout a commencé avec ce slogan composé de quatre mots et que l'on pourrait traduire : « Le peuple veut faire chuter le régime ! » C'est comme s'il annonçait la naissance, ou renaissance des peuples révoltés. Pour la première fois depuis les indépendances nationales du siècle dernier, ce sont ces peuples dont la parole fut longtemps confisquée qui s'expriment. Les mêmes, dont les régimes vantaient la loyauté et l'appui à 99 % durant les farces électorales, sont sortis pour mettre fin aux dictatures, à l'humiliation et aux clichés culturalistes les dépeignant comme des êtres soumis et détachés des valeurs démocratiques.

Thawra ثورة

Trois mots ont été utilisés pour définir les tournants de 2011 et de 2019.

Le premier, certes le plus puissant, est *thawra*, « révolution ». Un mot dont l'usage dans l'histoire arabo-musulmane s'est fait rare et est souvent associé aux risques de la *fitna* (ou la discorde). Car la lutte a été historiquement dirigée contre les envahisseurs, les occupants, les ennemis extérieurs. Tout ce qui était susceptible de nuire à l'union sacrée de l'Oumma (la nation) fut considéré comme une transgression, un danger. Le mot est néanmoins resté présent dans les manuscrits des historiens évoquant des troubles et ruptures majeurs que la région a jadis connus. Dans les Temps modernes, le mot *thawra* a été désigné pour qualifier le coup d'État des officiers libres en Égypte en 1952, le renversement de la monarchie irakienne en 1958, et la révolution iranienne en 1979. Or, mis à part cette dernière, les bouleversements politiques de 1952 et de 1958 (ou encore ceux des années 1960 et 1970 au Yémen, en Libye, en Syrie et au Soudan) étaient surtout des coups militaires (*inqilab*), éloignés des peuples et de leurs ardeurs révolutionnaires. D'ailleurs, l'état d'urgence et les lois martiales ont d'emblée été imposés au lendemain des coups évoqués.

En rupture avec ce passé, les peuples se sont mobilisés en 2011 et en 2019, pour tout balayer. Leurs révolutions cherchaient à renverser les systèmes politiques (notamment ceux issus des coups militaires), les systèmes économiques défaillants, les institutions corrompues et despotiques et les idéologies totalitaires dont le langage paternaliste a tu toute voix indépendante ou dissidente.

Dans les rangs révolutionnaires les plus radicaux, le système patriarcal des sociétés mêmes a été ciblé. « *Al-Mar'a thawra* » (La femme est révolution) a remplacé « *Almar'a 'awra* » (La femme est à couvrir – tel un corps dénudé) qu'avaient adopté tous les patriarches pour justifier le contrôle et l'écartement des femmes.

Intifada إنتفاضة

Le deuxième mot, riche en connotations politiques, est celui d'*intifada*, « soulèvement ». Il a longtemps désigné dans les récits historiques les révoltes populaires contre l'injustice, et les mesures autoritaires humiliantes. Puis vint 1987. C'est dans les territoires palestiniens occupés que ce mot a pris de nouvelles dimensions résistantes et émancipatrices. Et c'est spécifiquement pour inscrire les révolutions contre les régimes dans ces dimensions que les intellectuel·le·s et les militant·e·s en ont choisi l'usage. Pour eux, certains des régimes et élites en place, se disant « anti-impérialistes », « soutiens de la cause palestinienne » et brandissant démagogiquement les menaces de complot et d'ingérence étrangère, sont en effet l'incarnation même de ce que peut être une occupation. Leurs politiques répressives, leurs pillages systématiques des richesses nationales ressemblent à ce que pratiquent les colonisateurs. Par conséquent, l'*intifada* fait ici œuvre de soulèvement et de « guerre » de libération.

Hirak (harak). Motion, mouvement, mobilité حراك

En 2019, les Algériens et les Algériennes ont introduit un troisième mot dans ce lexique pour nommer les révolutions. Prononcé dans le Maghreb *hirak* (et déjà à l'usage lors de la révolte du *rif* au Maroc en 2016), en arabe classique *harak*, la racine du mot se trouve dans *haraka*, « mouvement », et signifie le « réveil », voire le « retour à la vie après une longue léthargie ». Mais le *hirak* c'est aussi le contraire de l'immobilisme politique et du vieillissement (dans un pays jeune) qu'ont représentés les mandats successifs d'un président au bord de l'agonie. C'est la renaissance des Algériens qui s'est donc exprimée à travers ce mot et à travers la mobilité et le dynamisme qu'il a porté.

Jihad (Djihad) جهاد

La montée de certaines forces combattantes de l'islam politique a invité un autre mot au débat, devenu synonyme de confusion, de malaise et de malentendus, bien qu'à l'origine légitime : le « jihad » (Djihad). Il est utile de rappeler le sens de ce mot en arabe. Il s'agit de fournir du jouhd, de l'effort ou du travail dans un but précis. La signification religieuse évoque l'effort sacré pour à la fois respecter les devoirs ou les piliers de l'islam, mais aussi les défendre quitte à mener une guerre sainte contre tout ennemi qui chercherait à dominer les musulmans et menacer leur religion. Le terme moujahidoun (les combattants du jihad) a par conséquent été utilisé s'agissant d'hommes pieux qui affrontaient des occupants en Palestine mandataire (les Britanniques et les milices sionistes en 1936), ou qui menaient une guerre de libération nationale en Algérie (de 1954 à 1961) ou une résistance contre les envahisseurs soviétiques en Afghanistan. C'est précisément sur le sol afghan qu'une nouvelle forme de combat a débuté dans les années 1980 : celle d'un « jihad » international, dépassant les frontières nationales et instaurant une guerre permanente, extraterritoriale, sans temporalité politique. Al-Qaïda d'Oussama Ben Laden a longtemps incarné cette forme, avant qu'elle ne mute en 2013 en l'État islamique d'Abou Bakr al-Baghdadi, en guerre d'expansion à partir d'un territoire conquis et d'institutions étatiques bâties. Les combattants sous cette forme idéologique ont été ainsi appelés « jihadistes » (djihadistes), terme traduit en arabe par jihadiyyoun (pour les distinguer des moujahidoun, restés inscrits dans un projet islamiste national ou territorial). Les jihadistes prônent donc un jihad global, ou une guerre à l'échelle planétaire. Renforcés par la modernité des transports et des moyens de communication, ils ont profité des ruines du champ politique et des conséquences du despotisme totalitaire (en Irak et en Syrie surtout), de l'occupation américaine de l'Irak, des injustices subies par des sociétés et des communautés, de la faillite des États et de la complicité de certains régimes pour progresser. La mise en scène spectaculaire de leur violence inouïe, leur recrutement et leurs attaques contre les civils dans des dizaines de localités à travers le monde les ont propulsés médiatiquement au premier rang. Dès lors, les inscrire dans la dynamique révolutionnaire arabe de 2011 serait une erreur pour des raisons à la fois idéologiques et empiriques. Leurs ambitions vont en effet au-delà des champs politiques concernés, sans oublier que leurs premières cibles en Syrie où ils se sont concentrés après l'Irak furent les révolutionnaires syriens eux-mêmes et leurs revendications de liberté.

Ultras

Enfin, il serait ingrat parlant des mots de la révolution de ne pas mentionner les fervents supporteurs des clubs populaires de football, ceux du Caire, d'Alger et de Homs. Ces laissés-pour-compte qui ont été le fer de lance des révolutions ont payé un lourd tribut en Syrie puis en Égypte lors de la contre-révolution (des dizaines de leurs membres ont été massacrés). Ils ont animé par leurs chants, leurs rituels et leurs chorégraphies les rassemblements et les marches, et ont bravé par leur esprit de corps les dangers face aux forces de répression. Sur la place Tahrir au Caire comme dans le quartier Khalidiyyeh à Homs, ils ont défendu les manifestants et protégé leurs campements. Leurs chants, mélangeant humour, mélancolie, critiques socio-politiques et joie, sont devenus plus tard en Algérie des hymnes révolutionnaires.

Le mot les qualifiant, *ultras*, inconnu du grand public avant 2011, s'est imposé en tant que mot-clé des révolutions, dépassant, comme le football, la passion ou la liberté, tout cadre et toute barrière linguistique.

L'AUTEUR

Professeur à l'Université américaine de Paris, **Ziad Majed** est l'auteur d'articles et d'études sur les réformes, les transitions démocratiques, les élections, la société civile et la citoyenneté au Liban, en Syrie et dans le monde arabe. Il a coécrit avec Subhi Hadidi et Farouk Mardam-Bey l'ouvrage *Dans la tête de Bachar al-Assad* (Solin/Actes Sud, 2018) et est l'auteur de *Syrie, la révolution orpheline* (Sindbad/Actes Sud, 2014). Il est fréquemment invité à intervenir à l'Institut du monde arabe, aux « Rendez-vous de l'actualité », aux « Jeudis de l'IMA » et aux « Journées de l'Histoire de l'IMA ».

POUR EN SAVOIR PLUS

Gilbert Achcar, *Le peuple veut. Une exploration radicale du soulèvement arabe*, Sindbad/Actes Sud, 2013.

Yassin Al-Haj Saleh, *La Question syrienne*, Sindbad/Actes Sud, 2016.

Jean-Pierre Filiu, *Généraux, gangsters et jihadistes*, La Découverte, 2018.

Subhi Hadidi, Farouk Mardam-Bey et Ziad Majed, *Dans la tête de Bachar al-Assad*, Solin/Actes Sud, 2018.

CI-APRÈS

Les mots de la révolution, par Mazen Kerbaj (@mazenkerbaj)

Mazen Kerbaj est un auteur de bandes dessinées et un musicien libanais, né à Beyrouth en 1975 et vivant à Berlin depuis 2015. Il commence sa carrière d'artiste en publiant plusieurs dessins dans différentes revues libanaises dont *L'Orient-Express*. En 2007, il publie ses carnets dessinés de la guerre de 33 jours à L'Association, sous le titre *Beyrouth, juillet-août 2006*. Mazen Kerbaj est notamment l'auteur de *Politique* (ARTE Éditions/Actes Sud BD, 2019).

(*) NOUS NE POUVONS HÉLAS TRADUIRE CETTE INSULTE EN BON FRANÇAIS.

« Les révolutions sont destinées à priver le peuple du pouvoir en Égypte »

entretien avec **Khaled Fahmy**
par **Christophe Ayad**

Est-ce qu'une révolution est un coup d'État qui a réussi ? Quel nom donner à une révolution qui a échoué ? En Égypte, le qualificatif de révolution est l'apanage de l'armée depuis 1952 et d'elle seule. C'est elle qui décide de ce qui est révolutionnaire et de ce qui ne l'est pas. Pourquoi révolution et démocratie ne vont-elles pas de pair en Égypte ? Khaled Fahmy, professeur d'études arabes modernes au King's College et à l'université de Cambridge, répond à ces questions.

Christophe Ayad – La notion de révolution est très contrôlée par le pouvoir en Égypte. On voit ainsi le pouvoir actuel interdire de parler de révolution pour le soulèvement de 2011 et considérer que la seule révolution est celle du 20 juin 2013, quand le peuple, soutenu par l'armée, a demandé la démission du président islamiste Mohamed Morsi. Ce que l'armée mit en œuvre effectivement quelques jours plus tard. Alors qu'ailleurs, notamment dans la presse occidentale, on a pu parler de coup d'État, certes soutenu par la majorité populaire, mais de coup d'État quand même. Qu'est-ce qui définit donc une révolution dans l'histoire égyptienne ?

Khaled Fahmy – Par leur nature même, les révolutions sont controversées et on ne peut donc qu'apporter une réponse controversée. Le statut des révolutions évolue avec le temps. Pendant longtemps, par exemple, 1919 n'était pas considéré comme un véritable moment révolutionnaire par les « officiers libres » de 1952. Ces derniers préféraient se comparer au mouvement d'Ahmed Orabi de 1881, à cause de sa dimension militaire. Aujourd'hui, par contraste, il y a, dans la population, une grande nostalgie pour 1919, présenté comme LA vraie révolution de l'histoire égyptienne contemporaine.

Pour résumer, je dirais que le système politique égyptien contemporain, qui a été fondé en 1952, est destiné à faire taire les masses et à les tenir à l'écart de l'équation politique. Même si vous commencez par Mohammed Ali, qui a fondé l'État égyptien moderne au début du XIXe siècle, il n'y avait pas de place pour les Égyptiens. Tout en ayant mis fin au règne des mamelouks, dont il était lui-même issu, il n'accordait aucun pouvoir aux Égyptiens. Ces derniers n'étaient, pour lui, dignes d'aucune fonction officielle. Donc, tout au long du XIXe siècle, la question dominante pour le pouvoir est : comment contrôler les Égyptiens ?
Cette question a explosé au grand jour avec le soulèvement d'Orabi en 1881-1882, qui était un vrai moment révolutionnaire et pas seulement une mutinerie d'une partie de l'armée. Il y avait des paysans, des artisans, des intellectuels, des officiers, des soufis, des urbains et des ruraux. Pas de femmes en revanche. Et le but de tous ces gens était de changer le système pour intégrer le système politique. Cela s'est terminé par un échec et une occupation militaire étrangère, britannique en l'occurrence.

C. A. – Vous dressez un parallèle entre 1952 et 1881. En effet, 1952 a mis fin à la tutelle étrangère mise en place en 1881, mais contrairement à ce que vous décrivez pour le mouvement d'Orabi, la révolution des « officiers libres » de 1952 n'est pas celle de tout un peuple. C'est plutôt un coup d'État, comme en 2013.

K. F. – En ce qui concerne 1952, je vais ressortir mon expression favorite : on est en présence d'une « *Goumhouriya bila Goumhour* » (une République sans peuple). 1952 est une révolution tout à la fois populiste, populaire et destinée à museler le peuple. C'est le grand paradoxe de Nasser et c'est pour cela qu'il fascine jusqu'à nos jours. Il est sans conteste un populiste, reste populaire, et pourtant il a muselé son peuple.
La raison pour laquelle on peut qualifier 1952 de véritable révolution – les intéressés parlaient de « mouvement béni » – et non de coup d'État, c'est parce que cela a changé de fond en comble le système politique égyptien. De la même manière que le massacre des mamelouks par Mohammed Ali a modifié le système politique en Égypte de manière radicale : une élite politico-militaire de 300 à 500 personnes, les mamelouks, a été massacrée et remplacée par une dynastie. 1952 n'a pas occasionné un tel massacre mais a marqué la fin de la monarchie et de tout le système qui l'entourait : l'aristocratie, l'élite politique et économique. Un nouveau genre de dirigeants, issus de la petite classe moyenne, a émergé avec leurs allégeances, leur rhétorique, leurs symboles et leur base populaire. En trois ans, tout a changé, même le système de relations internationales puisque l'arrimage à l'Occident cesse à partir de 1956. Mais le problème, c'est que, durant cette même période, tous les ressorts de la société civile, qui était très active en Égypte, ont été éradiqués : les syndicats, les Frères musulmans, le système judiciaire, les universités, même l'armée ont été supprimés ou purgés par peur des militaires au pouvoir d'être à leur tour renversés, comme en Syrie en 1949.
L'autre chose importante à savoir sur 1952, c'est que durant la période 1945-1952, la société égyptienne était en ébullition. Il y avait même des affrontements armés dans la zone du canal de Suez. Le pays se dirigeait vers une vraie révolution radicale et 1952 a été l'équivalent de 2013 : une reprise en main par l'armée d'un mouvement populaire très fort et multiforme. L'armée a mis des scellés sur ce mouvement populaire.
La façon dont le système politique est structuré en Égypte, le plus peuplé des pays arabes,

est fondamentalement problématique. Vous avez une très grande classe moyenne qui est systématiquement privée de ses droits. C'est de là que vient le potentiel révolutionnaire. Le pays a d'énormes problèmes, or le système politique, qui est clos, ne permet pas de les traiter. Pour ce pouvoir, la question principale se résume à : comment faire en sorte que la révolution n'arrive pas ?

Le soulèvement de 2011 était une tentative très sérieuse de tous ceux qui sont « hors jeu » de changer le système politique afin de pouvoir y participer. C'est la menace la plus sérieuse qu'ait connue le régime fondé en 1952, bien plus qu'en 1967, en 1977, et en 1986. Et 2013 a été une véritable contre-révolution menée par l'armée.

C. A. – Les concepts de démocratie et de révolution sont-ils devenus antinomiques en 1952 ? Je pense au débat entre Nasser et Naguib entre 1952 et 1954, qui s'est soldé par la mise sur la touche de Naguib au profit de Nasser, c'est-à-dire la victoire de la révolution contre la démocratie.

K. F. – On ne sait pas dans quelle mesure Naguib croyait véritablement dans la démocratie. Mais une chose est sûre : il croyait dans la Constitution et dans le parlementarisme. Or, pour les jeunes militaires qui l'entouraient, les gens n'ont pas leur mot à dire, que ce soit par le vote ou dans la rue. Cette armée est une force dominante, pas comme les armées latino-américaines inféodées à l'Église ou au grand capital. C'est d'ailleurs pour cela que les révolutionnaires de 1952 s'intitulent les « officiers libres » : ils sont libres de toute allégeance ou affiliation, politique ou idéologique.

C. A. – Peut-on dire alors que Naguib était le dernier défenseur de l'ordre politique issu de la révolution de 1919, un ordre libéral et parlementaire ?

K. F. – Oui, il en était le produit. Pour lui, on pouvait sacrifier le roi [Farouk] et même la monarchie, mais pas la Constitution. Après avoir rempli sa mission, l'armée devait, selon lui, retourner dans ses casernes. Nasser, lui, a su imaginer un monde totalement différent. Ce qu'il a réalisé entre 1952 et 1956 est stupéfiant : le nombre de décrets-lois redéfinissant la nature de l'État égyptien est incroyable. L'État a toujours été là en Égypte, un État fort depuis le XIXe siècle, mais en faire un État entièrement dévoué au contrôle de la société et sans contre-pouvoir, ça c'était entièrement nouveau.

C. A. – Un peu comme si Nasser avait lu Orwell et cherché à dépasser les échecs des deux grands totalitarismes de la première moitié du XXe siècle : le fascisme et le communisme. Revenons à la révolution de 1919 ! Comment la définir et la qualifier ? Vous ne semblez pas en faire d'emblée une révolution...

K. F. – Je dois avouer que mon avis n'est pas complètement arrêté à son sujet. C'est un moment complexe. La question que je me pose, et qui est le résultat de mes recherches sur les conséquences de la Première Guerre mondiale en Égypte, est la suivante : jusqu'à quel point cette révolution n'était-elle pas une contre-révolution ? Plus précisément, jusqu'à quel point cette révolution n'a-t-elle pas été volée et instrumentalisée par le parti Wafd ?

Il faut revenir à son commencement : quand a-t-elle débuté ? Selon l'historiographie classique, elle a débuté en mars 1919 quand Saad Zaghloul [chef du parti Wafd] a été arrêté, elle a enflé jusqu'à l'été avant d'être réprimée sévèrement par l'armée britannique – y compris par le bombardement aérien de centres urbains. Et, à

l'autre extrémité, la fin du processus est marquée par la déclaration d'indépendance [limitée] de 1922 et la Constitution [parlementaire mais soumise au roi et aux Britanniques] de 1923. C'est le maximum de ce que le Wafd pouvait obtenir du palais royal et des Anglais.
Mais d'autres recherches soulignent que le pays connaissait des troubles depuis au moins un an, en particulier depuis le retour des dizaines de milliers d'Égyptiens qui avaient servi en France, mais aussi à Gallipoli, en Arabie ou en Irak pour le compte de l'armée britannique. On parle de 100 000 à 250 000 paysans envoyés à la guerre, pas pour combattre, mais pour faire le sale boulot : creuser les tranchées sous la mitraille et les gaz de combat, déplacer les pièces d'artillerie, etc. Et c'est en France, au contact des tirailleurs marocains, que ces paysans ont vu des grèves, des mutineries, des actions anticoloniales. Quand ils sont rentrés au pays, la campagne égyptienne souffrait depuis plusieurs années de la famine à cause des ponctions britanniques destinées à l'effort de guerre. On assiste alors à de nombreux incidents où les paysans attaquent et pillent les entrepôts du gouvernement et des grands propriétaires fonciers.
Voici donc la question que je me pose : est-ce que les propriétaires terriens et la bourgeoisie, qui formaient l'élite du Wafd, n'ont pas cherché, en prenant en main ce mouvement, à détourner ce mécontentement qui les menaçait et à le transformer en un mouvement nationaliste ? Autrement dit, comme 1952, 1919 n'est-il pas une révolution des élites destinée à confisquer la révolution populaire qui se profilait alors ? Et enfin, question corollaire, est-ce que pour cette population paysanne, 1922 est une défaite ou une victoire ? Je n'ai pas assez étudié la question.

C. A. – Le mouvement des Frères musulmans est fondé en 1928, peu après ces événements. Son succès fulgurant n'est-il pas justement la preuve qu'une part importante de la population voyait les acquis du Wafd, l'indépendance en trompe-l'œil et la Constitution établissant une monarchie parlementaire, comme une défaite ?

K. F. – Les Frères musulmans ont mis à l'agenda une question nouvelle, celle de l'identité de l'Égypte, de l'authenticité.

C. A. – Ce n'est pas déjà le cas du mouvement d'Ahmed Orabi en 1881 ?

K. F. – Oui, mais pas de la même manière. Ce qui est en jeu, à l'époque, c'est la place de l'Égypte dans l'Empire ottoman, c'est comment l'Empire ottoman se défend face aux Britanniques et aux Français. Jusqu'au début du XXe siècle, l'identité ottomane est mise en avant, plutôt qu'une identité authentiquement égyptienne.
Les Frères musulmans, eux, apparaissent quand l'Empire ottoman a disparu. D'ailleurs, quelques années seulement avant leur naissance, le roi d'Égypte a flirté avec l'idée de se proclamer calife. Mais il a renoncé. Hassan el-Banna [fondateur des Frères musulmans] a fait preuve d'une plus grande audace en envisageant quelque chose de totalement nouveau qui n'était pas tant la reconstitution du califat comme on le pense souvent, mais la reconstruction de l'individu musulman. D'où le fait que la confrérie a été tellement en avance en termes de structures et de propagande.

C. A. – Quel a été l'effet en Égypte de la révolution islamique d'Iran en 1979 ?

K. F. – Pour les jeunes islamistes en Égypte, Khomeini a été certainement une grande source d'inspiration, mais ce qui s'est passé en Iran était un phénomène très chiite qui n'a pas tellement influencé la politique égyptienne. Les islamistes égyptiens étaient beaucoup plus influencés par des penseurs locaux, tous plus ou moins issus des Frères musulmans. Enfin, l'invasion de l'Afghanistan [en décembre 1979] a eu bien plus d'écho dans l'islamisme égyptien que la révolution iranienne, contrairement à l'Irak ou au Liban.

C. A. – Toujours dans les années 1970, on oublie souvent 1977 et les émeutes du pain. Était-ce le chant du cygne de la gauche révolutionnaire ?

K. F. – C'était un moment de crise profonde du régime. Sadate avait un problème avec ses militaires après la victoire tronquée de 1973 : les généraux voulaient jouer un rôle plus important, or, depuis 1974, le Premier ministre était un officier de police. À cela il faut ajouter la frustration des syndicats ouvriers et étudiants muselés depuis la mort de Nasser. Et bien sûr une crise économique qui a conduit le gouvernement à supprimer les subventions des produits de première nécessité : tous les secteurs de la société ont été touchés. C'était un mouvement important, très urbain et non pas une poignée de gauchistes comme le disait Sadate à l'époque. Mais l'absence de syndicats indépendants et la remise en vigueur des subventions ont permis d'en venir à bout rapidement.

C. A. – Finissons par 2011. C'est un échec mais peut-on considérer que le principal résultat de cette révolution écrasée est la perte de légitimité de l'armée et des Frères musulmans ? En 2011, une partie des révolutionnaires croyaient dans l'armée en tant que « protectrice de la révolution », d'autres plaçaient tous les espoirs dans les Frères musulmans. Ce n'est plus le cas.

K. F. – Je pense que oui. Je ne suis pas allé en Égypte depuis six ans, mais c'est ce qu'on me rapporte : les gens ne croient plus que l'armée ait la solution aux problèmes du pays. Elle a perdu beaucoup de crédibilité. Et je crois aussi que la confrérie a aussi perdu beaucoup de la confiance de ses sympathisants après son passage au pouvoir [en 2012-2013]. Mais je sais aussi que l'islam politique est toujours là et que d'autres peuvent récupérer ce potentiel.
La révolution de 2011 a cristallisé les positions de manière très claire. Elle a forcé chacun à prendre position. La politique était quelque chose de lointain, d'illégitime. Et soudain, les gens ont dû prendre position sur l'armée, sur l'islam, sur le statut des femmes, sur la sexualité. Ceux qui soutiennent l'armée aujourd'hui assument la contre-révolution et l'absence de démocratie. Ils assument le prix à payer pour cette stabilité, même si cela consiste à tuer 800 personnes en pleine ville et en plein jour comme ce fut le cas en août 2013 [pour démanteler le sit-in des Frères musulmans place Rabaa al-Adawiya, au Caire, pour protester contre la destitution de Morsi]. C'est moche mais c'est une bonne chose pour le débat politique en Égypte. Le problème c'est que la sphère publique n'est pas suffisamment ouverte pour que les gens développent leurs idées et poussent le débat jusqu'au bout. Pourquoi la stabilité ? Quels sont ses avantages, ses inconvénients ?

C. A. – Donc la révolution de 2011 a permis l'émergence de l'« *homo politicus* » égyptien mais pas encore celle d'une société politique.

K. F. – Voilà, c'est ça.

CHRONOLOGIE

1805 : Mohammed Ali devient pacha d'Égypte avec l'aval du sultan d'Istanbul. Il élimine les derniers mamelouks et s'attache à fonder une dynastie en même temps qu'un État moderne.

1881 : Ahmed Orabi, colonel de l'armée du khédive Tawfiq Pacha, se soulève pour protester contre l'inféodation de son pays à la Grande-Bretagne et à la France, auprès desquels il s'est endetté pour construire le canal de Suez. Nommé Premier ministre, il est condamné à l'exil à la suite de l'intervention militaire britannique qui marque le début de l'occupation militaire occidentale du pays.

1919 : des manifestations éclatent en mars après l'arrestation de Saad Zaghloul, leader du parti indépendantiste qui souhaite envoyer une délégation (Wafd) à la Conférence de paix qui suit la Première Guerre mondiale. En 1922, le Wafd arrache la fin du protectorat mais Londres reste entièrement responsable des forces armées et de la protection des intérêts étrangers, dont le canal de Suez.

1952 : les « officiers libres » renversent en douceur le roi Farouk, envoyé en exil en Italie. Le général Mohamed Naguib, le plus ancien du groupe, est proclamé président de la République. Deux ans plus tard, à la suite de divergences sur la conduite de la révolution, Gamal Abdel Nasser destitue Naguib et prend sa place.

1967 : Nasser démissionne à la suite de la défaite qui a suivi la guerre de juin contre Israël dans laquelle l'Égypte a perdu la bande de Gaza et le Sinaï. À la suite de manifestations massives, le raïs décide de rester à son poste et limoge son ministre de la Défense et chef d'état-major Abdel Hakim Amer, véritable numéro deux du régime. Arrêté pour complot, il est emprisonné la même année et officiellement se suicide en détention.

1977 : en janvier, l'annonce de la suppression des subventions aux produits de première nécessité entraîne des manifestations qui menacent dans un premier temps de déborder le régime Sadate : celui-ci réussit à reprendre le contrôle de la situation au prix d'une répression policière féroce et en annonçant le retour des subventions.

1981 : l'assassinat d'Anouar el-Sadate lors du défilé marquant l'anniversaire de la victoire du 6 octobre par un commando islamiste du mouvement Al-Jihad est accompagné d'un soulèvement dans la ville d'Assiout, en Haute-Égypte, où des groupuscules islamistes attaquent les commissariats. Des parachutistes de l'armée largués dans la nuit reprennent rapidement le contrôle de la ville.

1986 : en février, plusieurs milliers de conscrits des Forces centrales de sécurité (force de police) prennent la rue et saccagent l'avenue des pyramides à la suite d'une rumeur selon laquelle le service militaire obligatoire de trois ans serait allongé d'une année supplémentaire. L'armée écrase le mouvement à l'aide d'avions de chasse et d'hélicoptères.

2011 : dans la foulée du soulèvement tunisien, des manifestations éclatent au Caire puis dans différentes villes du pays contre les abus de la police puis contre le régime de Hosni Moubarak. Après dix-huit jours de manifestations, le président Moubarak est contraint à la démission par l'armée. En 2012, des élections portent les Frères musulmans au pouvoir au Parlement et à la présidence. Mais le président Morsi, en proie à un grave mécontentement, est finalement renversé en juillet 2013 par son ministre de la Défense, Abdelfattah al-Sissi. Ce dernier, qui mène une féroce répression contre les islamistes puis contre tous ses opposants, se fait élire président l'année suivante et se maintient au pouvoir depuis.

LES AUTEURS

Khaled Fahmy est professeur au centre *Sultan Qaboos* des Études modernes arabes à l'université de Cambridge. Ses recherches portent principalement sur l'histoire sociale et culturelle du Moyen-Orient moderne, et plus particulièrement sur l'Égypte du XIXe siècle. Son dernier livre, *In Quest of Justice : Islamic Law and Forensic Medicine in Modern Egypt*, a remporté le prix Peter Gonville de l'American Society for Legal History en 2019 et le prix Social History Society Prize for Best Book en 2020. Il travaille actuellement sur des récits révisionnistes de la guerre israélo-arabe de 1967.

Christophe Ayad est grand reporter pour *Le Monde*. Il a été correspondant de *Libération* en Égypte de 1994 à 2000 et a couvert le monde arabe pendant vingt ans. Il est lauréat du prix Albert-Londres 2004 pour ses reportages en Irak et au Rwanda. Christophe Ayad est également l'auteur de *Géopolitique de l'Égypte* (Complexe, 2002). Fréquemment invité aux rencontres et débats de l'Institut du monde arabe, il est aussi membre du comité de réflexion des « Rendez-vous de l'actualité de l'IMA ».

POUR EN SAVOIR PLUS

Alaa El Aswany, *J'ai couru vers le Nil*, Actes Sud, 2018.
Sonallah Ibrahim, *Le Comité*, Sindbad/Actes Sud, 1992 ; coll. « Babel », 2011.
Claude Guibal et Tangi Salaün, *L'Égypte de Tahrir. Anatomie d'une révolution*, Seuil, 2011.

Naissance du « peuple » (*shaab*)

par **Raja Ben Slama**

Le mot *shaab*, qui deviendra en arabe moderne l'équivalent de la notion de « peuple », correspondait dans les textes anciens à l'entité numérique supérieure à celle de la tribu. Il est utilisé une seule fois dans le Coran, au pluriel, accompagné du mot signifiant « tribus », également au pluriel : « Hommes ! Nous vous avons créés [à partir] d'un mâle et d'une femelle et nous vous avons constitués en confédérations et en tribus pour que vous vous connaissiez. Le plus noble d'entre vous aux yeux d'Allah est [néanmoins] le plus pieux… » (XLIX, 13, Blachère, p. 549).

Shaab, que Blachère traduit par « confédération » est étymologiquement un énantiosème, c'est-à-dire un terme qui signifie un sens et son contraire : *ash-Shaab* : rassembler et séparer ; réparer et abîmer (*Lisan al-'Arab*). Il est fort probable que ce trait paradoxal, signalé explicitement par les vieux dictionnaires de la langue arabe, reflète la crainte, bien ancrée dans la psyché humaine, de la multiplication qui engendre nécessairement la division et la divergence. Plus on devient nombreux, plus on est soumis au risque et à la loi de la section. D'où les renvois de la racine (*sha'aba*) à la fente, à l'acte de faire bande à part, à la vallée entre les monts, aux branches d'un arbre, aux monts différents d'une même montagne, aux affluents et au principe général de la ramification. C'est la signification négative de la dispersion qui semble ainsi dominer le champ lexical du *shaab*, bien que le mot et, plus généralement, la racine soient déclarés énantiosémiques. Le *shaab* s'opposerait ainsi à un signifiant religieux positif qui est l'Oumma, désignant à la fois la religion et la communauté religieuse. À tel point que le *shaab* renvoyait aussi à un lieu abstrait où s'opère ou peut ne pas s'opérer l'unification de la communauté. Dans la même entrée consacrée à cette racine, on rapporte ce dit d'Aïcha, la jeune épouse du Prophète, décrivant son père qui n'est rien d'autre que le premier calife de l'Islam : « Il colmatait son *shaab*, c'est-à-dire qu'il assemblait ce qui est disparate dans l'ordre et la parole de l'Oumma » (*Lisan al-'Arab*). Il n'est pas étonnant de constater donc que le terme le plus utilisé dans le Coran est celui d'Oumma : 49 occurrences contre une seule du mot *shaab* au pluriel. Ce terme n'était d'usage ni dans le Coran, ni dans les exégèses et les discours politiques. Même quand il s'agissait des récits des prophètes, on employait le mot *qawm* pour désigner les différents « peuples » auxquels ils s'adressaient. Ce dernier mot renvoie autant au lieu qu'à la station debout, à l'autorité et à l'autorité des hommes sur les femmes (*qawwamun*). La notion moderne de nationalisme panarabe a été forgée à partir de *qawm* et non à partir d'Oumma, à connotation très religieuse.

Comment le *shaab* est devenu le peuple que l'on connaît aujourd'hui, celui au nom de qui les lois sont généralement promulguées, celui dont les parlements arabes portent le nom et celui qui devait se soulever contre les régimes autoritaires en 2010-2011 selon le slogan scandé en Tunisie, et repris en Égypte, en Libye, en Syrie, à Bahreïn, etc. : « Le peuple veut la chute du régime » (*Ashshaab yurid isqat an-Nidham*) ?

Plusieurs événements sémantiques et mutations de l'usage de certains termes politiques appartenant au même paradigme ponctuent un long processus historico-politique ayant abouti à la naissance de cette notion dans le contexte arabo-islamique et plus particulièrement en Tunisie. L'hypothèse centrale de cet article est que le terme fut porté par un large mouvement de sécularisation dont l'abolition du califat (1924) est le tournant le plus significatif.

Dans les textes de la tradition, le mot Oumma était d'usage pour parler de la communauté islamique et celui de *qawm* pour désigner d'une manière générale des groupements humains réduits, étrangers ou précédant l'islam. On utilisait aussi *beni* pour parler d'un groupement fondé sur la filiation agnatique ou *ahl* pour attribuer un groupement à un territoire ou une ville. On ne disait pas « le peuple d'Israël », mais « *beni Israil* », comme on disait « *ahl al'Iraq* », ou « *ahl al-Qayrawan* ».

Le terme *shaab* a frayé progressivement son chemin pour s'imposer au singulier et en dehors du paradigme de la tribu et des groupements du même ordre. Nous supposons que le mot fut « révélé » aux arabophones par les traductions arabes de la Bible, où ce terme remplace le *qawm* dont font usage le Coran et ses exégèses. Il apparaît aussi à la fin du XVIIe siècle dans la relation de voyage du prêtre chaldéen Ilyas al-Mawsili, l'un des premiers arabophones partis en Amérique (entre 1668 et 1683). Il a employé le terme *shaab* en traduisant dans le récit de son voyage l'expression « *la ciudad del pueblo de Los Angeles* », « la ville du peuple de Los Angeles », par « *madinat shaab al-mala'ika* ». Mais avant de s'installer définitivement dans son usage moderne, les traducteurs arabes ont tâtonné. L'historien tunisien Ibn Abi-Dhiaf (1804-1874), en décrivant le Parlement et le principe des élections et de la démocratie représentative, a rendu la notion de « peuple » tantôt par *ahlun* (parents, habitants), tantôt par *'amma*, c'est-à-dire la plèbe (Ithaf, II/67).

Le peuple, au sens moderne du terme, fera son apparition au cours du XXe siècle. L'intellectuel et homme politique tunisien Abdelaziz Thaâlbi (1875-1944) s'en sert en 1919 quand il écrit, en français, son plaidoyer en faveur de la cause tunisienne, intitulé *La Tunisie martyre*. Le Syrien Mohamad Rachid Ridha (1865-1935) l'emploie en 1922 au pluriel dans son *Voyage européen*. Les années 1920 en Tunisie représentent un tournant politique important marqué par la naissance du Parti libre destourien tunisien (1920) et de la première centrale syndicale (1924).

Lorsque le califat sera aboli en 1924 par Mustafa Kemal Atatürk, le terme « peuple » est déjà consacré. Il n'est pas anodin que dans l'hebdomadaire tunisien *Ifriqia* (1922-1925) du 4 avril 1924, c'est-à-dire un mois après l'abolition du califat, la une annonce la parution du livre constituant un recueil d'articles, *Le Peuple tunisien et la naturalisation*. À la seconde page, nous lisons une défense de la réforme turque et de la séparation des deux pouvoirs religieux et temporel. Cet exemple parmi d'autres montre l'inéluctable transformation du sens de la politique et de son fondement.

La vie intellectuelle se fera aisément l'écho de ce bouleversement. Le savant exégète Tahar Ben Achour (1879-1973), contrairement à ses prédécesseurs, utilisera le mot peuple à la place de *qawm* dans son exégèse coranique publiée à partir de 1956. L'historien irakien Jawad Ali (1907-1987) fera de même dans son ouvrage encyclopédique sur l'histoire des Arabes avant l'islam, entre 1956 et 1960.

D'autres faits préfigurent ou renforcent ce bouleversement. Il est hautement significatif que le terme *'amma*, désignant la plèbe ou le petit peuple et s'opposant à *khassa* (l'élite), perde son sens péjoratif dans certains passages d'Ibn Abi-Dhiaf, même si par ailleurs, c'est le terme *'urban* (Bédouins) qui portera le stigmate de l'infériorité. Le terme Oumma est affaibli, non seulement par la disparition du califat, mais par deux phénomènes concomitants : le sentiment d'appartenance à une entité vaste et vague qui est l'Orient (*sharq*) opposé à un Occident oppresseur chez la majorité des intellectuels et poètes arabes de la première moitié du XXe siècle et la multiplication des Oummas. Cet Orient n'avait pas un sens religieux car il s'étalait au-delà de la Terre de l'Islam pour embrasser le Japon victorieux au début du siècle dernier et tant admiré par les intellectuels musulmans. Les différents jeunes « peuples », notamment à partir des années 1930, devinrent convertibles en Oummas aussi glorieuses que celle de l'islam. En 1949, à titre d'exemple, le Tunisien Ali Balhouane (1909-1958) publie un livret portant le titre Nous sommes une nation !

Avec la naissance du mouvement syndical tunisien, un autre pas est fait vers la promotion du peuple, non seulement comme fondement de la vie politique et juridique remplaçant le fondement religieux, mais comme un acteur potentiel ou réel de l'histoire. Deux auteurs tunisiens contemporains attestent de cette promotion : le réformiste Tahar Haddad (1899-1935) et le poète Abou el Kacem Chebbi (1909-1934). Le peuple, et non plus l'Oumma islamique, est invoqué, supplié, interrogé sur son avenir, non sans une pointe de désespoir. Dans une *Ode au peuple*, Chebbi se demande :

> Tu n'es ni un mort qui décrépit ni un vivant
> Qui marche, mais un être incompréhensible
> Qui sans cesse contemple le vide avec un regard
> Figé et obscur ne voyant pas les univers
> Quel sort a-t-on jeté sur toi ? Es-tu un ensorcelé
> Miséreux ou es-tu un géant moqueur ?

Le peuple est au centre des *Réflexions* de Tahar Haddad, écrites en 1933. Il considère que le fatalisme est source de servitude et de paresse (p. 28). Il intitule l'une de ses réflexions « La volonté du peuple ». La même année, Chebbi écrit son célèbre poème *La Volonté de vivre* dont les deux premiers vers sont ajoutés à l'hymne national tunisien :

> Lorsqu'un jour le peuple veut vivre,
> Force est pour le Destin d'obéir,
> Force est pour les ténèbres de se dissiper,
> Force est pour les chaînes de se briser...

Ce n'est pas seulement le premier vers, condamné par des fatwas, appréhendé par certains islamistes, qui indique le désir d'une modernité politique émancipée du religieux. Tout le poème prend le sens d'une nouvelle philosophie de la vie et d'une nouvelle référence pour les individus et la société. Le poète y rapporte les paroles des différents éléments de la nature : le vent, la terre et la forêt et le termine par l'évocation d'un nouveau sacré :

> L'hymne sacré de la vie se répandit dans un temple de rêve et de charme...

Il faut un autre livre, un autre sacré, un autre temple pour que le peuple et sa « volonté de vivre » se placent au centre de l'univers et de la vie publique. Pour que ce sacré non religieux soit instauré, il faut aussi des martyrs différents. En 1952, le leader syndical fondateur de l'UGTT, Farhat Hachad (1914-1952), est assassiné. Avec sa déclaration d'amour au peuple *Ô peuple je t'aime !*, publiée en 1950, il offre à la Tunisie une sorte de figure christique profane qui donne toute sa force à la centrale syndicale dont il est fondateur.

La difficile transition démocratique tunisienne amorcée après 2011 remet à l'ordre du jour le caractère énantiosémique et inquiétant du peuple, longtemps refoulé par la fiction de l'Oumma fraternelle et unifiée. Elle permet aussi des retours de refoulé épisodiques et plus ou moins violents, de cette même Oumma et du califat qui en est l'expression politique.

La révolution tunisienne aura été une vaste cure psychanalytique engendrant une émancipation « de surcroît ».

L'AUTEURE

Auteure de plusieurs livres, dont une thèse sur l'amour dans la tradition arabo-islamique, **Raja Ben Slama** est professeure à l'université de la Manouba et psychanalyste. Elle est depuis 2015 directrice générale de la Bibliothèque nationale de Tunisie. Son dernier ouvrage, en français, s'intitule *Ordres/désordres des genres. Lectures croisées sur la violence et l'amour* (Nirvana Éditions, 2020).

POUR EN SAVOIR PLUS

Anonyme (attribué à Abdelaziz Thaâlbi), *La Tunisie martyre*, Jouve, 1920.
Apollo, revue mensuelle dédiée à la poésie arabe, 1932-1934, 25 numéros.
Ali Balhouan, *Nahnu umma* [*Nous sommes une nation*], préfacé par Raja Ben Slama et Hédi Jalleb, Bibliothèque nationale de Tunisie, 2018.
Ibn Abi Dhiaf, *Ithaf Ahl al-Zaman bi Akhbar muluk Tunis wa 'Ahd el-Aman* [*Présent des hommes de notre temps. Chroniques des rois de Tunis et du pacte fondamental*], ministère de la Culture, 1999, 9 vol.
Abu-l-Qacem Esh-Shabbi, *Aghani al-Hayat* [*Les Chansons de la vie*], STD, 1970.
Tahar Haddad, *Khawatir* [*Réflexions*], M. N. Bousnina (éd.), Dar 'Arabiyya li-l-Kitab, 1975.
Watha'iq, n° 24/25, « Entre histoire culturelle et histoire politique. La Tunisie des années vingt », Publications de l'université de Tunis I, Institut supérieur d'Histoire du mouvement national, 1998-1999.

Au cœur de l'idée de dignité

entretien avec **Leila Shahid** et **Rania Muhareb** par **Alexandra Schwartzbrod**

À soixante et onze ans, la Palestinienne Leïla Shahid se voit comme un lien, une courroie de transmission entre la génération des révolutionnaires – celle née après la Nakba qui a connu la guerre israélo-arabe de 1967 puis les intifadas de 1969 (Liban), 1987, 2000 (Palestine) – et la génération des pragmatiques (chercheurs, artistes, entrepreneurs...) qui, pied à pied, tentent de contrer le bulldozer israélien et de maintenir intacte la mémoire palestinienne. Et surtout sa dignité (*karama*). Une tâche difficile tant les expériences et les contextes géopolitiques sont différents.

Du lien, il n'y en a jamais eu autant besoin car les Palestiniens apparaissent de plus en plus, en ce début de décennie 2020, comme les grands oubliés de l'histoire. Entre les projets d'annexion d'une nouvelle partie de la Cisjordanie par le gouvernement israélien et l'officialisation des liens entre l'État hébreu et une partie des pays du Golfe, leur poids sur la scène proche-orientale ne cesse de décroître. « En concluant un accord avec Israël, les Émirats arabes unis entérinent en quelque sorte l'occupation des territoires palestiniens, c'est très grave pour nous, ils permettent de créer un axe Émirats-Israël-États-Unis qui ne peut que nous être défavorable », note Leïla Shahid. Pour l'ex-déléguée générale de la Palestine en France, il n'y a plus *un* monde arabe mais *des* mondes arabes. « J'en vois trois : les pays limitrophes d'Israël, c'est-à-dire l'ancien Levant (Liban, Syrie, Jordanie, Égypte), sans doute le plus intéressant mais en décomposition pour la plupart ; les pays du Golfe, que j'appelle les pays McDonald's, très riches à cause du pétrole mais dangereux sur le plan idéologique car conservateurs et antidémocratiques, terrorisés à l'idée qu'un Printemps arabe puisse advenir chez eux ; enfin l'Afrique du Nord (Algérie, Maroc, Tunisie, Libye), très importante pour la géostabilité de la Méditerranée. On voit bien qu'aucun de ces mondes n'est stable aujourd'hui, ils sont tous dans une situation pré-volcanique et les Palestiniens sont les plus fragiles car ils n'ont pas d'État. »

À trente ans, Leïla Shahid avait devant elle un avenir chaotique mais ouvert, en devenir, elle pouvait imaginer que, avec de l'énergie et des soutiens internationaux, les Palestiniens pourraient retrouver tôt ou tard leur unité et leur juste place dans la région. Aujourd'hui, les trentenaires palestiniens n'ont droit à aucun rêve, leur réalité s'apparente à un mur. « On a toujours été une nation forte mais, depuis 1948, on est atomisés entre Palestiniens d'Israël, Palestiniens de Cisjordanie, Palestiniens de Gaza, Palestiniens de Jérusalem, Palestiniens des camps de réfugiés, Palestiniens de la diaspora… et le gouvernement israélien a rajouté de l'atomisation avec la colonisation qui mine notre territoire, explique-t-elle. Qu'est-ce qui donne à notre société cette vitalité, cette force intérieure qui, soixante-douze ans après notre quasi-effacement de la carte, lui permet de se tenir droite, de garder sa dignité ? C'est très profond, une capacité intacte à nous renouveler, un souffle. Chaque épreuve infligée aux Palestiniens les renforce, ils sont aujourd'hui citoyens du monde, ils n'abandonnent pas. Les Juifs étaient une diaspora et ils sont devenus un foyer national. Nous, on avait un foyer national et on est devenus une diaspora. »

Leïla Shahid est née en 1949 à Beyrouth, un an après la création d'Israël, dans une famille de Palestiniens. Sa mère était réfugiée au Liban depuis l'époque où la Palestine vivait sous mandat britannique, son père y étudiait la médecine. « En 1969, j'ai vu naître la révolution palestinienne dans les camps du Liban, j'avais vingt ans, je suis un témoin, une militante convaincue de la nécessite de militer. Le mot "*intifada*" en arabe veut dire littéralement « se soulever », enlever ce qui te brise, te casse, t'humilie, et prendre en main ton destin. C'est une action sur soi-même et non contre quelqu'un. Quand, en 2019, les manifestants ont appelé leur mouvement « Intifada » au Liban, je leur ai demandé pourquoi. Ils m'ont répondu : "Parce que c'est d'abord une victoire sur nous-mêmes." Ce mot est propre à un mouvement social revendicatif, il désigne des gens qui relèvent la tête, qui veulent retrouver leur dignité. C'est aussi ce qui s'est passé en Algérie sous le nom de "*hirak*". »

L'annexion envisagée par le Premier ministre israélien d'une partie de la Cisjordanie signerait bel et bien pour Leïla Shahid la mort du projet de deux États israélien et palestinien vivant côte à côte, si tant est que ce projet soit encore viable aujourd'hui. « Si Benyamin Netanyahou croit qu'en annexant une partie de la Cisjordanie il va faire disparaître le problème palestinien, il se trompe lourdement. Il va au contraire le mettre en valeur ! Et cela donnera peut-être une chance aux Israéliens de manifester aux côtés des Palestiniens contre ce qui ressemblera de plus en plus à un système d'apartheid. Pour qu'Israéliens et Palestiniens aient un avenir commun, il faut qu'ils aient un combat commun ! » D'où la nécessité pour elle de transmettre aux nouvelles générations toute l'expérience tirée de ses décennies de militantisme et de représentation politique à Paris ou Bruxelles.

La jeune chercheuse palestinienne Rania Muhareb, dont les grands-parents ont connu la Nakba, fait partie de ces jeunes qui vont étudier à l'étranger avant de revenir sur leur terre natale pour continuer à militer. Ce sont ces « esprits veillants » qui maintiennent vivace le combat des Palestiniens pour exister en tant que peuple et, un jour peut-être, État. Elle travaillait jusqu'en août 2020 à Ramallah au sein de l'ONG Al-Haq, fondée en 1979 pour défendre les droits des Palestiniens, avant de partir en Irlande poursuivre un doctorat. Cette génération, qui ne nourrit plus d'illusions sur son avenir, se bat sur le moindre chiffre, la moindre parcelle de terrain, le moindre délit, espérant faire la preuve de son bon droit par les faits et non par les espoirs. « Si les résolutions de l'Assemblée générale et du Conseil de sécurité de l'ONU n'ont jamais été appliquées, c'est parce qu'Israël jouit d'une impunité totale et institutionnalisée pour les crimes commis contre les Palestiniens », explique Rania Muhareb. Pour elle, le projet d'annexion du gouvernement israélien n'est que le prolongement de la politique de contrôle et de fragmentation du peuple palestinien menée depuis 1948. « Ceux qui sont déjà allés en Palestine savent très bien que la vallée du Jourdain, par exemple, est depuis des années sous l'entier contrôle d'Israël, c'est-à-dire sous annexion *de facto*. La paix est une illusion depuis plus de vingt ans, elle n'existe pas et n'a jamais existé sur le terrain, ce processus a même entraîné toujours plus de colonisation, toujours plus de contrôle israélien sur les territoires palestiniens. Les autorités israéliennes savent très bien qu'elles peuvent annexer des parties du territoire occupé même si c'est contraire au droit international puisqu'elles l'ont déjà fait sans qu'il y ait de conséquences. Mais cela ne doit pas nous empêcher d'étudier les mesures juridiques possibles car nous disposons de moyens qui n'existaient ni en 1948 ni en 1967. Et notamment de la Cour pénale internationale (CPI) qui a la compétence aujourd'hui de juger les crimes commis contre les Palestiniens. De nombreux États (l'Allemagne, l'Australie, les États-Unis...) ont pris des mesures pour empêcher l'ouverture d'une enquête par la CPI en Palestine. Au fond, que ces États soutiennent la justice internationale dans d'autres pays mais pas en Palestine montre bien que l'impunité israélienne est une réalité. »

Contrairement à la génération précédente, les trentenaires palestiniens ne sont plus prêts à faire le moindre compromis. Et d'abord avec l'Autorité palestinienne. « C'est elle qui a fait le choix de la lutte diplomatique. Mais en tant que Palestinienne qui n'a vécu que cette "période d'Oslo", avec de prétendues négociations sans changement réel sur le terrain, je vois bien que ça ne marche pas. C'est pourquoi la position de l'Autorité palestinienne est très critiquée. Elle ne mène pas la même lutte que la société civile qu'elle considère comme une menace à sa propre autorité. Établie dans les années 1990, l'Autorité palestinienne a moins d'expérience du terrain que la société civile qui, elle, est active en Palestine depuis les années 1970. Avoir une Autorité qui, elle-même, viole les droits des Palestiniens ne nous aide pas à prendre les mesures nécessaires pour lutter contre la colonisation et l'occupation israélienne, c'est ça le problème ! On parle de tortures systématisées dans les prisons palestiniennes, similaires à celles pratiquées dans les prisons israéliennes ; on constate des violations de la liberté d'expression avec des sites Internet fermés et des journalistes ou des défenseurs des droits de l'homme arrêtés pour leur travail. Le changement, pour les Palestiniens, ne vise donc pas seulement l'occupation israélienne mais aussi l'Autorité palestinienne. D'autant que celle-ci ne représente formellement ni le peuple palestinien ni la lutte palestinienne puisqu'elle n'est même pas élue. Le Parlement palestinien ne se réunit plus depuis... treize ans, et le président de l'Autorité palestinienne préside depuis quinze ans alors que son mandat est de quatre ans ! Il reste le pouvoir judiciaire mais, depuis de nombreuses années, les juges qui critiquent la politique du Fatah peuvent être poussés à la préretraite en raison de leurs opinions. »

Les trentenaires palestiniens sont lucides sur ceux qui les dirigent comme sur ceux qui les occupent. Leurs parents ont cru au mirage d'un État palestinien, ils réclament juste une stricte égalité des droits et des chances. Et misent tout sur la société civile. Celle-là même qui a joué un rôle essentiel dans le démantèlement du régime d'apartheid en Afrique du Sud. Leïla Shahid, au fond, ne dit pas autre chose quand elle se déclare très pessimiste sur les États et les dirigeants des mondes arabes qui n'aspirent plus qu'à des régimes militaires ou autoritaires. Pour Rania Muhareb, « pouvoir prendre son destin en main est au cœur du concept de dignité (*karama*) ». Encore faut-il y parvenir.

LES AUTEURES

Ancienne diplomate, **Leïla Shahid** a fait des études de sociologie et d'anthropologie à l'Université américaine de Beyrouth (AUB) et s'engage parallèlement auprès de Yasser Arafat. En 1976, elle devient présidente des étudiants palestiniens de France. Elle participe au lancement de la *Revue d'études palestiniennes*, publiée jusqu'en 2008. Première femme à être nommée représentante de l'Organisation de libération de la Palestine (OLP) en Irlande en 1989, puis auprès des Pays-Bas en 1990, elle est nommée déléguée générale de Palestine en France, de 1993 à 2005 et à l'UNESCO de 1993 à 1996. De 2005 à 2015, elle est l'ambassadrice de la Palestine auprès de l'Union européenne, de la Belgique et du Luxembourg. En 2016, elle est élue présidente de la Société des amis de l'Institut du monde arabe.

Rania Muhareb est doctorante Hardiman au Centre irlandais des droits de l'homme de l'Université nationale d'Irlande à Galway, où elle étudie la pertinence de la question d'apartheid pour les contextes d'oppression raciale institutionnalisée, comme en Palestine. Elle a un master en droit international des droits de l'homme et droit international humanitaire et travaillait comme chercheuse juridique et chargée de plaidoieries auprès de l'organisation palestinienne des droits de l'homme Al-Haq jusqu'en août 2020. Elle est diplômée du Campus Moyen-Orient Méditerranée de Sciences Po Paris à Menton.

Alexandra Schwartzbrod est journaliste et auteure de romans policiers. Actuellement directrice adjointe de la rédaction de *Libération*, elle a été correspondante à Jérusalem pour ce quotidien de 2000 à 2003. Elle est notamment l'auteure d'une trilogie noire sur le conflit israélo-palestinien avec *Balagan* (Stock, 2003, prix du polar de la SNCF), *Adieu Jérusalem* (Stock, 2010, Grand Prix de littérature policière) et *Les Lumières de Tel-Aviv* (Rivages Noir, 2020).

Nommer l'oppresseur : le système en accusation

par **Bertrand Badie, Myriam Benraad, Karim Émile Bitar, Dalia Ghanem**

L'imaginaire anti-système

Ce mot « système » que l'on retrouve abondamment dans les chroniques récentes nous introduit à un imaginaire révolutionnaire volontairement très large. Certaines révolutions se font contre un pouvoir politique ciblé, contre une structure sociale désignée, contre telle ou telle pratique économique. Quand on pointe le système dans son entier, on introduit une dimension de globalité qui devient la marque distinctive de la dynamique révolutionnaire considérée. Cette vision très inclusive est symptomatique de ce qui s'est passé lors du Printemps arabe dès la fin de l'année 2010, mais le mot s'épanouit surtout dans les épisodes de l'année 2019, pour déborder de son cadre géographique initial : on le retrouve notamment dans le répertoire lexicographique des « gilets jaunes » en France. Il y a donc bien, à travers l'analyse de ce vocable, une façon originale d'interroger ou de réinterroger *a posteriori* les processus révolutionnaires tels qu'ils se sont accomplis dans le monde arabe tout au long de cette dernière décennie et tels qu'ils se sont ensuite diffusés au-delà de leur zone.

Trois orientations se dégagent, qui permettent de mieux cerner cette expression lexicale : une dénonciation, une inclusion et une évaluation. La première rejoint l'un des caractères clés des révolutions d'aujourd'hui, exprimant avant tout une défiance populaire forte à l'égard des institutions en général, politiques, d'abord, mais aussi sociales, économiques, et peut-être même culturelles. Derrière le « système » apparaît l'idée d'une séparation grave entre le peuple et ses institutions, un peuple qui ne se retrouve pas dans la substance de ses institutions et qui fait de la défiance à l'égard de celles-ci la base même de sa mobilisation. Le « système » prend alors une connotation spontanément négative. Il vient montrer tout en même temps le caractère opaque, obscur, générateur de soupçon, voire d'hostilité, qui est prêté aux appareils institutionnels. C'est, semble-t-il, un dénominateur commun très fort qui se révèle partout dans le monde, tout au long d'une année 2019 qui a été d'abord celle de la défiance généralisée. À Santiago au Chili, à Port-au-Prince, à Hong Kong, dans le monde arabe, ou dans certains pays européens comme la France, le « système » est convoqué pour incarner, jusqu'à la caricature, cette idée de confiance définitivement rompue.

La deuxième dimension désigne la connotation *inclusive* du mot « système ». Celui-ci est né dans le vocabulaire des sciences pour définir un assemblage, une mise en ordre plus ou moins réussie d'une quantité d'éléments disparates dont la collection se place ainsi au centre même de l'imaginaire révolutionnaire. Parmi ces éléments, certains sont de nature subjective, pesant de plus en plus lourd : évoquer et critiquer le système est une manière d'affirmer la quête de dignité et de reconnaissance qui constitue le fil rouge de tous ces mouvements révolutionnaires, la volonté d'être considéré et reconnu par l'autre. Quand on parle de « système », on soupçonne implicitement cette tendance non dite à exclure le peuple du champ de décision. À quoi s'ajoutent des éléments de nature plus objective : le système pointe aussi un échec global qui renvoie à la faiblesse patente d'institutions qui ne fonctionnent pas. Passer de l'idée noble d'institutions à celle triviale de système est aussi une façon de viser un ensemble de déficiences politiques, sociales et économiques.

Le système est par ailleurs une collection d'*individus*, c'est-à-dire tous ceux qui investissent les lieux de pouvoir, ceux que, dans un autre langage, on appellerait les élites. Ce sont eux qui font le système, qui l'habitent, l'incarnent, le clanisent, le corrompent, ceux qui en profitent et qu'il convient de « dégager ». Il y a un lien entre la trivialité du mot et cette dimension « dégagiste » que l'on retrouve dans la plupart de ces mouvements révolutionnaires contemporains. Le système globalise les élites et fait qu'il n'y a même plus de « bons » pour remplacer les « mauvais » : dans le contexte de l'élection présidentielle algérienne, cette affirmation tenait une place de choix.

Enfin, dans cette ambiance d'inclusion, la notion de « système » vient aussi, au-delà de la dénonciation des élites, consacrer la *revanche du collectif*. Il y a un système, face auquel se trouve le peuple. Parler de système, c'est une façon d'introduire une dualité. Le peuple exclu du système, écrasé, méprisé, humilié, marginalisé par le système, est seul habilité à se substituer à lui. On a été frappé d'entendre, dans les rues de Bagdad, mais aussi de Beyrouth ou d'Alger, la récurrence du slogan « Nous sommes le peuple ». Ainsi, le collectif se construit contre un autre collectif, pour reconstituer la nature binaire propre à toute révolution : le système qui est fautif fait face au peuple porteur de raison.

Je terminerai par une troisième dimension, celle de l'*évaluation*. Derrière l'évocation du système se trouve également sa mise en procès. Le fait de ne plus parler d'« institutions » mais de « système » revient à pointer une illégitimité et une inefficacité, à dénoncer un échec symbolique et matériel. Le système est fait d'institutions qui ne sont plus légitimes et qui ne sont donc plus l'expression de la souveraineté populaire. Et s'y ajoute l'échec, c'est-à-dire l'incapacité de redistribuer, de rétribuer, d'organiser, de protéger. Bref, le mot « système » permet de faire une mise en procès double, là où des mots plus ciblés l'interdiraient. Mais voilà qui a aussi pour effet de paralyser le jeu. Lorsqu'on se mobilise pour demander une augmentation de salaire, une diminution du temps de travail ou la démission d'un dirigeant, on laisse une part décisive à la capacité responsive du pouvoir politique en place, qui peut transiger, accepter, négocier la sortie de crise. Mais quand on proclame la volonté de « changer de système », quelle transaction peut-on envisager ? Sur quelle marge concrète peut-on jouer pour détendre la situation et résoudre le conflit ? Le mot « système » est aussi une façon de dire qu'on refuse à l'avance tout compromis : il devient le point paroxystique de l'appel révolutionnaire, celui qui disqualifie derechef toute réaction du pouvoir politique.

B. B.

Algérie : du dégagisme au rejet du système

En Algérie, tout n'a pas débuté en février 2019. De la capitale Alger, en passant par l'intérieur du pays, aux villes du Grand Sud algérien, la colère grondait dès 2010, année des « mille et une émeutes », tant les manifestations étaient devenues quotidiennes. Au départ, ces manifestations n'avaient pas de caractère proprement politique jusqu'à ce qu'éclate le *hirak* du 22 février 2019. Le « peuple » uni dans ses revendications et dans ses slogans brise alors le mur de la peur même si sa mémoire collective n'est pas complètement affranchie des traumatismes de la décennie noire.

Arrivée à Alger le 24 février, j'ai compris que le compte à rebours avait commencé : la légitimité historique du régime n'était plus et le discours populiste n'inspirait plus que des sarcasmes. L'ère Bouteflika touchait à sa fin. Les Algériens ne voulaient plus être gouvernés par le « cadre photo » d'un président malade et inconscient des réalités socio-économiques du pays. La paix sociale ne pouvait plus être achetée, comme en 2011, à coups de subventions et de largesses : les caisses de l'État sont vides depuis la chute du prix du baril de pétrole en 2014.

Descendus dans les rues par millions, offrant des fleurs aux policiers et implorant l'armée de ne pas user de la répression, les manifestants veulent avant tout affirmer le caractère non violent de leur mobilisation. C'est contre tout un système qu'ils se révoltent. Si le slogan « *djaych, chaab, khawa khawa* » [l'armée et le peuple sont frères] rappelait leur attachement à l'armée nationale, les manifestants n'en exigeaient pas moins un régime civil. Loin de s'essouffler, vendredi après vendredi, et grâce à l'effervescence des réseaux sociaux, la mobilisation se radicalise : elle passe du rejet du cinquième mandat au rejet du système, au « dégagisme ». Le mot d'ordre est tout simplement « *Yetnahaw gaâ* », « Qu'ils dégagent tous ! ». Les mesures de l'état-major de l'armée (lâchage du président Bouteflika, purge des réseaux clientélistes, promesse d'élections libres et transparentes) ne changent pas la réalité d'un système autoritaire et opaque. Les « décideurs » de ce système, sortis des rangs des officiers supérieurs de l'armée et de leurs alliés politiques, sont méconnus de la population. Depuis la fin des années 1980, les hommes d'affaires avaient intégré ce cercle à la faveur de la politique de libéralisation de l'économie (*infitah*). Cette intégration alimentait la corruption et le népotisme que l'ère Bouteflika avait poussés à l'extrême.

Depuis la fin du parti unique en Algérie, les « décideurs » ont sélectivement ouvert le champ politique et économique, autorisant un certain degré de pluralisme pour absorber le mécontentement. Mais dans les coulisses, un petit cercle de généraux décidait de tout et sélectionnait les candidats à la présidence de la république. Les Algériens le disent très bien : les généraux « *jabouhom* », ce qui signifie que ces derniers ont « amené les présidents » successifs : Chadli Bendjedid, Liamine Zeroual, Abdelaziz Bouteflika ont tous été « amenés » au pouvoir. Pour cette raison même, le chef d'état-major de l'armée, le général Ahmed Gaïd Salah (décédé en décembre 2019), devient la bête noire des manifestants. Bien qu'il ne soit pas un militaire de carrière, Abdelmadjid Tebboune, le nouveau président élu en décembre 2019, ne fait pas exception : il représente le système et n'a aucune légitimité aux yeux de la population.

Depuis la fin du parti unique en Algérie, les « décideurs » ont sélectivement ouvert le champ politique et économique, autorisant un certain degré de pluralisme pour absorber le mécontentement.

L'épidémie de Covid-19 a mis un frein au *hirak* mais les Algériens continuent à protester et à dénoncer massivement le régime sur les réseaux sociaux. De son côté, le régime instrumentalise les mesures sanitaires pour réprimer toutes les voix dissidentes et arrêter les figures de proue de la mobilisation populaire. Il est peu probable que ce système cède face à la contestation ou se transforme en profondeur. Les membres du cercle du pouvoir restent soudés tant leurs intérêts sont imbriqués. Le départ de Bouteflika ne signifie pas la fin d'un système : l'arène politique algérienne ne se résume pas à un « *one man show* ». Néanmoins, une année de mobilisation populaire a permis aux Algériens de reconquérir l'espace public et, partant, le champ du possible. Tous, jeunes, vieux, femmes, hommes, chômeurs, employés, « stadiers », journalistes, artistes, islamistes, féministes, avocats, syndicalistes, retraités, Algérois, Kabyles, Chaouis ou Touaregs, ont investi la rue. Ils sont prêts à recommencer. Leur lutte sera de longue haleine d'autant plus qu'ils sont seuls. En effet, au-delà de l'Algérie, les acteurs régionaux et internationaux demeurent complaisants à l'égard d'un régime qui a fait la preuve de sa capacité à éradiquer toute dissidence.

D. G.

Liban : la citoyenneté à l'assaut du système

Avant d'arriver à octobre 2019, également un bref retour en arrière, en 2010-2011, au moment du déclenchement des révolutions en Tunisie et en Égypte.

Les Libanais ont été, comme la plupart des jeunesses arabes et des populations arabes, saisis par un phénomène d'émulation et d'enthousiasme généralisé, mais ils ont été, un peu comme les Algériens, confrontés à une sorte de dilemme : ils ne pouvaient pas dire « Ben Ali dégage » ou « Moubarak dégage » car eux aussi étaient confrontés à un système un peu atypique. Les Algériens ne pouvaient pas dire « Bouteflika dégage », parce que comme l'a dit Dalia, Bouteflika, ce n'était pas un *one man show*, c'était un président fantoche, un personnage mis en vitrine, un pantin manipulé par ceux que l'on appelle les « décideurs ». Au Liban, nous n'avions même pas ce président fantoche. Nous avions un président sans grande envergure qui avait très peu de pouvoir, des institutions démocratiques de façade, une démocratie parlementaire, un Parlement. Nos institutions fonctionnaient en apparence, mais le véritable pouvoir était détenu par une petite oligarchie de leaders communautaires. Nous avions en quelque sorte un ou deux hommes forts par communauté, donc au total le véritable pouvoir était détenu par six ou sept oligarques, souvent des milliardaires, des membres d'un système politico-financier, qui n'étaient d'ailleurs pas toujours des élus, ni toujours présents au Parlement. Ils avaient en commun cette appartenance à un système communautaire. Aussi, le slogan qui a émergé était assez proche du slogan des révolutions arabes, « *Al chaab yourid isqat alnizam* », « Le peuple veut la chute du régime », auquel les Libanais ont ajouté « Le peuple veut la chute du régime communautaire » (*Al chaab yourid isqat alnizam alta'ifi*). Cela dit, ce slogan n'a pas tout de suite pris. Pourquoi ? Dans l'esprit de nombre de Libanais, ce système communautaire avait quand même eu à certaines périodes de l'histoire du Liban l'avantage d'éviter à ce pays de connaître le sort de quelques-uns de ses voisins, c'est-à-dire de connaître des régimes violemment autoritaires, où toutes les minorités seraient soumises au rouleau compresseur, où les libertés seraient éliminées, les minorités religieuses mises au pas. Il y avait donc encore l'idée que ce régime communautaire, malgré toutes ses tares, pouvait préserver un espace de liberté...

Ce n'est qu'en 2019 qu'a eu lieu une sorte de prise de conscience que ce régime communautariste avait véritablement trouvé ses limites, que le communautarisme était le véritable obstacle à la lutte contre la corruption, contre le clientélisme, qu'il empêchait toute reddition des comptes, toute *accountability*, tout changement radical du système politique. Et donc aujourd'hui, avec la « révolution », ou le processus révolutionnaire qui a commencé le 17 octobre 2019, le système communautaire est mis en accusation. Les citoyens libanais sont dans une très large majorité en train de demander l'émergence d'un nouveau pacte social qui serait fondé sur la citoyenneté. La citoyenneté est une idée neuve au Liban comme elle est d'ailleurs une idée neuve au Moyen-Orient en général, et j'inclus Israël, la Turquie, et la plupart des pays de la région, où la citoyenneté pleine et entière n'a pas encore été totalement acceptée. Dans la plupart de ces pays, on est encore dans des relations assez incestueuses entre la politique et la religion, et les laïcités mises en place ont trop souvent été des laïcités autoritaires. Nous sommes donc aujourd'hui dans une phase d'accélération de l'histoire, et on pense à cette phrase attribuée à Lénine : « Parfois des décennies passent et rien ne se passe, et parfois quelques petites semaines passent et des décennies trépassent. » En quelques petites semaines, on a eu l'impression de voir trépasser des décennies et germer un nouveau système à défaut de voir l'ancien système s'écrouler. Nous sommes dans un entre-deux. L'ancien Liban a disparu. Nous célébrons en 2020, dans de bien tristes conditions, le centenaire de la naissance du Grand Liban, proclamé le 1er septembre 1920 à la Résidence des Pins par un acte typiquement communautariste, puisqu'il y avait le général Gouraud, le haut commissaire français, qui avait à sa droite le patriarche maronite, Elias Hoayek, et à sa gauche le mufti sunnite Mustapha Naja. C'était donc un acte à la fois colonial et communautariste.

Aujourd'hui, les Libanais espèrent qu'un siècle après la proclamation du Grand Liban, on verra émerger un nouveau Liban sur la base d'une union qui ne se ferait pas par le haut, à l'issue d'une rencontre entre leaders communautaires, mais d'une union nationale par le bas à partir d'une citoyenneté, d'un nouveau pacte social qui refuserait cette oligarchie politico-financière. Il n'en reste pas moins qu'un long chemin reste à accomplir. Nous sommes encore, si on en revient à la typologie de Bertrand Badie, dans la dimension énonciative, nous sommes encore en train de dénoncer le système, dans la défiance, mais pas dans l'imagination des futures institutions de ce nouveau Liban, des contre-pouvoirs qui, dans ce nouveau Liban, viendraient protéger justement, rassurer les minorités angoissées. Le Liban s'est fait comme une sorte de pacte de minorités associées et si on évolue vers un système fondé sur la citoyenneté, fondé sur un lien direct entre les citoyens et l'État, la grande question serait de savoir comment protéger ceux qui se perçoivent encore comme des membres d'une communauté religieuse avant de se percevoir comme des citoyens d'un État. Cela pourrait ainsi passer par l'adoption d'un système bicaméral, avec un Sénat qui aurait un droit de regard sur les situations existentielles, sur les droits des communautés religieuses, et avec une chambre basse, qui quant à elle serait décommunautarisée, élue sur une base non confessionnelle et qui traiterait les questions économiques, sociales, qui répondrait aux aspirations de la jeunesse.

L'autre paradoxe, c'est que, contrairement à l'Algérie, au Liban il n'y a pas d'opacité. La corruption apparaît au grand jour. Ce qui se passe au Liban n'échappe à personne. Une demi-heure après qu'un conflit d'intérêts a eu lieu, tout le pays est au courant. Et bien que tout le pays soit au courant rien ne change. C'est un peu ce qui rend la situation libanaise particulière. Nous sommes arrivés à un point où nous sommes en quelque sorte vaccinés, mithridatisés, c'est-à-dire que plus rien ne nous choque, précisément parce que le communautarisme est « le dernier refuge des gredins ». Les corrompus vont se réfugier derrière leur leader communautaire et se présenter comme victimes d'une chasse aux sorcières qui vise leur communauté. Tant que l'on n'aura pas éradiqué ce système communautaire, toute refondation sur une base plus saine, toute lutte contre la corruption sera véritablement impossible.

Maintenant que j'ai évoqué quelque peu la situation actuelle au Liban, où on voit apparaître ce « dégagisme », ce refus du système sans vraiment avoir décelé les germes du système de demain, je voudrais élargir mon propos au-delà du cadre libanais et aborder la responsabilité des puissances occidentales dans la perpétuation de ces systèmes dans le monde arabe. Parce qu'aujourd'hui, si la crise économique que traverse le Liban est en grande partie de la responsabilité de ses élites, de la corruption, de la kleptocratie, de la gabegie, de l'incompétence des élites de ces trente dernières années, il faut aussi rappeler que les gouvernements occidentaux ont pendant très longtemps non seulement fermé les yeux mais en quelque sorte financé ce qui est apparu aujourd'hui comme une véritable pyramide de Ponzi, une pyramide à la Madoff. Il y a eu des conférences de Paris I, de Paris II, de Paris III, qui ont été organisées à l'époque de la grande amitié entre Jacques Chirac et Rafic Hariri, un peu comme il y avait eu cette amitié de la France avec Ben Ali ou avec Moubarak.

Tous ces régimes autoritaires arabes ont bénéficié d'une extraordinaire bienveillance occidentale au nom de la hantise de l'islamisme, au nom du mythe du rempart, et au nom de cette idée que, après tout, les peuples arabes n'ont pas de tradition démocratique, et qu'ils ont besoin d'un homme fort, qu'ils ont besoin d'être gouvernés par ces régimes autoritaires. Donc quand on réfléchit à ces systèmes autoritaires, à cet arbitraire qui a si longtemps prévalu dans le monde arabe, il faut aussi passer par une autocritique à laquelle doivent s'astreindre les élites occidentales. Les élites moyen-orientales n'auraient pas pu gouverner si longtemps avec autant d'impunité si les élites occidentales n'avaient pas dans le même temps fermé les yeux. Je pense notamment à l'attitude de beaucoup d'intellectuels français au moment des Printemps arabes. On ne peut s'empêcher de remarquer le contraste entre l'enthousiasme dont avaient fait preuve un certain nombre d'entre eux au moment de la guerre d'Irak, alors que beaucoup soutenaient l'invasion américaine, et 2011, lorsqu'il y a eu cet essor démocratique dans le monde arabe, où ils ont fait la fine bouche en disant que ces pays n'avaient pas véritablement de tradition démocratique. Alain Finkelkraut, à qui on demandait pourquoi il n'était pas aussi enthousiaste face aux révolutions égyptienne et tunisienne qu'il ne l'avait été par rapport à ce qui s'était passé en Tchécoslovaquie ou en Pologne, avait répondu que les pays d'Europe de l'Est avaient une tradition d'intellectuels dissidents, et que les révolutionnaires de 1989 étaient les héritiers de cette tradition démocratique enfouie. Comme si, dans le monde arabe, il n'y avait pas de tradition démocratique enfouie. Or, ce que l'on a vu aussi bien en 2019 qu'en 2011, c'est que ces révolutions arabes puisaient dans un formidable héritage, celui de la Nahda, celui de la Tunisie, qui a aboli l'esclavage avant la France, qui a mis en place un grand nombre de réformes, celui du Liban du XIXe siècle, celui de l'Irak des années 1950-1960, etc. Ainsi, nombre d'intellectuels français ont été aveuglés, ont regardé cette région à travers leurs vieux dogmes orientalistes selon lesquels les populations arabes ont besoin d'être menées à la schlague, qu'elles ont besoin d'un homme fort, qu'elles ne peuvent s'acclimater à la démocratie, sauf si cette démocratie est imposée par les Américains à coups de bombardements. Je veux bien que les élites arabes aient impérativement besoin de faire leur autocritique, de comprendre pourquoi ces systèmes ont pu tenir si longtemps mais à mon sens cette autocritique doit aussi être faite par les élites occidentales.

K. E. B.

Irak : contre la trahison du système

Il importe en premier lieu de souligner la polysémie du mot « système » en arabe. Sans épuiser la richesse du champ lexical qui s'y lie, « *nizam* » renvoie à plusieurs idées phares : « organisation », « arrangement », « ordre » – le dévoiement concerne certainement cette notion –, « autorité », « régime » ou « discipline ». Ce champ lexical contient les dimensions mises en exergue par Bertrand Badie dans son propos introductif, traduisant une dépréciation, un rabaissement, un dévoiement à l'ère postcoloniale. Pourquoi une telle évolution ? Il y a précisément eu trahison des promesses révolutionnaires de la décolonisation, puis un divorce progressif et inexorable entre pouvoirs et peuples. Le cas de l'Irak, devenu indépendant du joug mandataire britannique en 1932, est particulièrement emblématique.

Toutefois, le système au sens politique (*nizam siyasi*) n'a pas toujours négativement sonné aux oreilles du citoyen arabe, comme l'illustre parfaitement le cas irakien. Il n'a pas systématiquement connoté, comme c'est le cas de nos jours, tous les maux, toutes les injustices, toutes les inégalités, en d'autres termes tout ce qu'il faudrait abattre. Cette connotation péjorative s'est exacerbée pendant l'année 2019 parmi la jeunesse irakienne descendue dans la rue pour contester le pouvoir en place depuis 2005 (année de l'adoption d'une nouvelle Constitution), quoique beaucoup aient en réalité été confus quant à ce qu'ils dénonçaient dans ce « système ».

Je vois poindre trois éléments clés derrière la dénonciation du « *nizam* ». La corruption, Bertrand Badie l'a évoquée, synonyme en Irak de prédation à large échelle : celle des élites, du gouvernement, source d'une défiance populaire accrue depuis l'époque baasiste et la guerre de 2003, époque post-baasiste. Sur le plan historique, il y a eu gradation dans la dénonciation du système établi, des années de dictature jusqu'à ce jour, en passant par la phase d'occupation étrangère (2003-2011). Des manifestations ont pris place dès 2011, au terme du premier retrait américain, dans le contexte du retrait américain, lesquelles ont mobilisé les plus jeunes – qui n'ont, pour la majorité, connu que ce système dysfonctionnel. Un second élément, en rapport encore avec la réflexion de Bertrand Badie, est l'humiliation, associée à l'indignité, à la non-reconnaissance du citoyen, renvoyé quasiment à l'état de nature. Les Irakiens, adolescents ou adultes, ont souffert de la violence devenue norme après l'intervention militaire des États-Unis – pour faire écho aux remarques complémentaires de Karim Émile Bitar.

Un « assemblage » suppose une inclusion, une intégration. Or, le fossé n'a cessé de se creuser entre les élites et le peuple en Irak. Il est total en 2020 dans le contexte aggravé de la crise sanitaire. Le peuple irakien vilipende l'incurie des « voleurs » et des « usurpateurs » au sommet de l'État, cette trahison du pouvoir, celles du « *nizam al-mulk* » qui supposerait une harmonie dans la cité, un équilibre entre peuple et gouvernants. En Irak, ces deux entités se font face et ne sont guère disposées à une quelconque négociation. Le « dégagisme » est ainsi très présent, au sein des villes en particulier (Bagdad, Bassora, Mossoul...), sans personnel de substitution en vue.

Si l'on s'intéresse au succès d'un mouvement comme l'État islamique – foudroyant au niveau militaire comme socio-politique en 2014 –, le dévoiement du « *nizam* » incarné par l'État central en fut l'une des causes essentielles. Les djihadistes ont légitimé puis imposé leur lecture islamiste radicale du « *nizam* » en évoquant une dichotomie entre le « *nizam islami* », « système islamique » – État, société et économie doivent être gouvernés par un « califat » – et le « *nizam jahili* », en référence au « système impie » à Bagdad, dont l'ancien Premier ministre chiite Nouri al-Maliki était le symbole à leurs yeux, et violant à leurs yeux les prescriptions de l'islam. J'ai toujours considéré que si l'on voulait comprendre les avancées de la mouvance sunnite intégriste, il fallait conduire une réflexion sur cette idée de « système » ; car c'est en dénonçant ce dernier que les djihadistes ont pris le pouvoir à Ninive et ailleurs.

Pour conclure, après m'être plus largement interrogée sur ce que les peuples arabes placent dans le concept de « système », je partage le constat qu'une grande opacité persiste. On sait qu'il est question de personnel politique, de gouvernance, de reproduction sociale, d'injustice, de rejet, mais tout cela demeure flou. Rien n'a émergé de la contestation irakienne de 2019, en dépit de l'ampleur et de la virulence des manifestations. Au contraire, le mouvement a été férocement réprimé. Déjà en 2011, les contestataires avaient été écrasés dans les gouvernorats sunnites, celui d'Al-Anbar notamment, événements qui avaient ouvert la voie à la montée en puissance de Daesh. Une série de défilés ont ensuite pris place dans la capitale irakienne, en 2015, 2016 puis 2018, qui présageaient l'explosion de colère finale. Mais cet élan populaire n'a abouti à aucune réforme du système, lequel se perpétue sous le mandat de l'actuel chef de l'exécutif Moustafa al-Kadhimi. Un constat d'autant plus préoccupant que les effets de l'actuelle pandémie sont catastrophiques et risquent d'entretenir ce système failli.

M. B.

LES AUTEURS

Bertrand Badie est politologue, spécialiste des relations internationales, professeur émérite des universités à Sciences Po. Il est l'auteur de nombreux ouvrages dont *Vers un monde néo-national?* (CNRS Éditions, 2017, avec Michel Foucher), *Quand le Sud réinvente le monde. Essai sur la puissance de la faiblesse* (La Découverte, 2018) et *L'Hégémonie contestée. Les nouvelles formes de domination internationale* (Odile Jacob, 2019). Régulièrement invité aux rencontres et débats de l'Institut du monde arabe, il est aussi membre du comité de réflexion des « Rendez-vous de l'actualité de l'IMA ».

Myriam Benraad est professeure à l'Institut libre d'étude des relations internationales (ILERI) et chercheure associée à l'Institut de recherches et d'études sur les mondes arabes et musulmans (IREMAM, CNRS). Auteure, entre autres publications, de *L'État islamique pris aux mots* (Paris, Armand Colin, 2017) et de *Jihad. Des origines religieuses à l'idéologie* (Paris, Le Cavalier Bleu, 2018).

Karim Émile Bitar est directeur de l'Institut des sciences politiques de l'université Saint-Joseph de Beyrouth, directeur de la revue mensuelle *L'ENA hors les murs*, chercheur associé à l'IRIS et au Geneva Centre for Security Policy. Il enseigne à l'École normale supérieure de Lyon. Il est vice-président du Cercle des économistes arabes. Il est cofondateur et membre du comité de direction de Kulluna Irada, organisation civique pour la réforme politique au Liban.

Docteure en science politique, **Dalia Ghanem** est chercheuse résidente au Carnegie Endowment for International Peace, Carnegie Middle East Center à Beyrouth. Ses travaux portent sur la violence politique et extrême, le djihadisme, la radicalisation, avec un focus particulier sur l'Algérie. Son expertise porte également sur les questions de genre avec notamment des recherches sur la participation des femmes au sein des groupes djihadistes mais aussi au sein des armées.

POUR EN SAVOIR PLUS

Karim Émile Bitar, « Le Liban entre réformes improbables et révolution impossible », *La Révolution en marche*, novembre 2019.
Georges Corm, *Le Liban contemporain*, La Découverte, 2019.
Ziad Doueiri, *L'Insulte*, long métrage, 109 min, 2017.
Dalia Ghanem, *Limiting Change Through Change : The Key to the Algerian Regime's Longevity*, Carnegie Middle East Center, 2017.
Nadine Labaki, *Capharnaüm*, long métrage, 123 min, 2018.
Ghania Mouffok, « Au tribunal des invisibles de la "révolution du sourire" », *As-Safir al-Arabi*, avril 2019.
Soolking *feat.* Ouled Al Bahdja, *Liberté*, chanson, 2019.

De la *hogra*, dans tous ses états

par **Salah Guemriche**

Un mal qui répand l'injustice,
Mal que le Pouvoir par mille sévices
Inventa pour punir les pauvres gens :
La *hogra*, puisqu'il faut l'appeler par son nom…

(D'après Jean de La Fontaine, *Les Animaux malades de la peste*)

Voilà, donc, un mot d'à peine trois lettres (en arabe maghrébin) qui fait tant de mal autour de lui ! Petit, mais énorme par les dégâts qu'il peut causer, et surtout lourd de signification, accablant : en termes de mépris et de déconsidération.

Serait-ce le Plus Petit Commun Multiple de toutes les injustices ou, plutôt, le Plus Grand Commun Diviseur d'une société ? Peut-être, les deux…

PPCM, PGCD, cette extrapolation suggérée par des souvenirs scolaires est de pure forme, car le sujet dont il est question, ici, n'est pas quantifiable. Ou alors l'est-il en dépense d'énergie, car il faut chez un individu une sacrée dose d'énergie, dans la négation de l'autre, une sacrée volonté de dévalorisation de l'autre, pour manifester de la *hogra* à l'encontre de son prochain.

Et d'abord, de quoi la *hogra* est-elle le nom ? C'est à cette question que je me propose de répondre.

D'une racine verbale de trois lettres, donc, l'histoire des dernières décennies a fait un concept des plus prégnants – dans la société algérienne, tout particulièrement. Contrairement à ce que l'on affirme ici et là, l'emploi et la récurrence de ce mot ne datent donc pas des années 2000. Il a de tout temps fait partie du lexique populaire, et bien avant l'indépendance, pour ne pas remonter plus loin : le colonisé subissait la *hogra* de la part du colon ; l'employé la subissait de la part de son employeur ; le pauvre de la part du riche ; la femme de la part de l'homme ; le citoyen de la part du pouvoir et de l'administration.

Cela posé, penchons-nous sur l'étymologie et l'« ossature » de l'expression, avant de nous intéresser à son usage et à son parcours tous azimuts.

Au commencement était le verbe حَقَرَ

Au commencement, il y a donc la racine حَقَرَ (HQR, pour dire : *haqara*) et son intensif حَقَّرَ (HQQR : *haqqara*, comme il est indiqué sur le tableau de déclinaison des différents termes et expressions issus de cette racine verbale).

En dialecte algérien, la consonne médiane ق (q) se prononce *g* (comme dans « gant »). Ce genre de déplacement phonétique articulatoire se retrouve dans d'autres dialectes maghrébins ou moyen-orientaux, comme en égyptien où la consonne ج (équivalant au *j* ou *dj*, comme dans « Jamel » ou « Djamel ») se prononce *g* (comme « Gamel »). Curieusement, en kabyle le mot مَحْقُور (participe substantivé du verbe حَقَرَ HQR qui signifie « dédaigné », « méprisé ») se prononce comme en arabe classique avec un *q* et non un *g*, et tel qu'on peut l'entendre dans la magnifique chanson *Chfigh* de feu Idir, où il est dit : « Celui qui est sans fraternité (sans affiliation) se retrouve *mahqour* » (et non *mahgour*).

Nomenclature lexicale du concept de *hogra*.

À partir de la racine verbale حَقَر (dédaigner, mépriser) :

حَقَرَ : dédaigner, mépriser, considérer comme vil
حَقَارَة : abaissement, caractère infamant, vulgarité
حَقِير : bas, infâme, méprisable, sordide, vil, vulgaire (pl. : حُقَراء)
حَقَّرَ : Faire peu de cas de, décrier, dénigrer, déprécier, humilier, toiser avec mépris, outrager
تَحْقِير : dénigrement, dépréciation, humiliation, outrage
تَحْقِيرِيّ : dépréciatif, péjoratif (expression)
مُحَقِّر : outrageant, méprisant, humiliant
مُحَقَّرات : choses de peu de valeur
إِحْتَقَرَ : dédaigner, mépriser, faire fi (de)
إِحْتِقار : dédain, mépris, insulte
نَظَرَ إِليه بِعَين الإِحْتِقار : Il l'a regardé de haut, d'un œil méprisant
نَظْرَة إِحْتِقار : regard de dédain, de mépris
مُحْتَقِر : dédaigneux, méprisant, humiliant
مُحْتَقَر : dédaigné, humilié, méprisé, voire : méprisable
أَصْبَحَ مُحْتَقَرًا عِنْد الناس : Il s'est retrouvé humilié en public

Un mot qui compte pour dix maux

Le mot *hogra* a plus d'un synonyme, avec les mêmes nuances que ses équivalents français. Polysémique, il est perçu par Chérifa Bouatta, professeure de psychologie à l'université d'Alger comme « une sorte de condensation qui dit mépris, humiliation, injustice, impuissance face aux détenteurs du pouvoir, à ceux qui peuvent permettre ou empêcher l'accès au travail, au logement, aux services ».

Cette polysémie est clairement posée par l'universitaire Abdelmajid Merdaci dans son article « La *hogra* en Algérie, Essai de lecture », en ces termes : « Les déclinaisons de la *hogra* sont forcément multiples et en tout cas suffisamment ductiles pour devenir un argument d'élaboration d'un rapport de force avec les acteurs institutionnels – on l'a observé d'abondance et pas seulement en Kabylie – apparaissent, en même temps, encore trop floues pour initier de véritables mouvements sociaux porteurs autant de contestation que de projets alternatifs. »

Parmi ces synonymes, il en est un en usage également dans certaines régions, et pas seulement chez des personnes lettrées, même s'il relève plus du registre de l'arabe classique : الذّل (*el-ḏḏel*), terme qui signifie : l'humiliation, l'abaissement. Le verbe أذَلّ, « *aḏella* », signifie « humilier », « abaisser ». Il s'oppose au verbe أَعَزّ (*a3azza* »), « estimer », et, par extension : « honorer », « accorder de la considération », et son substantif عِزّ veut dire « considération », « estime ». Ces deux notions contraires : « considération » et « humiliation », se retrouvent dans le Coran (III-26), où il est dit de Dieu : و تعز من تشاء و تذل من تشاء : « Et Tu honores qui Tu veux et Tu abaisses qui Tu veux. » Ainsi pourrait-on dire que la *hogra* ne serait que la version laïcisée du « *ḏil* ».

Durant la période coloniale, la *hogra* était érigée en système de gestion sociale appliquée au rapport du colon au colonisé, mais également, en bien moins démonstratif, au petit peuple « pied-noir ». Aux yeux du colon, l'indigène, étant par définition comme par nature réfractaire à la civilisation, ne pouvait inspirer au premier de la considération, et ce, au nom de la supériorité décrétée par un Jules Ferry[1] et institutionnalisée par le système colonial qui maintenait le colonisé dans la servitude, même après que celui-ci eut assimilé les codes de la civilisation (judéo-chrétienne, s'entend).

Un cas illustre cette « distinction » : celui de Jean Amrouche, du moins dans sa jeunesse. Algérien, Kabyle, converti comme toute sa famille au christianisme, le jeune homme dut subir une double discrimination : comme indigène, sous la *hogra* du colon qui voyait en lui un chrétien « de façade » ou « de raison » ; et comme chrétien, sous la *hogra* de ses compatriotes musulmans qui voyaient en lui un *gaouri*[2] : terme par lequel on désignait le Français et par extension le colon, voire le chrétien. On pourrait penser que le cas d'un Jean Amrouche n'était pas représentatif, puisqu'il avait réussi à se libérer de son statut de *mahgour* (victime de la *hogra*) : l'homme, le poète devenu animateur-producteur à la radio, avec l'émission hebdomadaire « Des idées et des hommes », recevait des sommités, notamment Gide, Claudel, Mauriac... Pourtant, la *hogra* n'allait pas tarder à le rattraper : parce qu'il gênait, et, plus grave, parce qu'il avait des accointances avec le maquis algérien (au grand dam d'Albert Camus), il fut écarté de la radio par un certain Michel Debré. Sans doute est-ce cette injustice qui lui fera dire ces mots terribles : « Je suis un hybride culturel. Les hybrides sont des monstres. Des monstres très intéressants, mais des monstres sans avenir »... Cela ne l'abattit pas pour autant. La notoriété, à son tour, le rattrapera : comme quoi on peut neutraliser la *hogra* et la retourner en son contraire : lui qui ne connaîtra pas l'indépendance (il meurt un mois environ après le cessez-le-feu) réussira à forcer le respect des grands, parmi lesquels André Gide et le général de Gaulle. Ce dernier lui donnait même du « Mon cher Jean ! », au grand dam non plus d'Albert Camus, cette fois, mais de l'extrême droite...

Ainsi, même les « hybrides » n'échappent pas à la *hogra* ! Mais il y a des hybrides qui, à leur tour, pratiquent la *hogra* à l'encontre de celui ou de celle qui n'a pas, comme eux, eu la « chance » ou la présence d'esprit d'intégrer les codes de la société d'accueil et de s'intégrer, voire de s'assimiler tout court...

Dans une société de classes (et une société traditionnelle, tribale ou clanique, est souvent de classes), la *hogra* semble aller de soi, à tel point que la personne habituée à la subir finit par croire qu'elle le mérite ou que cela est dans l'ordre des choses. Cela relève de l'aliénation. Et Frantz Fanon, avec son fameux « complexe de colonisé », aura, mieux que Karl Marx, su la cerner. Pour l'auteur du fameux *Les Damnés de la terre*, la *hogra* est, en l'occurrence, « une négation systématisée de l'autre, une décision forcenée de refuser à l'autre tout attribut d'humanité ». Ainsi, de la négation de la dignité de l'autre on passe à la négation de l'humanité de l'autre.

La *hogra*, aux origines de toute révolte ?

C'est cette négation de la dignité de l'autre qui, au bout de plusieurs décennies de *hogra*, le 17 décembre 2010, poussa le jeune Tunisien Mohamed Bouazizi à s'immoler par le feu, un geste désespéré provoqué par une *hogra* institutionalisée sous le régime de Ben Ali, et qui sera aux origines du soulèvement populaire ayant mené à la « Révolution de jasmin », et au premier des « Printemps arabes » de la région.

Dans l'Algérie post-indépendance, une *hogra* « indigène » vint très tôt remplacer la *hogra* coloniale. Toute la période 1963-2020, on ne le dit jamais assez, a été jalonnée d'émeutes qui secouèrent plusieurs villes du pays, et tout particulièrement la Kabylie (« Printemps berbères »), mais aussi bien la capitale : la révolte d'octobre 1988 coûta la vie à 500 jeunes, révolte qui fut, sur France Inter, qualifiée par un diplomate algérien, en poste à Paris, de « chahut de gamins »...

En 2008, dans une lettre au chef du gouvernement algérien, Ahmed Rouadjia, professeur d'histoire, écrivait : « Le terrorisme, sous toutes ses formes, s'alimente non seulement aux prétendues sources de la misère matérielle (pauvreté et chômage), mais aussi et surtout à ces sources de la *hogra* que le petit peuple impute à l'abus de l'autorité des petits chefs, au défaut de justice et d'équité qui serait consubstantiel à nos pratiques administratives. »

Les auto-immolations se sont multipliées depuis une décennie à travers l'Algérie. Plus récemment, à Oran, le 14 juin 2020, un homme de quarante ans, père de deux enfants, s'était de même immolé par le feu, au cœur du marché où il travaillait « à la sauvette » depuis vingt ans. C'était juste après la levée des restrictions sanitaires imposées par l'épidémie du coronavirus. Tout comme le fut dix ans plus tôt le jeune Bouazizi, à Sidi Bouzid, en Tunisie, l'homme venait d'être expulsé sans ménagement par une patrouille de police, avec interdiction stricte de reprendre ses activités de marchand...

Un même cri montait des gorges des manifestants : « *El-hogra*, y'en a marre ! »... Et, entendu ailleurs : « *El-harga khir mèn el-hogra !* », soit : « L'exode (la traversée de la mer) vaut mieux que le mépris ! » Ainsi nombre de jeunes ont-ils préféré « brûler » les frontières, se faire haraga (« brûleurs »), plutôt que de continuer à supporter le mépris et l'arrogance du pouvoir et de son administration. « Brûler » les frontières plutôt que brûler son corps, en somme.

Et c'est là que la structure de la langue arabe révèle toute sa subtilité... La racine verbale désignant en arabe la *hogra* est formée de trois lettres (de droite à gauche) : ح ق ر. Comme la plupart des lettres arabes se lient entre elles, le mot *hogra*, on l'a vu ci-dessus, s'écrit ainsi : حَقَرَ.

Considérons maintenant le mot qui a donné *haraga*. Sa racine verbale est formée de trois lettres, également : ح ر ق.

Que remarquons-nous ? Que ces trois lettres sont les mêmes que celles données ci-dessus pour *hogra*, avec un déplacement de l'une des lettres, à savoir la lettre médiane ق dans ح ق ر qui est devenue lettre finale dans ح ر ق ! Autrement dit, les deux mots pour dire *hogra* et *haraga* sont dans un rapport anagrammatique parfait !

Les jeunes qui s'étaient écriés : « *El-harga khir men' el-hogra* », ne savaient pas si bien dire !...

Ni *harga* ni *hogra*!

Ce slogan disant le désespoir des jeunes fut, certains mardis du *hirak* (jours de manifestations des étudiants), repris et détourné par ces derniers en ces termes : « *Lā harga, lā hogra !* », « Ni *harga* ni *hogra* ! ».

Une semaine avant la commémoration, par la rue, du premier anniversaire du *hirak* (22 février 2020), je me trouvais à Alger. Un journaliste à la retraite, qui savait que je m'intéressais au contenu des slogans, me rafraîchit la mémoire, me disant : « Je ne pensais pas entendre un jour ce verbe dans nos rues, après l'avoir entendu en 1963 ! » Et comme je ne comprenais pas, il ajouta : « *Hagrouna, yakhawti, hagrouna el-Marakchiya !* »... En effet ! C'était le cri de Ben Bella lorsqu'il avait appris que l'armée marocaine venait de franchir la frontière du pays. C'était le début de la « guerre des sables », provoquée par le conflit des frontières héritées de l'Indépendance. « *Hagrouna !* » Autrement dit : « Ils (les Marocains) nous ont dédaignés, ô mes frères, dédaignés ! », ou peut-être le premier président de l'Algérie indépendante voulut-il dire « trahis » ou « bravés », ou « déconsidérés » ? Mais ce verbe, au mode passif, on l'entendra longtemps après, à l'occasion d'une simple rencontre de football ! C'était au Caire, le 19 novembre 2009 : après l'agression contre les supporters algériens qui suivit le match de barrage Égypte-Algérie pour le Mondial 2010. En direct, à la télévision algérienne, un supporter des Fennecs : « *Hagrouna, ya sadiqui, hagrouna !* » (« Ils nous ont humiliés, mon ami, humiliés ! »).

Donc ce concept de « *hogra* » reste sémantiquement à géométrie variable. Mais il pose un rapport de force. Et le sentiment d'humiliation, de mépris ou d'injustice que ce rapport laisse chez le « *mahgour* » (celui qui subit la *hogra*) est révélateur soit d'un constat d'impuissance (le cri d'un Ben Bella), soit d'un ras-le-bol (le slogan du *hirak*). Et ce sont la multiplication et la récurrence des humiliations ainsi que l'impunité dont bénéficient les « *haggarines* » (ceux qui exercent la *hogra*) qui auront conduit les populations de toutes les régions du pays à prendre possession de la rue et à marcher « *silmya, silmya* » (pacifiquement) tous les mardis (pour les étudiants) et tous les vendredis, durant plus d'un an et sans tenir compte des risques encourus. Pour une fois, la peur, en effet, allait changer de camp. Un slogan, repris en leitmotiv, traduit bien cette détermination des « *mahgourines* » (pluriel de « *mahgour* »), c'est le fameux « *Yetnahaw gaâ !* » (« Ils dégageront tous ! »). Enfin, sur un autre plan, celui de l'éducation populaire ; le père apprenait à son enfant, son fils, qu'un homme ne doit pas se plaindre, ne doit pas s'estimer « *mahgour* » car c'est avouer sa faiblesse.

« Le théorème de la *hogra* »

Alors, la *hogra*, un mal universel ? Déjà, la Toile abrite des blogs dédiés spécifiquement à la *hogra*, tel celui du militant des droits de l'homme Amroune Layachi, qui fit scandale en demandant par courrier d'être déchu de sa nationalité algérienne pour l'échanger contre celle... d'Israël. D'autres bloggeurs eurent maille à partir avec le pouvoir, jusqu'à être incarcérés, voire : en 2016, Mohamed Tamalt mourra en prison « dans des conditions très floues ». Merzoug Touati, animateur du blog *ElHogra* et Youcef Ould Dada, informaticien blogueur de Ghardaïa, furent arrêtés « pour outrage à corps constitué », après avoir diffusé « une vidéo de ce qui semble être un flagrant délit de vol commis par des officiers de police ».

Au Maroc, les manifestants rifains, eux aussi, parlaient de *hogra* en fustigeant la discrimination et l'injustice sociale. Et en France, le mouvement des « gilets jaunes » n'était-il pas une réaction naturelle à des décennies de *hogra* exercée par un libéralisme débridé et un patronat gouvernant et gouverné par son seul intérêt ? Si, en l'occurrence, *hogra* est synonyme de « mépris », il y a de quoi s'inquiéter sérieusement, et redouter qu'un fascisme, avançant masqué, ne se profile à l'horizon. C'est ce que laissait déjà entendre le Camus de *L'Homme révolté* : « Le fascisme, c'est le mépris. Inversement, toute forme de mépris, si elle intervient en politique, prépare ou instaure le fascisme. »

Que de grands mots !... Certes. Aujourd'hui, on qualifierait même cette assertion camusienne de complotiste. Comme on a tenu à voir « la main de l'étranger » non seulement derrière le *hirak* mais aussi derrière le mouvement des « gilets jaunes » ! Autant dire que même Stéphane Hessel aurait été catalogué par le pouvoir algérien comme une autre « main de l'étranger », lui qui, dans *Indignez-vous*, écrivait : « Non, cette menace [fasciste] n'a pas totalement disparu. Aussi, appelons-nous à une véritable insurrection pacifiste »...

Silmiya ! Silmiya ! était justement le mot d'ordre du *hirak* algérien. Alors, l'esprit « Stéphane Hessel » serait-il derrière le *hirak* ? C'est oublier que les Algériens n'ont pas attendu l'ancien résistant français pour s'indigner... Et puis, c'est oublier surtout la leçon du poète tunisien, Abou el Kacem Chabbi, dans ces fameux vers qui datent de près d'un siècle :

> Lorsqu'un peuple veut la vie, force est au destin de répondre
> Aux ténèbres de se dissiper et aux chaînes de se rompre ! [...]
> Sois maître de ton destin, ô mon pays, et sois heureux !
> Car il n'est point de vie pour qui est privé de sa souveraineté

La *hogra* n'a pas inspiré que des blogueurs. Elle a même été « chantée » et a donné son nom à un groupe de rappeurs (tunisiens) : *Hogra Sexion*. Mais surtout à un très beau morceau de raï, très engagé : *Chouf el Hogra, chouf* (« Regarde la *hogra*, regarde ! ») de Cheb Azzedine[3], dénonçant nommément les magistrats, « les travers d'un système judiciaire miné par le népotisme et le diktat de l'arbitraire, et interpellant même, au passage, l'ancien président : « *Chouf, ya Bouteflika, chouf !* »

La littérature s'est aussi frottée au sujet, avec le roman *Hogra* de Bouziane Ben Achour. Journaliste, écrivain et dramaturge, l'auteur, qui considère la *hogra* comme « un concept strictement algérien », raconte « l'histoire des habitants d'un petit douar de reclus et de "laissés-pour-compte" qui sortent de la torpeur de leur misère quotidienne pour gonfler la révolte et soutenir le combat de leur héros, Mourou Derdba, contre le diktat et l'arbitraire des pouvoirs publics ».

Sur un tout autre registre, le sociologue français Mathieu Rigouste, spécialiste des politiques sécuritaires et de la violence institutionnelle, en a tiré carrément une théorie, une loi : « le théorème de la *hogra* » !

Théorisation pour théorisation, voilà qui nous ramène à notre hypothèse de départ : alors, la *hogra*, le Plus Petit Commun Multiple des causes de toute insurrection populaire dans le monde, en Colombie et au Chili comme en Tunisie et en Algérie ?

NOTES

L'auteur dédie ces pages à la mémoire du chanteur Cheb Azzedine, qui nous a laissé un des plus beaux morceaux de raï, le plus engagé en tous cas, sous le titre *Chouf el Hogra, chouf*, qui lui valut six mois de prison, pour avoir dénoncé la *hogra* exercée par le système judiciaire et les responsables locaux, avant d'être emporté par un AVC, le 6 février 2019, à l'âge de quarante-quatre ans et à deux semaines du déclenchement du *hirak*.

1. Il faut rappeler que l'inventeur de l'école « gratuite, obligatoire et laïque » avait donné à son pays la première leçon du droit d'ingérence : « Il faut dire ouvertement qu'en effet les races supérieures ont un droit vis-à-vis des races inférieures [...] qu'il y a pour les races supérieures un droit parce qu'il y a un devoir pour elles. Elles ont le devoir de civiliser les races inférieures ». Lire notre tribune, publiée dans *Le Monde* le 17 mai 2012, après l'hommage rendu par Nicolas Sarkozy à Jules Ferry et, accessoirement [*sic*], à Marie Curie : https://www.lemonde.fr/idees/article/2012/05/17/jules-ferry-versus-georges-clemenceau-de-la-continuite-republicaine_1702234_3232.html.

2. Le mot, selon Madjid El Houssi (1941-2008), qui fut titulaire de la chaire de linguistique française à l'université de Venise, est issu du persan *gāwur*, ou *gawr*, italianisé en *giaour*, passé d'abord au turc *gāvur* avant d'arriver à l'arabe. Cf. Madjid El Houssi, « Sur gaouri et ses ascendants », *Bulletin de la* SELEFA *(Société d'études lexicographiques et étymologiques françaises et arabes)*, n° 8, 2008.

3. Cheb Azzedine, *Chouf el Hogra, chouf* – شوف الحكرة شوف : https://youtu.be/n72w1VGTxTk. On peut aussi écouter une interview dans laquelle le chanteur répond à toutes les questions sur les raisons qui lui avaient dicté de composer et d'interpréter un tel morceau, en toute conscience, ici : https://youtu.be/ohcEpx15I4U.

L'AUTEUR

Écrivain algérien, **Salah Guemriche** est notamment l'auteur d'*Algérie 2019, la reconquête* (Orients Éditions, 2019); *Petit Dico à l'usage des darons et daronnes* (Seuil, 2017); *Dictionnaire des mots français d'origine arabe* (Seuil, 2007); *Chroniques d'une immigration choisie* (L'Aube, 2019); *Abd er-Rahman contre Charles Martel* (Perrin, 2010); *L'Homme de la première phrase* (Rivages / Noir, 2000).

POUR EN SAVOIR PLUS

Bouziane Ben Achour, *Hogra*, Éditions Dar el Gharb, 2005.
« La *hogra* est-elle un mal algérien? », interview de Chérifa Bouatta par Amel Blidi, *El Watan*, 7 juin 2012.
Salah Guemriche, *Un été sans juillet*, Le Cherche midi éditeur, 2004.
Abdelmajid Merdaci, « La "hogra" en Algérie, Essai de lecture », algerie-dz.com.
Mathieu Rigouste, *Le Théorème de la hoggra. Histoires et légendes de guerre sociale*, BBoyKonsian, 2011.

CI-APRÈS
La hogra, par Nime (@nime_bd)

Né en Algérie, à Oran, en 1985, **Nime** est un artiste, bédéiste et graphiste. Il se passionne très vite pour l'art et la bande dessinée, notamment par le biais de son père, amateur fervent du neuvième art. Il obtient en 2007 un diplôme national d'études des Beaux-Arts (option sculpture) tout en participant à la revue de bande dessinée pour la jeunesse *Faynouk*. En 2009, il remporte le second prix du concours organisé par le Festival international de la bande dessinée d'Alger (FIBDA), puis devient chroniqueur BD dans le supplément week-end du quotidien *El Watan*. Il s'engage dans le *hirak* puis est arrêté et enfermé par le gouvernement; il ressort deux mois plus tard et reçoit le prix des « Couilles au cul » au Festival international de la BD d'Angoulême 2020. Depuis 2013, Nime gère sa propre agence de communication, spécialisée dans la création graphique et l'art dédié à la publicité.

HOGRA

SELON WIKIPÈDIA...
Hogra - Wikipèdia ;
Hogra en arabe et en langue berbère, mot qui n'a pas d'équivalent sémantique en français.
ON COMPREND RAPIDEMENT QUE CE CONCEPT EST COMPLÈTEMENT ÉTRANGER AUX VÉRITABLES ÉTATS DE DROIT
SI JE DEVAIS L'EXPLIQUER EN UTILISANT UNE MÉTAPHORE...
J'ILLUSTRERAIS LA HOGRA COMME UNE ESPÈCE DE BOL DOSEUR
HOGRA
QUI SE REMPLIT PETIT À PETIT A CHAQUE COUP DE :
CONDESCENDANCE
OPPRESSION
INJUSTICE
ET À FORCE DE SE REMPLIR, LE BOL FINIT PAR DÉBORDER
ON A ALORS PLUS D'AUTRE CHOIX QUE DE BOIRE LA TASSE
LA HOGRA.... QUELLE DRÔLE DE MIXTURE AMÈRE AU GOÛT INFECT
HOGRA

PUIS UN JOUR, ON SE REND COMPTE QU'ON EST PAS SEUL À AVOIR LE VERRE PLEIN
YETNA7 GA3
ET QU'ON EST PAS SEUL À EN DÉTESTER LE GOÛT
NÉANMOINS AUSSI AMÈRE SOIT ELLE...
LA HOGRA DEMEURE LE MEILLEUR COMBUSTIBLE POUR ALIMENTER LES RÉVOLUTIONS
NIME

Dans la tête de Mouammar Kadhafi

par **Patrick Haimzadeh**

En ce 21 octobre 2011, la foule est nombreuse pour assister au spectacle macabre de la dépouille de Mouammar Kadhafi exposée sur le sol d'un local réfrigéré de Misrata. Trois générations de Libyens sont rassemblées pour l'occasion. Les jeunes qui ont abattu par les armes son régime y côtoient en effet leurs pères, qui n'ont connu d'autre dirigeant que Mouammar Kadhafi, et leurs grands-pères, qui avaient pour la plupart acclamé le jeune officier révolutionnaire de 1969. Que s'est-il passé entre ces deux dates de 1969 et 2011 ? Comment le jeune officier issu du peuple et porteur d'un projet politique progressiste et émancipateur s'est-il transformé en un dirigeant autoritaire, narcissique jusqu'à la caricature et coupé de son peuple ? Son histoire n'est-elle pas celle tellement classique d'un homme porté au départ par son ambition et ses idéaux qui succombe rapidement à l'*hubris* du pouvoir pour finir abattu par ce même peuple qu'il était convaincu d'incarner ?

Aux origines de la révolution de 1969

Lorsque Mouammar Kadhafi et ses camarades officiers arrivent au pouvoir le 1er septembre 1969 par un coup d'État qu'ils qualifient de révolution, la Libye est un pays de deux millions d'habitants dont la création ne remonte qu'à 1951. Les leviers du pouvoir sont tenus par des conseillers britanniques et ce sont des officiers de Sa Majesté qui encadrent ses forces de police et son armée naissante. Ce sont également des compagnies étrangères qui exploitent directement les gisements pétroliers. On ne peut donc parler de souveraineté pleine et entière pour le jeune État libyen. L'urbanisation accélérée consécutive à l'arrivée de la rente pétrolière en 1963, en l'absence de grands projets de développement, accroît fortement les inégalités sociales. Les élites bourgeoises et tribales de Cyrénaïque dont est originaire le roi, et dans une moindre mesure celles de Tripolitaine, accèdent aux postes clés dans l'administration embryonnaire.

Mouammar Kadhafi, né en 1942 dans une famille bédouine originaire du désert de Syrte entre Cyrénaïque et Tripolitaine, n'appartient à aucun de ces groupes dominants. Rien ne le destine donc *a priori* à s'élever dans la hiérarchie sociale. Après une éducation élémentaire au *kuttâb*[1], il poursuit ses études secondaires à Sebha, la capitale du Sud libyen (Fezzan) où il se trouve en 1956 au moment de l'expédition franco-britannique de Suez qui marquera le début de son engagement politique. Ce contexte qui voit l'émergence de mouvements d'émancipation arabes – guerre de 1956, guerre d'Algérie, bataille du Liban en 1958, unité entre l'Égypte et la Syrie, question palestinienne et révolution au Yémen – contribue à la construction idéologique du jeune Kadhafi. Ses activités politiques en faveur du nationalisme arabe et de la révolution le font exclure de toutes les écoles du Fezzan. Il renonce alors à l'insurrection populaire et décide de se tourner vers la carrière militaire pour suivre les traces de son modèle, le raïs égyptien Gamal Abdel Nasser. La trajectoire personnelle et politique de Kadhafi est donc profondément emblématique du contexte historique de l'époque comme de la tradition et des cultures arabe, islamique et libyenne.

« Désormais, la Libye sera libre et souveraine. Il n'y aura plus ni maîtres ni esclaves mais des frères égaux entre eux[2] »

Après des mois de préparation clandestine, Mouammar Kadhafi et ses onze compagnons bousculent la monarchie le 1er septembre par un coup de force sans effusion de sang. Pour succéder au régime de la monarchie qu'ils qualifient de corrompu, ils adoptent comme référence le modèle nassérien avec ses trois piliers que sont le nationalisme arabe, le socialisme arabe et le rejet d'un pouvoir théocratique. Mouammar Kadhafi y ajoutera le rôle central de l'islam comme code culturel et référence morale et son aversion pour les corps intermédiaires et les obstacles administratifs et gestionnaires de nature à freiner l'élan révolutionnaire. Il rejette également toute idée de vie partisane, de tribus ou d'organisation confrérique pouvant « briser l'unité des masses ». Cette posture et ses premières décisions visant à restaurer la souveraineté libyenne – fermeture des bases militaires étrangères et nationalisation du pétrole – sont accueillies favorablement par le peuple libyen. Les mots d'ordre de justice sociale, modernisation et souveraineté nationale sont en phase avec les aspirations populaires. Si les premières réformes de progrès social sont bien accueillies par une population impatiente de percevoir les retombées de la manne pétrolière, la personnalisation croissante du pouvoir et la désorganisation que le colonel Kadhafi entretient à tous les niveaux de l'État suscitent rapidement des tensions au sein du CCR et avec la bourgeoisie nationaliste réclamant un système plus représentatif. Quatre ans après la révolution de 1969, l'élan révolutionnaire est bloqué.

« La pleine liberté pour le Peuple et rien pour les ennemis du Peuple[3] »

C'est alors que Mouammar Kadhafi reprend l'initiative et, lors d'un discours de rupture prononcé à Zwara le 15 avril 1973, dénonce les tendances réactionnaires de la bourgeoisie et impute les blocages à l'inertie bureaucratique. Il se tourne désormais vers les couches défavorisées, les populations rurales et les tribus qu'il oppose à la bourgeoisie urbaine et à la bureaucratie d'État. C'est le début des grandes vagues d'arrestations d'opposants réels ou présumés. Quelques mois plus tard, au prétexte d'une tentative de coup d'État, la répression s'abat sur toutes les formes d'opposition. La « révolution kadhafienne » est lancée et les « fondamentaux » de son régime se mettent en place. Le *Livre vert* qui constituera sa référence idéologique est publié. Il y explicite sa « troisième théorie universelle » qui se présente comme une « alternative au communisme et au capitalisme » à travers la « révolution permanente ». Le mot d'ordre en est « le pouvoir du Peuple, par le Peuple et pour le Peuple ». L'instauration du « pouvoir du Peuple sans substitut ni représentation » est officiellement proclamée le 2 mars 1977 et le nouvel « État des masses » est baptisé « Grande Jamahiriya arabe libyenne populaire et socialiste ». Bien que les mots « Peuple » et « populaire » soient omniprésents dans les nouvelles structures, l'autoritarisme et la personnalisation du régime se renforcent, sous couvert de pouvoir du Peuple. Les réformes administratives se succèdent, interdisant toute action durable et suivie des administrations à l'exception du secteur pétrolier, de la banque centrale et des services publics de l'eau et de l'électricité. Face à l'échec avéré du modèle d'économie dirigée à la fin des années 1980, le régime entreprend de libérer progressivement certains secteurs mais les conséquences sont catastrophiques pour une grande majorité de Libyens et les disparités sociales s'accroissent. Des campagnes « d'épuration » sont lancées pour réprimer les manifestations de mécontentement de la population.

« Enrichissez-vous ! Pourvu que l'argent du pétrole ne soit pas gaspillé[4] ! »

Au début des années 2000, ne pouvant plus justifier la dégradation continue des conditions de vie aggravées par des années d'embargo international contre la Libye, le colonel Kadhafi annonce la légalisation de la libre entreprise. Place à l'avènement d'un « capitalisme populaire » et d'un « socialisme populaire » censés rompre avec le passé. Le Fonds monétaire international se réjouit de cette évolution et les entreprises étrangères voient déjà la possibilité d'immenses contrats. Les « experts » internationaux veulent croire que le principe selon lequel « l'accumulation primitive du capital » donne naissance à une classe bourgeoise va s'appliquer en Libye et que « la concurrence libre et non faussée » s'y imposera, ouvrant ainsi le pays aux joies du doux commerce. Dans la pratique, si cette ouverture a eu des conséquences profitables pour le petit commerce, elle a accéléré les pratiques prédatrices de la famille et des fidèles du régime. Le système de subventions et de redistribution qui assurait jusqu'alors un minimum de revenus à la population est démantelé alors même que l'entreprise individuelle se heurte toujours à la corruption et aux contrôles tatillons des services de sécurité. Loin d'élargir la base sociale du pouvoir, les réformes contribuent au contraire à la rétrécir. À l'enrichissement des cadres traditionnels du régime s'est ajouté celui des fils et fille du colonel Kadhafi, nouveaux prédateurs d'un système pouvant être qualifié de « tribalo-mafieux ». Alors que leur père avait toujours veillé à conserver un mode de vie dénué d'ostentation, recevant ses invités sous une tente bédouine sur des chaises de jardin en plastique, les frasques des fils, que des vidéos sur Internet montrent dans des discothèques européennes en compagnie de mannequins, contribuent à accroître le ressentiment à l'encontre du régime. Le pacte social basé au départ sur des valeurs partagées avec son peuple et l'adhésion à un projet de société émancipateur est irrémédiablement brisé. Le décalage entre les valeurs dominantes au sein de la société libyenne en 2011 et les pratiques du pouvoir est trop grand. La rétribution, la compromission et la répression qui constituent les leviers du pouvoir depuis 1973 ne suffiront pas à empêcher la révolte qui surgira dans le sillage des insurrections tunisienne et égyptienne. Les réformes et les ambitieux projets de développement trop tardifs, bien que prometteurs, n'y pourront rien. Comme si ces réformes ne visaient finalement qu'à « tout changer pour que rien ne change ».

C'est de la Cyrénaïque réputée frondeuse que partira l'insurrection qui lui sera fatale au terme d'une guerre civile de huit mois. Ironie tragique de l'Histoire, c'est l'intervention de cette même OTAN, que le colonel Kadhafi n'a eu de cesse de dénoncer sa vie durant comme le bras armé de l'impérialisme occidental qui sera décisive dans la chute de son régime.

« Je suis un guerrier bédouin qui a apporté sa gloire à la Libye et je ne quitterai pas cette terre sur laquelle je mourrai en martyr[5] »

La première émeute qui éclate en Cyrénaïque le 15 février 2011 à l'issue d'un match de football local sera le déclencheur de l'insurrection. Elle ne porte au départ aucune revendication politique et moins encore de chute du régime. La réaction disproportionnée des forces de sécurité débordées transforme ensuite cette émeute locale en soulèvement populaire qui se politise, se militarise et s'étend rapidement à d'autres villes du pays. Les cercles du pouvoir autour du colonel Kadhafi et même ses propres fils sont divisés sur la conduite à tenir, entre partisans de la répression et partisans de l'apaisement, du dialogue et de l'accélération des réformes d'ouverture annoncées depuis plusieurs mois. Le colonel Kadhafi, se fiant aux éléments les plus durs de son premier cercle, s'enferme dans sa tour d'ivoire et lance le 21 février un discours destiné à ne laisser aucun doute sur sa volonté de faire face à ce qu'il pense n'être qu'un épisode de colère passagère. Sur le plan intérieur, ce discours contribuera à rallier les indécis en les rassurant sur la volonté du Guide de ne pas quitter le pouvoir et le pays comme les présidents tunisien et égyptien. Il renforcera par ailleurs la détermination de ses opposants à abattre son régime. Notons que ce discours d'une grande violence sera au cœur de la campagne médiatique internationale en faveur d'une intervention militaire en Libye. Sincèrement convaincu qu'il continue à incarner cette Libye dont il a contribué pour le meilleur et pour le pire à forger l'unité et la conscience nationales, le colonel Kadhafi ne veut pas voir que les temps ont changé et que les aspirations et les valeurs d'une grande partie de son peuple sont totalement découplées de son régime. L'intervention militaire de l'OTAN, sous couvert de « protection des populations civiles » mais avec l'objectif sous-jacent de changement de régime, ne pourra que renforcer sa détermination à se battre jusqu'au bout et à mourir en martyr sur sa terre. De nombreux Libyens, pourtant hostiles à son pouvoir, rallient ses partisans au nom de la défense de la Nation contre une agression étrangère.

Le 20 février 2011, le convoi de Mouammar Kadhafi est bombardé par un Mirage français à quelques kilomètres de son lieu de naissance dans le désert de Syrte. Celui qui se proclamait encore « Guide de la révolution » s'enfuit à pied avec ses derniers fidèles avant d'être rapidement rattrapé par les insurgés. Blessé par une grenade, il est capturé et lance ces mots qui seront ses derniers : « Que vous ai-je fait ? Ce que vous faites est *haram* [proscrit par la tradition islamique] », avant d'être abattu sur place. Jusqu'à son dernier souffle, Mouammar Kadhafi aura donc vécu dans la certitude d'incarner son peuple et se sera refusé à voir que la révolution dont il se croyait encore le Guide avait laissé la place à une révolution contre lui. La « révolution en marche » l'est toujours mais il n'en est plus et n'en sera jamais plus le Guide.

« Le peuple libyen devra conserver son identité, ses réalisations, son histoire et l'image de ses ancêtres et de ses héros et continuer à résister à toute agression étrangère[6] »

Mouammar Kadhafi aura survécu à toutes les tentatives d'assassinat et aux bouleversements géopolitiques de ces quarante dernières années jusqu'à cette journée d'octobre 2011. S'il a très vite eu recours à la violence pour parvenir à ses fins, celle-ci n'explique pas à elle seule la longévité de son régime. Comme nous l'avons vu précédemment, son programme réformateur et son discours révolutionnaire initiaux ont tout d'abord bénéficié d'un accueil très favorable du peuple libyen. Mouammar Kadhafi a ensuite démontré une parfaite connaissance des structures sociales et mentales de son pays ainsi qu'une indubitable intelligence politique et il s'est appuyé sur la rente pétrolière pour acheter les allégeances. S'il semble peu probable qu'il ait cru en la pertinence de son modèle de pouvoir direct du peuple et de société sans État, il percevait en revanche que cette rhétorique du pouvoir des masses avait le soutien d'une frange importante de la société traditionnellement hostile à un pouvoir trop centralisateur.

S'il est en enfin une constante avérée du parcours de Mouammar Kadhafi, c'est son rejet radical du colonialisme et de l'impérialisme. Au cœur de son antagonisme avec les États-Unis, depuis la nationalisation du pétrole libyen jusqu'aux affrontements qui ont culminé sous l'ère Reagan, cette vision des rapports Nord-Sud a indéniablement contribué à forger un imaginaire politique libyen axé sur le respect de la souveraineté nationale. Elle a aussi contribué à renforcer la stature de Mouammar Kadhafi, héros de la cause des peuples du tiers-monde dans de nombreux pays d'Afrique et d'Amérique latine. Enfin, si son système de pouvoir a bloqué l'émergence d'institutions politiques et de corps intermédiaires efficients et assis sa domination sur la société civile, certaines réalisations nationales n'en sont pas moins des succès qui demeureront un héritage des années Kadhafi. Il s'agit notamment des institutions souveraines – banque centrale, compagnie nationale du pétrole et fonds d'investissements libyens – ainsi que des administrations de l'eau, de l'électricité et de la téléphonie qui ont survécu à l'effondrement de l'État libyen en 2011 et aux dix ans d'instabilité qui lui ont succédé.

Même si ses partisans restent nostalgiques de l'ère Kadhafi, le régime de la *Jamahiriya* est bien mort avec son Guide en 2011. Confrontés aujourd'hui aux défis de la réconciliation, de la reconstruction nationale et de l'invention d'un modèle politique conforme à leur culture sociale et politique et à leurs aspirations, les Libyens ne pourront néanmoins faire l'économie de revisiter l'héritage de ces quarante-deux ans. Avec son lot de violences et de répression, sa personnalisation du pouvoir, ses excès et sa culture de la rente mais aussi avec ses réalisations concrètes et l'attachement à l'unité et à la souveraineté nationales libyennes incarnées malgré tout par le colonel Kadhafi.

NOTES

1. Le *kuttâb* est une école primaire où l'on enseigne le Coran par cœur ainsi que le calcul, la grammaire, la poésie et l'histoire.
2. Extrait du discours radiodiffusé du colonel Kadhafi du 1er septembre 1969.
3. Extrait du discours du colonel Kadhafi prononcé à Zwara le 15 avril 1973.
4. Extrait du discours prononcé par le colonel Kadhafi à Sebha le 1er septembre 2002 à l'occasion du 33e anniversaire de la révolution de 1969.
5. Extrait du discours télévisé du colonel Kadhafi du 21 février 2011.
6. Extrait du testament de Mouammar Kadhafi dont il a remis une copie à trois de ses compagnons quelques jours avant sa mort.

POUR EN SAVOIR PLUS

Communiqué international, « Sortir de l'ombre après des années d'enfermement à la prison d'Abou Salim », 2014. En ligne : https://amnistie.ca/sinformer/communiques/international/2014/libye/sortir-lombre-apres-annees-denfermement-prison-dabou.
Mouammar Kadhafi, *Escapade en enfer et autres récits*, Favre, 1996.
Discours du colonel Kadhafi, Assemblée générale des Nations unies, 23 septembre 2009. Le premier et unique discours de Kadhafi devant les Nations unies : provocateur, excentrique, vindicatif, original et parfois non dénué de pertinence. En ligne : https://www.youtube.com/watch?v=UaHF3u4RVM8.
Hisham Mattar, *La terre qui les sépare*, Gallimard, 2017.

L'AUTEUR

Ancien diplomate à l'ambassade de France à Tripoli, **Patrick Haimzadeh** est chercheur indépendant spécialiste de la Libye où il continue à se rendre régulièrement. Ce parcours lui a permis d'acquérir une connaissance dans le temps long de ce pays et de son peuple. Ses recherches portent aujourd'hui sur l'analyse du moment révolutionnaire et de la guerre civile de 2011 et sur les recompositions sociales et politiques consécutives à ces événements. Il a publié *Au cœur de la Libye de Khadafi* (Lattès, 2011) et contribue régulièrement au *Monde diplomatique* et au site Orient XXI. Il est fréquemment invité à intervenir aux « Rendez-vous de l'actualité » et aux « Jeudis de l'IMA ».

1789 et le monde arabe : Lumières, révolutions, ruines

par **Tarek El-Ariss**

Dans *Les Ruines, ou Méditation sur les révolutions des empires*, paru en 1791 – la même année que la publication de la nouvelle Constitution française –, Volney, écrivain et homme politique français qui vécut en Égypte et en Syrie et dont le *Voyage en Syrie et en Égypte pendant les années 1783, 1784, & 1785* (1787) se trouva annoté dans la bibliothèque de Napoléon envahissant l'Égypte en 1798, annonce l'avènement de la Révolution française comme la manifestation de l'absolu dans l'histoire. Pour Volney et d'autres plus tard, les Lumières se manifestent dans cet acte de salut qui entamera non seulement la délivrance du peuple français et d'autres peuples européens, mais aboutira également au salut de la terre entière : « Un cri de liberté [...] s'élève chez une grande nation [...] et un mouvement immense va naître [...] d'affranchissement pour un grand peuple, et d'espérance pour toute la terre[1]. » La Révolution française est le moment de l'universel avec le cri de liberté qui retentit dans les quatre coins du monde. Avec l'ère coloniale, la révolution industrielle et l'invasion napoléonienne de l'Égypte qui vont suivre, cet universel se traduira en un système de valeurs morales et politiques qui sera – ou devrait être – adopté par d'autres nations. Dans ce contexte-là, le projet de la modernité et le projet des Lumières qui annoncent notamment le libéralisme continuent à être perçus, aujourd'hui encore, comme le produit de 1789 tel que Volney et tant d'autres l'ont perçu.

Ce modèle libéral et universel mis en œuvre par la pensée des Lumières, et déclenché par la Révolution française et les guerres qui la suivirent, donna lieu à un modèle d'interprétation qui réduit ou compare toujours ce qui se passe dans le monde – et surtout dans le monde arabe – à cet universel et à ses valeurs absolues telles que le libéralisme, la laïcité et la démocratie. Cette comparaison créa un eurocentrisme dépendant d'une causalité, qui toutes deux nous empêchent de vraiment comprendre les transformations qui ont eu lieu dans d'autres parties du monde, et spécialement au Moyen-Orient. Une question se pose alors : comment trouver le moyen de penser 1789 comme un héritage universel, sans toutefois réduire les développements culturels et politiques qui ont lieu au Moyen-Orient et ailleurs au modèle européen ? En d'autres termes, comment reconnaître l'importance de 1789 sans la transformer en une valeur absolue à laquelle est réduit tout mouvement politique libéral qui l'a suivie ? Dans le contexte du Moyen-Orient, la modernité arabe, ou la Nahda, relève certes des bouleversements entamés par 1789 mais puise également dans l'héritage islamique des sciences et des lettres, par exemple. Enfin, qu'est devenu aujourd'hui cet héritage des Lumières, et particulièrement son événement majeur, l'année 1789 ? Cette question est importante aujourd'hui, et plus particulièrement lorsque l'on pense à la révolution numérique qui remet en question la révolution industrielle et son système de valeurs politiques et idéologiques, mais aussi lorsque l'on réfléchit aux révolutions du monde arabe, notamment à partir de 2010. Le printemps arabe a-t-il repris l'héritage des Lumières comme certains chercheurs aiment à le penser (Kassab, 2019), ou bien avons-nous affaire à un nouveau paradigme qui remet en question la relation entre sujet et pouvoir, citoyen et nation ? Quelle forme de salut est possible dès à présent ?

* * *

Les idées des Lumières arrivèrent au Moyen-Orient sur des navires de commerce et de guerre, transportant des voyageurs arabes et ottomans en Europe, et d'autres transportant des voyageurs et des armées européennes au Moyen-Orient. L'invasion de l'Égypte par Napoléon en 1798 fut un événement clé dans ce contexte. Napoléon s'adressa aux Égyptiens en tant que public (*jumhur*, d'où le terme *jumhuriyya*, « république »). Dans son discours de conquête, il les exhorte à se rebeller contre les mamelouks usurpateurs qui sont d'une « race étrangère » et qui ont tant tyrannisé les Égyptiens autochtones. Cette interpellation des Égyptiens par Napoléon eut un grand effet sur l'écriture de l'histoire de l'Europe et du Moyen-Orient dans l'ère moderne. L'âge du libéralisme (Hourani, 1962) dans le monde arabe fut lié à l'invasion de Napoléon, vu dans ce contexte comme l'émissaire des Lumières et de 1789. Mais ce récit historique, qui réduit la Nahda à ces événements et actes de guerre, omet les développements politiques et culturels qui émanent des conditions spécifiques dans la région.

Des termes et concepts comme « public » (*jumhur*) et « république » (*jumhuriyya*) furent traduits, façonnés, apprivoisés et adaptés dans le contexte arabe. Tout un réseau de forces et d'événements donna un certain sens à ces termes en arabe. Cependant, l'idée d'une causalité simple, ou d'une importation directe, ou encore d'une reproduction exacte des termes et donc des systèmes européens, n'explique pas le développement qui suivra dans la région. Il faut penser surtout à des processus complexes qui mûrirent pendant des années, et qui menèrent à l'éclosion de la pensée arabe moderne et aux systèmes politiques que les divers penseurs arabes, de Tahtawi à Michel Aflak pour ne citer qu'eux, présentèrent (Hanssen et Weiss, 2016). Les idées des Lumières se mêlèrent alors au contexte arabe, poussant quelqu'un comme Abdelrahman al-Kawakibi à synthétiser la pensée de Marx et la doctrine islamique pour critiquer la tyrannie dans l'Empire ottoman et celle du colonialisme à la fin du XIXe et au début du XXe siècle (El-Ariss, 2018 ; Weismann, 2016). De la même manière, le discours du progrès (*tamaddun, taraqqi*) fut incorporé dans le contexte des Lumières levantines par l'éducateur et penseur Boutros al-Boustani, qui reconnut l'importance de l'éducation et de l'imprimerie comme moyen ultime pour répandre les Lumières et aboutir à la nation. Dans ce sens, 1789 et la conquête napoléonienne de l'Égypte en 1798 eurent un grand effet sur le Moyen-Orient, mais au même titre que les lumières de Boustani, d'Al-Azhar en Égypte, ainsi que toute une série de mouvements politiques et culturels qu'il faut bien noter.

1789 fit de l'ombre à toutes les révolutions qui suivirent. Dans le monde arabe, l'une des premières révoltes interprétées dans le contexte de 1789 est la *'ammiyya* d'Antélias, suivie de celle de Lahfad, au Liban, en 1821. Cette révolution commença comme une insurrection contre les impôts imposés par le gouverneur ottoman sur les vassaux de la Porte dans le mont Liban. Elle se transforma rapidement en un véritable mouvement de revendication de droits par la paysannerie et les communards dans un grand acte de mobilisation et de solidarité (Makdissi, 2000). Le prêt de serment dans la ville d'Antélias, au nord de Beyrouth, reconnaît une sorte de Constitution, et relève d'une nouvelle conscience politique qui remet en question le pouvoir féodal. Même les appellations que ces émeutiers se donnèrent – communard (*'amma*), qui nous rappelle l'épisode de la Commune qui viendra plus tard – reprennent le concept de public (*jumhur*) ayant des droits et revendiquant une égalité politique au sein de l'Empire ottoman. La conscience politique d'un groupe homogène qui se rebelle contre l'aristocratie et le pouvoir ottoman fut interprétée comme une issue directe de la Révolution française. Même si les idées de la Révolution sont présentes, il ne faut pas négliger l'importance de la révolution grecque qui se déroulait en même temps, ainsi que d'autres insurrections au mont Liban commençant en 1800. Le lien avec 1789 est indéniable, mais il doit être mis en relation avec les développements politiques, économiques et culturels locaux, avec un bas clergé de plus en plus éduqué, et une classe marchande qui pousse ses intérêts contre ceux de l'aristocratie terrienne.

Liée aux émeutes du Liban, qui vont finir par la révolte de Tanios Chahine en 1858, a lieu en 1879 la révolution d'Ahmed Orabi contre le pouvoir royal en Égypte, la mainmise européenne sur la politique et le commerce du pays, y compris le canal de Suez (Cole, 1993). Orabi, officier égyptien de souche qui monta en grade pour lutter contre l'influence étrangère et le monopole des classes gouvernantes en Égypte, est vu dans ce contexte comme un précurseur de Nasser (qui, avec d'autres « officiers libres » émanant de la paysannerie égyptienne également, s'emparera du pouvoir et renversera le roi Farouk en 1952). Orabi, dont la révolte fut avortée, incita le peuple à se soulever contre l'intervention européenne et les privilèges des citoyens et des entreprises européennes. La révolution d'Orabi entra dans l'esprit politique et public et devint, bien évidemment, l'inconscient politique de 1952, les deux révolutions étant perçues comme des insurrections populaires autochtones menées pour délivrer l'Égypte du colonialisme et de l'ancien régime.

Forger une nation moderne à travers une révolution ne fut pas le seul moyen par lequel 1789 influença les événements dans le monde arabe. 1789 donna lieu à la conception du bien public et des droits de l'homme qui fut reprise dans les *tanzimat* ottomanes (Davison, 2015). Même au sein de l'Empire ottoman, les *tanzimat* (les réformes qui furent entamées à partir de 1839) visaient à garantir le droit à la propriété, la régulation de la conscription, ainsi que d'autres réformes. Inspirées en grande partie par la Déclaration des droits de l'homme, les *tanzimat* sont également le produit de leur environnement, notamment les insurrections au Liban ou en Grèce, et d'autres transformations politiques dans la région. Dans ce contexte, la Déclaration des droits de l'homme est entrée dans le discours pro-ottoman. Par exemple, 'Abd al-Qadir al-Qabbani, penseur, éditeur et homme politique de Beyrouth, publie en 1880 une tribune intitulée « La liberté » qui incorpore et traduit librement les concepts de la Déclaration des droits de l'homme pour établir une citoyenneté pan-ottomane tout en s'adressant à un public arabe dans le Levant (El-Ariss, 2018). Inspiré par 1789 et les *tanzimat*, Al-Qabbani ne vise pas une nation arabe mais essaie d'instaurer une conscience politique parmi ses confrères arabo-ottoman. Dans ce cadre, on voit bien comment la Révolution, non seulement comme événement mais aussi comme système de valeurs liées à l'héritage des Lumières et à la Renaissance, se traduit dans d'autres contextes. Cette traduction a lieu dans le contexte national mais également dans un contexte pan-ottoman qui cherche à répandre les Lumières et à établir des systèmes politiques représentatifs que l'on ne peut pas toujours réduire au nationalisme dans sa version européenne.

La liberté qui retentit d'après Volney dans les quatre coins du monde avec la Révolution va trouver écho chez d'autres penseurs, y compris des féministes de la région. C'est le cas de Nazira Zeineddine. Cette féministe libanaise considère que sa situation de femme soumise à un ordre patriarcal nécessite un droit. Ce droit s'inscrit dans la lignée des droits de l'homme, mais y inclut le contexte du *gender* (Cooke, 2010 ; El-Ariss, 2018). Dans ses écrits de 1928, Zeineddine vise le voile des femmes et se révolte contre la tutelle des imams, proclamant la liberté individuelle de penser et de disposer de son corps et de son destin. D'autres penseurs arabes ont aussi partagé leurs réflexions sur la révolution, parmi lesquels Adib Ishaq, Salama Moussa, Taha Hussein et tant d'autres, auxquels on doit très certainement l'élaboration du projet de la modernité dans le monde arabe (Abu-'Uksa, 2016).

* * *

Le projet de la modernité, qui est devenu lié au panarabisme de Nasser mais aussi à la création d'États modernes pour faire face au colonialisme et prendre son destin en main, est aujourd'hui remis en question. À partir des années 1960 et 1970, les nouveaux États postcoloniaux tombèrent entre les mains d'officiers devenus tyrans corrompus et enchaînant échec après échec. Ces défaites politiques et militaires, notamment contre Israël et les États-Unis, envahisseurs de l'Irak en 2003, remirent en question la force, ou plutôt l'unanimité de la modernité comme ultime récit ou projet menant au salut national. Des discours sectaires ou fondamentalistes, voire des discours tribaux et néolibéraux, s'acharnèrent contre le projet des Lumières et son système de droit et de bien public. Petit à petit, on voit le monde arabe subir ce que Samir Kassir a appelé « le malheur arabe », le poussant dans une voie sombre, sans horizon et sans possibilité de salut (Kassir, 2004). Les systèmes totalitaires arabes vont s'approprier le langage des Lumières pour servir leur fins politiques et leurs intérêts personnels.

Avec la révolution technologique et les nouveaux médias, on entre dans une nouvelle ère, qui remet en cause non seulement la constellation de la modernité elle-même liée à 1789, à ses bouleversements politiques et à ses systèmes de valeurs, mais aussi le sujet et sa relation au pouvoir (El-Ariss, 2019). Les révolutions arabes lancées à partir de 2010 vont concrétiser les nouveaux bouleversements politiques, technologiques et économiques dans la région, donnant l'espoir de voir enfin aboutir le projet des Lumières.

Mais ces révolutions émanent-elles de 1789 et des Lumières, annonçant le soulèvement d'un « peuple », *jumhur*, qui enfin prend conscience de ses droits et devoirs après un long sommeil ?

Aujourd'hui, on a affaire à une nouvelle définition du citoyen et de ses droits. Alors que Volney nous a présenté la Révolution non seulement comme un événement politique mais aussi comme l'entrée dans l'ère moderne, on remet aujourd'hui en question l'ère moderne en tant que telle. La dialectique historique que l'ère moderne permit de lancer à la fin du XVIIIe siècle, et que des penseurs comme Hegel, Marx et Freud adoptèrent dans des contextes différents est interrogée à présent. 1789, qui concrétise l'ère moderne, est aujourd'hui remis en question dès que l'on se sent vulnérable face aux écrans dans l'ère technologique, mais aussi lorsque l'on se sent incapable de contrôler son corps dans des confinements au milieu des épidémies. L'idée même du futur comme quelque chose que l'on imagine, pour lequel on travaille, et dans lequel on investit pour arriver au salut n'est plus visible ou prévisible. Une chose est sûre cependant, 1789 et l'héritage des Lumières continuent à nous hanter. Car malgré tout, nous n'avons pas encore trouvé un meilleur système qui offrirait une vision universelle à laquelle plusieurs groupes et nations peuvent adhérer. Malgré l'histoire souvent violente de 1789, son cri de liberté continue de retentir dans la terre entière.

NOTE

1. Volney, *Les Ruines ou Méditation sur les révolutions des empires*, dans *Œuvres complètes*, tome I, Librairie de la Bibliothèque nationale, 1876, p. 94-95.

L'AUTEUR

Tarek El-Ariss est professeur et directeur du département d'études moyen-orientales au Dartmouth College. Il est l'auteur de *Trials of Arab Modernity : Literary Affects and the New Political* (Fordham University Press, 2013) ainsi que de *Leaks, Hacks, and Scandals : Arab Culture in the Digital Age* (Princeton University Press, 2019), et l'éditeur de *The Arab Renaissance : A Bilingual Anthology of the* Nahda (MLA, 2018).

POUR EN SAVOIR PLUS

Wael Abu-'Uksa, *Freedom in the Arab World : Concepts and Ideologies in Arabic Thought in the Nineteenth Century*, Cambridge University Press, 2016.

Juan Cole, *Colonialism and Revolution in the Middle East : Social and Cultural Origins of Egypt's 'Urabi Movement*, Princeton University Press, 1993.

Ian Coller, *Muslims and Citizens : Islam, Politics, and the French Revolution*, Yale University Press, 2020.

Miriam Cooke, *Nazira Zeineddine : A Pioneer of Islamic Feminism*, Oneworld, 2010.

Roderic H. Davison, *Reform in the Ottoman Empire, 1856-1876*, Princeton University Press, 2015.

Tarek El-Ariss, *Leaks, Hacks, and Scandals : Arab Culture in the Digital Age*, Princeton University Press, 2019.

–, *The Arab Renaissance : A Bilingual Anthology of the Nahda*, Modern Language Association, 2018.

–, *Trials of Arab Modernity : Literary Affects and the New Political*, Fordham University Press, 2013.

Jens Hanssen et Max Weiss, *Arabic Thought beyond the Liberal Age : Towards an Intellectual History of the Nahda*, Cambridge University Press, 2016.

Albert Hourani, *Arabic Thought in the Liberal Age, 1798-1939*, Cambridge University Press, 1962.

Elizabeth Suzanne Kassab, *Enlightenment on the Eve of Revolution : The Egyptian and Syrian Debates*, Columbia University Press, 2019.

Samir Kassir, *Considérations sur le malheur arabe*, Sindbad/Actes Sud, 2004.

Ussama Makdisi, *The Culture of Sectarianism : Community, History, and Violence in Nineteenth-Century Ottoman Lebanon*, University of California Press, 2000.

Volney, *Les Ruines ou Méditation sur les révolutions des empires*, dans *Œuvres complètes*, tome I, Librairie de la Bibliothèque nationale, 1876.

Itzchtak Weismann, *Abd al-Rahman al-Kawakibi : Islamic Reform and Arab Revival*, Oneworld, 2016.

Textes choisis

par **Tarek El-Ariss**

Volney
« Les Ruines »
(1791)

Un cri de liberté, prononcé sur des rives lointaines, a retenti dans l'ancien continent. À ce cri, un murmure secret contre l'oppression, s'élève chez une grande nation ; une inquiétude salutaire l'alarme sur sa situation : elle s'interroge sur ce qu'elle est, sur ce qu'elle devroit être ; et, surprise de sa foiblesse, elle recherche quels sont ses droits, ses moyens... Encore un jour, une réflexion... et un mouvement immense va naître ; un siècle va s'ouvrir ; siècle d'étonnement pour les âmes vulgaires, de surprise et d'effroi pour les tyrans, d'affranchissement pour un grand peuple, et d'espérance pour toute la terre.

Par la loi de l'imitation, l'exemple d'un premier peuple sera suivi par les autres ; ils adopteront son esprit, ses lois. Les despotes même, voyant qu'ils ne peuvent plus maintenir leur pouvoir sans la justice et la bienfaisance, adouciront leur régime par besoin, par rivalité ; et la civilisation deviendra générale.

Oui, j'en jure par les ruines de tant d'empires détruits ! L'empire du croissant subira le sort des États dont il a imité le régime. Un peuple étranger chassera les sultans de leur métropole [...] et une anarchie générale surviendra [...] jusqu'à ce qu'il s'élève chez l'Arabe, l'Arménien, ou le Grec, des législateurs qui recomposent de nouveaux États.

Source : Volney, *Les Ruines ou Méditation sur les révolutions des empires*, dans *Œuvres complètes*, tome I, Librairie de la Bibliothèque nationale, 1876, p. 94-95, 93 et 84.

'Abd al-Qadir al-Qabbani
« La liberté »
(1880)

La liberté consiste en l'égalité des droits et la participation active du peuple pour tirer les bénéfices pour leur nation, et en leur solidarité pour protéger le bien-être public. La vraie liberté est atteinte lorsque chaque citoyen est autorisé à parler et à agir de manière à ne pas contredire la loi du pays et le bien public ou porter atteinte à la religion et à la foi. Les différentes parties qui composent le domaine [national] devraient travailler en harmonie pour s'assurer que tous respectent les droits des autres, afin que chaque citoyen puisse être le garant des autres en travaillant sans relâche pour leurs droits sans aller à l'encontre de ce que nous avons mentionné précédemment. Les citoyens devraient dénoncer toute personne qui s'oppose à l'atteinte de la liberté dans ses limites précisées. La liberté accorde à une personne le droit de ne pas être exilée de sa patrie, ou punie sauf en conformité avec la loi du pays, ou forcée de supprimer son opinion dans les actes et les mots, ou tenue responsable en dehors de ce que la loi de l'État et de la religion permet.

Source : Tarek El-Ariss, *The Arab Renaissance : A Bilingual Anthology of the Nahda*, Modern Language Association, 2018, p. 340. Cet extrait est traduit de l'arabe par Tarek El-Ariss.

Nazira Zeineddine
« Dévoilement et voile »
(1928)

Bienvenue, liberté sacrée, liberté de pensée et liberté de volonté, car vous êtes l'essence de la foi, le fondement de toute Renaissance *Nahda*, et la délivreuse de la vérité par l'enquête. Bienvenue, liberté qui nous accorde le droit de préserver notre honneur, de nous soulever afin de renforcer notre honneur, de nous rapprocher de la vraie foi et qui porte bénéfice à nous et à nos enfants et à notre nation…

La liberté de volonté – comme l'ont identifiée les sociologues – est la liberté des individus de déterminer leurs actions en conformité avec les normes morales idéales. La liberté de pensée est le droit des individus à mettre en œuvre leurs croyances concernant leur bien-être et celui des autres sans crainte ni contrainte, non obstruée par les interventions des autorités ou par la haine et les réactions viscérales des masses. Nous devons considérer ces deux libertés comme la norme pour la liberté d'expression et toutes les autres car elles visent toutes à réaliser le bien-être individuel et social.

Source : Tarek El-Ariss, *The Arab Renaissance : A Bilingual Anthology of the Nahda*, Modern Language Association, 2018, p. 374-375. Cet extrait est traduit de l'arabe par Tarek El-Ariss.

CI-DESSUS
Figures révolutionnaires, par Mohamad Omran
(@mohamad.omran79)
Un monde d'hommes

Né en 1979 à Damas en Syrie, diplômé de la Faculté des Beaux-Arts de Damas en section sculpture, et de l'université Lyon 2 en Histoire de l'art contemporain, **Mohamad Omran** vit et travaille à Ivry-sur-Seine. Le thème de la foule, de l'assemblée, sont fréquents dans son travail ; d'autant plus depuis la révolution de 2011 dans son pays. Certaines de ses œuvres ont été exposées à l'IMA, au sein de l'exposition « Mémoires partagées » (2020) et « Un œil ouvert sur le monde arabe » (2018).

Guide des révolutionnaires et des rebelles arabes

par **Fawwaz Traboulsi**
traduit de l'arabe par **Nabil Ajan**

J'ai choisi dans ce texte de rassembler un « guide » des révolutionnaires arabes plutôt que d'en faire un « musée » dans le souci de ne pas enfermer mes personnages dans des idoles et des statues. J'ai considéré que le parangon du/de la révolutionnaire découle d'une conception, d'un travail visant un changement radical du pouvoir, de la société, de la pensée, de la culture et des valeurs. J'ai choisi des révolutionnaires et des rebelles du XXᵉ siècle qui ne se sont pas contentés de s'affranchir de la dépendance colonialiste mais ont également envisagé le changement radical des relations et des structures sociales et autoritaires durant la période post-indépendance ; certains parmi eux ont participé à des soulèvements et des révolutions qui ont utilisé comme moyens la violence armée afin de parvenir à leurs objectifs. Je suis sorti du XXᵉ siècle à l'instar d'Ahmad Farès al-Chidiac pour des raisons que je mentionnerai par la suite. Le nombre des sujets choisis a été limité par le nombre de mots accordés (2 500 mots).

Mehdi Ben Barka (1920-1965), la solidarité des trois continents

Professeur de mathématiques et indépendantiste, il était l'un des plus importants leaders de l'opposition de gauche contre la monarchie marocaine. Ben Barka présida le conseil consultatif après l'indépendance et contribua à la fondation de l'Union nationale des forces populaires d'obédience socialiste qui appela au contrôle de la richesse naturelle du pays (le phosphate) et à la répartition équitable du revenu national. Il quitta le Maroc en 1963, après le renforcement de l'oppression autoritariste et appela au « choix révolutionnaire » pour contrecarrer l'alliance du trône avec les propriétaires terriens et la bourgeoisie affiliée. Il fut condamné à la peine capitale par contumace en 1964.

Mehdi Ben Barka présida la commission du « néocolonialisme » dans l'Organisation de la solidarité afro-asiatique. Il se focalisa sur la lutte contre le néocolonialisme, et fit campagne contre la spoliation des ressources et les échanges inéquitables entre les pays du Nord et du Sud, défendant une croissance fondée sur la participation populaire au sein d'un État qui représente les intérêts du peuple travailleur. C'est ce qu'il appela « le contenu socialiste de l'indépendance ».

Il consacra son temps et ses efforts à la préparation de la Conférence tricontinentale qui devait se tenir début 1966, à l'élaboration d'une stratégie commune de lutte et de solidarité contre l'impérialisme et le racisme, au soutien au Vietnam, au démantèlement des bases militaires et à l'opposition contre l'armement nucléaire. Le document préparatoire invitait à considérer les trois continents comme une zone économique unie et à lutter pour une croissance indépendante, pour une réforme agraire, pour un allègement de la dépendance économique par rapport aux pays occidentaux et pour l'établissement des sociétés sur la base de l'égalité et de la justice sociale.

Mehdi Ben Barka fut enlevé alors qu'il se trouvait dans un café à Paris le 29 octobre 1965, quelques semaines avant la tenue de la Conférence.

Larbi Ben M'hidi (1923-1957), « le sage » de la révolution algérienne

Issu d'une famille d'agriculteurs, il étudia dans les écoles françaises, se spécialisa dans le théâtre et rejoignit très tôt le mouvement indépendantiste. Il se fit appeler « Zapata » en référence au paysan révolutionnaire mexicain et se fit connaître pour son appel en faveur d'un genre de socialisme paysan. Il fut l'un des premiers à préparer la révolte armée. Par ailleurs, il prit les commandes de la cinquième wilaya (l'Oranie). Il est connu pour son caractère calme, sa bienveillance, sa modestie et sa fermeté. Il présida aussi le congrès de la Soummam et introduisit dans ses résolutions le principe de l'autonomie et celui de l'indépendance de la décision de la révolution algérienne par rapport aux capitales qui la soutiennent.

Larbi Ben M'hidi participa à la « bataille d'Alger » (28 janvier – 6 février 1957) et lança un appel pour que « la révolution descende dans la rue ». Il est à l'origine de la grève de huit jours dans le but de faire entendre la voix de la révolution au monde entier et ainsi internationaliser la Cause algérienne.

Capturé le 23 février 1957, il répondit, lors de son interrogatoire, à l'enquêteur qui l'accusait d'avoir posé des explosifs contre des civils : « Quelle est la différence entre faire exploser un café et bombarder cent villages au napalm ? » Ben M'hidi ne fut pas traduit en justice. L'armée française diffusa l'information qu'il s'était suicidé par pendaison. Mais la vérité fut révélée quatre décennies plus tard lorsque le général Paul Aussaresses, qui était officier dans les services de renseignement à cette époque, avoua qu'il s'était chargé de la pendaison du leader algérien dans le sous-sol d'une ferme appartenant à un colon français. Il apparut, à la suite de l'aveu du secrétaire d'État aux Forces armées Max Lejeune, que la décision de la liquidation physique du leader algérien en captivité avait été prise par François Mitterrand, ministre de la Justice du gouvernement socialiste de Guy Mollet.

Djamila Bouhired (née en 1935), ou le courage

Elle s'engagea comme *moudjahida* (combattante) prête à mourir pour la liberté de l'Algérie. Pendant la « bataille d'Alger », elle exécuta avec ses camarades Zohra Dhrif, Hassiba Bouali et Djamila Bouaza plusieurs attentats à l'explosif à l'aéroport et dans des commissariats, ainsi que dans des bars et des cafés du quartier européen. Elle se caractérisait par son esprit d'initiative, sa compétence en planification et son courage exceptionnel. Sa maison familiale dans la Casbah fut l'une des cachettes du Commandement de la bataille – Larbi Ben M'hidi, Yacef Saadi, Ali la Pointe et d'autres – et sur le toit se trouvait leur fabrique d'explosifs. La maison fut perquisitionnée ; son petit frère et son oncle âgé furent torturés.

Djamila fut blessée par les balles de parachutistes alors qu'elle se trouvait avec un groupe de *moudjahidine* (combattants) qui changeaient de cachette. Elle avait sur elle des documents importants. Arrêtée, elle subit des séances de torture. Elle se présenta devant la cour lors de son procès vêtue d'une robe aux couleurs du drapeau algérien. La peine de mort prononcée à son encontre fut annulée sous la pression d'une campagne internationale.

Après l'indépendance, Djamila Bouhired présida l'Union nationale des femmes algériennes mais démissionna pour protester contre les obstacles dressés devant les revendications des femmes par les autorités de l'indépendance. Elle continua à défendre les droits des anciens combattants et combattantes. Au mois de février 2019, Djamila Bouhired était en première ligne lors des manifestations populaires demandant le départ du président Bouteflika et de la junte militaro-sécuritaire au pouvoir.

Abdalla Hafiz, un ancien des montagnes du Dhofar

Je ne le connais que sous ce nom. Je voudrais le retrouver ici comme le soldat inconnu de « la révolution aux pieds nus » contre le sultan Saïd Ibn Taimour et ses protecteurs les britanniques. (1956-1975).

Abdallah Hafiz était notre accompagnateur lorsque j'ai visité les bases des révolutionnaires dans l'ouest du Dhofar en 1970, en compagnie du journaliste britannique Fred Halliday et du diplomate yéménite Abdallah al-Achtal. Il était calme, patient, peu loquace. Il a pris soin de nous avec gentillesse.

Je suis retourné au Dhofar en 2018 et j'y ai revu Abdallah Hafiz à Salalah. Il se trouvait avec un groupe des « anciens des montagnes » qui se réunissent tous les après-midi dans un café populaire. Je lui ai fait part de mes remarques concernant le développement de la région comparé à ma première visite. « C'est grâce à nous, a-t-il dit, et c'est ce que nous disons aux nôtres : toutes ces réalisations, tous ces projets et toutes ces réformes réalisés par le sultan ont eu lieu grâce à nous. Sans la révolution, personne n'aurait rien pu de tout ça. »

Cette visite m'a appris que les révolutions n'échouent ni ne sont battues dans l'absolu ; les révolutions vaincues font changer le vainqueur et les révolutions ratées accomplissent beaucoup plus que ne l'imaginent les révolutionnaires et ne le pensent les déçus ; toute révolution vaincue construit la mémoire et la référence de la révolution à venir.

Abane Ramdane (1920-1957), « l'architecte » de la révolution algérienne

Il est le plus important des chefs du Front de libération nationale (FLN) dans sa phase

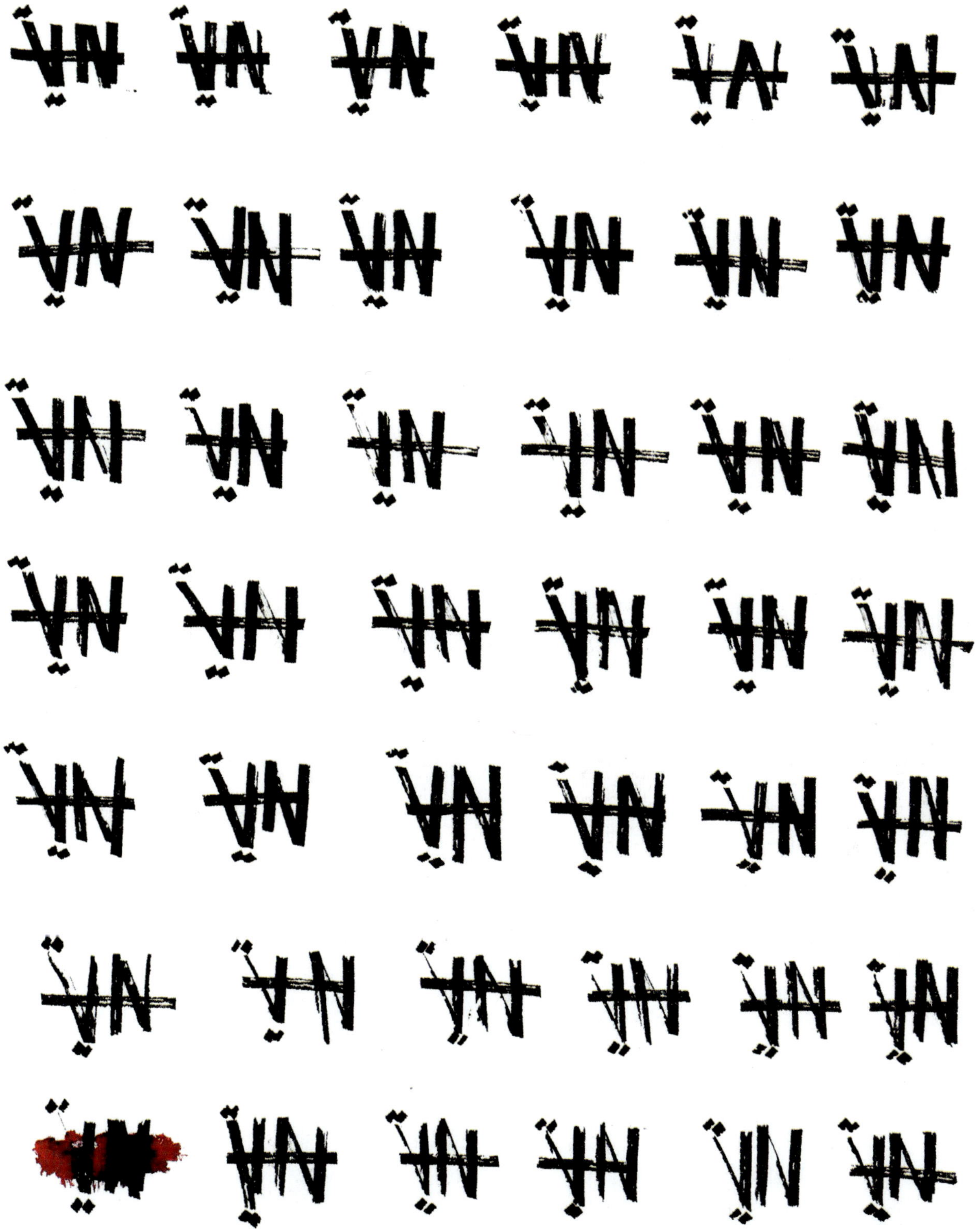

La révolution, par Kinda Ghannoum
(@kindaghannoum)

Kinda Ghannoum est une graphiste syro-polonaise installée en Belgique. Récompensée pour ses travaux graphiques, Kinda Ghannoum est diplômée de l'université de Damas en architecture. Autodidacte, elle a découvert sa passion pour le graphisme après sa diplomation et en a fait, depuis 5 ans, sa carrière.

CI-DESSOUS

Le peuple, par ST4 The Project
(@st4_theproject)

Yassin Bouzid et Sadk Kaffel sont nés à Sfax, respectivement en 1996 et en 1994, et ont étudié le design graphique à Tunis. Ces praticiens du Street Art travaillent en duo depuis 2013, sous le nom de « ST4 The Project ». On peut observer à Tunis et ailleurs de nombreux murs arborant leurs productions artistiques, comme à la Médina de Tunis, Sidi Bou Saïd, Sfax ou encore Djerba.
En mai 2019, la capitale tunisienne accueillait « Before Language », la première exposition uniquement consacrée au duo.

PAGE CI-CONTRE

Le peuple, par Mostafa Najem
(@mostafa_m_najem)

Mostafa Mahmoud Souhail, dit Mostafa Najem, est un artiste plasticien et graphiste. Diplômé de la faculté des Beaux-Arts de Bagdad, il met en exergue, par son art, ce qui rassemble les individus, et tente de gommer les différences et les frontières qui séparent les êtres humains.

نبي يا كل شهيد
mostafa .m. najem

CI-DESSOUS
Féministes révolutionnaires, par Radia Belkhayat
(@revorient)

Jeune illustratrice, née à Casablanca, Radia Belkhayat est étudiante en psychologie et réside en France depuis 5 ans. Elle a pu exposer ses productions à l'occasion de différents événements, sous le nom d'artiste Revorient. Son projet d'illustration Rêv(e)olution Orientale se présente sous la forme d'une invitation au rêve, à la poésie et à la célébration de la richesse de l'Orient, sa force, sa lumière et sa beauté non-travestie.

PAGE CI-CONTRE
L'oppresseur, par Intibint
(@intibint)

Intibint est une chanteuse et illustratrice anglo-yéménite, vivant à Londres. Elle a récemment sorti son troisième single et travaille actuellement sur la sortie de son premier EP, et de sa nouvelle série d'illustrations pour l'hiver prochain.

Lena Kassicieh
لينا قسيسية

PAGE CI-CONTRE
Karama, par Lena Kassicieh
(@lena.kassicieh)

Lena Kassicieh est une illustratrice, céramiste et artiste palestino-américaine installée à Dubaï. Forte d'une formation universitaire en anthropologie sociale et culturelle, son travail créatif est souvent inspiré de sa curiosité pour l'humain, la culture vivante et l'exploration des émotions et des expériences humaines.

CI-DESSUS
Nommer la révolution, par Farah Kamel Abdel Hadi
(@f.ohadi)

Farah Kamel Abdel Hadi est une graphiste, typographe en langue arabe et professeure de design. Elle est née et a grandi aux Émirats arabes unis. Farah Kamel Abdel Hadi a enseigné et pratiqué le design au Royaume-Uni, sur le marketing, le design éditorial et la typographie, en créant des associations entre les graphies arabe et latine. La thèse qu'elle mène actuellement à l'université de Cambridge porte sur l'histoire de la typographie arabe au XXe siècle, et plus particulièrement ses projets de réforme. Elle vise à la fois à combler un fossé historique et à jeter un regard rétrospectif sur le système d'écriture arabe, au sujet d'une question qui garde aujourd'hui toute sa pertinence.

L'oppresseur, par Salim Zerrouki
(@salim.zerrouki)

Salim Zerrouki est un auteur-illustrateur algérien installé à Tunis. Diseur d'aventures crues et dessinateur d'humour pas drôle, il fait aussi de la BD, du dessin d'actualité et plus encore si affinités.

de création. Il joua, avec Larbi Ben M'hidi, le rôle principal au congrès de la Soummam en août 1956. Son souci principal était le rassemblement de toutes les forces nationales et populaires pour la libération. Le congrès définit les objectifs de la révolution, à savoir « la restauration de la personnalité algérienne » et l'établissement d'« une république démocratique sociale » en insistant sur le fait qu'il n'y aurait pas de retour, dans l'Algérie indépendante, au féodalisme ni d'instauration d'un État religieux ou monarchique. Le congrès mit trois principes pour la révolution : la priorité de l'intérieur sur l'extérieur, la primauté du politique sur le militaire et le principe du commandement collectif. Ce congrès dota le FLN d'une structure organisatrice et fonda l'Armée de libération nationale.

Abane Ramadan participa avec Larbi Ben M'hidi au lancement de la « bataille d'Alger ». Il se caractérisait par son austérité dans sa vie personnelle, son exigence envers lui-même avant de l'être avec autrui, sa franchise jusqu'à l'agressivité, et le tranchant de ses jugements (Harbi, 128-129). Il fut évincé par les opposants au congrès de la Soummam, dont, à leur tête, Ahmed Ben Bella, et fut accusé d'être un autocrate et d'avoir introduit la laïcité et la gauche dans les objectifs de la révolution aux dépens de l'arabisme et de l'islam. Attiré au Maroc, il fut liquidé par ses camarades au commandement du FLN le 27 décembre 1957.

Frantz Fanon a dit à propos de son ami Abane Ramadan qu'il était pour lui l'exemple révolutionnaire à suivre.

Khaled Ahmad Zaki (1935-1968), un communiste dans la zone des marais (Alahwar) de l'Irak

Il est né à Bagdad dans une famille de la classe moyenne, son père était ingénieur hydraulicien. Il fit des études d'ingénierie à Londres, où il adhéra au Parti communiste irakien. Il milita dans l'organisation de Bertrand Russell pour la paix. À son retour en Irak en 1967, il rejoignit une aile dissidente du parti communiste connue sous le nom de « Commandement central » qui préconisait l'adoption de la lutte armée pour changer le régime irakien.

Khaled Ahmad Zaki rejoignit avec un groupe de communistes la zone des marais (Alahwar) pour fonder un foyer révolutionnaire armé. Ils entreprirent des opérations militaires durant quelques semaines contre les commissariats de police. Khaled perdit la vie le 3 juin 1968 dans une bataille inégale contre des unités de l'armée irakienne.

Nasir al-Said (1923-1979), le pétrole des Arabes est aux Arabes

Il commença sa vie comme ouvrier dans la société Aramco à Dhahran où il organisa des manifestations et des grèves en faveur des droits ouvriers. En 1956, il prononça un discours au nom du Comité des ouvriers du pétrole lors de la visite du roi Fayçal à Dharan et lui demanda de proclamer une Constitution, de légiférer pour le droit à l'organisation syndicale et d'évacuer la base aérienne militaire de Dhahran. Le roi donna l'ordre d'arrêter le Comité ouvrier.

Nasir s'enfuit à Damas et vécut jusqu'à la fin de ses jours en exil. En 1959, il fonda l'Union du peuple de la péninsule arabique qui souhaitait faire tomber le régime de la famille Al- Saoud afin de donner au peuple le contrôle de la richesse pétrolière.

Le 17 décembre 1979, Nasir al-Said disparut sans laisser de traces dans la rue Hamra à Beyrouth. On soupçonna Abou Al-Zaïm (Atallah Atallah), le responsable de la sécurité militaire du mouvement palestinien Fatah, de l'avoir enlevé et remis à l'ambassade d'Arabie saoudite à Beyrouth contre de l'argent. Les avis divergent sur la manière dont Nasir aurait été liquidé : à l'ambassade à Beyrouth comme le journaliste Jamal Khashoggi, au Consulat saoudien à Ankara, ou bien après l'avoir transporté à Riyad.

Nawal Saadaoui (née en 1931), pionnière du nouveau féminisme arabe

Médecin, militante féministe et opposante politique de gauche.

Elle dénonça la responsabilité du système capitaliste, du patriarcat et des institutions religieuses en ce qui concerne l'oppression des femmes.

Elle brava les tabous sexuels, notamment en lançant une campagne contre l'excision des femmes et les rituels liés à la virginité. Elle dénonça également la polygamie et l'imposition du port du voile et insista pour considérer la sexualité comme une affaire personnelle et non pas religieuse ou sociale.

Elle écrivit sur la condition des femmes en prison, sur les prostituées et sur les enfants des rues. Elle fut elle-même incarcérée sous Hosni Moubarak en raison de ses opinions progressistes et gauchistes.

Ses écrits contribuèrent à changer la vie d'un grand nombre de femmes en Égypte et dans l'ensemble du monde arabe.

Ahmad Farès al-Chidiac (1805-1887), la révolution dans la langue et la société

Il est issu d'une famille chrétienne maronite dans le Mont-Liban qui endura l'injustice du féodalisme et subit l'oppression du clergé. Son père et ses frères furent contraints de quitter leur maison pour avoir participé à l'insurrection populaire armée (1820-1821) contre l'émir Bachir II, gouverneur du Mont-Liban. Pour s'être converti au protestantisme, son frère Assad fut emprisonné à vie dans les sous-sols de l'édifice patriarcal maronite dans le nord du Liban. Farès choisit alors l'exil. En Égypte, il étudia la langue arabe et la jurisprudence à Azhar. Il travailla dans le domaine de la traduction chez les missionnaires protestants à Malte et rendit sa conversion à l'islam publique en Tunisie. Il traduisit la Bible à Londres, et à Paris il écrivit son chef-d'œuvre *La Jambe sur la jambe* (1855). Il passa le restant de sa vie à Istanbul où il fonda le premier journal arabe.

Chidiac était partisan de la renaissance arabe (la Nahda), contribua à l'affranchissement de la langue arabe et introduisit dans les écrits arabes l'art du roman, l'essai et l'enquête journalistique ; il fit également revivre la tradition de la littérature satirique et libertine. À l'opposé de tous les hommes de la Nahda, il valorisa le travail, considérant que le savoir n'a pas de valeur sans le travail.

Il défendit les libertés, la primauté du droit et la séparation de la religion de l'État en Grande-Bretagne. Il dénonça également la pauvreté des paysans dans la campagne britannique ainsi que la vie misérable des ouvriers à Londres. Il soutint que l'État des ouvriers qui produisent la richesse du monde alors qu'ils en sont privés vaut mieux que l'État des riches désœuvrés. Chidiac fut un pionnier du féminisme arabe, il proclama le droit de la femme au savoir, au travail, au choix de son mari, au plaisir sexuel et au divorce. Il appela même à affranchir la langue arabe de sa masculinité.

Mahmoud Mohamed Taha (1909-1985), une révolution dans l'interprétation de l'islam

Ingénieur de formation, il fut parmi les premiers militants pour l'évacuation du Soudan par les forces britanniques. Il fonda le Parti républicain, qui avait notamment pour objectif la création d'une république fédérale démocratique et socialiste au régime présidentiel.

Mahmoud Mohamed Taha a une conception révolutionnaire courageuse de l'islam qui repose sur une vision humaniste soufie. Dans son ouvrage *Le Second Message de l'islam* (1967), il fait la distinction dans le message du prophète Mohammed entre « la forme originelle, les fondements », c'est-à-dire les versets mecquois, et « les subsidiaires », c'est-à-dire les législations et les interprétations provisoires dans les versets médinois. Il considère qu'il est absurde d'appliquer les législations du VIIe siècle dans la société du XXe siècle. Il présente des arguments contre ceux qui croient à la perfection de la charia en leur disant que le caractère complet de la charia réside dans sa capacité à évoluer et à intégrer le renouveau et les énergies de la vie individuelle. Il appelle à faire appuyer la législation sur les « fondements » basés sur l'égalité et la tolérance. Ne figurent pas dans les « fondements » l'esclavage, le djihad, la polygamie et l'imposition du port du voile. Taha invite également à abandonner l'idée de la tutelle et de la supériorité de l'homme sur les femmes et à appliquer l'égalité entre l'homme et la femme.

En 1983, Mahmoud Mohamed Taha mena à la tête de son parti une campagne populaire contre l'imposition des lois de la charia édictées par Gaafar Nimeiry. Il fut arrêté puis condamné à mort, accusé d'apostasie. Il fut exécuté le 18 janvier 1985.

Jarallah Omar (1941-2002), de la révolution armée à la démocratie

Il est l'officier de police qui défendit la République démocratique popuplaire du Yémen du Sud dans le Nord. Il se cultive en autodidacte en prison et prend parti pour la gauche et le changement révolutionnaire. Après sa libération, il partit dans le Sud où il participa à la direction du Parti socialiste yéménite au pouvoir en République démocratique populaire du Yémen, comme il prit part à l'organisation de l'opposition armée dans le Nord.

En janvier 1986, le Parti socialiste yéménite se divisa dans une guerre intestine qui coûta la vie à des milliers de civils. Jarallah procéda à une révision radicale et conclut que la catastrophe avait fait perdre au parti la légitimité de l'exclusivité du pouvoir. Il lança donc un appel à l'adoption de la pluralité politique et médiatique. La plupart de ses camarades s'y opposèrent. Au lieu d'œuvrer à une transformation démocratique, les dirigeants de la République démocratique populaire du Yémen s'empressèrent d'instaurer une union hâtive entre les deux parties du Yémen, ce qui provoqua une guerre entre ces deux parties en 1994. Jarallah s'opposa seul à l'annonce de la séparation du Sud et à la guerre en même temps. Il fut évincé des commandes de son parti et, comme la menace contre sa vie représentée par ses camarades s'accroissait, il partit en exil.

Après la défaite des séparatistes du Sud, Jarrallah revint à Sanaa où il joua le rôle principal dans la reconstitution du Parti socialiste ainsi que dans la lutte pacifique démocratique. Il fut l'un des principaux initiateurs de la « rencontre commune » des forces de l'opposition qui réunit pour la première fois les socialistes et les nassériens, d'une part, et le Rassemblement yéménite pour la réforme, parti islamique, d'autre part. La nouvelle alliance présenta un danger véritable pour le maintien du président Abdallah Ali Saleh au pouvoir.

Le 28 décembre 2002 Jarrallah prononçait un discours devant le congrès du Rassemblement yéménite pour la réforme invitant les forces de l'opposition religieuse et laïque à travailler ensemble pour lutter contre la pauvreté, la corruption, l'analphabétisme, la marginalisation des femmes et la dénaturation de la démocratie. Un agent du pouvoir s'approcha et le tua d'un coup de feu dans la poitrine.

Le cheikh Izz al-Din al-Qassam (1886-1935), l'initiateur de la révolution de 1936 en Palestine

Son père était le cheikh de la mosquée Al-Hadadin à Jablé, dans le district de Lattaquié, sur la côte syrienne. Il résista contre le mandat français et se réfugia à Haïfa en 1920 où il organisa des cercles de combattants constitués d'ouvriers et de vendeurs itinérants, majoritairement des paysans expropriés de leurs terres pour les vendre à la colonisation juive. Il entreprit la lutte armée contre l'armée britannique dans les montagnes de Jénine à l'automne 1935. Sa mort sur le champ de bataille le 20 novembre 1936 constitua l'étincelle de la grande révolution palestinienne (1936-1939), la plus grande des révolutions de libération nationale avant la Seconde Guerre mondiale.

Zaher Ali Matar Almiahi-Ahmad Ali (1941-1974), et le Front populaire de libération du Golfe arabe occupé

Né dans une famille d'agriculteurs, il commença sa vie comme employé à l'aéroport de Dhahran avant de rejoindre la révolution de l'imam Ghaleb dans le djebel Akhdar (la montagne verte, 1957-1959). Il partit pour Bagdad muni d'une bourse d'études où il rejoignit le mouvement des Nationalistes arabes et participa à la révolution du Dhofar dès ses débuts en 1965. Il était dans la mouvance gauchiste qui fut à l'origine du Front populaire de libération du Golfe arabe occupé. Ahmad Ali consacra sa courte vie à un rêve : la libération d'Oman et du Golfe du colonialisme britannique et le renversement des régimes des sultans et des cheikhs pour permettre aux habitants de tirer profit de leurs richesses pétrolières et les mettre au service de la croissance et du bien-être général.

Ahmad Ali perdit la vie dans un accrochage avec une unité de l'armée du Sultanat le 29 octobre 1974, alors qu'un groupe de militants transportait des armes pour construire une base révolutionnaire dans le djebel Akhdar. Sa femme était alors enceinte de sa fille.

Gamal Abdel Nasser (1918-1970), la révolution d'en haut

La proclamation de la république sur les débris du régime monarchique, l'évacuation des troupes britanniques du territoire égyptien, la transaction d'armes tchèques, la nationalisation du canal de Suez, la liquidation du féodalisme et la promulgation d'une loi de réforme agraire, la construction du barrage d'Assouian, l'industrialisation, la participation des ouvriers à la direction des institutions du secteur public, le soutien à la révolution algérienne, l'union de la Syrie et de l'Égypte, l'intervention de l'armée égyptienne pour soutenir la République au Yémen, l'adhésion de l'Égypte aux pays non alignés, l'adoption du « socialisme scientifique », la constitution du parti d'avant-garde pour la représentation de l'union des forces du peuple travailleur, la déclaration de guerre contre la bureaucratie, etc.

Est-ce une révolution d'en haut ?

Peut-être. De toute façon elle mit en œuvre un projet de libération nationale et de justice sociale qui libéra l'énergie de millions d'Arabes. La révolution nassérienne dut faire face à deux guerres qui cherchaient à la faire avorter. La première échoua durant l'agression tripartite (britannique-française-israélienne) sur le canal du Suez en 1956 et la seconde réussit lors de l'agression israélienne soutenue par les États-Unis en juin 1967. Nasser assuma sa responsabilité de la défaite et présenta sa démission sur laquelle il revint sous la pression populaire égyptienne et arabe pour annoncer la fin de la révolution. Il s'éteignit en septembre 1970 alors qu'il jouait le rôle d'intermédiaire pour l'arrêt des combats entre les *fedayin* palestiniens et le roi Hussein en Jordanie.

Ahmad Fouad Najm (1929-2013) et Cheikh Imam Issa (1918-1995) : demain verra arriver ce qui arrivera

Au milieu des protestations enflammées contre la défaite de juin 1967, se forma le duo de la chanson engagée en Égypte, réunissant un ouvrier de gauche qui compose de la poésie populaire et un récitateur de Coran aveugle. Ils connurent la prison sous le régime de Gamal Abdel Nasser et Anouar el-Sadate, et devinrent célèbres à partir des émeutes du pain en 1977.

Najm disait : « Le Cheikh Imam est ma voix et moi je suis ses yeux. » Cette voix voyante condamna les dirigeants et pleura la mort de Che Guevara. Elle railla Nixon comme elle se moqua d'Oum Kalsoum et de son chien, *kalb al-Sitt*, « le chien de la Dame ». Cette voix chanta la terre de Palestine, les révolutionnaires d'Algérie, les « costauds » de Beyrouth et la guerre d'octobre 1973. Elle exalta également la dignité du travail autant qu'elle condamna l'injustice sociale. Elle prédit la venue du temps « des ouvriers, des paysans et des étudiants ». Elle chanta surtout l'amour de l'Égypte fertile, séduisante et belle.

L'art du duo Imam-Najm constitua la plus belle expression contemporaine du génie de la culture populaire en Égypte. Imam et Najm affranchirent la chanson populaire du recours au passéisme, du zajal prosaïque et des gémissements, et permirent une ouverture à la liberté, à la joie et à l'espoir en l'avenir comme l'exprime cette antienne : « Chaque fois que je demande / répétez après moi / demain verra arriver ce qui arrivera »…

Au rythme des chansons de Najm-Imam des millions de jeunes Arabes se sont révoltés dans les rues et sur les places durant le printemps des peuples arabes en 2011. Ils continuent toujours à se révolter.

L'AUTEUR

Fawwaz Traboulsi est historien, écrivain et journaliste. Il traite principalement dans ses ouvrages de sujets historiques, politiques, de libération sociale et nationale, ainsi que de philosophie politique, d'art et de folklore. Traboulsi est l'auteur de *A History of Modern Lebanon* (2012), de *Soie et Fer. Du Mont-Liban au canal de Suez* (2019), et l'éditeur de la revue culturelle trimestrielle *Bidayat*. Il est intervenu aux « Jeudis de l'IMA » en 2018 pour évoquer le canal de Suez.

POUR EN SAVOIR PLUS

عبد الأمير الركابي، «من تجربة الكفاح المسلّح في جنوب العراق ١٩٦٨ : "رجال الاهوار الحقيقيون"»، بدايات، العدد ٧، شتاء ٢٠١٤.

Florence Beaugé, *Algérie, une guerre sans gloire*, Calmann-Lévy, 2015.

Mehdi Ben Barka, *Écrits politiques, 1957-1965*, Syllepse, 1999.
Fares Chidyaq, *La Jambe sur la jambe*, Phébus, 1991.
Zohra Drif, *Mémoire d'une combattante de l'ALN, zone autonome d'Alger*, Chihab, 2014 (2e édition).
Irene Gendzier, *Fanon, A Critical Study*, New York, 1973.
Mohammad Harbi, *Le FLN, mirage et réalité*, Éditions J.A., 1980.
Jean Lacouture, *Nasser*, Seuil, 1971.
Henry Laurens, *La Question de la Palestine*, tome 2 : *1922-1947*, Fayard, 2002.
مضاوي الرشيد، فيلم وثائقي عن المناضل الحائلي، ناصر السعيد
Nawal Saadawi, *La Femme et le Sexe*, L'Harmattan, 2017.
Benjamin Stora, *Une mémoire algérienne*, Bouquins, 2020.
Abdel Razzaq Takriti, *Monsoon Revolution, Republicans, Sultans, and Empires in Oman, 1965-1976*, Oxford University Press, 2016.
Anna Wuerth, Lisa Wedeen et Sheila Carapico, *The Death and Life of Jarallah Omar*, MERIP Report online, 2002.

Oser rêver : portraits de féministes égyptiennes

par **Salma El-Naqqash** et **Tarek Moustafa Abdel-Salam**
traduit de l'anglais par **Benjamin Guérif**

On pourrait écrire des livres entiers sur les militantes féministes et combattantes de la liberté dans le monde arabe, courageuses, inspirantes et toujours résilientes. En Tunisie, les gens parlent de Lina Ben Mhenni, qui vient de nous quitter victime d'une maladie auto-immune. Lina, qui grâce à son blog « A Tunisian Girl » témoignait de la violence d'État et attirait l'attention internationale sur la révolte qui s'était propagée à travers les rues de Tunisie en 2010-2011, demeurera toujours dans les mémoires comme l'une des femmes qui ont mis le feu aux poudres du Printemps arabe[1]. En Syrie, les militants des droits de l'homme parlent toujours de la courageuse Razan Zaitouneh, qui, avec son mari et deux autres activistes anti-régime, fut « enlevée par un groupe d'hommes armés, qui firent un raid dans les bureaux du Violations Documentation Centre (VDC, Centre de documentation des violations [des droits de l'homme]) à Douma[2] » en 2013. Depuis, Razan demeure introuvable, et il ne s'agit que d'un aperçu de ce qu'est la condition d'une combattante féministe dans le monde arabe. Mais c'est aux militantes féministes égyptiennes avec qui nous avons travaillé, dont nous avons tant appris et auxquelles notre mouvement est tellement reconnaissant, que nous allons rendre hommage dans cet article.

« Il y a toujours eu des femmes aux côtés des hommes pour répéter des slogans, prononcer des discours, distribuer de la nourriture, confectionner des banderoles et entretenir l'esprit contestataire. Dans ce mouvement, il y eut des centaines, voire des milliers de femmes impliquées dans l'intendance, les soins médicaux, les banderoles, les marches, les contacts internationaux, et l'ensemble de la mobilisation[3] », déclara l'universitaire féministe Hania Sholkamy. Elle ne parle pas seulement du rôle joué par les femmes égyptiennes lors de la révolution du 25 janvier 2011, mais met en avant la question des droits des femmes dans l'Égypte post-Moubarak. Selon Sholkamy, les dix-huit jours d'occupation de la place Tahrir ont été l'occasion d'une forte présence des corps féminins dans la sphère publique égyptienne. Cependant, il ne faut pas croire qu'une telle présence était exceptionnelle, dans la mesure où la révolution a en réalité constitué un point d'orgue dans la longue histoire du mouvement féministe en Égypte. Toute tentative de comprendre les changements sociopolitiques dans l'Égypte post-Moubarak finit par un débat sur le patriarcat, que l'on parle des structures familiales très traditionnelles que les femmes doivent combattre pour occuper la rue ou bien de la reproduction politique du patriarcat au niveau des appareils de pouvoir de l'État. Tout débat sur la révolution égyptienne finit forcément par un débat sur le mouvement féministe égyptien, et l'inverse est également vrai. En d'autres termes, un débat sur les changements sociopolitiques en termes de genre dans l'Égypte post-révolutionnaire suppose forcément de parler des femmes qui ont pavé la route à ces changements avant, pendant et après la révolution.

Selon l'intellectuelle égyptienne féministe et professeure Hala Kamal[4], la révolution égyptienne a ouvert un espace qui a permis à une nouvelle génération de jeunes féministes d'émerger et d'incarner de nouveaux réseaux de solidarité et de militantisme. Cependant, pour que cette génération puisse constituer ce que Kamal qualifie de quatrième vague du féminisme égyptien, ces femmes devaient capitaliser sur des dynamiques déjà à l'œuvre lorsque s'est déclenchée la révolution du 25 janvier proprement dite. Cet article se propose de mettre en lumière non seulement les femmes de la révolution de 2011, mais aussi celles qui ont suscité, cultivé et façonné leur engagement. C'est un hommage à un combat féministe toujours en cours en Égypte.

Sahar El Mougy : Écrire une révolution féministe dans l'Égypte de Moubarak

« Nous tombons toutes dans le piège de suivre l'opinion majoritaire. Nous sacrifions notre individualité pour les autres. Il est très difficile d'être un individu, et être un individu qui fait ses propres choix se paye cher[5]. » Ainsi parle Sahar El Mougy, romancière et universitaire, lors d'une interview au célèbre journal égyptien *Al-Ahram*. Dans cette interview, Sahar El Mougy revient sur le parcours qui a façonné ses écrits et ses personnages « de fiction ». En tant que raconteuse d'histoires et professeure d'anglais, en tant qu'écrivaine qui n'a pas sa langue dans sa poche, elle a toujours incarné ce que c'est que d'être une romancière, non seulement quelqu'un qui écrit sur les femmes, mais qui voit aussi le monde à travers les yeux de ses personnages féminins. El Mougy est une féministe nomade, qui voyage à travers les disciplines académiques, alors que ses écrits explorent les univers de la personnalité humaine et révèlent les dynamiques de genres qui les façonnent. Elle voyage également à travers de multiples identités féministes ; comme romancière elle a remporté le Cavafy Prize for Literature (2007), et comme raconteuse d'histoires, elle a participé au Women and Memory Forum[6]. Son travail avec le WMF s'est concrétisé par la fondation Ana Al-Hekaya (Je suis l'histoire), où elle récrit l'histoire à partir de perspectives de femmes. Ces dernières années, Sahar El Mougy a fondé Al Batt-Al Aswad (Le Vilain Petit Canard), un projet théâtral qui transforme des histoires du quotidien de femmes en performances intimes et personnelles mais aussi politiques. Dans ses romans, tel que *Daria* (1999),

CI-DESSUS
Femmes révolutionnaires,
par Lena Kassicieh (@lena. kassicieh)

Lena Kassicieh est une illustratrice, céramiste, artiste palestino-américaine installée à Dubaï. Forte d'une formation universitaire en anthropologie sociale et culturelle, son travail créatif s'inspire souvent de sa curiosité pour l'humain, la culture vivante, et l'exploration des émotions et expériences humaines.

Noun (2007) ou son dernier, *The Hill's Musk*, elle creuse dans les mythes, les contes et tous les mondes de femmes qui ont été éclipsés par le discours officiel sur l'histoire, avec sa perspective de genres biaisée. Des discours qu'El Mougy s'ingénie à subvertir, non seulement par les mots qu'elle écrit mais aussi par les ouvertures que son écriture propose. Par exemple, dans son dernier roman, elle poursuit une aventure typiquement féministe en ressuscitant des personnages féminins des univers de Naguib Mahfouz et d'Emily Brontë ; mais elle ne s'arrête pas là et crée un monde fictionnel dans lequel a lieu une conversation entre ces femmes et une jeune thérapeute égyptienne. Une conversation qui permet à ces femmes de dire des vérités dissimulées par leurs auteurs/créateurs.

Nada Hasan : l'art visuel comme moyen d'expression féministe

Nada Hasan était une réalisatrice et artiste féministe, et une partisane de la justice raciale en Égypte. Elle employait son art pour parler de problèmes tels que les mutilations génitales féminines, le contrôle de la sexualité féminine ou d'autres questions liées au genre et à la race[7]. On l'a beaucoup vue place Tahrir en 2011, filmant les manifestants et les affrontements avec les forces de l'ordre, ou bien défilant dans les rues avec ses amies militantes féministes et nubiennes, qui avaient finalement trouvé leur voix dans la sphère publique égyptienne. Sa participation active à la révolution mena à son arrestation en novembre 2011, pour une courte période[8], expérience qui changea sa perception du militantisme et mit fin à sa peur de l'autorité, comme elle l'exprime avec éloquence dans sa série « Mots de femmes de la révolution égyptienne[9] ». Nada poursuivit son engagement féministe et autour des questions de genre à travers diverses plateformes, et elle se produisit dans des festivals tells que le Chouftouhonna-International Festival of Feminist Art à Tunis. Elle a perdu sa bataille contre le cancer en décembre 2019, nous laissant un héritage d'art féministe qui témoigne de sa courte vie de militante.

Hala Kamal : Tout commence avec l'art de raconter des histoires

Cinq ans après avoir obtenu son Master of Arts d'anglais de l'université de Leeds, en Angleterre, Hala Kamal, désormais professeure d'anglais et d'études de genres à l'université du Caire, fut l'un des membres fondateurs du Women and Memory Forum. Sa première contribution à ce forum féministe fut de participer au lancement d'un groupe de *storytelling* en 1997[10]. L'objectif principal de ce groupe était de détricoter les biais de genres qui font partie intégrante de la culture populaire égyptienne et du Moyen-Orient. Cela commença par une tentative de récrire des contes selon une perspective féministe, puis évolua au fil des années pour devenir une réalité de femmes racontant leurs propres histoires de la révolution du 25 janvier. À travers des ateliers d'écriture créative, de formations sur le genre, mais aussi à travers du *storytelling* public, Hala Kamal fut à la pointe de l'élaboration de matériau scientifique féministe en Égypte. En tant que professeure d'anglais, qu'intellectuelle, que féministe engagée, elle prit la décision courageuse, après la révolution de 2011, d'incarner une figure inspirante du féminisme.

Il n'est pas surprenant que bon nombre de jeunes féministes égyptiennes investies dans la recherche, le militantisme et l'organisation d'événements féministes aient eu Hala pour mentor, soit en tant qu'étudiantes en anglais à l'université du Caire, soit parce qu'elles participaient aux ateliers et formations qu'elle a généreusement animés ces neuf dernières années. L'expertise de Hala sur les questions relatives aux femmes qu'elle s'évertue à disséquer, en tant qu'universitaire ou en tant que formatrice ou mentor, s'est révélée large, riche et pertinente. L'un des principaux points forts de Hala a toujours été sa capacité à non seulement traduire les théories sociales féministes en arabe, mais à comprendre leurs généalogies, à interroger ces généalogies et à les transformer en connaissances à la fois accessibles et utilisables pour les jeunes féministes égyptiennes. À travers ses écrits scientifiques et son engagement sociopolitique, Hala Kamal s'est impliquée dans bon nombre de problématiques féministes pressantes en Égypte et dans le monde arabe. Par exemple, elle a consacré des années à aider à faire reconnaître le mouvement féministe égyptien comme un mouvement politique, et qu'il était déterminant d'intégrer les droits des femmes dans la Constitution égyptienne[11]. Hala Kamal n'est pas seulement une spécialiste du féminisme, ou une militante ou un mentor, elle croit en la puissance de la conscience féministe, et c'est bien pour cette raison que l'une de ses principales contributions au développement de cette conscience parmi les jeunes féministes égyptiennes a été de les identifier comme la quatrième vague de ce mouvement de société[12].

Sarah Hegazi : La résistance féministe dans l'amour queer

Au printemps 2017, on allait rencontrer Sarah Hegazi pour la première fois. Elle avait parlé publiquement, sur Facebook, de ses expériences de femme de gauche, de féministe et de femme *queer* en Égypte. Ce qui avait commencé comme une tentative de collaboration, afin de joindre les forces des féministes à celles des organisations LGBTQI+ en Égypte, se transforma en conversation continue sur le militantisme féministe et *queer* dans ce pays. Intitulée « L'incitation tue », la campagne dénonçait la manière dont les médias égyptiens avaient violé la vie privée des membres de la communauté LGBTQI+ égyptienne. Issues de deux générations différentes, nous avons toujours été en désaccord sur la question de savoir si la visibilité *queer* dans sa forme la plus radicale pouvait constituer en Égypte une stratégie de résistance susceptible de réussir. Dans ces conversations, Hegazi était toujours celle qui ne lâchait rien. Elle était issue de la classe moyenne, et ses luttes politiques et combats étaient toujours très personnels dans un sens féministe.

Sarah s'est suicidée à l'âge de trente ans dans son « auto-exil » canadien[13], trois ans après avoir brandi un drapeau arc-en-ciel LGBTQI+ lors d'un concert au Caire, ce qui lui avait valu de la prison. Elle fut arrêtée le 2 octobre 2017, aux côtés de quelque soixante-dix autres personnes poursuivies par l'État égyptien après une vague de discours de haine homophobe diffusés par certains médias. Libérée sous caution en janvier 2018[14], elle a témoigné publiquement depuis, en Égypte comme au Canada, sur Facebook et lors d'interviews à des médias internationaux, du traumatisme psychologique contre lequel elle luttait à cause des agressions sexuelles et des tortures qu'elle avait subies en prison. Mais Sarah Hegazi était davantage qu'une femme *queer* assez courageuse pour oser parler, et elle était sans aucun doute impossible à réduire à son traumatisme. Que sa mort ait provoqué un tel chagrin au sein des communautés LGBTQI+ et des militants, et même chez certaines figures religieuses locales en Égypte, n'est pas étonnant, car elle a fait de sa voix une tribune pour tous les individus et toutes les communautés sans voix d'Égypte et de la région Moyen-Orient-Afrique du Nord. Elle a pris la défense des femmes, des membres des communautés LGBTQI+, des détenus politiques, des pauvres et elle promouvait la justice sociale.

Sa vie et sa mort tragique montrent clairement ce que signifie être une femme *queer* féministe et de gauche, qui a osé rêver de justice sociale et combattre pour cela. On devrait souhaiter l'existence d'un cadre théorique pour comprendre comment et pourquoi Sarah Hegazi dut affronter les persécutions, les troubles du stress post-traumatique et, surtout, la déception au point d'en venir à se donner la mort. « Au monde : vous avez été cruels dans une large mesure, mais je vous pardonne », dit-elle dans sa lettre d'adieu, qui n'était pas seulement un manifeste politique mais aussi une lettre d'amour. Une lettre à sa famille, à ses amis, à ses camarades, à l'Égypte, et à tout un univers de solidarités transnationales qui traversent les idéologies politiques, les traditions religieuses et les frontières.

Malak al-Kashif : Les femmes transgenres sont aussi des militantes féministes

On peut choisir une certain nombre d'approches différentes pour raconter l'histoire de la jeune militante égyptienne transgenre Malak al-Kashif. L'une d'elles, c'est de dire que Malak est une égyptienne transgenre de vingt ans, ce qui constitue déjà, en soi, un combat quotidien si l'on pense aux fréquentes vagues de répression qui en Égypte s'abattent sur la communauté transsexuelle[15]. Une autre approche serait d'ajouter que Malak a été arrêtée, agressée et emprisonnée en 2019 pour avoir participé à des manifestations consécutives à un terrible accident ferroviaire[16]. Finalement, nous dirons, en reprenant plusieurs conversations avec Malak, qu'elle a accepté de voir utilisées ici, qu'elle s'identifie comme une militante transgenre féministe très engagée depuis plusieurs années pour les droits des personnes transgenres ou transsexuelles en Égypte. Malak croit qu'être une femme transgenre, ainsi qu'une militante des droits humains et une féministe, implique d'endosser ces multiples identités et de comprendre leur complexité, ce qui peut parfois donner lieu à des contradictions. Elle déclare cependant aussi à quel point elle continue d'apprendre à partir des réalités de ces identités. Parfois, Malak a le sentiment que son combat est perçu comme une priorité politique par ses ami(e)s féministes, qui n'ont pas forcément à s'identifier LGBTQI. Bien souvent, il s'agit de jeunes femmes, comme elle, qui osent rêver d'une vie meilleure pour les femmes et les communautés stigmatisées à cause de leur orientation sexuelle ou de leur identité de genre.

Malak commença très jeune à défendre publiquement, en pleine lumière, les droits des transsexuels. Lors de sa première prise de parole publique, lorsqu'elle participa à un talk-show pour parler de la vie d'une jeune transsexuelle en Égypte, elle avait seize ans. Depuis, Malak a défendu sans répit sa communauté, même si cela impliquait de subir une stigmatisation sociale, la persécution de l'État et d'avoir peur en permanence. « J'apprends toujours, et c'est en soi un combat auquel je ne veux pas renoncer », répond-elle à ceux qui lui demandent pourquoi elle continue à se battre pour les droits des LGBTQI+ en Égypte, notamment après la mort tragique de son amie et compagne de luttes Sarah Hegazi, au Canada. Les stratégies militantes de Malak ne se conforment pas toujours aux stratégies habituelles des défenseurs des droits de l'homme. Elles recourent beaucoup à une mobilisation sociale fondée sur les outils des médias sociaux, en répondant notamment à des centaines de messages Facebook émis par des membres de la communauté transsexuelle égyptienne ainsi que par des femmes, qui la suivent et qui recherchent le soutien qu'elle pourrait leur apporter à travers ses plateformes en ligne. Malak utilise également les médias sociaux pour lutter contre les agressions, les violences sexuelles, le *body shaming* [agressions souvent verbales motivées par certaines caractéristiques du corps d'une personne], les persécutions de la part des autorités et prendre parti sur bien d'autres questions sociales qui se superposent les unes aux autres et dépassent largement son petit nombre d'années d'existence et d'engagement politique. Mais qui ne dépassent pas ses tactiques quotidiennes pour naviguer dans la sphère publique de l'Égypte postrévolutionnaire.

Les portraits proposés ci-dessus sont une simple tentative de mettre en lumière des intellectuelles, militantes et écrivaines féministes égyptiennes, très impliquées dans les évolutions sociales en matière de genre qui se déroulent en Égypte. Que ce soit en termes de mentorat, de *storytelling*, d'écriture créative ou en recourant aux médias sociaux, ces femmes ont mis en œuvre les idées et incarné les identités féministes qu'elles ont choisies et en lesquelles elles croient.

NOTES

1. https://www.nytimes.com/2020/01/29/world/middleeast/lina-ben-mhenni-dead.html.
2. https://www.gc4hr.org/news/view/2275.
3. Hania Sholkamy, « Women Are Also Part of This Revolution », *in* Bahgat Korany et Rabab El-Mahdi (dir.), *Arab Spring in Egypt : Revolution and Beyond*, American University in Cairo Press, 2012.
4. Hala Kamal, « A Century of Egyptian Women's Demands : The Four Waves of the Egyptian Feminist Movement », *in* Shaminder Takhar (dir.), *Gender and Race Matter : Global Perspectives on Being a Woman*, Emerald Group Publishing Limited, 2016.
5. http://english.ahram.org.eg/NewsContent/18/107/372770/Books/Arab/All-about-individuality-Meeting-with-Egyptian-nove.aspx.
6. https://whoisshe.wmf.org.eg/expert-profile/sahar-el-mougy.
7. https://vimeo.com/user5161708 et https://www.youtube.com/user/nadazatouna.
8. https://www.bbc.com/news/world-africa-16398660?fbclid=IwAR3s9ovHAIfTRPJHuH3CkAzePjo3gAJzYEmQ-wsP5wVQEDK3idDCW4Ya_8.
9. HerStory- Words of Women from the Egyptian Revolution : https://www.youtube.com/watch?v=iuiefMITEtI&t=44s.
10. https://www.wmf.org.eg/en/member/hala-kamal/.
11. Hala Kamal, « Inserting Women's Rights in the Egyptian Constitution : Personal Reflections », *Journal for Cultural Research*, 19(2), 2015.
12. Voir note 2.
13. https://www.dw.com/en/egyptian-lgbt-activist-sarah-hegazy-jailed-for-waving-rainbow-flag-dies-at-30/a-53831469.
14. https://www.npr.org/2018/06/18/620110576/after-crackdown-egypts-lgbt-community-contemplates-dark-future.
15. https://www.pri.org/stories/2015-06-14/transgender-people-are-center-brutal-crackdown-lgbt-egyptians.
16. https://egyptianstreets.com/2019/03/07/egyptian-trans-woman-arrested-for-protesting-fears-being-placed-in-a-male-prison/.

LES AUTEURS

Salma El-Naqqash est une chercheuse féministe et actuellement analyste pour UN Women. Elle est titulaire d'un diplôme de langue et littérature anglaise à l'université du Caire en 2009 ; elle obtient en 2017 une maîtrise en études féminines au Centre for Women's Studies à l'université de York. En novembre 2018, elle rejoint le bureau UNFPA-Égypte en tant que consultante nationale. Ses centres d'intérêt portent sur la présence des femmes en politique, les violences fondées sur le genre et la réforme politique, liée à l'avancement du statut des femmes dans les sociétés arabes.

Tarek Moustafa Abdel-Salam est doctorant en anthropologie à l'université de Californie, Irvine. Il a obtenu un master en études de genre (*Gender and Women's Studies*) à l'Université américaine du Caire et est un universitaire écrivain féministe. Le sujet de sa thèse porte sur les politiques du trauma et le genre en Égypte.

POUR EN SAVOIR PLUS

Margot Badran, *Feminists, Islam, and Nation : Gender and the Making of Modern Egypt*, Princeton University Press, 1996.

Beth Baron, *Egypt as a Woman : Nationalism, Gender, and Politics*, University of California Press, 2005.

Laura Bier, *Revolutionary Womanhood : Feminisms, Modernity, and the State in Nasser's Egypt*, Stanford University Press, 2011.

Sherine Hafez, *Women of the Midan : The Untold Stories of Egypt's Revolutionaries*, Indiana University Press, 2019.

Bahgat Korany et Rabab El-Mahdi (dir.), *Arab Spring in Egypt : Revolution and Beyond*, American University in Cairo Press, 2012.

En chansons

florilège musical révolutionnaire
par **Coline Houssais**

Qu'est-ce qui fait une chanson révolutionnaire, celle qui galvanisera les foules et demeurera à l'esprit – et au cœur – des générations à venir ? Si la musique a souvent permis d'aborder certains tabous (on pensera, par exemple, aux plaisirs de la chair chez l'Algérienne Cheikha Rimitti ainsi qu'à l'amour sous toutes ses formes chez les Libanais de Mashrou' Leila), il faut distinguer répertoire engagé socialement et hymnes repris en chœur dans les manifestations par des individus d'horizons différents unis par une même cause. À l'inverse, slogan ne signifie pas forcément chanson et malgré leur popularité certains appels demeurent cantonnés à une expression *in situ* (« Yallah irhal ya Bachar » يالله ارحل يا بشار, « Allez dégage Bachar » du Syrien Ibrahim Qachouch par exemple). Par ailleurs, l'ambiguïté demeure quant à l'important corpus panarabe et pro-nassérien de grands chanteurs égyptiens (Oum Kalsoum أم كلثوم, Abdelhalim Hafez عبدالحليم حافظ) qui appellent au renversement d'une domination… pour en imposer une autre.

Un bon « tube » de révolution traverse ainsi les époques comme on transmet un flambeau : en cela se baser sur un poème célèbre ou un air familier – notamment traditionnel, comme « Ya jabal sarfit yal khat al ahmar » ياجبل صرفيت يالخط الأحمر, l'une des chansons les plus iconiques de la rébellion du Dhofar, à Oman, dans les années 1960 et 1970 – permet à la fois de s'assurer que tout le monde pourra aisément le reprendre en chœur et de s'inscrire dans une continuité historique qui confère, par la référence à des combats passés, une certaine légitimité à ceux qui exigent le changement. Des luttes anticoloniales aux Printemps arabes en passant par l'occupation israélienne, chaque génération, chaque pays a ses révolutions rythmées de chansons plus ou moins connues à l'échelle régionale qui obéissent à l'élan même de la résistance (مقاومة) à l'oppression, qu'elle soit étrangère ou domestique, civile ou militaire, profane ou religieuse : celui d'aider ceux qui les chuchotent ou les hurlent à tue-tête à se tenir debout (قائم) face aux puissants qui aimeraient leur faire courber l'échine.

«Min djibalina» de Mohamed Laïd Al Khalifa (Algérie, 1931)

من جبالنا ، محمد العيد آل خليفة

Parfois, ces hymnes à la révolution prennent des chemins de traverse et font jouer l'ironie de l'Histoire. Ainsi «Min djibalina» («De nos montagnes»), chant patriotique algérien en faveur de l'indépendance vis-à-vis de l'occupant français, composé par Mohammed Al Aid Al Khalifa au début des années 1930 (et mis en musique par Mohammed El Hadi Charif محمد الهادي شريف en 1942), indissociable des manifestations du 8 mai 1945 à Sétif, reprend-il l'air martial du «Régiment de Sambre-et-Meuse» initialement composé par Robert Planquette après la défaite française face aux Prussiens en 1870. Soixante-dix ans plus tard, c'est désormais contre les piliers de l'ancien mouvement de libération nationale et leurs héritiers devenus caciques du régime que les petits-enfants des martyrs de la libération la chantent aux côtés d'autres airs de la même époque comme «Min ajlik aychna ya watani» من أجلك عشنا يا وطني («Nous avons vécu pour toi mon pays») d'Omar El Bernaoui عمر البرناوي et de morceaux plus récents comme ceux de Soolking («Liberté») ou encore Raja Meziane رجاء مزيان («Allo le système?»).

من جبالنا طلع صوت الأحرار ينادينا للاستقلال	De nos montagnes a résonné la voix des hommes libres nous appelant à l'indépendance,
ينادينا للاستقلال، لاستقلال وطننا	Nous appelant à l'indépendance, l'indépendance de notre patrie.
تضحيتنا للوطن خير من الحياة	Notre sacrifice pour la patrie prévaut sur la vie;
أضحّي بحياتي وبمالي عليك	Je sacrifie ma vie et ma propriété pour toi.
يا بلادي يا بلادي، أنا لا أهوى سواك	Ô mon pays, ô mon pays, je n'aime d'autre que toi;
قد سلا الدنيا فؤادي وتفانى في هواك	Mon cœur a oublié le monde et s'est perdu dans ton amour.
كل شيء فيك ينمو حبه مثل النبات	Tout en toi grandit, son amour est végétal.
يا ترى يأتيك يوم تزدهي فيه الحياة	Puisse un jour arriver où la vie sera joyeuse.
نحن بالأنفس نفدي كل شبر من ثراك	Nous défendons de nos âmes chaque foulée de ton sol:
إننا أشبال أسد، فاصرفينا لعداك	Nous sommes les fils des lions, laisse-nous nous occuper de tes ennemis.
لك في التاريخ ركن مشرق فوق السماك	Tu as dans l'histoire un rang rayonnant au-delà de tes hauteurs.
لك في المنظر حسن ظل يغري ببهاك	Tu as des paysages grandioses qui ne cessent d'acclamer ta beauté.
نحن سور بك دائر وجبال راسيات	Nous sommes un mur qui t'entoure et des montagnes stables:
نحن أبناء الجزائر، أهل عزم وثبات	Nous sommes les fils de l'Algérie, peuple résolu et résistant.

(Traduction inconnue / adaptation : Coline Houssais)

« Iradatou al hayat » de Abou el Kacem Chebbi (Tunisie, 1933)

إرادة الحياة ، أبو القاسم الشابي

Pour beaucoup, la « révolution du jasmin » a pour hymne « Rayes le bled » رئيس البلاد (« Président du pays ») du rappeur El General الجنرال, phénomène depuis sa mise en ligne le 7 novembre 2010, tandis que certains se rappelleront des images d'Emel Mathlouthi آمال المثلوثي chantant « Kelemti hora » كلمتي حرة (« Mon mot est libre ») dans le centre-ville de Tunis en janvier 2011. Un autre hymne à la liberté a cependant traversé les âges : il s'agit de « Iradatou al hayat » (« La volonté de vivre »), écrit contre le protectorat – et plus largement le colonialisme européen dans le monde arabe – par le jeune poète tunisien Abou el Kacem Chebbi. Repris par de nombreux chanteurs (à commencer par le Syrien Halim el-Roumi حليم الرومي, la Tunisienne Latifa لطيفة, ou encore de manière étonnante[1] par le Saoudien Saleh Maneh صالح اليامي), clôturant l'hymne national tunisien de ses deux premiers vers, il a été largement scandé avec un autre poème du même auteur (« Ila toughat el alam » إلى طغاة العالم, « Aux tyrans du monde ») lors des Printemps arabes.

إذا الشعب يوماً أراد الحياة	Lorsque le peuple veut la vie
فلا بدّ أن يستجيب القدر	Le destin ne peut que s'incliner
ولا بدّ لليل أن ينجلي	Et la nuit se dissiper
ولا بدّ للقيد أن ينكسر	Et les chaînes se briser
ومن لم يعانقه شوق الحياة	Qui n'a connu la volonté de vivre
تبخر في جوّها واندثر	Se perd dans les airs et se disperse
فويل لمن لم تشقه الحياة	Malheur à celui qui retourne au néant
من صفعة العدم المنتصر	Sans que la vie ne le traverse
كذلك قالت لي الكائنات	Voilà ce que m'apprirent les êtres vivants
وحدثني روحها المستتر	Et ce qu'inspire Mère Nature à ses enfants

(Traduction d'Inès Horchani, Abou el Kacem Chebbi, *Si seulement ma poésie...*, LCM Éditions.)

« Ana Afriqi ana Soudani » d'Alsir Gadour (Soudan, 1958)

أنا أفريقي أنا سوداني ، السر قدور

Toutes les chansons révolutionnaires n'exaltent pas le sacrifice ou ne jurent pas de faire passer à trépas l'irréductible ennemi. Souvent, c'est le contexte qui prime : œuvre du célèbre poète soudanais Alsir Gadour, « Ana Afriqi ana Soudani » (« Je suis africain, je suis soudanais ») a été mis en musique par l'un des pères de la musique soudanaise moderne post-indépendance et héritier de la *haqiba*[2], Ibrahim al-Kashif إبراهيم الكاشف. Figure majeure de la radio soudanaise au lendemain de la Seconde Guerre mondiale, il contribue de ce fait à la popularisation de cette chanson dans tout le pays. Cette popularité tous azimuts, couplée à des paroles douces revendiquant l'identité africaine du Soudan, en a fait le cri de ralliement des sit-in et manifestations de 2019, souvent accompagné au violon comme dans la version originale. Depuis, « Ana Afriqi ana Soudani » continue d'être repris au gré des clips de promotion d'un Soudan aux relations interculturelles apaisées et des remix, y compris de rap (notamment par DM, Black Scorpion et 2Zee dans une version postée par Philly Driven Vision en avril 2020).

ارض الخير افريقيا مكاني زمن النور و العزة زماني	La terre du bien, l'Afrique est mon lieu, ère de la lumière et gloire de ma vie
فيها جدودي جباهم عالية مواكب ما بتتراجع تاني	Mes aïeux s'y sont élevés au plus haut et ne sont pas redescendus
اقيف قدامها و اقول للدنيا انا سوداني	Je me tiens devant elle et dis au monde « Je suis soudanais »
انا افريقي انا سوداني	Je suis africain, je suis soudanais
انا بلدي..بلد الخير و الطيبة ارض و خزاين	Je suis mon pays... le pays du bien, de la gentillesse et des trésors
[...]	[...]
انا افريقي انا سوداني	Je suis africain, je suis soudanais
شمسك طلعت و اشرق نورها بقت شمسين	Ton soleil s'est levé, sa lumière a irradié et est devenue deux soleils
شمس العزة و نورها الاكبر هلت شامخة زي تاريخي	Le soleil de la fierté et sa lumière éblouissante se sont levés grandioses comme notre Histoire
قوية و راسخة ملت الدنيا و خيرنا بيكتر	Forte et solide, tu emplis le monde et notre bien-être s'accroît
شمس ايماني بأوطاني دا الخلاني اقول للدنيا انا سوداني	Le soleil de ma foi dans mes patries je dis au monde « Je suis soudanais ».
انا افريقي..انا سوداني	Je suis africain, je suis soudanais

(Traduction : Coline Houssais.)

أناديكم ، توفيق زياد — « Ounadikoum » de Tewfik Ziad (Palestine, 1966)

Tout au long de la seconde moitié du XXe siècle on chante dans le monde arabe davantage sur la Palestine que de la Palestine. Combat panarabe par excellence, l'établissement d'un État palestinien indépendant libéré de l'occupation israélienne fait l'objet de toutes les attentions de chanteurs plus ou moins engagés par ailleurs comme Nass El Ghiwane ناس الغيوان (« Sabra w Chatila » صبرا و شاتيلا), Fayrouz فيروز (« Zahrat al mada'in » زهرة المدائن, « Al Quds al atiqa » القدس العتيقة), Oum Kalsoum (« Asbaha indi boundouqia » أصبح عندي بندقية) et Farid El Atrache فريد الأطرش (« Warda min damena » وردة من دمنا). Sans oublier l'iconique mise en musique de poèmes de Mahmoud Darwich محمود درويش par Marcel Khalifé مارسيل خليفة (« Oummi » أمي, « Jawaz safar » جواز سفر). De leur côté, les autorités palestiniennes en exil misent sur des airs militants et la promotion d'un répertoire folklorique qui ne laissent pas un souvenir impérissable. La mise en chanson de « Ounadikoum »

(« Je vous appelle ») du poète et homme politique palestinien Tewfik Ziad[3] par le chanteur libanais Ahmed Kaabour أحمد قعبور en 1975 fait exception à la règle. Ce dernier raconte comment, tout jeune gardien bénévole d'une école publique transformée en centre de stockage alimentaire par un comité populaire de quartier à Beyrouth, il découvrit le poème et composa en une nuit ce qui allait devenir l'un des hymnes de la gauche arabe. Un morceau aux arrangements très années 1970 (rythme martial cadencé, guitare acoustique et flûte) toujours apprécié de Bagdad à Alger, alors que la Palestine ne mobilise presque plus désormais.

أناديكم	Je vous appelle
أشد على أياديكم	Je serre vos mains et je vous soutiens
وأبوس الأرض تحت نعالكم	J'embrasse le sol sous vos sandales
وأقول أفديكم	Et dis : je me sacrifierai pour vous
وأهديكم ضياء عيني	Je vous dédie la lumière de mes yeux
ودفء القلب أعطيكم	Et vous donne la chaleur de mon cœur
فمأساتي التي أحيا	la tragédie que je vis
نصيبي من مآسيكم	Est ma part de la vôtre
أنا ما هنت في وطني	Je ne suis pas devenu indigne dans mon pays,
ولا صغرت أكتافي	Pas plus que je n'ai reculé de peur
وقفت بوجه ظلامي	Je reste en face de mes oppresseurs,
يتيماً عارياً حافي	Un orphelin nu
حملت دمي على كفي	Portant mon sang au creux de mes mains
وما نكست أعلامي	Je n'ai jamais mis mon drapeau en berne
وصنت العشب الأخضرَ	Et ai préservé l'herbe verte
فوق قبور أسلافي	sur les tombes de mes ancêtres

(Traduction inconnue / adaptation : Coline Houssais.)

« Ana moush kafer » de Ziad Rhabani (Liban, 1985) — أنا مش كافر ، زياد الرحباني

Si beaucoup de chansons composées contre l'occupant colonial servent désormais à alimenter la contestation contre des pouvoirs autocratiques en place, certaines ont été écrites directement pour cibler ces derniers. Liban, 1985 : à travers ses opérettes, Ziad Rahbani pose depuis quelques années un regard désabusé, acerbe et parfois poétique sur la situation que vit son pays en pleine guerre civile. « Ana moush kafer » (« Je ne suis pas mécréant ») marque une prise de position plus forte avec des attaques directes contre les dirigeants religieux du pays – sujet ô combien sensible –, toutes confessions confondues. Par conséquent, la chanson devient un symbole du rejet de la bigoterie et de l'utilisation politique du religieux dans toute la région grâce à son rythme lancinant et ses paroles répétitives. Un engagement qui tranche avec ses franches prises de position en faveur du régime syrien depuis quelques années. Peu de temps après à la fin des années 1980, sa compatriote Julia

Boutros جوليا بطرس renoue quant à elle avec les grands orchestres martiaux qui, contrastant avec la pop légère des autres chanteuses de sa génération, portent des appels à l'unité du peuple arabe (« Wein al malayin » وين الملايين : Où est le peuple arabe, où est la colère arabe, où est le sang arabe, où est l'honneur arabe ? وين العربي وين الغضب العربي وين الدم العربي وين الشرف العربي وين ؟) et à la mobilisation contre l'occupation israélienne du Sud-Liban (« Ghabet shams el haq » غابت شمس الحق), s'inscrivant clairement dans un lexique de la résistance proche de celui développé par le Hezbollah[4]. Des appels qui continuent d'enthousiasmer un public toujours nombreux au Liban[5] et à l'étranger, à défaut d'une réalité politique allant dans le même sens.

أنا مش كافر، بس الجوع كافر	Je ne suis pas mécréant, mais la faim l'est
أنا مش كافر، بس المرض كافر	Je ne suis pas mécréant, mais la maladie l'est
أنا مش كافر بس الفقر كافر والزل كافر	Je ne suis pas mécréant, mais la pauvreté l'est et l'humiliation l'est.
أنا مش كافر لكن شو بعملك	Je ne suis pas mécréant, mais que veux-tu que je fasse
إذا اجتمعوا في كل الاشيا الكافرين	Si j'incarne tout ce qui l'est ?
يللي بصللي الاحد يللي بصللي الجمعة	Ceux qui prient le dimanche, et ceux qui prient le vendredi
وقاعد يفلح فينا على طول الجمعة	Continuez de nous labourer pendant la semaine
هو يللي دين قال و أنا يللي كافر عال	Imagine-le simplement dire qu'il est un homme saint et que je suis le mécréant
راجعوا الكتب السماوية راجعوا كلام القادر	Vérifie les livres saints, vérifie les paroles de Dieu
أنا مش كافر بس البلد كافر	Je ne suis pas mécréant, mais le pays l'est
أنا مقبور ببيتي مش قادر هاجر	Je suis coincé chez moi et je ne peux immigrer
وعم تاكل اللقمة بتمي و أكلك قدامك يا عمي	Tu me prends le pain de la bouche alors que le tien est juste devant toi coco
وإذا بكفر بتإللي كافر	Et si je ne suis pas content, tu dis que je suis mécréant
معمم عالدول الغربية ومبلغ بكل المخافر	J'en notifie tous les pays occidentaux et tous les postes de police
أنا مش كافر، هيدا انت الكافر	Je ne suis pas mécréant, mais toi tu l'es
أنا مش كافر ما دام انت الكافر	Je ne suis pas mécréant, tant que c'est toi qui l'es
أنا مش كافر قلنا مين الكافر	Je ne suis pas mécréant, nous avons dit qui l'était
وعرفوا مين الكافر أنا مش كافر مثل ما عم قللك	Je ne suis pas mécréant, comme je te le dis
عم بتحطها في كونك شيخ الكافرين	Tu me mets cela sur le dos, toi le roi des mécréants
قول أمين	Dis « Amen »

(Traduction : Coline Houssais.)

CI-DESSUS

Révolutions en chanson, par Sarah B. Harnafi (@sarahbharnafi)

Sarah B. Harnafi est une illustratrice et photographe marocaine vivant à Paris. Son œuvre explore le paysage marocain de manière poétique. Sa série phare « La Terre s'envole » est une suite de poèmes mis en image racontant un Maroc qui se réveille et se prend à rêver. Cette série d'illustrations digitales a fait l'objet d'expositions collectives à Londres, à Madrid et plus récemment à Cordoue.

«Al gahsh wal hmar» d'Ahmed Fouad Negm (Égypte, années 2000) الجحش و الحمار، أحمد فؤاد نجم

Indissociable de son compatriote égyptien Ahmed Fouad Negm dont il a chanté nombre de poèmes – ainsi que ceux de Sayed Darwich سيد درويش –, Cheikh Imam الشيخ إمام est l'une des figures les plus connues de la chanson contestataire arabe du xxe siècle, s'inscrivant dans la longue tradition du théâtre chanté engagé égyptien. Des «tubes» qui s'imposent en faveur d'un anti-impérialisme teinté de panarabisme («Valéry Giscard d'Estaing» فاليري جيسكار ديستان, «Sabah el kheir ala ward» صباح الخير على ورد, «Guevara mat» جيفارا مات, «Nixon Baba» نكسون بابا, «Oughnia ila Vietnam» أغنية الى فيتنام) mais dénoncent également les travers du pouvoir égyptien («Masr ya bahia» مصر يامة يا بهية, «Ya'ish ahl balady» يعيش اهل بلدي, «'An mawdou' el foul wel lahma» عن موضوع الفول واللحمه, «Sign el alaa» سجن القلعة, «Baqaret haha» بقرة حاحا), ce qui vaudra aux deux hommes moult séjours en prison. Reprises jusqu'à aujourd'hui par de nombreux chanteurs professionnels (à commencer par Maryam Saleh مريم صالح) et amateurs, ces chansons font partie des classiques du répertoire révolutionnaire régional. C'est pourtant un poème écrit après la mort de Cheikh Imam en 1995, «Al gahsh wal hmar» («L'âne et son ânon», allusion à à Hosni Moubarak et son fils Gamal) qu'a interprété place Tahrir Rami Issam رامي عصام en 2011. Amateur de rock, ce dernier a également mis en chanson deux slogans-phares de la contestation : «Irhal» ارحل («Dégage») et «Eich, horia, adala igtima'ia» عيش، حرية، عدالة اجتماعية («Pain, liberté, justice sociale») entendus à côté de morceaux d'autres groupes comme «Matloub za'im» مطلوب زعيم («Nous demandons un dirigeant») de Cairokee.

الجحش قال للحمار يابا اديني الخنطور	Le petit âne dit à son père : «Papa, il est temps de me céder la charrette.»
يابا انت سنك كبر و وجب عليا الدور	«Papa, tu es devenu vieux, c'est désormais à mon tour»
كح الحمار كحة فزعت لها الركاب	L'âne tousse jusqu'à faire peur à ses passagers
مش يابني بالصحة ده كل شئ بحساب	«Ce n'est pas une question de santé mon fils, tout a un prix»
وسواقة الخنطور محتاجة حد حكيم	Pour tirer une charrette il faut être sage
وانت عينيك فارغة همك علي البرسيم	Tu es avide de gain et ne penses qu'au foin
قوللي تسوق ازاي والتبن مالي عينيك	Dis-moi comment tu tireras la charrette alors que tu ne vois même pas correctement,
ده حتي حبل اللجام واسع يا ابني عليك	Et que les rênes sont trop grands pour toi mon fils
اعقل وبطل طمع لاتسخن الركاب	Acquiers de la sagesse, ne tance pas les passagers
ما تجيش يا واد جنبهم لاتبقي ليلة هباب	Ne t'approche pas d'eux ou la journée sera mauvaise
دول صنف ناس جبار قادر مالوهش امان	Ce sont des gens puissants
يبان عليهم وهن لكنهم فرسان	Ils n'ont l'air de rien mais ce sont des chevaliers

يابا دا نومهم تقل وبقاله يابا سنين	« Mais, papa, ils dorment depuis des années »
كل البشر صحصحوا ولسه دول نايمين	Tous les autres humains se sont réveillés mais eux sont encore dans un sommeil profond »
يا جحش بطل هبل وبلاش تعيش مغرور	« Petit âne, arrête de faire l'idiot et ne sois pas arrogant,
ركابنا مش اغبيا ولا عضمهم مكسور	Nos passagers ne sont ni stupides, ni faibles, ni brisés
بكرة حيصحولك ويزلزلوا الحنطور	Demain ils se réveilleront et secoueront la cariole
وتلاقي في قفاك تمانين خازوق محشور	Et tu te feras avoir plus de quatre-vingts fois !

سوف نبقى هنا ، عادل المشيطي — « Sawfa nabqa huna » d'Adil Al-Mshiti (Libye, 2005)

Le ton résolument plein d'espoir de « Sawfa nabqa houna » (« Nous resterons ici ») tranche avec le contexte dans lequel cette dernière a été écrite : son auteur, Adil al-Mshiti, sort alors d'un séjour de cinq ans en prison pour soutien aux opposants au colonel Kadhafi. Chantée initialement par Rami Mohamed رامي محمد, elle est le plus souvent interprétée *a capella* – y compris par les manifestants libyens au cœur des mouvements concourant à la fin de la Jamahiriya, ce qui renforce son caractère solennel marqué par un rythme lent et une mélodie simple. À la fois extrêmement populaire et confidentielle au-delà du monde arabo-musulman, elle a été reprise par le chanteur libanais Fadel Shaker فاضل شاكر mais également par le récitant star des réseaux sociaux égyptiens Islam Sobhi إسلام صبحي, témoin de la popularité du morceau chez un public plus religieux. Abondamment écoutée en Indonésie, « Sawfa nabqa houna » a récemment illustré d'autres combats comme, plus surprenant… la lutte contre le covid-19.

سوف نبقى هنا كي يزول الألم	Nous resterons ici, jusqu'à ce que la douleur parte
سوف نحيا هنا سوف يحلو النغم	Nous habiterons ici, jusqu'à ce que la vie soit douce
موطني موطني موطني ذا الإباء موطني موطني موطني يا أنا	Ô mon pays, fier pays, mon pays
رغم كل النقم	En dépit des manigances de l'ennemi
رغم كيد العدا	En dépit de toute l'infamie
سوف نسعى إلى أن تعم النعم	Nous tâcherons de faire prévaloir les bénédictions
سوف نرنو إلى رفع كل الهمم	Nous tenterons de rétablir l'insouciance
بالسير للعلا ومناجاة القمم	En nous dirigeant jusqu'à Al-Ula et en atteignant les sommets
فلنقم كلنا بالدواء والقلم	Prenons tous médicaments et stylos

كلنا عفو على من يصارع السقم	Pardonnons tous à ceux qui luttent contre le venin
فلنواصل المسير نحو غايات أهم	Continuons à avancer vers les objectifs qui comptent
ونكون حقا خير أمة بين الأمم	Nous sommes véritablement la meilleure des nations

(Traduction : Coline Houssais.)

Mélange de reprises et de créations plus récentes qui font la part belle au rap et au hip-hop (les artistes syriens, dans leur pays d'origine ou en exil sont très prolifiques à cet égard[6]), les chansons de la révolution dans le monde arabe forment un corpus à la fois ancré dans le passé et pleinement en prise avec les luttes du présent. Alors que certains combats – notamment panarabes – semblent désormais loin, la génération de jeunes militants nés en Afrique du Nord et au Moyen-Orient au tournant du XXIe siècle a pour point commun une décennie de conflits civils et de révolutions. Et la bande originale qui les accompagne.

L'AUTEURE

Coline Houssais est journaliste, traductrice, productrice et chercheuse indépendante, spécialiste des musiques du monde arabe ainsi que de l'histoire culturelle de l'immigration arabe en Europe. Fondatrice d'Ustaza à Paris – l'Agence Ustaza –, elle enseigne à Sciences Po et a récemment créé « Les Rossignols de Bagdad », un spectacle sur l'âge d'or de la musique irakienne. Elle est l'auteure de *Musiques du monde arabe. Une anthologie en 100 artistes* (Le Mot et le Reste, 2020) et est en co-résidence IMÉRA/Mucem au printemps 2021.

NOTES

1. Il s'agit d'un remix dance à la voix fortement altérée par l'autotune, sorti en 2019.
2. *haqiba* (حقيبة, littéralement « valise »), genre musical soudanais issu de l'exode rural des années 1920 fortement popularisé dans les années 1940 à la faveur du développement des stations de radio.
3. Tewfik Ziad est d'ailleurs l'un des initiateurs de la Journée de la Terre يوم الأرض, événement annuel de commémoration du 30 mars 1979.
4. En témoigne sa chanson « Ahiba'i » أحبائي, adaptée d'une lettre envoyée par Hassan Nasrallah à ses soldats envoyés au front lors de la guerre de 2006 avec Israël.
5. On se souviendra notamment de ses concerts à Dbayeh en 2016 et à Tyr en 2018.
6. À commencer par le duo Refugees of Rap, originaire du camp de réfugiés palestiniens de Yarmouk et résidant depuis 2013 en France.

POUR EN SAVOIR PLUS

Mark LeVine, « Music and the Aura of Revolution », *International Journal of Middle East Studies*, vol. 44, n° 4, *Maghribi Histories in the Modern Era*, 2012.
Joseph Massad, « Liberating Songs : Palestine Put to Music », *Journal of Palestine Studies*, vol. 32, n° 3, 2003.
Hind Meddeb, *Electro Chaabi*, documentaire, 77 min, 2013.
–, *Tunisia Clash*, documentaire, 63 min, 2015.

Afin de ne pas répéter les erreurs de la révolution de Janvier[1]

par **Alaa El Aswany**
traduit de l'arabe par **Gilles Gauthier**

Quoi que puisse faire le régime de Sissi, l'Égypte après le soulèvement du 20 septembre[2] ne sera plus jamais semblable à ce qu'elle était auparavant. Sissi a mis en place le pire appareil de répression de l'histoire de l'Égypte contemporaine : il suffit de participer pendant quelques minutes à un rassemblement de protestation pacifique pour se retrouver en prison pendant des années.

En Égypte, plus de 60 000 détenus sont soumis aux coups, à la torture, à l'absence de soins médicaux jusqu'à ce que mort s'ensuive. À l'abri de cette effrayante répression, Sissi a acquis une telle confiance en son pouvoir qu'il s'est permis de déclarer qu'il allait continuer à construire des palais présidentiels fastueux en dépit de l'endettement spectaculaire dont pâtit l'État égyptien et des souffrances que la pauvreté et le coût de la vie infligent à la majorité des Égyptiens.

Sissi a cru qu'il pourrait faire ce qu'il voulait des Égyptiens sans qu'aucun d'entre eux n'ose s'opposer à lui mais le mur de la peur s'est soudain brisé et au Caire, à Alexandrie, à Damiette, à Mansourah, à Marsa Matrouh et dans d'autres villes, des milliers de manifestants ont déferlé avec pour seule revendication la départ de Sissi. S'ensuivit une campagne d'arrestations qui frappa des centaines de manifestants. Les médias du régime – recevant leurs instructions des services de sécurité – se mirent alors à patauger dans leurs mensonges, assurant d'abord qu'il n'y avait pas eu de manifestations et que les vidéos filmées par les manifestants étaient truquées, puis réclamant ensuite que les peines les plus sévères soient infligées aux personnes arrêtées au cours de ces mêmes manifestations dont ils prétendaient qu'elles n'avaient pas eu lieu. Finalement tous ces mensonges ne sont pas parvenus à cacher la vérité : la vague d'une nouvelle révolution vient de se déclencher en Égypte.

De mon point de vue, pour que cette révolution parvienne à réaliser ses objectifs il est nécessaire de prendre conscience des fautes que nous avons commises au cours de la révolution de janvier.

Premièrement : Il est nécessaire de persévérer jusqu'à la réalisation complète des objectifs

La faute commise par les manifestants de janvier fut d'abandonner trop tôt les lieux qu'ils occupaient. Ils avaient confiance en leur capacité à reprendre la rue à n'importe quel instant mais ne se rendaient pas compte que la contre-révolution ne leur en laisserait pas l'occasion et qu'au contraire elle allait travailler avec ses moyens énormes à les affaiblir, à les réprimer et à salir leur image devant l'opinion publique de façon à leur faire perdre leur influence.

Cette fois-ci il faut que nous comprenions que notre force dépend de notre présence dans la rue et que la seule protection des manifestants se trouve dans leur grand nombre. Le régime qui est en effet capable de réprimer 500 manifestants ne peut absolument pas en contrôler des centaines de milliers.

Deuxièmement : il ne faut pas écouter les défaitistes et les opportunistes

Dès les premiers jours de la révolution de janvier certains se demandaient :

– À quoi vont aboutir ces manifestations ? Vous rêvez... Comment allez-vous obliger Moubarak à abdiquer alors qu'il bénéficie de l'appui de l'armée et de la police ?

Ces défaitistes sont un danger pour n'importe quelle révolution car ils démoralisent les gens et les font douter de leurs capacités.

Il existe une autre catégorie non moins dangereuse pour la révolution que je baptiserai « les joueurs du centre ».

Ceux-ci ont des positions qui osccillent constamment entre le soutien de la révolution et l'appui au régime, ce qui leur permet de se trouver finalement dans le camp victorieux. Il s'agit là d'un groupe de personnalités publiques mues par leurs ambitions personnelles. Les voilà maintenant qui écrivent des phrases inconsistantes que l'on peut lire de droite à gauche ou de gauche à droite et qui peuvent être interprétées comme favorables aussi bien à la révolution qu'au régime. Après son succès, ces personnalités se sont infiltrées aux premiers rangs de la révolution de janvier où leur présence a causé de nombreux problèmes dont les révolutionnaires ont payé le prix.

Troisièmement : Il faut élire dès maintenant un leadership

Une des fautes des révolutionnaires de janvier est d'avoir dissous la coalition des jeunes de la révolution et de ne pas avoir élu leur propre direction. La révolution ne vaincra pas sans une direction composée de jeunes élus parlant en son nom capable de faire descendre les gens dans la rue si elle est en danger.

Quatrièmement : N'hésitons pas à réclamer le pouvoir

Les révolutionnaires de janvier ont lutté pour obtenir le départ de Moubarak puis ils ont dédaigné de réclamer le pouvoir qui est tombé entre les mains de forces contre-révolutionnaires. L'histoire nous enseigne que si une révolution – quelle que soit sa force – ne s'empare pas du pouvoir, cela équivaut pour elle en pratique à un suicide : elle ne pourra dans ce cas jamais réaliser ses objectifs et devra affronter la répression la plus féroce. La révolution doit parvenir au pouvoir à l'instar de ce qu'ont fait nos frères révolutionnaires au Soudan qui ont imposé leur présence au conseil de gouvernement jusqu'à la tenue d'élections.

Cinquièmement : Il faut avoir confiance en soi et se débarrasser de ses icônes

Pendant la révolution de janvier, nous avons pour la première fois entendu parler des icônes de la révolution. Cette expression sacralise des personnes exactement comme les régimes despotiques sacralisent le dictateur qu'elles considèrent être le « symbole de la nation ». La sanctification de personnes que l'on considère comme des icônes de la révolution est une faute que nous avons payée le prix fort. Certaines de ces icônes se sont retournées contre la révolution ou ont dévié de ses principes et leurs erreurs ont été imputées à la révolution. À plusieurs reprises le destin de la révolution a dépendu d'une personne que nous considérions comme une icône. Lorsque celle-ci s'est mise à hésiter, à avoir peur et à reculer, nous avons tous payé le prix de sa désertion. Cette fois nous devons nous débarrasser de ces icônes afin que la révolution ait une seule icône : ses propres objectifs. Si nous revendiquons la démocratie, commençons par nous-mêmes : élisons nos dirigeants et jugeons-les sur leurs actes.

Sixièmement : Nous devons refuser les solutions de compromis

Une révolution, par sa nature même, est un changement radical. Elle abat l'ancien régime pour édifier un régime nouveau. Après la révolution de janvier nous avons commis l'erreur d'accepter un ensemble de solutions de compromis qui ont finalement conduit à affaiblir la révolution, à nuire à sa réputation et à la mettre en péril. Il faut que nous prenions conscience de ce que notre lutte contre l'ancien régime est une lutte existentielle dans tous les sens du terme. Nous défendons notre droit à la liberté et à la justice tandis qu'eux luttent pour leurs richesses et leurs privilèges, pour préserver leur mode de vie fastueux. Ils savent que, si nous sommes vainqueurs, ils seront jugés pour l'argent qu'ils ont volé au peuple. Par conséquent, nous ne devons accepter aucune solution de compromis. Les revendications du peuple doivent être satisfaites dans leur totalité. Dès lors que nous accepterions de limiter nos revendications, c'est l'ensemble de toutes ces revendications qui serait menacé.

NOTES

1. La version originale, en arabe, de ce texte a été publiée le 24 septembre 2019 sur le site www.dw.com.

2. À la suite des révélations faites sur Internet par un entrepreneur égyptien réfugié en Espagne, des manifestations spontanées regroupant des milliers de personnes ont eu lieu dans plusieurs villes égyptiennes au mois de septembre 2019. C'était la première fois depuis l'accession au pouvoir de Sissi que le peuple sortait de cette façon dans la rue. Une féroce répression a mis fin au mouvement. Toutefois ces manifestations ont montré que la révolution en Égypte était toujours à l'ordre du jour. (*N.d.T.*)

L'AUTEUR

Dentiste de formation, **Alaa El Aswany** est un écrivain égyptien arabophone et francophone, récompensé de nombreuses fois par de prestigieux prix littéraires. En 2006, son roman *L'Immeuble Yacoubian* (Actes Sud, 2007) connaît un franc succès et le magazine littéraire français *Lire* le classe 6e au top 20 des livres non francophones de l'année. Ce même roman sera d'ailleurs adapté au cinéma, avec un titre éponyme. Alaa El Aswany écrit régulièrement dans la presse égyptienne et intervient en 2019 en tant que professeur invité au Dartmouth College dans le New Hampshire. Depuis 2018, il dispense des cours de création littéraire à New York. Son dernier roman, *J'ai couru vers le Nil*, est publié aux éditions Actes Sud en 2018 ; son dernier essai *Le Syndrome de la dictature* est paru en 2020 chez le même éditeur. Alaa El Aswany est régulièrement invité à intervenir à l'Institut du monde arabe.

POUR EN SAVOIR PLUS

Alaa El Aswany, *Le Syndrome de la dictature*, Actes Sud, 2020.
–, من يجرؤ على الكلام «Who Dares to Speak?», دار الشروق Dar echourouk, 2016.
–, *Democracy Is the Answer*, Gingko Library, 2015.
–, *Extrémisme religieux et dictature*, Actes Sud, 2014.
–, كيف نصنع الديكتاتور؟ *Extrémisme religieux et dictature. Les deux faces d'un malheur historique*, Actes Sud, 2013.
–, هل أخطأت الثورة المصرية؟ *Did the Egyptian Revolution Err?*, 2012.
–, *On the State of Egypt : What Caused the Revolution*, Canongate Books, 2011.
–, مصر على دكة الإحتياطي *Egypt on the Substitute Bench*, 2010.
–, لماذا لا يثور المصريون؟ *Chroniques de la révolution égyptienne*, Actes Sud, 2010.
–, هل نستحق الديمقراطية؟ «Do We Deserve Democracy?», دار الشروق Dar echourouk, 2010.

CONCLUSION

BEYROUTH, 2042
LIVE
C'EST UN VÉRITABLE COUP DE TONNERRE: À LA SURPRISE GÉNÉRALE LE RAÏS NABIH BERRI, 104 PRINTEMPS, A ANNONCÉ CE MATIN SA DÉMISSION APRÈS 50 ANS DE BONS ET LOYAUX SERVICES. TOUT LE PAYS EST SOUS LE CHOC ET LES RÉACTIONS SONT NOMBREUSES.
BREAKING NEWS
HEAD OF PARLIAMENT NA
LE GÉNÉRAL PRÉSIDENT PHARAON MICHEL AOUN A EXPRIMÉ SA PLUS PROFONDE ÉMOTION
ZZZZZZ
DEPUIS SA RÉSIDENCE DE REPOS DE BORA BORA, LE PREMIER MINISTRE SAISONNIER SAAD HARIRI A RENDU HOMMAGE AU GRAND HOMME ET AU BON POTE DERRIÈRE L'ADVERSAIRE POLITIQUE
DANS UN DISCOURS VÉHÉMENT, LE SAYID HASSAN NASRALLAH A MIS EN GARDE L'ENNEMI, SOULIGNANT QUE CE DÉPART INATTENDU ÉTAIT LA PREUVE IRRÉFUTABLE QUE L'HISTOIRE N'ÉTAIT JAMAIS FIGÉE
JASON FILS DE FOUAD FILS DE TAYMOUR FILS DE WALID FILS DE KAMAL JOUMBLATT A ADRESSÉ SES SALUTATIONS DÉMOCRATIQUES ET SOCIALISTES DEPUIS SON PALAIS DE MOUKHTARA
SAMIR GEAGEA A FAIT SAVOIR QU'IL S'INQUIÉTAIT D'UNE MANOEUVRE SECRÈTE VISANT À MARGINALISER LES CHRÉTIENS DU LIBAN

DEPUIS LE DOUBLE-FOND D'UN COFFRE FORT PRÊTÉ PAR SON AMI C.G, RIAD SALEME, L'EX GOUVERNEUR DE L'EX BANQUE CENTRALE A ESTIMÉ QUE CETTE NOUVELLE CONSTITUAIT UN SIGNE TRÈS ENCOURAGEANT POUR LE REDRESSEMENT DE LA LIVRE LIBANAISE
CARLOS, TU POURRAIS METTRE LA LUMIÈRE?
LE CHEF DE L'OPPOSITION, MONSIEUR CHARBEL NAHAS, SOUTENU PAR UNE GRANDE MAJORITÉ DES 217 LIBANAIS ENCORE VIVANTS A INCITÉ LES FORCES PROGRESSISTES À PROFITER DE L'OCCASION POUR FORMER UN FRONT COMMUN
FUCK YOU!!
HÉLA HA
HÉLA HÉLA
HA GEBRA
EN GUISE DE CADEAU D'ADIEU, LES CHANTEUSES HAIFA WEHBE ET MYRIAM KLINK ONT INTERPRÉTÉ UN MAGNIFIQUE « BERRI JE T'AIME, BERRI JE T'ADORE » QUI SELON DES SOURCES PROCHES A BEAUCOUP ÉMU L'INTÉRESSÉ
LE CHIRURGIEN DES STARS, WAFIK BEN TAOUK, SPÉCIALISTE MONDIAL DE LA CRYOGÉNISATION, A ASSURÉ QUE LA RETRAITE ANTICIPÉE DE SON CLIENT N'AVAIT À VOIR NI AVEC SON ÂGE, NI AVEC UNE ÉVENTUELLE DÉGRADATION DE SON ÉTAT DE SON SANTÉ
N°1 WAFIK BEAUTY
78 8441
C'EST SEULEMENT VERS 14H, JUSTE AVANT L'HEURE DE LA SIESTE, QUE LA NOUVELLE EST TOMBÉE
OOH ÇA VA, ON NE PEUT PLUS FAIRE UNE BLAGUE?
AH AH SACRÉ BERRI!

EXAMINANT SANS RÊLACHE LES DÉBRIS DE LA CAPITALE RAVAGÉE, LE TENACE FRIEDRICH VON NUGGETS, ENQUÊTEUR EN CHEF DE LA DEPRIM (DÉLÉGATION D'EXPERTS SUR LE PORT À LA RECHERCHE D'INDICES MANQUANTS), A DIT ESPÉRER QUE LE DÉPART DE MONSIEUR BERRI PERMETTRAIT DE FAIRE ENFIN LA LUMIÈRE SUR CE CRIME JAMAIS ÉLUCIDÉ.
?

Faut pas rêver

par **Leïla Slimani**

Fadela est assise au bord du lit dans sa chambre aux volets fermés. Elle a enfilé un imperméable léger, a noué les lacets de ses chaussures et elle attend. Au pied de son lit, elle a posé sa valise qui est prête depuis deux jours et fermée par un système de cadenas commandé à distance. Pendant ces quarante-huit dernières heures, elle n'a presque pas mangé. Elle ne voulait rien entreposer dans le frigo ni salir la table en formica qui est si difficile à nettoyer. Elle a donc grignoté debout des restes de pain, de fromage et des fruits presque blets. Elle regarde sa montre et, brusquement, se lève et se dirige vers la porte.

Elle ne prend pas de taxi et préfère marcher. Sur le trottoir, sa valise fait un drôle de bruit à cause d'une roue cassée. Ça la fait sourire. Il y a quelques années encore, elle n'aurait pas imaginé faire rouler sa valise sur un trottoir de Casablanca. Elle plaignait toujours les femmes qui s'obstinaient à acheter des poussettes et qui devaient slalomer ente les trous, les poubelles éventrées, les vendeurs à la sauvette qui posaient leurs marchandises à même le sol et étaient toujours prêts à courir à cause de la police qui guettait. À présent, il y a un large espace pour les piétons, des parcours arborés dans lesquels elle aime, dans les jours chauds comme celui-ci, aller chercher de la fraîcheur. Les enfants sont à l'école mais dans quelques heures ils envahiront ce terre-plein. Ils jetteront en l'air leur cartable et ils se passeront un ballon qui volera au-dessus des arbres. Elle marche lentement, à cause de son dos qui la fait souffrir. Elle fait tout lentement maintenant. C'est pour ça que les voyages l'angoissent. Parce qu'elle craint toujours d'être en retard, de ne pas être assez alerte pour arriver à temps sur le quai de la gare. Des femmes pressées la bousculent. Elles ont l'air

---

CI-AVANT
Dystopie, scénario de Marwan Chahine, illustrations de Tracy Chahwan (@tracychahwan)

Gratte-papier en tout genre, **Marwan Chahine** traque petites et grandes h(H)istoires entre les deux rives de la Méditerranée.

Tracy Chahwan fait ses débuts dans l'illustration en 2016, en réalisant de nombreuses affiches de concerts au Liban. En 2018, elle publie son premier album, *Beirut Bloody Beirut*, aux éditions Marabulles. En parallèle, elle rejoint l'équipe du collectif Samandal. Depuis 2019, elle se tourne vers le reportage BD en collaboration avec le site américain thenib.com. Un ouvrage collectif, *Guantanamo Voices*, est sorti en septembre 2020 aux éditions Abrams.

de courir vers quelque chose d'important mais Fadela a oublié ce que c'était que de ressentir ça.

Elle parvient sur le parvis de la gare et s'assoit à la terrasse d'un café. Elle commande un verre de bière fraîche et offre son visage tavelé au soleil. Elle n'a pas envie de lire ni même de consulter son téléphone. Elle regarde les passants. Les hommes et les femmes qui courent pour attraper leurs trains de banlieue. Les serveurs qui crient la commande derrière le bar et qui se fichent d'ennuyer les clients. Autrefois, elle n'aurait pas osé s'asseoir seule ici. Elle aurait eu peur des dizaines de mendiants qui s'agglutinaient sur cette place et que la misère finissait par rendre agressifs. Elle n'aurait pas défié les militants islamistes qui patrouillaient de rue en rue pour humilier les mécréants et les battre en public. Ce temps-là est révolu et elle n'a rien à craindre. Depuis qu'un revenu minimum universel a été mis en place, on ne voit plus, aux feux rouges, courir des enfants et des femmes pour vendre un paquet de mouchoirs. Et il faut croire qu'en faisant disparaître la misère on a asséché la source de la haine et les barbes sont tombées.

De là où elle se trouve, Fadela peut apercevoir les trains qui passent dans la gare à une vitesse telle qu'on dirait qu'ils ne sont qu'une illusion, qu'un mirage. Trois ans auparavant, en 2044, la ligne à très grande vitesse avait été inaugurée dans la liesse générale. Une première ligne permettait de faire Casablanca-Alger en deux heures seulement. Puis d'autres lignes ont été ouvertes vers Tunis, Tripoli et Le Caire. C'est dans la capitale égyptienne qu'elle se rend. Elle va rendre visite à Imane, sa petite-fille, qui y étudie l'intelligence artificielle dans le cadre du programme d'échange Ibn Battûta. Elle boit une gorgée de bière. Elle aime ce goût amer sur la langue et cette sensation de fraîcheur qui se répand, de sa gorge jusqu'à son estomac. Elle a toujours eu une tendresse particulière pour Imane, pour son espièglerie, son insolence. Elle sait bien que la jeune fille ne s'intéresse pas vraiment à l'intelligence artificielle et qu'elle n'a choisi ces études que pour rassurer ses parents. Comme tous les jeunes du monde arabe, elle rêve de littérature et de cinéma. Depuis qu'une écrivaine libyenne a reçu le prix Nobel de littérature et que la Palme d'or a été décernée à un réalisateur algérien pour sa fresque sur la migration, des milliers de vocations se sont réveillées. Sur la rive sud de la Méditerranée, on ne parle plus que de raconter des histoires, d'en peindre et d'en filmer. Dans le désert libyen et sur la côte égyptienne, dans les montagnes marocaines ou les rues algéroises, vous aurez de grandes chances de tomber sur un tournage. Ici, on filme une série sur le Printemps arabe. Là, une fresque sur la colonisation italienne. Un réalisateur s'entête à filmer la vie d'Ibn Khaldoun, un autre rêve d'une épopée sur les corsaires barbaresques. Il y a tant d'histoires qui ont été tues, tant de vies simples ou héroïques dont le destin bouleversera les foules.

Fadela regrette de n'avoir rien avalé. La bière lui fait un peu tourner la tête. Elle appelle le serveur et commande des sardines grillées et une salade de tomates. Elle ne veut pas dormir pendant le voyage. Elle voudrait garder les yeux ouverts, tout le temps, et voir, de ses yeux voir, si ce que l'on raconte est vrai. Car elle ne peut pas y croire. Elle est trop vieille pour se laisser bercer d'illusions. Il y a des choses qu'elle a appris à ne plus espérer. Jamais, à l'âge d'Imane, elle n'aurait pu imaginer ça. Un train traversant sans s'arrêter jamais les frontières du Maroc et de l'Algérie puis cheminant vers l'Est. Pas de policiers, pas de contrôles, une seule terre offerte aux hommes.

« Au fond, c'est tout à fait naturel, répète souvent Imane. Nous parlons la même langue, nous aimons le même Dieu, nos histoires sont liées. Ce serait absurde de se tourner le dos alors que nous avons tant de batailles communes à mener. » La jeune fille lui a dit ça le jour où elle a reçu la réponse favorable pour son inscription en Égypte. Et cela a fait rire Fadela. Elle a pensé alors : « C'est naturel, et pourtant ce fut pour nous inconcevable. » Elle aurait aimé, au même âge qu'Imane, partager son optimisme, sa foi en l'homme, sa rage de vivre. Mais lorsque Fadela avait vingt ans, tout était bien différent. C'était l'époque des attentats terroristes. Du 11 septembre 2001, du visage de Ben Laden, des dictatures de Kadhafi, Moubarak ou Ben Ali. C'était un temps où l'on chuchotait pour exprimer une opinion, où l'on mentait comme on respirait. Pour survivre, pour ne pas se faire prendre. Un temps où la corruption rongeait tout, où la haine fleurissait sur le lit de la misère. Un temps où les frontières se fermaient devant tous. Au Nord, à l'Est, impossible de sortir. La frontière rimait avec trafic, mafia, morts en mer ou dans le désert brûlant du Sahara.

Le serveur apporte les sardines dans un plat en terre cuite. Elle les mange avec les doigts comme elle le faisait enfant. Sa mère disait : « C'est la meilleure façon de ne pas tomber sur une arête. » C'était un bon conseil et, à soixante ans passés, Fadela continue de l'appliquer. Elle règle le serveur, qui la remercie pour le généreux pourboire et elle se rend dans les toilettes au fond du restaurant. Elle se lave les mains et se brosse les dents. Elle ne voudrait pas incommoder les autres passagers avec cette odeur de poisson ou des relents de bière. Certains pourraient être en train de jeûner, puisqu'on est en plein mois de ramadan et elle sait bien que l'odorat est alors aiguisé. Le moindre parfum vous chatouille les narines, vous donne un haut-le-cœur ou, au contraire, une envie irrépressible de manger.

Elle marche jusqu'au quai. Les voies sont protégées par d'immenses panneaux de verre qui s'ouvrent automatiquement quand le train entre en gare. Des contrôleurs font signe aux passagers de se tenir prêts. Ils se mettent en rang, les uns derrière les autres, aux emplacements indiqués sur leurs billets. Fadela se dit qu'elle devrait venir plus souvent à la gare. Même quand elle n'a rien à y faire, même quand elle ne voyage pas. C'est un lieu très agréable qui bénéficie d'une vue dégagée sur les vagues de l'Atlantique. Derrière elle, elle remarque de nombreux étudiants venus d'Afrique subsaharienne. À Casablanca, depuis quelques années, des quartiers entiers résonnent de musique ivoirienne, sénégalaise, malienne. On y a ouvert des bars où l'on danse toute la nuit, où l'on boit dans des verres en carton du vin de palme bio et du jus d'hibiscus. Il est de plus en plus fréquent de rencontrer des couples métissés et de petites filles ou de petits garçons parlant le wolof aussi bien que l'arabe. C'est Imane qui lui a fait remarquer ça. Le nombre de langues qu'on parlait dans la rue. Et Fadela doit bien le reconnaître, bruissent dans l'air de Casablanca des dizaines de dialectes. Les adolescents, au téléphone, parlent l'anglais et l'espagnol aussi bien que l'arabe. Dans le bus, une conversation en français chevauche une berceuse qu'une mère chante en lingala.

Un homme en costume de lin froissé l'aide à monter sa valise dans le wagon. Il baisse les yeux vers son ticket et il insiste pour l'installer dans son compartiment. Fadela n'en a pas les moyens mais elle s'est acheté un billet de première classe. Un caprice, une petite folie qu'elle s'est accordée et dont elle rit, toute seule, confortablement lovée dans son siège. Elle a choisi une place contre la fenêtre pour pouvoir se repaître de chaque centimètre carré de terre qu'elle traversera. Au fond, elle aurait dû se douter que les choses tourneraient ainsi. Dans le bon sens. Dans la bonne direction. Mais quand on fait preuve d'optimisme, on doit souvent supporter le scepticisme des autres, leurs moqueries. Ils vous croient naïfs, stupides, inconsistants. Si elle avait osé dire, quand elle avait trente ans, au moment de ce qu'on a appelé « le Printemps arabe », que cette région connaîtrait la prospérité et la paix, on lui aurait ri au nez. On aurait dit qu'elle était folle. Comme si le malheur était toujours plus réaliste. Comme si on n'avait appris à croire qu'à la destruction et à la catastrophe.

À l'époque, personne n'avait compris que le monde arabe était en train de devenir un haut lieu de la contestation mondiale, un espace où se livraient des batailles pour la liberté de vivre, de jouir, de croire et de penser. Une bataille pour la dignité. Personne n'aurait osé affirmer que du nord de l'Afrique surgissait l'étincelle qui allait s'étendre ensuite, en Espagne, avec les Indignados de la Puerta del Sol, à New York à travers le mouvement Occupy Wall Street et jusqu'à Athènes, à travers l'occupation de la place Syntagma, face au Parlement grec. N'était-ce pas contre la *hogra*, ce concept si maghrébin, que se battaient aussi les Gilets jaunes sur les pavés parisiens ? Fadela était comme tout le monde, elle avait fini par croire qu'elle venait d'un monde où régnaient, comme par fatalité divine, l'interdit et l'oppression. Et que rien ne changerait jamais.

La radio diffuse un message. Le train est prêt à partir. Tous les visiteurs sont invités à descendre. Prochain arrêt : Oran. Au moment où le train s'ébroue, Fadela pose sa main sur l'accoudoir de son siège et elle enfonce ses ongles dans le velours. Elle ne pensait pas qu'un train pouvait aller aussi vite. Bien sûr, elle a suivi comme tout le monde le lancement de cette merveille technologique, inspiré du Shinkansen japonais et pouvant aller à plus de huit cents kilomètres-heure. Mais le vivre, c'est autre chose ! Elle a les oreilles bouchées et elle a du mal à se laisser aller. Le paysage passe sous ses yeux aussi vite que les images d'un film en avance rapide. C'est incompréhensible, étourdissant et elle en pleurerait presque de déception. Elle aurait voulu voir ces immenses terrains de panneaux solaires dont elle a suivi l'installation dans les journaux. Les réservoirs géants pour l'irrigation et les éoliennes dernière génération sur le bord de mer. Elle ferme un peu les yeux. L'optimisme, pense t-elle, n'est pas une aberration ou une idiotie. C'est le sentiment le plus subversif du monde. Voilà ce ce que les années lui ont appris. Les gens libres, les gens courageux, les révolutionnaires sont d'indécrottables optimistes. Et c'est à cette foi en l'avenir que s'attaquent les terroristes, les illuminés et les dictateurs. Les pouvoirs autoritaires n'aiment pas ceux qui croient que le monde peut changer. Que les hommes peuvent changer. On se méfie de ceux qui ont foi en l'avenir, qui ne renoncent pas à faire advenir ce que les autres appellent, en tordant la bouche de dégoût, une « utopie », un « idéal ».

Fadela aurait dû se douter pourtant. Elle aurait dû faire confiance et écouter la voix de cette jeunesse qui battait le pavé. Elle aurait dû prendre garde aux paroles de chansons entonnées la nuit, dans les stades de football, par des jeunes sans espoir à Casablanca, Alger, Beyrouth ou Alexandrie. Comme les autres, elle était trop occupée à déplorer les catastrophes, les malheurs, les inégalités. Trop occupée à regarder ailleurs aussi, vers cet Occident qui la faisait rêver et où brûlait, pourtant, la fièvre noire des populismes. Jusqu'à en oublier que tout près d'elle s'inventait la liberté.

Le contrôleur vient d'annoncer l'entrée du train en territoire algérien. Ils traversent d'immenses vignobles où sont produits des vins extraordinaires que des acheteurs du monde entier s'arrachent à prix d'or. Son fils Rachid, le père d'Imane, y a passé des vacances il y a quelques années. Il lui avait raconté le soleil rasant sur les collines, les feuilles dorées des pieds de vigne et les chansons des vendangeurs venus de toute la région. Depuis cinq ans, les pays du Maghreb et du Machrek forment un marché commun où les hommes et les marchandises circulent librement. Les étudiants égyptiens font un semestre à Alger, les Libyens finissent leur cycle d'études à Casablanca. Les États ont lancé des plans d'investissements communs dans les transports, les télécommunications, l'agroalimentaire et l'énergie. Dans quelques années, ils espèrent mettre en circulation une monnaie commune.

Fadela sombre dans le sommeil. Un sommeil traversé de rêves. Dans le compartiment, son voisin sourit en regardant cette dame qui dort la bouche ouverte. Il ne se doute pas qu'elle rêve d'un temps révolu. Du temps où son mari, Hassan, était encore vivant. Dans les années 2030, un mouvement féministe a soufflé sur la région. Les femmes ont formé une immense chaîne humaine du couchant au levant, de Rabat à Damas. Partout, elles entonnaient les mêmes airs militants. Elles réclamaient leurs droits et la reconnaissance de leur travail. La liberté de leur corps, le respect de leur sécurité, l'égalité en tout, partout, tout le temps. Fadela en parle souvent avec Imane et elle dit toujours : « C'était le plus beau moment de ma vie. » Elle, la fille qui avait appris à dire oui, à se soumettre, hurlait dans un mégaphone des phrases obscènes. Elle, qui avait peur de tout, avait participé avec fierté à la grève des impôts qui avait abouti à l'égalité totale dans l'héritage entre les hommes et les femmes.

Au bout de quelques semaines, les ouvriers s'étaient joints aux femmes en colère, puis les étudiants, les fonctionnaires, les laissés-pour-compte, les chercheurs, les artistes, les mineurs de fond, les agriculteurs. Dans le monde entier on avait salué l'humour et le pacifisme de ces mouvements populaires dont le souffle s'était répandu partout. Les slogans voyageaient de ville en ville, de pays en pays, c'était un printemps des peuples, un réveil des individus après une longue nuit d'oppression.

C'est drôle, avait alors pensé Fadela, quand les chaînes tombent on se dit : « Comment ai-je pu accepter cela ? Comment cela a t-il été possible de vivre ainsi ? De ne rien dire quand mon frère a hérité plus que moi. De payer grassement un médecin pour un avortement et de me faire humilier comme si j'étais une pute ou une écervelée, moi qui avais trois enfants et qui étais épuisée. De gagner une misère comme enseignante dans une école sans chauffage ni toilettes. De devoir corrompre jusqu'à l'infirmière qui changeait le bassin de mon mari malade. » La liberté paraît si simple une fois qu'elle est là. Elle vous impose sa clarté, son caractère d'évidence et vous avez un peu honte de ne pas vous être assez battue pour elle. Vous avez peur d'en profiter et qu'elle vous le reproche. Qu'elle vous dise : « Tu croyais pouvoir vivre sans moi et tu viens maintenant te réchauffer à mon flanc ? »

L'annonce du contrôleur réveille Fadela. Ils entrent en gare d'Alger et les passagers qui le souhaitent peuvent faire quelques pas sur le quai, pour se dégourdir les jambes. Fadela n'ose pas sortir. Elle a peur de se laisser happer par la ville blanche dont la simple évocation l'a, si longtemps, fait rêver. Elle reste à sa place et elle rêve que le train reprenne sa course et qu'il s'élance en direction de la Libye. Sur la côte, entre Tripoli et Benghazi, des centaines d'hôtels ont été construits face à la Méditerranée. Là où autrefois les factions se déchiraient, là où, Fadela s'en souvient encore avec effroi, les hommes étaient vendus comme de simples marchandises, se sont développées des cités balnéaires où l'on profite de la clarté des lagons et du brûlant soleil. On dit que c'est l'un des plus beaux endroits du monde, un lieu sublime où la mer Méditerranée est d'une limpidité inégalable. Des équipes d'archéologues y ont entrepris des fouilles et de véritables joyaux ont été exhumés. Fadela ne raterait ce spectacle pour rien au monde.

Elle passe ses mains sur son visage. Dans quelques heures, elle prendra sa petite-fille dans ses bras et elles iront se promener dans les rues du Caire. La capitale égyptienne a subi une véritable révolution urbanistique. Les routes à trois voies qui traversaient la ville ont été détruites. De grands jardins ont été plantés au bord du Nil et la cité a retrouvé sa réputation d'antan, celle d'une ville de fête et de joie, de danse et de beauté. On y vient de tout le continent pour trouver du travail et accomplir son destin. Dans ce train, il y a sans doute un garçon ou une fille qui rêve de faire carrière dans le cinéma et d'apparaître un jour sur ces immenses panneaux lumineux qui éclairent la nuit cairote. Si seulement Hassan était là, pense Fadela. Si seulement il pouvait voir ça. Son mari était un sceptique et, il faut bien le dire, un peureux. Il disait que pour vivre heureux, il fallait vivre caché, ne pas se révolter, ne pas provoquer. Et quand Fadela osait émettre une critique, quand elle se prenait à imaginer des jours plus heureux, il répondait toujours : « Il ne faut pas rêver. »

L'AUTEURE

Leïla Slimani est née en 1981 à Rabat au Maroc. Elle a publié trois romans chez Gallimard : *Dans le jardin de l'ogre* en 2014, *Chanson douce* en 2016, pour lequel elle reçoit le prix Goncourt, et *Le Pays des autres* en 2020. Elle est également essayiste et a publié *Sexe et mensonges* aux Arènes en 2017. Elle vit et travaille à Paris. Souvent intervenue à l'Institut du monde arabe, elle a notamment participé à un « Jeudi de l'IMA » autour de la sexualité et des libertés individuelles au Maroc.

TABLE DES MATIÈRES

CHAPITRE 3

LEXIQUE RÉVOLUTIONNAIRE

CONCLUSION

COLLECTION **ARABORAMA**

Il était une fois… les révolutions arabes

Institut du monde arabe
Président – Jack Lang
Directeur général – Mojeb Al Zahrani
Directrice des actions culturelles – Marie Descourtieux

Seuil
Président – Hugues Jallon
Directeur général adjoint – Ludovic Rio
Directrice éditoriale non-fiction – Séverine Nikel

Sous la responsabilité éditoriale de
Chirine El Messiri, IMA

Comité éditorial
Christophe Ayad, Bertrand Badie, Leyla Dakhli, Marie Descourtieux, Chirine El Messiri, Hugues Jallon, Maati Kabbal, Séverine Nikel

Assistant éditorial
Antoine Böhm, Seuil

Assistants
Abd-El-Rahim Chekroun, IMA
Hana El Shammaa, IMA
Inès Fazly, IMA
Amandine Sammartino, IMA

Préparation, correction
Silvain Chupin, Média Livres Services
Nicolo Chiaverini, Média Livres Services

Direction artistique
Virginie Perrolaz, Seuil

Graphisme
François-Xavier Delarue, Seuil

Direction de production
Isabelle Polouchine, Média Livres Services

Responsables de la fabrication
Bénédicte Gerber, Média Livres Services
Marie Harmel, Média Livres Services
Virginie Kiffer, Média Livres Services

Avec les contributions de
Farah Kamel Abdel Hadi, Tarek Moustafa Abdel-Salam, Mayada Adil, Kaouther Adimi, Lama Ali, Zahra Ali, Tammam al Omar, Mehdi Annassi, Iasmin Omar Ata, Christophe Ayad, Bertrand Badie, Benjamin Barthe, Nazim Baya, Akram Belkaïd, Radia Belkhayat, Mounia Bennani-Chraïbi, Myriam Benraad, Sonia Bensalem, Raja Ben Slama, Karim Emile Bitar, Mehdi Boubekeur, Ichraq Bouzidi, Marwan Chahine, Tracy Chahwan, Leyla Dakhli, Zakya Daoud, Delou, Brecht de Smet, Yasmine Diaz, Pauline Donizeau, Tarek El-Ariss, Alaa El Aswany, Moaz Elemam, Salma El-Naqqash, Khaled Fahmy, Mona Fawaz, Jean-Pierre Filiu, Ganzeer, Dalia Ghanem, Kinda Ghannoum, Salah Guemriche, Noha Habaieb, Patrick Haimzadeh, Halim, Narmeen Hamadeh, Sarah B. Harnafi, Ali Hassan, Sulafa Hijazi, Coline Houssais, Incrusted, Intibint, Joseph Kai, Lena Kassicieh, Mazen Kerbaj, Bahgat Korany, Abir Kréfa, Stéphane Lacroix, Ibticem Larbi, Pierre-Jean Luizard, Ziad Majed, Zarifi Haidar Marín, Hind Meddeb, Meen One, Sabrina Mervin, Merieme Mesfioui, Rania Muhareb, Mostafa M Najem, Aude Nasr, Nime, Mohamed Omran, Marc Pellas, Victor Salama, Sara Saroufim, Enas Satir, Alexandra Schwartzbrod, Isabela Serhan, Rima Sghaier, Leïla Shahid, Bahia Shehab, Leïla Slimani, Laila Soliman, ST4 The project, Hamid Sulaiman, Anna Sylvestre-Treiner, Abdellah Taïa, Fawwaz Traboulsi, Willis from Tunis, Sana Yazigi, Ali Mohamed Zaid, Salim Zerrouki.

Les traducteurs
Nabil Ajan, Gilles Gauthier, Benjamin Guérif

Remerciements
L'équipe éditoriale tient à remercier chaleureusement les personnes et institutions suivantes, pour leur aide précieuse dans l'élaboration de cette publication :
Ali al-Muqri, Farah Barqawi, Florie Bavard, Hoda Elsadda, Paul Leclerc, Alia Mossallam, Emmanuelle Pichard, Abdel Razzaq Takriti et les éditions LCM ainsi que les équipes de l'Institut du monde arabe.

RÉALISATION : NORD COMPO À VILLENEUVE-D'ASCQ
IMPRESSION : GRAPHYCEMS
DÉPÔT LÉGAL : JANVIER 2021. N° 146998
IMPRIMÉ EN ESPAGNE